ARCHIVES HISTORIQUES DE LA GASCOGNE
8ᵉ ANNÉE (1890). — 1ᵉʳ & 2ᵉ TRIMESTRES.

FASCICULE VINGTIÈME

LES
LIVRES DE COMPTES
DES FRÈRES BONIS
MARCHANDS MONTALBANAIS DU XIVᵉ SIÈCLE

PUBLIÉS ET ANNOTÉS POUR LA SOCIÉTÉ HISTORIQUE DE GASCOGNE

PAR

ÉDOUARD FORESTIÉ

SECRÉTAIRE DE LA SOCIÉTÉ ARCHÉOLOGIQUE DE TARN-ET-GARONNE
ARCHIVISTE DE L'ACADÉMIE DE MONTAUBAN
CORRESPONDANT DU COMITÉ DES SOCIÉTÉS DES BEAUX-ARTS DES DÉPARTEMENTS
(MINISTÈRE DES BEAUX-ARTS)

PREMIÈRE PARTIE

PARIS
HONORÉ CHAMPION
ÉDITEUR
9, quai Voltaire, 9

AUCH
COCHARAUX FRÈRES
IMPRIMEURS
11, rue de Lorraine, 11

M DCCC XC

ARCHIVES HISTORIQUES
DE LA GASCOGNE

FASCICULE VINGTIÈME

LES

LIVRES DE COMPTES DES FRÈRES BONIS

PAR ÉDOUARD FORESTIÉ

LES
LIVRES DE COMPTES
DES FRÈRES BONIS
MARCHANDS MONTALBANAIS DU XIVᵉ SIÈCLE

PUBLIÉS ET ANNOTÉS POUR LA SOCIÉTÉ HISTORIQUE DE GASCOGNE

PAR

ÉDOUARD FORESTIÉ

SECRÉTAIRE DE LA SOCIÉTÉ ARCHÉOLOGIQUE DE TARN-ET-GARONNE
ARCHIVISTE DE L'ACADÉMIE DE MONTAUBAN
CORRESPONDANT DU COMITÉ DES SOCIÉTÉS DES BEAUX-ARTS DES DÉPARTEMENTS
(MINISTÈRE DES BEAUX-ARTS)

PREMIÈRE PARTIE

PARIS	AUCH
HONORÉ CHAMPION	COCHARAUX FRÈRES
ÉDITEUR	IMPRIMEURS
9, quai Voltaire, 9	11, rue de Lorraine, 11

M DCCC XC

A

MONSIEUR LÉOPOLD DELISLE

MEMBRE DE L'INSTITUT

ADMINISTRATEUR GÉNÉRAL DE LA BIBLIOTHÈQUE NATIONALE

HOMMAGE DE RECONNAISSANCE
POUR SES PRÉCIEUX ENCOURAGEMENTS

E. F.

LETTRE

DE

M. LÉOPOLD DELISLE

MEMBRE DE L'INSTITUT

Paris, 15 Avril 1890.

Monsieur,

Je m'empresse de vous remercier de la communication que vous avez bien voulu me donner des bonnes feuilles de votre édition du « Livre de Comptes des « frères Bonis. »

Ce que j'en ai lu m'a semblé justifier de tout point l'opinion très favorable qu'on s'en était formée à la suite de vos lectures aux réunions de la Sorbonne.

L'archiviste de votre département, M. Dumas de Rauly, a été bien inspiré le jour où, — après avoir reconnu le caractère et la portée d'un tel document, — il vous a laissé le soin de le mettre en lumière et d'en dégager les notions historiques qu'on y peut découvrir à toutes les pages. En acceptant cette mission, vous vous êtes chargé d'une très lourde tâche; mais vous étiez bien préparé pour la remplir.

Du premier coup vous avez apprécié la richesse de la mine que vous aviez à explorer. Vous avez compris ce qu'on pouvait demander à tous ces chiffres et à tous ces noms qui couvrent les feuillets du registre de Barthélemy Bonis. Vous avez voulu les animer et les faire parler de telle façon que, transportés par la pensée au milieu du quatorzième siècle, nous puissions voir se dérouler sous nos yeux tous les détails de la vie des différentes classes de la société dans la ville et aux environs de Montauban. Assurément l'entreprise était périlleuse; mais elle n'était pas au-dessus de vos forces.

Votre introduction est un tableau fidèle et complet de la vie de nos pères au commencement de cette effroyable crise qui faillit anéantir la nationalité française. Vous nous initiez à toutes leurs habitudes religieuses, civiles et militaires. Vous nous renseignez sur leur façon de se nourrir, de se vêtir, de se loger, de se meubler, de se défendre, de se soigner, de s'enrichir et de pourvoir, par l'industrie et le commerce, à toutes leurs nécessités. Les Comptes des frères Bonis sont si instructifs, et vous les avez étudiés avec une si pénétrante sagacité, que vous n'avez guère eu besoin d'invoquer des témoignages étrangers pour remplir le vaste programme que vous vous étiez imposé.

Les tableaux que vous avez tracés, et d'après lesquels on peut se faire une juste idée de l'état de la société au milieu du quatorzième siècle, ne sont encore que la moindre partie de votre œuvre. Vous avez compris qu'aucune analyse ne pouvait épuiser la matière historique contenue dans les registres des frères Bonis.

La Société des Archives de la Gascogne, qui a partagé votre opinion, a rendu un grand service à la science en vous donnant le moyen de publier le document avec des sommaires analytiques et de très amples annotations. Ainsi conçue et exécutée, votre publication sera d'un usage journalier pour les études les plus variées. Que d'éléments nouveaux on y rencontrera pour établir l'histoire des localités et des familles, pour définir le sens de mots omis ou mal expliqués dans les glossaires, pour traiter différentes questions d'archéologie, et surtout pour se rendre un compte exact des pratiques encore si imparfaitement connues des marchands français du moyen âge.

Vous pouvez donc, Monsieur, être pleinement rassuré sur le sort réservé à votre travail. Le parti qu'on en tirera, en France et à l'Étranger, vous dédommagera de vos peines et vous montrera que vous ne vous êtes pas exagéré l'importance du document.

De nouveau je vous remercie, Monsieur, de m'en avoir donné la primeur, et je vous prie de vouloir bien agréer, avec mes sincères félicitations, l'assurance de mon entier dévouement.

L. DELISLE.

INTRODUCTION.

Dans son introduction aux *Chroniques de Froissart*, M. Siméon Luce caractérise ainsi le quatorzième siècle : « Époque de transition et de crise, de décom-
« position et d'enfantement, où finit le moyen âge,
« où commencent véritablement les temps moder-
« nes » (¹).

Cette définition magistrale résume bien le siècle qui fut témoin d'une des plus longues et des plus chevaleresques luttes entre deux grandes nations; le siècle où pour la première fois la poudre parla du haut des remparts et sur les champs de bataille, apportant à l'art de la guerre une transformation capitale; le siècle de Pétrarque et des Lombards, siècle de poésie et de négoce, de grandeurs inouïes et de défaites irréparables, qui vit finir les Templiers et s'élever Du Guesclin; siècle des libertés nouvelles et des dernières convulsions de la féodalité.

Le grand chroniqueur de la guerre de Cent ans a célébré, dans des pages pleines de couleur et de verve,

---

(1) *Chroniques de Froissart*, t. I⁺ʳ, ɪ.

la grande épopée qui changea la France en un vaste champ de bataille, et fit de tout Français un soldat armé pour la défense de son foyer (¹); son savant annotateur a ajouté à ces annales la précision historique qui parfois leur faisait défaut.

Mais à côté du récit des hauts faits des rois et des capitaines, des intrigues diplomatiques des ministres, des luttes religieuses ou civiles qui constituent la vie publique d'un peuple, il est bon et utile de faire connaître la vie intime des contemporains de ces grandes conflagrations, les mœurs de ces bons bourgeois de nos cités qui fournissaient les subsides et les soldats à leurs seigneurs, de ces artisans, de ces paysans, qui comme les premiers Romains, quittaient souvent l'outil pour prendre la lance et le bouclier (²).

Les livres de raison et de famille, les comptes municipaux afférents à cette période de notre histoire sont fort rares, et leur publication est toujours favorablement accueillie; aussi pouvons-nous dire, avec un des savants les plus autorisés en pareille matière, que le *Livre de Comptes des Frères Bonis* est un document de premier ordre pour l'étude de la vie privée dans le Midi de la France au début de la guerre de Cent ans, et que sa publication jettera un jour tout particulier sur plusieurs points encore obscurs des mœurs provinciales à la fin du moyen âge.

En parcourant ces comptes on voit se dérouler,

---

(1) En 1350 il fut ordonné à toute personne d'avoir des armes suivant sa condition, par commandement du Roi. (Reg. de la Viguerie de Moule.) Bonis cite également cette ordonnance, f° 136 : « Quant fo ordenat que cada home ages « son arnes. »

(2) Voir aux f°⁵ 136 r° et v° les comptes des serviteurs ruraux de Bonis.

comme dans un magique panorama, tout un passé bien éloigné de nous, mais qui ressuscite plein de vie et de mouvement. Les vieilles demeures, les boutiques, la rue, la place publique, se reconstituent avec leur physionomie originale; la cité tout entière s'anime; on vit, enfin, comme dans un songe, mais ce songe reproduit fidèlement une réalité en supprimant d'un seul coup cinq siècles écoulés.

Il se dégage en outre de ce livre bien des leçons de philosophie et de morale, des exemples de loyauté, de sincérité et de foi qu'il est bon de retenir par les temps de scepticisme et d'agiotage que nous traversons.

Le moyen âge a été longtemps calomnié. Déjà d'illustres savants, que nous nous honorons de compter parmi nos maîtres les plus vénérés, ont rompu bien des lances en son honneur, et sa cause de réhabilitation est aux trois-quarts gagnée.

Quelque modeste que soit notre travail, nous serons heureux d'avoir contribué à cette œuvre de justice.

I.

HISTORIQUE DU MANUSCRIT.

Après avoir, pendant trente ans, trôné sur le comptoir d'un marchand montalbanais du moyen âge, le Livre de comptes que nous publions aujourd'hui vint, — Dieu seul sait pourquoi, — se confondre avec les vieux registres de l'abbaye de Saint-Théodard de Montauban et les cartulaires du Chapitre.

Plus tard, — sans doute par suite de sa conformité de format et d'écriture, peut-être même grâce à un voisinage fortuit, — il reçut une reliure de parchemin qui le maria à un autre document du quatorzième siècle, le Livre des reconnaissances de la Pitancerie de Saint-Théodard.

C'est sous cette nouvelle forme qu'il fut versé, à la Révolution, avec les autres titres de l'Évêché, du Chapitre et de l'Intendance, dans les Archives municipales de Montauban.

Pendant un demi-siècle, ces archives furent abandonnées aux rats, dans les combles de l'hôtel de ville, et c'est un miracle que ce riche dépôt, qui a fourni aux Archives du Lot et du Tarn-et-Garonne leurs fonds les plus précieux, n'ait pas été détruit.

Heureusement, vers 1840, le goût des études historiques se réveilla et nos archives furent sauvées.

Il y a quelques années, le Livre des frères Bonis suivit la fortune des titres de l'Évêché et alla occuper définitivement une place dans la série G des Archives départementales, où il est inscrit sous le numéro 372.

Telles ont été les pérégrinations de notre manuscrit. Le regretté M. Devals aîné l'a coté très exactement et s'est servi, dans son *Histoire de Montauban*, de renseignements tirés du registre accolé au Livre Bonis, mais n'a jamais, soit dans ses œuvres, soit dans ses notes, soit dans ses conversations, fait la moindre allusion à ce document, qui, cependant, par sa nature, rentrait absolument dans le genre d'études historiques qu'il affectionnait.

On dirait même, d'après des marques au crayon, que d'autres personnes l'ont compulsé; toutefois il était absolument inconnu et inédit, lorsque l'érudit archiviste du département, M. Dumas de Rauly, qui venait de prendre la direction de ces Archives, le communiqua à la Société Archéologique et en fit ressortir le grand intérêt historique ; mais, ne voulant pas interrompre le grand travail de classification et d'inventaire auquel il se consacre avec tant de zèle, il nous engagea à en entreprendre l'étude.

C'est donc à ce confrère distingué et obligeant que nous devons le plaisir et l'honneur d'avoir pu nous livrer à l'analyse approfondie de ce manuscrit.

En 1881, au Congrès des Sociétés savantes de la Sorbonne, où nous fîmes connaître, dans une communication de quelques pages, le parti qu'on pouvait tirer du Livre Bonis, les encouragements les plus précieux nous furent prodigués par MM. Léopold Delisle, Siméon Luce, Ch. Robert, Henri Martin, Maury, Duruy, Quicherat, qui proclamèrent l'intérêt exceptionnel de ce document à peu près unique [1].

Sur le vœu émis par l'assemblée, qui nous engageait « à publier le texte in-extenso, sans supprimer les « répétitions qui peuvent s'y trouver », nous nous mîmes à l'œuvre, et après avoir terminé la transcription et le travail de synthèse et d'annotations nécessaire pour compléter la publication, nous soumîmes notre manuscrit à l'Académie des Inscriptions et Belles-Lettres (Institut).

M. Alexandre Bertrand, dans son rapport sur le concours de 1885, disait : « Une étude sur les Livres « de comptes d'un marchand Montalbanais nous

---

[1] *Journal Officiel* et *le Temps* du 23 avril 1881.

« avait été adressée par M. Forestié, *mais à l'état de*
« *manuscrit*. Ce document est d'une importance
« capitale pour l'histoire du commerce, de l'économie
« domestique et de la vie privée au quatorzième
« siècle. Le futur éditeur a montré, dans le volumi-
« neux manuscrit soumis à notre examen, qu'il était
« bien préparé à mettre en lumière et à expliquer
« un texte aussi précieux, et qui touche à des ques-
« tions très variées et souvent très difficiles. La
« commission espère avoir bientôt l'occasion de
« récompenser l'éditeur des Livres de comptes d'un
« marchand Montalbanais. »

D'autre part, la Société archéologique du Midi de la France a bien voulu, en 1884, couronner nos premiers travaux d'analyse du Livre de Bonis.

De si précieux témoignages montrent que nous ne nous sommes point mépris sur la valeur historique de notre manuscrit.

Toutefois, il serait peut-être resté longtemps inédit, si la Société des Archives historiques de la Gascogne, toujours à l'affût des documents qui intéressent le passé du Sud-Ouest de la France, ne nous avait offert une somptueuse autant que bienveillante hospitalité.

C'est donc à cette vaillante Société que nous devons d'avoir pu réaliser le vœu du Congrès de 1881 et de l'Académie des Inscriptions. Nous lui adressons l'expression bien sincère de notre profonde gratitude. Que M. Léonce Couture, l'éminent président, M. le chanoine de Carsalade du Pont, le docte secrétaire général de la Société, qui ont été les promoteurs de cette publication, et M. Paul

Parfouru, le savant archiviste du Gers, qui a bien voulu nous aider dans la correction du texte, reçoivent nos remerciements chaleureux.

II.

DESCRIPTION DU LIVRE.

Le format du manuscrit est de 30 c. sur 40 c.; le papier est fait de coton et assez bien conservé, sauf quelques mouillures.

Le Livre Bonis est un véritable grand-livre de marchand, c'est-à-dire qu'il servait à reporter au compte de chaque client les articles du débit et du crédit inscrits sur les livres auxiliaires, dits *manoals* ou manuels, qui correspondaient à notre livre journal.

Les comptes étaient transcrits par doit et avoir; le doit, par *Item deu*, et l'avoir, par *E nos a lu*, ou *Item derem a lhui*.

La comptabilité était donc tenue, à peu de choses près, suivant le système dit en partie double, avec journal, grand-livre, et livre d'entrées et de sorties pour les ouvroirs ou magasins.

L'écriture est belle, très régulière, sans faute d'orthographe lorsque c'est Barthélemy Bonis qui écrit; on y trouve aussi des passages d'une autre main moins exercée: les caractères sont alors mal formés et l'orthographe est défectueuse: c'est le fils ou le frère de Barthélemy qui a tenu la plume.

Il y a des pages de 65 à 68 lignes: ce sont les plus remplies; chacune d'elles renferme un ou plusieurs comptes, les uns soldés, les autres reportés à un folio suivant. Quelques pages sont à peine garnies à moitié d'écriture. La plupart portent au bas un relevé des créances fait après 1369, et ces divers totaux sont réunis en un seul, inscrit à la fin du livre, avec le chiffre des dettes.

Le manuscrit est divisé en deux parties et forme deux livres distincts : le Livre C ou troisième grand-livre, et le Livre vermeil des Dépôts.

Ces deux parties étaient reliées autrefois dans un complet désordre, qui a occasionné plusieurs erreurs de dates dans nos premiers articles publiés par le *Bulletin Archéologique de Tarn-et-Garonne*.

M. l'archiviste a fait relier les deux livres et rétabli tous les feuillets dans leur ordre normal ; nous avons constaté qu'il n'y a d'autres lacunes que quelques lettres effacées par l'humidité à l'angle des premières pages.

Le Livre C comprend cent quarante-neuf feuillets numérotés en lettres, ou deux cent quatre-vingt-dix-huit pages; il commence par le millésime M CCC XXXVIII, écrit en gros caractères, et renferme des comptes jusqu'en 1369.

Ce registre continuait la série des grands-livres de Bonis; les premières pages du folio 1 à 28 v° sont des reports de comptes inscrits sur les livres précédents cotés A et B, qui avaient à peu près le même nombre de feuillets.

En examinant l'ensemble des comptes on voit que le Livre C a été commencé seulement au mois de mars 1345. Après la peste de 1349-1350 Bonis cessa d'inscrire en tête d'une page le millésime, et si les affaires sont toujours importantes, il semble qu'il y ait eu moins de détail et que l'axe du commerce ait dévié un peu plus du côté de la banque.

D'ailleurs il est probable que le Livre D avait été substitué au Livre C vers 1359, quoique certains comptes aient été continués sur celui-ci postérieurement à cette date.

La seconde partie, le Livre des Dépôts, *Libre vermelh dels Deposit*, ou Livre Rouge, était reliée avec le Livre C, de façon que chacun commençait d'un côté différent en retournant le registre, ainsi que le dit une note : *al dret d'aquest libre.* Il était consacré exclusivement aux comptes des couvents, de particuliers qui déposaient chez Bonis des sommes importantes en compte courant, aux liquidations de successions, dont Bonis et certains autres personnages étaient curateurs ou administrateurs, aux consignations, etc., etc., et à l'emploi de ces fonds divers.

Ce registre a quarante et un feuillets, ou quatre-vingt-deux pages, et commence ainsi : *Ave Maria grassia plena Dominus tecom, benedicta tu*, et comprend des articles inscrits entre les deux dates extrêmes : 1347-1368.

C'est le plus intéressant des deux livres, à ce point de vue qu'il s'agit de clients spéciaux et d'affaires plus importantes que dans le grand-livre.

Le total des sommes dues à Bonis dans le relevé consigné à la fin du grand-livre s'élève à 551 livres 2 sols 10 deniers, plus deux setiers et demi de baillarge, et mille briques dues par le couvent des Frères Mineurs à l'œuvre du Moustier.

Mais Bonis devait à ses clients 4 livres 10 sols. En outre le Livre des Dépôts porte que les sommes restant dues aux déposants s'élèvent à 678 livres 7 sols 8 deniers.

Il résulte donc du rapprochement de ces chiffres que la liquidation des deux registres se soldait par un crédit de 131 livres 14 sols 10 deniers au profit des déposants.

L'encre employée par le teneur de livres est le plus souvent très noire; il y a quelques lignes d'une encre verdâtre; les marges sont indiquées par un trait au crayon bleu, ou au crayon noir, ou par un simple trait de stylet.

Le papier de coton porte pour filigrane une tête de *licorne*. Cette marque nous indique ce qu'était le papier à *la licorne* ou *grand cavalier*, encore en usage au siècle dernier, et nous donne les dimensions exactes du format connu sous ce nom.

III.

LANGUE ET ORTHOGRAPHE.

Il est bon de dire quelques mots du langage employé dans la rédaction du manuscrit.

Suivant la coutume, il est écrit en langue vulgaire ou romane, qui était alors d'un usage général dans tout le Sud-Ouest, de Limoges à Barcelone, non seulement pour le commerce ordinaire de la vie, mais encore pour un grand nombre d'actes officiels.

Le vieux langage du moyen âge s'est conservé dans les parties les plus reculées de nos montagnes assez pur de tout mélange, mais dans nos plaines il a subi de graves altérations par l'adjonction de nombreux mots français auxquels on donne une forme patoise. Toutefois, à part ces déplorables invasions, notre patois montalbanais n'est pas sensiblement différent de la langue de Bonis.

Que le lecteur nous pardonne une courte digression à ce sujet. Nous ne sortirons pas d'ailleurs de notre cadre.

Lorsque, par suite de l'ordonnance de François Ier, les notaires, les magistrats, les consuls cessèrent de rédiger leurs actes, leurs jugements, leurs comptes en langue vulgaire pour employer le français, on continua à parler la langue populaire, mais on ne l'écrivit plus.

Si l'on étudie avec attention, à ce point de vue, le Livre Bonis, on constate que, sauf quelques exceptions, notre marchand observait une orthographe à peu près réglée. Lorsqu'au milieu du dix-septième siècle et dans le dix-huitième on a voulu de nouveau écrire du patois, on ne s'est guère préoccupé d'orthographe et l'on a simplement transcrit les sons qu'on entendait. C'est ainsi qu'on a écrit *Diou, coubent, mounedos*, etc.

Cette innovation a eu pour résultat de changer l'aspect de la plupart des mots et de faire croire à une modification de la langue, bien plus sensible qu'elle ne l'est réellement.

A notre avis, l'orthographe a changé plus que la prononciation, et nous pensons que les contemporains de Bonis qui écrivaient *Dio, covent, monedas*, prononçaient comme nous *Diou, coubent, mounedos;*

qu'ils disaient *abio* et non *avia*, et *abiou*, au lieu d'*avio*, etc., etc.

Et cela est si vrai, que nous avons fait l'expérience de lire un acte du quatorzième siècle avec la prononciation actuelle du patois devant des paysans, qui ont tous parfaitement compris ; par contre, il nous a été facile de donner une forme archaïque à une poésie patoise en adoptant l'orthographe de notre manuscrit.

Le Livre de Bonis était un document spécial, dans lequel il est question de toutes sortes de choses, même les plus disparates : il devait nécessairement s'y rencontrer un grand nombre de termes, de mots, d'expressions dont la nomenclature offrait quelque intérêt pour les linguistes. Nous les avons traduits dans les sommaires et expliqués dans les notes. Un glossaire complètera ces indications à la fin de l'ouvrage.

Toutefois, certains termes ont été rebelles à toute explication : ils étaient sans doute mal écrits ou d'une lecture défectueuse ; heureusement ils sont en si petit nombre, — au plus une douzaine, — que nous n'en parlerions pas s'il n'était utile de les signaler aux lecteurs. Ils sont accompagnés de points d'interrogation dans le texte ou les sommaires.

Dans la transcription du texte, nous avons cru pouvoir suivre certaines règles qui facilitent la lecture et la rendent moins pénible ; ces règles, notre excellent confrère et ami M. Cabié les a magistralement énoncées dans son *Cartulaire des Alamans*.

Nous avons indiqué l'année en tenant compte de la correction que nécessite la coutume propre à nos contrées de commencer l'année le 25 mars. Le millésime arabe indique toujours la date exacte d'après la réforme grégorienne du calendrier.

Les lacunes ou les passages incorrects sont rectifiés entre crochets.

Les noms propres sont transcrits scrupuleusement d'après le texte, sans que nous ayons cru devoir y apporter aucun changement.

Nous avons adopté l'emploi d'une ponctuation aussi régulière que possible, ainsi que des majuscules pour les noms propres.

Il nous a paru nécessaire d'employer l'apostrophe dans les cas d'élision : *l'an*, *l'osdal*, *d'aver*, *otr'Avairo*, etc.

Au contraire, nous avons maintenu les groupements de lettres tels que : *quelh* pour *que lhi*, *del* pour *de lo*, *quens* pour *que nos*.

Au sujet du préfixe *En*, *Na*, qui pour nous n'a pas d'autre signification que le mot actuel *sieur*, nous l'écrivons *en Durant* ou *n'Oto*.

Les *i* et les *u* ayant la valeur de *j* et *v* ont été rectifiés conformément à la prononciation.

Le mode de publication adopté demande quelques explications :

Chaque folio du manuscrit ayant un recto et un verso, nous avons conservé cette division qui est indiquée ainsi :

[1345]   F° XXXVI v°.

Le millésime inscrit à gauche indique que la page a été commencée dans cette année.

Le millésime en chiffres romains gras :

M° CCC XXXVIIII.

se trouve placé aux pages correspondant avec le commencement de tous les comptes d'une année (25 mars).

Le sommaire contient : 1° le chiffre correspondant à chaque compte ouvert dans la page ; 2° la profession ou les qualités du client ; 3° article par article, le nom français de l'objet vendu, ou le résumé de la transaction opérée, de sorte que pour avoir la traduction d'un terme il suffit de recourir au sommaire.

Dans le cas d'explication nécessaire ou de commentaires explicatifs, une note renvoie au bas de la page.

Les chiffres romains placés au fond de la ligne :

Item deu per 1ª silasio : . . . . III s.

indiquent le Doit.

Ceux placés entre parenthèses :

E nos a lu per II sestiers sivada : . . . . (xx s. t.)

marquent l'Avoir ou les acomptes.

IV.

LA FAMILLE BONIS.

Si nous n'avions pas trouvé dans l'*Histoire de Montauban* la preuve que les Bonis étaient d'une famille de prud'hommes de notre ville, à peu près contemporains de sa fondation (¹), nous aurions pu adopter l'hypothèse que ces marchands étaient venus d'Italie, et faisaient partie de cette bande de banquiers lombards qui s'abattit sur la France au XIVe siècle.

Ce nom même de *Bonis*, si l'on supprime l'*s* final, qui lui donne une physionomie française, ne se retrouve-t-il pas dans la péninsule, où plusieurs familles de *Boni* ont laissé des souvenirs ?

Quoi qu'il en soit de cette question, d'ailleurs assez secondaire, si les frères Bonis n'étaient point des Lombards... de Lombardie, on pouvait parfaitement leur donner ce nom, car leur négoce embrassait toutes les branches de commerce exploitées par ces étrangers.

Nous dirons tout-à-l'heure ce qu'était leur comptoir : occupons-nous auparavant de ceux qui le dirigeaient et de leur famille.

Nous avons cru devoir maintenir au manuscrit le titre de *Livre de Comptes des Frères Bonis*, qui lui avait été donné par M. Devals, et qui figure aujourd'hui dans l'inventaire officiel des Archives de Tarn-et-Garonne, quoiqu'il eût mieux valu, pour être dans le vrai, l'intituler *Livre de Comptes de Barthélemy Bonis*.

En effet, la maison de commerce était dirigée par l'aîné des frères, qui paraît commander en maître ;

---

(1) Parmi les témoins d'un acte par lequel Raymond VI, comte de Toulouse, reconnaît que les habitants de Montauban sont exempts de quête et de taille (18 octobre 1221), on trouve « en Bonis ».

toutefois son frère Géraud a une part dans les opérations puisqu'il est dit souvent, au sujet de l'apothicairerie et de la fabrique de cierges : *local obrador governava mo fraire Guiraut Bonis.*

Barthélemy est mentionné dans un acte des archives du chapitre de Saint-Théodard : « Raymond « Tozet, seigneur de Villemade, vend les deux tiers « de la dîme de ce lieu à Barthélemy Bonis et à « Cécile, sa femme, qui firent donation de la cin- « quième partie de ces deux tiers, plus un tiers « qu'ils possédaient, au monastère, par acte du « 23 novembre 1323 (1). »

Cette pièce nous prouve que Bonis était déjà établi à Montauban et marié avant cette date.

Sa femme, qu'il nomme dans ses comptes : *la dona, nostra dona, dona Seselia,* était probablement originaire d'Albi et appartenait à une famille de cette ville qui figure dans les listes consulaires de la cité albigeoise.

C'est ce qui nous paraît démontré par l'article 2 du folio 1 de notre manuscrit, où Bonis parle de son *conhat,* beau-frère (2) P. Guolfier. Quelques lignes plus bas, il mentionne le *libre pelos de la companhia de mi e de mos conhat.*

Cette citation semble prouver qu'il y avait eu entre Bonis et ses beaux-frères d'Albi une association (*companhia*) commerciale. Il est regrettable qu'il n'y ait aucune autre indication sur ce point, car, s'il était établi, il jetterait un jour nouveau sur l'histoire

---

(1) Moulenq, *Documents historiques sur le Tarn-et-Garonne,* t. II, p. 132.
(2) Et non cousin, comme le porte par erreur la note 1, page 2, de notre texte. A la même page, il est également question de R. Baudier, d'Albi, cousin de Bonis.

du commerce à cette époque, en montrant les négociants de deux villes voisines confédérés et liés par un acte de société. Nous ne saurions, en effet, supposer que Bonis fût allé s'établir à Albi pendant quelque temps, ou que P. Golfier eût habité Montauban.

Si l'on observe que le Livre de comptes que nous publions est, comme nous l'avons dit, le troisième de la comptabilité de B. Bonis, qu'il part effectivement de 1345, avec des reports provenant d'un livre B, commencé en 1339, il y avait donc un livre A, et celui-ci devait contenir les opérations de huit ou neuf ans. Par conséquent on est amené à conclure que Bonis ouvrit son comptoir ou prit la suite d'un autre marchand vers 1325, peu de temps après son mariage et l'achat de la dîme de Villemade.

Barthélemy et Cécile eurent plusieurs enfants :

D'abord une fille, nommée Sebota, dont il est question plusieurs fois en 1345, et dont on ne retrouve plus trace après 1346. Elle dut mourir jeune.

Bertrand ou Bertrannou, qui est désigné par ces trois lettres *Bno* dans le Livre, probablement plus jeune que Sebota; il n'apparaît que tard, dans les Livres, comme témoin de quelques affaires. Au f° 141, on le trouve marié avec Bertrande Raygasse, descendante d'une famille de la haute bourgeoisie de Bruniquel. Ils fondèrent deux chapellenies au Moustier de Saint-Théodard, à prendre sur la dîme de Villemade, savoir : la troisième partie et la cinquième sur les deux troisièmes restant. Cet acte est retenu par Fabri, notaire (¹).

---

(1) Archives de Tarn-et-Garonne, série G, 399. Cette indication nous a été fournie par M. Dumas de Rauly, archiviste.

b

Deux autres enfants sont indiqués à plusieurs reprises dans les comptes; au folio 61 il est question de Michel Rainiers, maître ès arts, précepteur des enfants de Bonis, auquel on paie 6 sous 9 deniers pour son salaire. Plus loin, folio 98, notre marchand note la dépense de la sépulture de deux enfants qu'il fit enterrer à Villemade, *l'an de la mortalité*. On sait que l'on désignait ainsi l'année 1349, pendant laquelle la peste noire fit de si grands ravages en Europe.

Bertrand précéda-t-il son père dans la tombe? c'est possible; la présence du Livre dans les archives du Chapitre semble indiquer que la famille s'éteignit et que le monastère hérita des biens et des papiers de Bonis.

A la suite de la peste qui l'avait si cruellement frappé dans ses affections, Bonis s'empressa de répondre à l'appel adressé par le pape Clément VI à toute la chrétienté, et voulant profiter du jubilé accordé pendant l'année 1350 à ceux qui visiteraient Rome, il entreprit ce pieux pèlerinage avec plusieurs autres Montalbanais.

On sait qu'à cette époque les routes étaient sillonnées de pèlerins allant à pied, chantant des psaumes, vers les sanctuaires célèbres. Cette fois, l'affluence était si grande que la Ville éternelle fut visitée, dit-on, par des millions de fidèles.

Dans une feuille volante trouvée parmi les feuillets de son Livre, Bonis donne l'itinéraire de son voyage jour par jour. Cette pièce, malgré son laconisme, est d'autant plus curieuse qu'elle fixe toutes les étapes et la route suivie par les pèlerins qui, au moyen âge, se rendaient d'Avignon, siège de la papauté, à Rome, pour visiter le tombeau des Apôtres. Nous la publions ici, parce qu'elle ne saurait trouver une meilleure place, et nous la faisons suivre d'une traduction. Quelques noms de villes sont d'ailleurs difficiles à reconnaître dans le texte roman; d'autres indiquent de trop petites localités pour qu'il soit possible de rien affirmer en ce qui touche l'identification que nous proposons.

Qui vol anar en Roma la velha vezitar S.-P. e S.-P., e S. Johan del Latran, els autres cors sangs, deu anar d'aishi Avinho e Avinho dinar; de sers, gagnda a Carpentras;

Dinar lendema a Saut, gazer à Sedero;

Lo ter dia dinar a Autpeira, gazer à Talart;

Lo cart dia dinar a Caorgas, de ser a Ambru;

Lo sinque dia dinar a S. Crespy, de ser a Brianso;

Lo seno dia dinar a Suzanna, de ser a Suza;

Lo sete dia dinar a S. Ambrozi, de ser a Moncalier;

Lo oche dia dinar a Vilanova, de ser a Ast;

Lo nono dia dinar a S. Felessia, de ser a Alixandria;

Lo deze dia dinar a Tortona, de ser a Veira;

Lo onze dia dinar al pon S. Johan, de ser a Plazensa;

Lo dotze dia dinar a Plazensela, de ser al bore S. Tomis;

Lo tretze dia dinar a Forigno, de ser a Bressi;

Lo catorze dia dinar a Pontremol, de ser a Vilafrancha;

Lo quinze dia dinar a S. Estefe, de ser a Sezania;

Lo setze dia dinar a Petra Santa, de ser a Piza la Sieutat;

Lo dezeseto dia dinar a Samemiata, de ser a Castelflorety;

Lo dezecoche dinar a Puegbonet, de ser a Sena la Sieutat;

Lo dozenove dia dinar a Boncovent, de ser a Santo Sirguo;

Lo XX dia dinar a la Palha del Moli, de ser a Aiguas pendens;

Lo XXI dia dinar a Bocsena, de ser a Viterba;

Lo XXII dia dinar a Sostre, de ser a Serzana;

Lo XXIII dia dinar am gran goya en Roma la velha, que fo lo perdo a pena e a colpa, en l'an M° CCC° e sinquanta ans, que donec nostre senhor lo papa Clemens sextus, que avia nom M° Peiro Rotgier, a totz aquels e aquelas que y anavo cofes e penedens, e restituit lors torts, local nostre senhor lo papa era naturals del... (*un mot effacé*).

Qui veut aller dans Rome la vieille visiter Saint-Pierre et Saint-Paul et Saint-Jean de Latran et les autres corps saints, doit aller d'ici à Avignon; dîner à Avignon; le soir, coucher à Carpentras;
Dîner le lendemain à Sault, coucher à Séderon;
Le 3e jour dîner à Orpierre, coucher à Tallard;
Le 4e jour dîner à Chorgues, le soir à Embrun;
Le 5e jour dîner à Saint-Crépin, le soir à Briançon;
Le 6e jour dîner à Cezene, le soir à Suze;
Le 7e jour dîner à Saint-Ambrogio, le soir à Moncalieri;
Le 8e jour dîner à Villeneuve, le soir à Asti;
Le 9e jour dîner à Saint-Felizzano, le soir à Alexandrie;
Le 10e jour dîner à Tortona, le soir à Voghera;
Le 11e jour dîner à San-Giovanni, le soir à Plaisance;
Le 12e jour dîner à Fiorenzuola (?), le soir à Borgo San Donino;
Le 13e jour dîner à Fornovo (?), le soir à Berceto (?);
Le 14e jour dîner à Pontremoli, le soir à Villefranche in Lunigiana;
Le 15e jour dîner à San-Stefano, le soir à Sarzana;
Le 16e jour dîner à Pietra Santa, le soir à Pise la cité;
Le 17e jour dîner à San-Miniato, le soir à Castelflorentino;
Le 18e jour dîner à Poggibonsi; le soir à Sienne la cité;
Le 19e jour dîner à Buon Convento, le soir à San-Quirico;
Le 20e jour dîner au moulin de la Paglia, le soir à Acquapendente;
Le 21e jour dîner à Bolsena, le soir à Viterbe;
Le 22e jour dîner à Sutri, le soir à Cezena;
Le 23e jour dîner avec grande joie dans Rome la vieille, où fut le pardon à peine et à coulpe, en l'an 1350, que donna notre seigneur le pape Clément VI, qui se nommait Pierre Rogier, à tous ceux et à celles qui y allaient, confessés et repentants, et leur remit leurs fautes, lequel notre seigneur le Pape était natif de (l'Auvergne.)

Bonis ne nous donne pas l'itinéraire de Montauban à Avignon, sans doute parce qu'il était bien connu de nos compatriotes; en effet, il n'est pas rare au quatorzième siècle de voir des messagers partir de notre ville et aller à Montpellier ou à Avignon, soit pour porter des lettres, soit pour faire des commissions (¹).

Le voyage eut lieu pendant l'été de 1358. Les voyageurs firent la route les uns à cheval, quelques uns à pied, et parcoururent en moyenne de cinq à six lieues par jour.

Le Livre mentionne quelques incidents de la route : le domestique de Bonis, Arnaud Guilhem, prêta à son maître 3 écus d'or au retour; le bourgeois Bertrand de la Pouzaque, se trouvant aussi à court d'argent, emprunta à Bonis 5 florins d'or, « quand « ils retournaient de Rome la vielle »; Pierre de Verdun, le riche bourgeois, descendant de l'un des constructeurs du pont de Montauban, se trouva dans le même cas; enfin la compagnie de pèlerins se vit forcée d'acheter un cheval pour porter Pierre Picas, le maréchal, qui était du voyage, « par le chemin « quand nous retournions de Rome la vielle, du « pardon de l'an 1350, et pour ma part du roussin « qui porta M⁰ Picas, le maréchal, qui était de la « compagnie ».

Ce voyage ne fut pas le seul que Bonis accomplit dans sa vie; en 1353, nous le voyons aller à Paris avec son ami Assalhit jeune, aussi marchand, auquel il emprunta même 9 écus d'or et demi pour se rendre à Saint-Matelin, à quelque foire. Il allait aussi souvent à Montpellier et à Avignon. Plusieurs citations nous prouvent d'ailleurs que les grands voyages de nos marchands, comme ceux des seigneurs, étaient très fréquents.

---

(1) Le voyage d'un piéton à Montpellier coûtait 15 sols.

En 1354, Bonis fut consul de Montauban : c'est ce qui semble résulter de la note suivante inscrite dans un compte de cette année au folio 134, et que nous traduisons : « Cette somme a été déclarée par moi « reçue dans les comptes de l'administration de la « ville, que je fis en 1354, et je ne sais si je pourrai « m'en payer ou non. » Une mention postérieure porte que ladite somme fut comptée par les consuls en déduction des quêtes faites par notre négociant.

Bonis ne bornait pas sa piété à des voyages à Rome : il avait dans sa maison un chapelain, Étienne de Costeratier (f° 41), chargé de dire la messe pour le repos de l'âme des membres de la famille du marchand.

Le livre Bonis contient en outre plusieurs legs pieux faits de son vivant par Barthélemy :

Au folio 91, en réglant le compte des Frères Prêcheurs, il déclare devoir au couvent, pour un legs de son testament retenu par M° Emeric Manoët, notaire, pour deux chapellenies, 10 livres de Cahors; plus 10 sols de Cahors à l'œuvre et 30 sols au pitancier, enfin tout le reste qui lui est dû par le couvent sera laissé pour qu'on prie Dieu pour lui.

Au folio 106, au compte du monastère de Saint-Théodard, il écrit : « Pour toutes ces sommes, fut « ordonné que le Prieur mage prît pour le legs que « je leur ai fait en mon testament 13 écus d'or, et « tout le reste pour l'obit de 30 sols que je leur « laisse pour une messe de N.-D. qu'ils doivent dire « après ma mort, et avoir en commémoraison chacun « desdits chanoines spécialement. Ainsi fut fait le « 18 mars 1348 (1349). »

Il nous a été impossible de fixer la date de la mort de Barthélemy Bonis, mais nous pouvons croire, avec quelque raison, qu'il n'a guère survécu aux dernières inscriptions faites sur son Livre, ce qui nous amènerait à l'année 1370. Si l'on considère qu'il était marié avant 1323, il avait au moins soixante-dix ans à sa mort.

Géraud ou Guiraut Bonis vivait dans la maison de son frère.

Un compte de 1346 mentionne, en effet, la confection de vêtements pour Barthélemy, Géraud, les employés et la femme de Barthélemy.

C'était lui qui avait la direction de l'*obrador* ou laboratoire de la pharmacie et de l'apothicairerie de cire, c'est-à-dire de l'atelier de fonte des cierges qui en était le complément.

Cette profession était très réglementée, comme on le verra plus loin, et obligeait à tenir registre des remèdes fournis par *l'hypothecarius cere*, et à observer certaines prescriptions édictées par les consuls.

Entre Noël 1349 et août 1350, il se maria : « Et « nous devons, écrit son frère, à Durand Delpot, bou« cher, pour viande salée pour les noces de Géraud, « en bonne monnaie, 8 sols tournois. » (F° 125.)

Géraud épousa Na Bernade, fille de Géraud Andrieu, bourgeois de Montauban.

Ce mariage ne fut pas heureux : Géraud Bonis mourut au bout de quatre ans, vers 1354 ou 1355, sans laisser d'enfants, et sa veuve se consola vite en convolant en secondes noces avec le bourgeois Pons d'Aussac. A cette occasion eut lieu, entre Barthélemy et la famille de sa belle-sœur, une transaction qui mérite d'être citée comme trait de mœurs. En voici la traduction. Le texte est dans le Livre des Dépôts, folio 17 :

Le 27ᵉ jour du mois d'août l'an 1357, je m'accordai avec En Pons d'Aussac, bourgeois de Montauban, et avec Na Bernade, sa femme, fille d'En Géraud Andrieu de Montauban qui fut auparavant femme de Géraud Bonis, mon frère, au sujet d'une réclamation qu'ils m'avaient faite par-devant M. Arnaud Bertrand, juge mage de Montauban, c'est assavoir de 220 écus de Philippe, qu'elle avait portés en dot audit Géraud Bonis, et 12 écus de Philippe pour un hanap d'argent du poids de 2 marcs, et 110 écus de Philippe pour le croît (augment) de la dot susdite, par suite de la mort dudit Géraud Bonis, et pour aliments qu'elle réclamait du jour de la mort, et pour augmentation de la valeur des monnaies.

Et pour toutes les choses et demandes susdites, nous restâmes ainsi : moi, Barthélemy Bonis, comme héritier dudit Géraud Bonis, mon frère, je dois leur rendre et payer 394 florins et demi de bon poids, c'est à savoir 120 florins d'or, lesquels je lui donnai réellement là même, dans la maison dudit Géraud Andrieu, et 187 florins un quart à la fête de l'Assomption qui vient, en un an, et moyennant ce susdit, ledit Pons et ladite Bernarde me libérèrent et quittancèrent tous mes biens et les biens qui avaient appartenu à Géraud Bonis, mon frère, et pour toutes les choses susdites qu'ils eussent demandées ou pu demander.

Et des choses susdites, Mᵉ Emeric Manoët, notaire de Montauban, fit charte aux deux parties et quittance desdits 120 florins que je leur avais payés, comme il est dit ci-dessus, le jour susdit. Les témoins furent Mᵉ Johan Viguer, notaire de Montauban, En J. Clapier, de Montauban, En Arnaud Barsol, de Labastide-Française.

Au-dessous de cette curieuse note, Bonis mentionne les trois autres paiements avec force détails : le premier fut fait dans la maison de Pons d'Aussac, « en « la chambre donnant sur la place, car sa femme était accouchée d'une fille »; les autres sur la table du milieu de l'ouvroir d'Arnaud Bangy, marchand.

Guillem, Wilhem ou Guillaume Bonis, le second frère de Barthélemy, était entré dans les ordres. Nous le trouvons, à la première page du Livre, frère carme du couvent d'Albi; puis il passe au Carmel de notre ville, en 1345, devient sous-prieur en 1346; prieur en 1348. Deux ans après, il retourne à Albi comme prieur, et il y était encore en 1353, à l'époque où Barthélemy passa par cette ville pour se joindre à lui et aller ensemble à Avignon.

Dans un compte de 1362 (Livre des Dépôts, f° 29), Barthélemy nous apprend qu'il a un frère récemment nommé prieur de Saint-Maffre, près Bruniquel, prieuré dépendant de l'abbaye de Moissac. Est-ce un troisième frère ou bien serait-ce Guillaume? Il paraîtrait singulier qu'un carme ait été nommé à un bénéfice par un abbé bénédictin, à moins toutefois que la nomination ait été faite directement par le pape. Nous remarquons, en effet, qu'il n'est jamais question dans le Livre que de Géraud et de Guillaume; si nous rapprochons cette nomination du voyage fait à Avignon par les deux frères et des relations nombreuses que Bonis possédait dans l'entourage du grand pape quercinois Jean XXII, enfin des services rendus par notre marchand aux divers monastères de la ville, dont il était le banquier, nous sommes autorisé à penser que le prieur de Saint-Maffre était Guillaume. Ajoutons qu'il ne prit même pas possession du bénéfice; Barthélemy fit toutes les démarches et se chargea de l'administration temporelle, tandis qu'un moine sous-prieur était préposé à la direction spirituelle de la paroisse.

La lecture de ce compte offrira de curieux détails sur l'organisation temporelle et spirituelle des paroisses. Cette liquidation amena entre les deux frères une brouille, qui eut pour cause la propriété d'un cheval, « lequel roussin, écrit Barthélemy, mon frère
« me donnait, disait-il, et à présent il veut que je
« le lui paie 30 florins ou que je les défalque de ce
« qu'il me doit ».

Telle était la famille de nos marchands ; nous allons maintenant les voir à l'œuvre dans leurs magasins.

V.

LE COMMERCE DES FRÈRES BONIS.

Rien ne saurait donner une idée plus exacte du grand commerce dans une ville méridionale à la fin du moyen âge que le Livre de Comptes des frères Bonis.

La sécheresse avec laquelle nous libellons aujourd'hui les articles de notre comptabilité moderne n'était pas de mode à cette époque. D'ailleurs les conditions du négoce différaient essentiellement.

Viollet le Duc, parlant des « Lombards », nous dit que ces marchands, outre le métier de bijoutiers, se faisaient prêteurs sur gages, banquiers au besoin, marchands d'étoffes, d'épices, etc.

Les frères Bonis, pour n'être point Lombards, — nous l'avons dit tout à l'heure, — avaient un commerce encore plus étendu. C'étaient, pour employer une expression tout à fait moderne, des *commission-*

naires *en gros et en détail*, en même temps que des banquiers.

Pour bien faire comprendre combien étaient diverses et nombreuses les branches de commerce exploitées par eux, nous les classerons par groupes :

I. Banquiers, prêteurs d'argent sur titre, sur gage, par contrat hypothécaire; consignataires, dépositaires, liquidateurs de succession ; collecteurs de tailles; fermiers de dîmes et revenus ecclésiastiques.

II. Marchands d'étoffes; merciers; chapeliers; commissionnaires en draperie, chaussures, etc.

III. Apothicaires, fabricants de cierges, confiseurs, épiciers, fruitiers.

IV. Marchands et loueurs d'objets nécessaires pour les cérémonies des funérailles.

V. Marchands de bijoux et d'objets pour les baptêmes et les mariages.

VI. Marchands ou commissionnaires en armes et armures, selles, bâts, loueurs de chevaux et marchands de poudre à canon.

Telles sont les principales opérations auxquelles se livraient nos marchands. Nous négligeons celles qui avaient un caractère accidentel, et nous laissons de côté, pour le chapitre de la vie rurale, les détails d'administration de leurs propriétés.

Voyons maintenant la maison qu'ils habitaient; nous reprendrons ensuite en détail chacun des chapitres.

Le comptoir des frères Bonis était situé dans la rue de la Faurie, aujourd'hui de la République, au centre de la ville, près de l'église Saint-Jacques, à côté du Château comtal, transformé en prison.

Cette maison a subi de nombreux remaniements et ne présente plus que dans quelques restes de ses parties basses des salles contemporaines de Bonis; mais nous pouvons, soit par des souvenirs de vieux Montalbanais, soit en prenant pour type les anciennes maisons de Saint-Antonin, de Caylus et d'ailleurs, reconstituer dans sa physionomie du quatorzième siècle la demeure des Bonis.

Le magasin s'ouvrait sur la rue, prenant jour par une ou deux vastes arcatures ogivales, à côté desquelles était le portail donnant accès dans le corridor. Les magasins étaient fermés la nuit par de grands volets aux puissantes pentures, se repliant sur eux-mêmes.

La salle, éclairée par ces grandes baies, était vaste, voûtée ou garnie d'un plafond aux poutres massives, posées sur des corbeaux de pierre, et d'innombrables soliveaux. Tout autour de la pièce, des rayons garnis de pièces d'étoffes et de marchandises, des comptoirs ou *tauliers* de vieux chêne noirci par le temps et l'usage; le comptoir où trônait le maître de la maison, lorsqu'il ne causait pas avec un client autour du brasero placé au milieu de la salle.

Deux ou trois *masips* ou employés, Bernard Molinié et d'autres, s'occupaient à servir les clients ou à mettre tout en ordre.

L'arrière-boutique était d'ordinaire ornée d'une immense cheminée à la hotte monumentale, au linteau sculpté, où pouvait flamber une énorme bûche à la Noël, et autour de laquelle, dans la saison froide, on aimait à se retrouver pour deviser des affaires et de la guerre.

Puis la cour, curieuse à voir avec ses recoins utilisés par les marchands de la place publique pour enfermer leurs bancs et leurs ustensiles; dans l'angle, un escalier à vis dans une tour surmontée d'une flèche effilée et d'une galerie portée sur de faux hourds et entourée de gargouilles grimaçantes. De cette tour on domine la ville et la magnifique plaine où le Tarn et la Garonne marient leurs eaux, et dans le lointain, légèrement estompées par la brume, mais très distinctes, les silhouettes neigeuses des pics des Pyrénées émergeant d'un océan de verdure.

L'escalier donne accès dans des greniers immenses, où l'air et la lumière circulent librement, grâce aux nombreuses ouvertures dont ils sont garnis. Une forêt de poutres soutient la toiture, fort élevée au-dessus du plancher. Nos marchands avaient dans ces greniers une place énorme qu'ils utilisaient.

Le second étage, occupé par les garçons de magasin et les domestiques; le premier, réservé à la famille, se composaient de vastes chambres éclairées par des fenêtres géminées à chapiteau historié (voir f° 10), et garnies d'un *veyrial* ou vitrail de verre blanc ([1]).

C'est là, dans cet intérieur, meublé avec le confortable relatif qu'on possédait à cette époque, que Cécile Bonis élevait ses quatre enfants, tandis que son mari remuait les sacs d'or et recevait dans sa boutique les plus grands seigneurs du pays.

En redescendant dans la cour, nous trouvons l'arrière-corps de logis, qui était le laboratoire pour la

---

([1]) Nous possédons deux baux de construction de maisons au quatorzième siècle, contenant tous les détails, les mesures et la division d'une maison de ce genre. — Nous les publierons prochainement.

préparation des remèdes et la fonte des cierges. Cette salle était garnie de toutes sortes de fioles (*issyrapas*) de cabas, de paniers, de boîtes (*brostias*), de tonneaux contenant les diverses substances: la cire, les plantes médicinales, les vieux cierges à refondre; le sucre, les épices, etc., etc.; étrange assemblage, dont les comptes sont la plus fidèle image.

Une porte ogivale, placée dans l'angle de la cour, s'ouvrait sur un couloir incliné qui descendait jusqu'à la rue des Bains (aujourd'hui de la Mairie) et qui donnait accès dans d'immenses magasins, dont certains existent encore avec leur physionomie du temps de Bonis. On est dans une obscurité complète en y pénétrant, car le jour n'arrive que par le corridor. Quand on peut y voir un peu on distingue de vastes salles, dont l'espace utilisable est doublé par un plancher à mi-hauteur.

Plus bas, encore, au bout du couloir, il y a les écuries, basses fosses où les chevaux des frères Bonis devaient devenir perclus, car ce sont des réduits humides et obscurs.

Une porte de sortie donnait sur la rue des Bains et permettait d'éviter de remonter la déclivité du couloir et du corridor. La maison, bâtie sur le versant du coteau, présente en effet des différences de niveau de quatre ou cinq mètres.

Certes, si l'on en juge par ce qui reste et par la description que nous venons d'en donner, l'habitation des frères Bonis paraîtra peu gaie et peu agréable. Il est certain qu'aujourd'hui on bâtit autrement, et on se loge d'une façon toute différente. Reste à savoir si au total nous avons meilleure santé et si nous vivons plus longtemps que nos aïeux d'il y a cinq siècles.

Mais ce n'est pas là ce qui doit nous occuper. Bornons-nous à constater que chaque époque a sa manière d'envisager la vie, le bien-être, et qu'il faut toujours, pour juger une civilisation, faire abstraction de son propre sentiment et se mettre à la place des contemporains.

VI.

LES TRANSACTIONS.

Avant de passer en revue les diverses branches de commerce des frères Bonis, notons d'après leurs livres de comptes, comment s'opéraient les transactions.

Dans le cas de vente au comptant, l'objet n'était pas, en général, porté sur le grand-livre; on se bornait à l'inscrire au *manoal* ou journal.

Pour les ventes à crédit, au contraire, l'inscription au grand-livre était nécessaire. On portait au compte du débiteur la désignation de l'objet, sa destination, le nom de celui qui était venu le prendre, avec la date de la remise, enfin le nom des témoins de l'affaire et le prix stipulé.

Dans certains cas, lorsque la monnaie était altérée, on inscrivait ainsi le taux du change de l'écu : *l'escut a xxiv s.* (¹).

Quand le marchand exécutait une commande faite par lettre, il mentionnait ainsi le billet qu'il avait

---

(1) Voir ci-après le chapitre des poids, mesures et monnaies.

reçu : *E' avem ne un escrig de sa ma*, ou bien : *Am letra am entresenhas de sa sagel*, ou encore : *Am entresenhas*.

On sait d'ailleurs qu'à cette époque chacun avait son cachet ou sceau : les nobles et les bourgeois, timbré de leurs armoiries ; les marchands, avec des signes distinctifs, comme un oiseau, une fleur, entouré d'un exergue avec leur nom (¹).

D'autres fois c'est le notaire qui enregistre dans ses minutes la teneur de la transaction, et dans ce cas Bonis inscrit le nom du notaire : *carta facha per Me Emeric Manoel, notari*. Nous avons trouvé, dans des registres de tabellions du quatorzième siècle, le texte de ventes de ce genre. Quoiqu'il ne s'agisse pas d'opérations commerciales de notre marchand, nous croyons devoir en citer deux, à titre d'exemple, pour montrer un des côtés de la vie commerciale de cette époque.

C'est une affaire d'étoffes vendues par S. de Palhayrols, marchand de Caylus, et l'acte est retenu par le notaire Pons Gros, en 1345 (²).

Anno et loco..... die martis post hyemale festum beati.... Notum sit quod En G. Dalhac, fil que fo an Dalhac, de Castlus, sa cureires, loqual G. esta, segun que digs, a Belugard, establit en presensia de mi, notari, reconoc e cofessec dever an S. de Palhayrols, presen.... so es a saber trenta sols de tornes petitz per razo o per cauza de tres annas de drap bru de la moyso o bilatge de la vila de S. Antoni (3) losquals

---

(1) Nous possédons plusieurs cachets de ce genre et notamment celui d'un marchand Montalbanais, Bernard Assalhit, qui porte en exergue : *Sig. d'en Bernat Assalhit*, et au centre un écusson où l'on distingue *un lion passant, à l'orle de billettes*. Assalhit était un des clients de Bonis. Ce sceau d'ailleurs figurera dans la troisième partie des *Sceaux Gascons du moyen âge*, que publiera prochainement la Société des Archives historiques de la Gascogne.

(2) Archives de Tarn-et-Garonne.

(3) De la mesure ou village de Saint-Antonin ; c'est-à-dire de la fabrique.

INTRODUCTION. XXXIII

conog el dig (I. al dig S. per lo dig pret aver degudas, e en aquela maniera promes paguar el dig (I. al dig. S. los digs xxx sols tornes d'aishi a la plus probda venen festa de S. Antoni del mes de setembre, ab tot dans e despessas, desquals lo promes creire; renunsians sot aiso el (I. a petito de libel... e a enducias de IIII mes... e als privilegies de la noela bastida de Beubais (1)... e a tot dreg. Test. Pe. Manha, Johan Deves, filh que fo d'en Ar., habitador de Caslus, et ego Pontio Grossi, notario, quod promissa recepi.

Cancellata est precedens nota de precepto S. Palhayrols.

En voici un autre, tiré du même registre :

Anno, die et loco, etc. ... Notum sit quod Johan Vermelh dal Pech de la Guarda (Puylagarde, canton de Caylus, Tarn-et-Garonne), establit en presensia de mi, notari, reconoc so dever au R. de Bag, lo sabatier. ... XVIII s. VI d. petits per pretz de dos parelhs de sabatas, lasquals conog aver agudas pel dig prets, que s'en ten per ben paguat. ... a paguar lhi promes lodig pretz d'aishi a la festa de S. Antoni de setembre, plus probda venen... ab tot dans... obliguans el Johan a lhui R. de Bag si e sos bes... renuucians a enducias de IIII mes... e als previlegis de la novela bastida de Beuvais, e de Bonavila, e de autras bastidas fachas e fazedoiras... Test. etc. ...

Ces détails, qui se retrouvent dans tous les actes du même genre, nous montrent d'abord le soin avec lequel toutes les conditions de la vente étaient relatées, mais surtout ils indiquent les précautions prises contre les moyens dilatoires alors en usage : sans frais ni dépens; renoncement à quelque formule de procédure, à la prescription, et surtout aux privilèges des nouvelles bastides qui servaient de refuge aux mauvais payeurs.

La formule de ces précautions et de ces garanties varie, mais le fond est toujours à peu près le même.

---

(1) Beauvais (Tarn), bastide fondée par Jean de Marigny, en 1312.

Dans un registre de 1380 nous trouvons mentionnées les bastides de Saint-Luc en Bigorre, de Saint-Andrieu, de Longages, qui venaient d'être fondées.

Il faut croire que les gens de cette époque étaient comme aujourd'hui, peu pressés de payer leurs dettes car, en dépit des conventions écrites avec tant de soin, il n'est guère de compte qui ne porte la mention de rigueurs exercées par Bonis contre ses débiteurs même et surtout à l'égard des grands personnages.

Voici quelle était la procédure usitée :

Le client récalcitrant était cité devant le juge ordinaire, l'official, ou le juge mage, suivant sa qualité, par une *sitasio* que l'on *servait* à son domicile.

S'il ne répondait pas à cette invitation à payer, on avait recours à la *monesio*, monitoire, ou proclamation de la dette du haut de la chaire dans l'église du lieu habité par le débiteur.

Puis on prenait jugement, *jutgat*, libellé par le notaire et ratifié par le juge.

Quand tous ces moyens coercitifs étaient épuisés, le débiteur était excommunié, *escumengat*, et il ne pouvait se relever de cette sentence et de ses conséquences qu'en *cobren l'apsolvesio*, en obtenant l'absolution, grâce à la quittance du créancier.

L'ensemble de ces procédures s'appelait *greuge*, qui équivaut au mot procès.

On trouvera dans le Livre de nombreux exemples de ces règlements par voie judiciaire; nous citerons notamment ceux-ci :

Le damoiseau Jean Molinier devait à Bonis 40 écus en 1348; celui-ci lui fit un procès et lança un monitoire; il obtint un jugement qui fut rédigé par le notaire de l'official; Molinier paya un acompte de 5 écus, et, ne pouvant obtenir le reste, Bonis poursuit encore : *Item per una autra monesio e per lo greuye, e per totas las letras que pot far la cort el bras seglar* (le bras séculier). La dette s'était augmentée dans l'intervalle et montait à 65 écus, dont Molinier paya un acompte de 50, le reste payable à la Pentecôte. Les conditions ayant été tenues, Bonis régla le compte des dépenses du monitoire et de l'excommunication qu'il avait obtenue, et donna quittance et absolution.

Le plus curieux et le plus important de tous ces procès est celui relaté au folio 149. En voici le résumé :

Quatre seigneurs du plus haut lignage, R. des Prés, seigneur de Montpezat, Gaucelin de Vayrols, Pilfort de Rabastens et Guillaume Agasse avaient emprunté à Bonis mille moutons d'or, représentant environ quarante ou cinquante mille francs de notre monnaie. Après avoir rendu une partie de cette « finance », nos quatre seigneurs vinrent jurer sur les quatre Saints Évangiles qu'ils paieraient le reste au jour convenu, sinon ils s'engageaient à venir « tenir « arrêt » dans la ville de Montauban et à n'en point sortir sans le consentement de Bonis.

Au jour fixé, les débiteurs vinrent, mais ne pouvant payer, ils obtinrent un délai après avoir « rafraîchi » leur serment et donné des gages d'orfèvrerie.

L'affaire traîna en longueur et suivit toutes les phases de la procédure, jusqu'au jour où Bonis appela les quatre seigneurs devant l'archevêque de Toulouse. Celui-ci les condamna à payer dans la quinzaine, ce qui fut exécuté à la satisfaction de notre marchand, qui rendit les gages.

Ce fait de la constitution d'otages n'est pas unique, quoiqu'il paraisse singulièrement en contradiction avec les mœurs de l'époque. Nous avons trouvé, en effet, dans un registre de Bioule, que Bertrand de Cardaillac se chargea d'une dette de sa mère et s'engagea devant notaire à venir à Montauban se constituer otage de la somme de 30 florins : *Ho estar e venir el dig loc de Montalba, e aqui tener hostatge, e no d'aqui partir ses licensia deldig R.* (¹).

En opposition avec toutes les complications de la chicane, nous rencontrons, au cours de la lecture de notre document, un grand nombre de preuves de bonne foi : on trouve souvent des clients déclarant *que devia may que no era escrig; ou seguon que dis que no era escrig.*

Cela prouve encore une fois que de tout temps le mal et le bien ont été en lutte sur le champ de bataille de la vie. Malgré les constatations qui précèdent et qui montrent combien l'esprit méticuleux de la législation romaine était resté vivace dans nos contrées, nous persistons à penser, d'après l'examen des Livres, que la foi religieuse influait profondément sur la loyauté des transactions. Il convient, d'ailleurs, d'ajouter que les municipalités avaient établi des règlements minutieux pour la surveillance des industries, des métiers et du commerce, qui prévenaient la fraude et la réprimaient très sévèrement (²).

---

(1) Registres de Hugues de Bretes, notaire de Bioule, 1363.
(2) Le *Cartulaire de Beaumont*, publié par la Société archéologique, contient

Le prêt sur gage, dont il vient d'être question incidemment à propos de l'affaire des quatre seigneurs du Quercy, était très fréquent, et l'argenterie servait le plus souvent à ces transactions. Nous relevons dans le Livre Bonis des quantités de tasses données en nantissement, en même temps que des bagues, des coussins de plume, des housses, des couvertures, des livres, des missels et des bréviaires, des vases sacrés, des reliquaires : en un mot, tout ce qui avait une valeur.

Les gages les plus importants notés dans le Livre sont ceux apportés à Bonis par les seigneurs de Montpezat, de Vayrols et autres ; ils consistaient en une couronne d'argent, un flacon d'enfant aussi d'argent, un collier cassé, deux tasses de vermeil, une corbeille en vermeil avec son plateau, un reliquaire avec son pied de vermeil, une petite croix, un calice, deux cannettes de vermeil émaillé, une ceinture garnie d'argent (f° 149).

On relève aussi à la fin du Livre Bonis beaucoup de prêts de denrées, et on remarque que notre marchand se contentait d'être remboursé par une même quantité en nature, ou stipulait la restitution en argent au prix où la denrée se vendait à la place. Ces prêts coïncidaient probablement avec une disette produite à la suite de la peste noire.

Du reste, nous devons constater, à l'honneur de Bonis, qu'il n'est jamais question d'intérêt dans son livre. Une seule fois (f° 149) il est stipulé par un

---

à cet égard de très curieux renseignements. Nous lui ferons à l'occasion quelques emprunts.

jugement qu'il obtiendra les frais, dépens et *intérêts*. Mais jamais ailleurs nous n'en avons trouvé de trace.

Cette affirmation n'a rien d'ailleurs qui doive nous étonner : l'Église ne reconnaissait pas le prêt à intérêt, et il est probable que, pour éviter toute censure, lorsqu'on exigeait cet intérêt, on n'en laissait pas de trace sur les livres.

VII.

POIDS, MESURES ET MONNAIES.

Poids et Mesures. — Pour permettre au lecteur de se rendre un compte exact du rapport des poids et mesures employés au quatorzième siècle, avec le système métrique, nous emprunterons à une notice de M. Devals les renseignements suivants :

Poids. — Par un règlement de juillet 1329, les consuls de Montauban adoptèrent le marc de Troyes et fixèrent ainsi les différentes catégories de poids :

La livre (valant 14 onces) = 27 s. 9 d. ou 432 grammes 50.
La demi-livre = 13 s. 10 d. 12 grains ou 216 grammes 25.
Le quart = 6 s. 11 d. 6 gr. ou 108 gr. 125.
Le demi-quart ou *ouchau* = 3 s. 8 d. 15 gr. ou 549 gr. 62.
L'once = 1 s. 8 d. 19 gr. 1/2 ou 30 gr. 89.
La demi-once = 10 d. 9 gr. 3/4 ou 15 gr. 445.
Le quart d'once = 5 d. 4 gr. 7/8 ou 7 gr. 72.
Le huitième d'once = 2 d. 14 gr. 7/16 ou 3 gr. 88.
Le demi-huitième d'once = 1 d. 7 gr. 7/32 ou 1 gr. 93.
Le denier ou sterling = 24 gr.
Le quintal pesait 104 l. valant 44 kil. 980 gr.

Mesures de grains et liquides :

Le coup (1/8 de la raso) = 3 litres 38; on l'appelait aussi *boissel*, boisseau.
La raso (1/4 de sac) = 27 l. 04.

Le sac (1/2 setier) = 108 l. 16.
Le setier = 216 l. 32.
La barrique = 2 hect. 22.
La pipe = 4 hect. 45.
Le quart = 1 l. 85.
Le demi-quart = 0 l. 925.
Le pouchon = 0 l. 4625.

Mesures de longueur :
La canne = 1 m. 84.
Le pan ou palme = 0 m. 23 c.
L'aune = 1 m. 18.

Mesures agraires :
La séterée = 89 ares 45 c. 31.
La pugnerée = 2 ares 316.
Le carterée ou carton = 8 ares 2958.

Monnaies. — Voici le relevé des monnaies d'argent et d'or en usage à Montauban pendant le quatorzième siècle, et dont il est question dans le Livre de Bonis.

Monnaies d'or :

1° L'*écu d'or*, *escut d'aur* ou *escut*, qu'on marquait aussi au moyen d'un triangle renversé. Frappé sous Philippe VI et ses successeurs, le denier d'or fin à l'écu, ainsi nommé parce qu'il portait l'écusson de France sur une de ses faces, varia souvent de poids, de loi et de cours. Nous publierons plus loin les tables des variations relevées dans le Livre Bonis.

2° Les *florins* à l'écu, qui subirent également diverses variations.

3° Les *angelots*, *angels*, deniers d'or fin, qui portaient la figure d'un ange terrassant le dragon et valant 75 sols en 1340 (1).

4° Les *réaux*, *reals* ou *royaux*, frappés à l'effigie du Roi dans un portail gothique, et valant 22 s. 6 d. en 1331, 25 sols en 1358, 40 sols en 1359, et 20 sols en 1364.

5° Les *couronnes*, *coronas*, deniers d'or fin à la couronne brochant sur un champ de fleurs de lys, et valant 40 sols en 1339.

(1) Nous empruntons au *Glossaire* de Ducange les valeurs qui ne sont pas fournies par Bonis.

6° Les *lions*, *lheos*, deniers d'or fin portant la figure du Roi sous un dais gothique, les pieds appuyés sur un lion, et valant 25 sols en 1338.

7° Les *moutons*, *agnels*, *agnelets*, ainsi nommés parce qu'ils présentaient l'image de l'Agneau portant le fanion, et qui valurent 25 sols en 1354, 30 s. et 25 sols en 1356.

8° Les *chaises* d'or ou *cadieiras*, dans lesquelles le Roi était représenté assis dans une chaire, et qui valurent 20 sols en 1346, 30 sols en 1346 et 1347.

9° Les *florins georges*, frappés à Orléans par l'ordre du duc Philippe, et qui eurent cours dès 1340; nous en publierons les variations en 1346 et 1347.

Parmi les monnaies d'argent ayant cours, nous citerons notamment les gros parisis, les gros tournois et les gros aux lys, dont la valeur était assez variable: les premiers étaient comptés pour 12 deniers, les seconds 18 et 15 deniers, et les troisièmes 15 deniers.

Les monnaies de billon étaient : l'obole ou maille, le denier tournois et parisis, le double denier tournois et le double parisis.

Il y avait enfin quelques monnaies locales ayant cours : entre autres le sol et le denier de Cahors, valant environ un tiers de moins que la monnaie tournoise; le sol et le denier morlaas, qui valaient plus de trois fois la monnaie tournoise; la maille bordelaise, qui valait un denier et demi.

Quant à la livre tournois, c'était seulement une monnaie de compte, qui n'était pas représentée par des pièces monnayées; elle valait 20 sols de 12 deniers.

Variations des Monnaies. — Pendant les premières années de la guerre de Cent ans, à cette époque où le trésor royal, épuisé par les guerres continuelles, ne pouvait faire face à tous les besoins de

INTRODUCTION.

la défense du pays, les rois de France crurent trouver une ressource dans l'affaiblissement des monnaies. Cet expédient déplorable n'eut jamais les résultats qu'on en attendait, et ne réussit qu'à jeter la perturbation dans le commerce et l'industrie et à enrayer les transactions. Sous la pression de l'opinion publique, Philippe VI et Jean-le-Bon revinrent souvent à la forte monnaie, mais ces bonnes résolutions n'étaient qu'éphémères.

Plusieurs auteurs se sont occupés de ces variations et en ont indiqué la marche générale, en rapportant les édits royaux sur la matière.

Le Blanc, dans son *Traité des Monnaies*, — qui restera comme une œuvre de grand mérite, à laquelle le temps apporte chaque jour de nouvelles consécrations, — a donné sur cette période des détails très précieux, des tables fort complètes, que le savant M. de Wailly, dans son *Mémoire sur les variations de la livre tournoise* (¹), a publiées de nouveau avec quelques légères rectifications, accompagnées d'une admirable dissertation sur la matière.

Les tables de Le Blanc et de Wailly sont établies pour la monnaie de Paris; ce dernier ne doute pas que de pareilles variations et de semblables transactions ne se soient établies dans les provinces par suite des différences dans les cours volontaires et officiels des monnaies. « A défaut de documents « spéciaux, dit-il, on doit admettre par analogie que « les mêmes causes produisent les mêmes effets. »

Le Livre de Bonis vient combler d'une façon

---

(1) Mémoires de l'Institut: Académie des Inscriptions et Belles-lettres, t. XXI, 2ᵉ partie, p. 177 et suiv.

absolument complète, pour le midi de la France, cette lacune. En effet, notre marchand mentionne, presque à chaque article, des acomptes en numéraire, dont la répétition semblait n'avoir aucun intérêt. Or, nous avons observé que l'énoncé du montant de ces acomptes est toujours accompagné du cours de l'écu, du florin, du georges ou du mouton d'or.

Nous avons donc relevé ces diverses mentions, date par date, au fur et à mesure de la lecture du manuscrit, et dans cette table on peut suivre les variations journalières qui se produisaient à Montauban sur les monnaies et constater qu'elles étaient parfois soudaines et considérables. Le Blanc nous dit, du reste, à ce sujet, que « les désordres qui « étaient dans les monnaies étaient cause que le « peuple donnait cours à toutes sortes d'espèces, et « pour tel prix qui lui plaisait ». Le commerçant qui, comme Bonis, prenait la précaution de régler ses affaires à l'écu d'or, dont la valeur intrinsèque était relativement plus stable, faisait un calcul de proportion qui sauvegardait ainsi ses intérêts; mais pour celui qui possédait du numéraire en argent, c'était la gêne, parfois la ruine, sans profit pour personne, pas même pour le trésor royal.

Ces différents cours de l'écu, ces changements incessants dans la valeur des monnaies sont d'autant plus intéressants à signaler, que la plupart des dictionnaires et des histoires se bornent à les mentionner d'une manière très vague. Seul, M. de Wailly en a donné une explication aussi claire que formelle, pleinement confirmée par l'examen du Livre de Bonis, et qui se résume ainsi :

La monnaie d'or était généralement moins altérée, et sa valeur intrinsèque restait sensiblement la même; l'écu en 12 années, de 1343 à 1355, reste entre 59 et 54 au marc, et son titre ne varie que de 22 à 23 carats; par conséquent, plus le cours nominal est élevé, plus le titre des monnaies divisionnaires est abaissé, et lorsqu'on revient à la forte monnaie, c'est que les gros et les tournois sont de meilleur aloi; ce qui explique que pendant les affaiblissements il fallait, par exemple, 56 sols pour un écu, tandis qu'il suffisait de 15 en bonne monnaie. Aussi nos marchands avaient-ils soin d'établir, comme nous l'avons dit, un calcul de proportion pour chacun des articles de leur compte payés à terme; il résulte d'un fragment de compte détaché d'un livre, que la réduction était toujours opérée conformément au cours du jour.

Dans les contrats retenus par les notaires on inscrivait cette clause: *Promes paguar de bona moneda, seguon que nostre senhor lo Rey la penra assos pagamens de dia en dia* (1).

Voici, à l'appui de ce que nous venons de dire, la copie d'une facture qui se trouvait annexée au Livre Bonis; elle montre l'application de ce calcul de proportions:

En Bertomio Bonis deu per I ters.... pes clar, que pres a IX de de dezembre XXXII s., l'escut a LX s. valo d'aquesta moneda : XII s.
Item per III aunas de pers e XIII de vaire, meg flori et meg ters.
Item per XLVI palms de terme (?) a la molher d'en Ar. W. : . .
. . . . I escut e II ters.

---

(1) Registre de J. de Maloment, notaire de Bioule, 1330.

Item deu que pres en B. Bonis per III palms de blanc e per III palms bruneta que pres en G. Bonis LII s. a XLIIII s. l'escut, valo d'aquesta moneda : . . . . XXI s.

Item deu per I ters de blanc, que pres Guirauda a XIX de novembre, l'escut a L. s. XXII s. VI d., valo d'aquesta moneda : . . VIII s. III d.

La proportion doit donc s'établir ainsi : si un objet est acheté à raison de 32 sols, l'écu valant 32 sols (de monnaie altérée), l'objet ne coûte en réalité qu'un écu d'or (dont la valeur intrinsèque ne variait pas), c'est-à-dire environ 16 sols de bonne monnaie, puisque ce cours de 16 sols est celui du retour à la forte monnaie, et la formule algébrique de réduction est celle-ci : Prenons S la somme reçue, T^1 le taux de l'écu au moment de l'achat, et T^2 le taux de l'écu au moment du paiement, nous obtiendrons X la somme à verser, par l'opération suivante :

$$X = \frac{S \times T^2}{T^1}$$

En 1352, un édit astreignit les comptables à produire des quittances constatant la valeur de chaque paiement, l'espèce de monnaie qui avait servi à le faire, tandis que depuis saint Louis il était admis qu'un comptable pouvait se borner à signaler la date du paiement et le nom du témoin.

Voici la table des variations ou, plus exactement, du cours effectif des diverses monnaies à Montauban, de 1345 à 1363. On remarquera que nous donnons souvent plusieurs dates pour un même cours. Ces répétitions nous ont semblé utiles pour montrer la multiplicité des renseignements fournis par le Livre de Bonis; et pour en faire ressortir l'exactitude, nous avons rétabli dans cette liste la date du commencement de l'année au 1er janvier, selon la méthode actuelle :

ÉCU D'OR.

1345.

Mars, 23,	15 s.
Avril, 4, 8, 18, 20, 28,	15 s.
Juin, 4, 28,	16 s. 8 d.
Juillet, 8, 16, 18,	16 s. 8 d.
Août, 5, 25,	16 s. 8 d.
Septembre, 3, 20, 22,	16 s. 8 d.
Octobre, 20, 21, 24, 30,	16 s. 8 d.
Novembre, 2, 6, 10, 15,	16 s. 8 d.
Décembre, 25,	16 s. 8 d.

1346.

Janvier, 5, 21, 26, 27, 29, 30,	16 s. 8 d.
Février, 2, 4, 7,	16 s. 8 d.
Février, 8,	17 s.
— 11, 17,	16 s. 8 d.
Mars, 3, 5, 8,	16 s. 8 d.
Avril, 4,	16 s. 8 d.
— 5, 9, 17, 29,	18 s.
Mai, 1, 4, 10, 17, 19, 24, 25,	18 s.
Juin, 7, 10, 13	18 s.
— 29,	19 s.
Juillet, 1, 5, 7, 14, 21, 29, 30,	18 s.
Août, 2, 4, 5,	18 s.
— 11,	18 s. 6 d.
— 23,	18 s.
— 30, 31,	20 s.
Septembre, 1, 4,	18 s.
— 9,	19 s. 6 d.
— 14,	19 s.

Septembre, 18, 19,	18 s.
— 22,	20 s. 6 d.
— 22,	20 s.
— 23, 24, 30,	20 s.
Octobre, 4,	20 s.
— 12,	20 s. 10 d.
— 16, 18, 23,	20 s. 6 d.
— 27,	21 s.
— 30,	20 s. 6 d.
— 30,	21 s.
Novembre, 1, 7,	21 s.
— 8,	21 s. 6 d.
— 11, 17,	21 s.
— 20,	20 s.
— 20,	22 s.
— 23,	21 s.
— 23, 25, 27,	22 s.
Décembre, 3, 5,	23 s.
— 10,	22 s.
— 11, 18, 20, 21, 30,	23 s.

1347.

Janvier, 1, 2, 11, 12, 16, 20,	23 s.
— 21,	23 s. 6 d.
— 22,	23 s.
Février, 2,	23 s.
— 4,	24 s.
— 6, 11, 13,	23 s.
— 14, 15,	24 s.
— 16,	25 s.
— 18,	24 s.
— 22, 23, 25,	25 s.

Mars, 2, 6,	25 s.	Décembre, 3,	33 s.
— 10,	24 s.	— 5,	35 s.
— 13, 21, 27,	25 s.	Décembre, 10,	33 s.
— 27,	26 s.	— 12,	34 s.
— 31,	27 s.	— 15, 17,	33 s.
Avril, 1,	24 s.	— 18, 20,	35 s.
— 2,	25 s.	— 20, 25,	36 s.
— 4,	26 s.		
— 5,	28 s.	**1848.**	
— 6, 11, 15,	27 s.	Janvier, 1, 2, 3,	36 s.
— 15, 18,	28 s.	— 8,	38 s.
— 22, 25,	29 s.	— 9, 15, 16, 23, 28,	40 s.
— 29,	30 s.	Février, 2,	18 s. 9 d.
Mai, 3, 6, 7, 10,	30 s.	— 7, 9,	20 s.
— 14,	31 s.	— 11, 12,	18 s. 9 d.
— 17,	28 s.	— 13,	18 s. 9 d.
— 30,	32 s.	— 13, 14,	20 s.
Juin, 1,	32 s.	— 16, 22, 24, 25,	20 s.
— 3,	33 s.	— 27,	22 s.
— 6,	32 s.	— 28,	18 s. 9 d.
— 6,	33 s.	— 28,	22 s.
— 7,	32 s.	Mars, 4,	21 s.
— 7,	33 s.	— 6, 8, 13,	22 s.
— 8,	31 s.	— 15, 16, 18,	22 s.
— 8,	33 s.	— 20,	23 s.
— 9, 13, 16, 19, 20,	32 s.	— 20, 23, 27,	24 s.
— 21, 23,	32 s.	— 30,	22 s.
Juillet, 8, 9,	32 s.	Avril, 1,	24 s.
— 10, 23. 28, 29, 30,	33 s.	— 3,	22 s.
Août, 1, 3, 8, 13, 18, 19, 22, 25, 27,	33 s.	— 6,	24 s.
		— 7,	22 s.
Septembre, 1, 2, 9, 11, 16, 17, 20, 23,	33 s.	— 14,	24 s.
		— 18, 19,	22 s.
Octobre, 8, 9, 11, 13, 14, 15, 25,	33 s.	— 20, 22, 24,	24 s.
		— 27,	22 s.
Novembre, 1, 6,	33 s.	— 29,	20 s.
— 6,	34 s.	Mai, 1, 3,	18 s. 9 d.
— 7, 16, 21, 24, 25,	33 s.	— 4, 7, 10,	22 s.
		— 17, 22,	20 s.
		— 22, 23,	22 s.

Mai, 26,	21 s.	Janvier, 31,	28 s.
— 28, 31,	22 s.	Février, 4,	28 s.
Juin, 2,	21 s.	— 12,	27 s.
— 2,	22 s.	— 26, 28,	33 s.
— 2,	24 s.	Mars, 4, 5,	33 s.
— 4,	23 s.	— 7, 9,	32 s.
— 5,	22 s.	— 18,	33 s.
— 7,	21 s.	— 19, 20, 21,	32 s.
7,	22 s.	Avril, 3, 16, 18, 22, 23,	
— 13,	20 s.	30,	32 s.
— 14,	22 s.	Mai, 15, 18, 26, 28,	32 s.
— 15,	20 s.	Juin, 14, 15, 30,	32 s.
— 18,	22 s.	Juillet, 22, 28, 30,	32 s.
— 18,	24 s.	Août, 15,	34 s.
— 21,	22 s.	— 17,	33 s.
— 23,	21 s.	Septembre, 15,	32 s.
— 30,	20 s.	Octobre, 10,	34 s.
Juillet, 2,	21 s.	— 18,	32 s.
— 6,	20 s.	Novembre, 15,	32 s.
— 6,	22 s.	— 16,	31 s.
Août, 15,	22 s.	— 22, 28, 30,	32 s.
Septembre, 10,	25 s.	Décembre, 12, 22,	34 s.
Octobre, 11,	22 s.	— 25,	33 s.
— 12, 16, 28,	23 s.	— 25,	36 s.
Novembre, 9, 15, 18,	23 s.		
— 20,	22 s.	**1350.**	
— 20,	23 s.	Janvier, 5,	34 s.
— 22, 25, 28,	23 s.	Février, 1,	36 s.
Décembre, 3,	23 s.	— 13,	32 s.
— 4,	22 s.	Mars, 1, 3, 12, 18, 21, 25,	38 s.
— 6, 7, 8, 16,	23 s.	Avril, 1,	37 s.
— 20,	24 s.	— 10,	38 s.
— 25,	23 s.	Mai, 3, 5,	38 s.
		— 13,	40 s.
1349.		Juillet, 3, 17,	18 s. 9 d.
Janvier, 15,	24 s.	Septembre, 13,	25 s.
— 17, 20,	25 s.	— 16,	24 s.
— 22,	26 s.	— 22,	25 s.
— 23,	25 s.	Novembre, 28,	26 s.
— 25,	27 s.	Décembre, 19,	26 s.

1351.

Janvier, 4,	26 s.
— 15,	26 s.
Mars, 11,	28 s.
— 25,	21 s.
Avril, 9,	32 s.
Juin, 28,	32 s.
Juillet, 2,	33 s.
Août, 31,	34 s.
Septembre, 12,	34 s.
Octobre, 11,	35 s.
— 29,	38 s.
Décembre, 25,	46 s.

1352.

Janvier, 12,	50 s.
Mars, 18,	20 s.
— 24,	15 s.
— 25,	20 s.
Avril, 1,	20 s.
— 10,	23 s.
— 15,	12 s.
Juillet, 20,	20 s.
— 25,	22 s.
Août, 25, 31,	24 s.
Novembre, 1,	25 s.
— 1,	26 s.
Décembre, 18,	32 s.

1353.

Février, 15,	40 s.
Mars, 27,	40 s.
Mai, 7,	40 s.
Juin, 15, 19,	40 s.
— 24,	42 s.
Juillet, 5,	40 s.
Juillet, 13, 15, 16,	25 s.
— 25,	27 s.

Août, 1,	46 s.
— 18,	48 s.
— 24,	50 s.
Septembre, 14,	50 s.
Octobre, 5,	52 s.
— 12,	52 s.
Novembre, 1,	56 s.
— 25, 30,	15 s.
Décembre, 20, 25,	15 s.

1354.

Février, 4,	18 s.
Avril, 1,	23 s.
— 19,	23 s.
Mai, 3,	23 s.
— 15, 30,	23 s.
Juin, 1,	21 s.
— 5, 7,	25 s.
— 13,	30 s.
Juillet, 18,	25 s.
— 25, 28,	27 s.
Août, 4,	30 s.
— 30,	37 s.
Septembre, 9, 17,	38 s.
— 31,	42 s.
Octobre, 15,	42 s.
— 21, 23,	44 s.
— 28,	45 s.
Décembre, 7, 25,	52 s.

1355.

Janvier, 4,	17 s.
Février, 7,	16 s.
Mars, 15, 18,	16 s.
Avril, 10, 20,	17 s.
Mai, 4,	20 s.
— 23, 25,	21 s.
— 27,	20 s.
Juin, 1,	21 s.
— 15,	20 s.

Juin, 24,	22 s.	Juillet, 2,	18 s.
Août, 1,	26 s.	Août, 5,	18 s.
— 21,	23 s.		

1356.

1357.

Janvier, 10,	22 s.	Juillet, 18,	21 s.
		Novembre, 14,	25 s.

FLORIN D'OR.

1357.   **1360.**

Carême,	22 s.	Février, 18,	25 s.
Juin, 2,	33 s.	Mai, 12, 16, 27, 31,	25 s.
Août, 2,	43 s.	Rameaux,	25 s.
		Octobre, 8,	26 s.

1358.

		Novembre, 6,	26 s.
Avril, 3, 7, 15,	25 s.	Décembre,	26 s.
Mai, 5,	27 s.		
— 18,	28 s.		

1361.

Pentecôte,	30 s.	Janvier, 12, 15,	15 s.
Fête-Dieu,	32 s.	Février, 16,	15 s.
Août, 15,	42 s.	Avril, 15, 20,	15 s.
Décembre, 1, 11,	25 s.	Mai, 2,	15 s.
— 19,	30 s.		

1362.

1359.

		Mars, 15,	22 s.
Janvier, 26,	48 s.	Avril, 25,	22 s.
Mars, 30,	48 s.		

1363.

Août, 6,	48 s.		
Décembre, 8	34 s.	Avril, 15,	22 s.

FLORIN GEORGES D'OR.

1346.

		Décembre,	25 s.
Juin, 14, 24,	20 s.		

1347.

Septembre, 12, 13,	21 s.	Octobre, 29,	25 s.

DENIER D'OR A LA CHAISE.

1347.

		Mai, 4,	35 s.
		Juin, 24,	30 s.
Février, 16,	25 s.	Octobre, 18,	35 s.
Avril, 21,	30 s.	Novembre,	35 s.

INTRODUCTION.

DENIER D'OR A L'AGNEL DIT MOUTON.

1355.

Mars, 5,   25 s.

DOUBLE D'OR.

1347.

Octobre,   46 s.

GROS D'ARGENT.

1346.

Février, mars, mai,   15 d.

De l'examen de la liste ci-dessus il résulte qu'en 1345 il se produisit peu de variations: l'écu valut 15 sols, puis 16 sols 8 deniers.

En 1346, de ce dernier taux il fait une ascension vers le cours de 23 sols.

En 1347, progression ininterrompue de 23 sols à 36 sols.

En février 1348, de 40 sols, baisse subite à 18 sols 9 deniers, par suite de la publication d'une ordonnance royale du 6 janvier 1347 (v. s.), dont Bonis a pris note ainsi en tête du folio 112:

A II de fevrier, tornee l'escut a XVIII s. IX d., el marc de l'argent a IIII l. XVI s., e I patar a I parazo petit (1).

En aisi fo cridat a Montalba.

On revint donc à la forte monnaie pendant cette année 1348, et l'écu se maintint entre 20 et 25 sols; en 1349 nous le trouverons presque toute l'année à

---

(1) *Patar*, monnaie provençale; *parazo*, sol parisis.

32; en 1350) il monte à 40 et redescend au mois de mai à 18, grâce à un retour au bon aloi. Nouvelle marche ascendante les années suivantes. En avril 1352, de 20 sols il redescend à 12; mais il ne fait que toucher ce cours, et en deux ans il monte d'un bond jusqu'à 56. Aucune époque n'est plus tourmentée que 1353 : l'écu y atteint le cours le plus élevé, 56 sols, et retombe à 16. En 1354, hausse à 52 et baisse à 17. Progression continue l'année suivante. Il n'est plus fait mention de l'écu après le mois de novembre 1357. Les baisses concordent parfaitement avec les retours à la forte monnaie.

A partir de l'année 1357, Bonis compte à florins ou à livres; ses observations sont beaucoup plus clairsemées; cependant nous avons pu établir le cours du florin de 1357 à 1363 et compléter la table par quelques cours de diverses monnaies.

Après avoir montré l'instabilité et les dangers du système désastreux de l'altération des monnaies, il faut reconnaître qu'il n'a point produit dans notre Midi une misère aussi complète que le disent certains historiens.

Certes, il n'est pas douteux que les Anglais et surtout les grandes Compagnies apportèrent le trouble dans nos provinces et firent des ravages considérables sur leur passage; Montauban reçut la visite de ces terribles soudards, et une mauvaise récolte amena une disette de grains et de denrées en 1360; néanmoins, il appert des comptes des frères Bonis que la pénurie d'argent signalée par Commines et sa monnaie de cuir au bouton d'argent sont une exagération. On remarquera que de

1360 à 1369 Bonis fait ses plus importantes transactions et manie les plus grosses sommes d'argent. Du reste, nous constatons un retour à la forte monnaie coïncidant avec la rentrée du roi Jean en France, ce qui indique déjà une certaine abondance de numéraire.

VIII.

LES ÉTOFFES, LES BIJOUX ET LE COSTUME.

La vente des étoffes, la commission, — comme on dit aujourd'hui, — pour certains objets servant à la confection des vêtements, les armures ou les ornements, étaient les branches les plus importantes du commerce des frères Bonis.

Au moyen d'un travail de synthèse, long et minutieux, et grâce à une assimilation aussi lente que complète du manuscrit, nous avons pu nous faire une idée très exacte de la physionomie de cette boutique si bien achalandée du négociant montalbanais, et constater combien elle était approvisionnée d'étoffes de toutes sortes, ainsi que des produits les plus divers de l'importation étrangère.

Mais le côté le plus intéressant qui nous est dévoilé par ces comptes, écrits avec la minutie, l'exactitude, la profusion de détails alors en usage dans toutes les transactions, c'est un véritable répertoire des diverses sortes de vêtements, avec les tissus employés à leur confection, la provenance de ces étoffes, la couleur, le prix et l'aunage, de telle sorte qu'à part la forme, qui, du reste, nous est connue déjà par d'autres ouvrages et par les monuments, on peut, à quelques fils et à quelques deniers près, dépeindre et évaluer le vêtement porté par tel ou tel damoiseau, bourgeois ou simple laboureur.

Pénétrons dans cette vaste boutique que nous avons décrite tout à l'heure; le Livre Bonis nous servira de guide pour en faire un inventaire rapide et exact à la fois.

Voici le rayon des draps : il y en a de toute provenance, de toute couleur, de toute qualité, de tout prix. Ici sont les *rosets* de Montauban, sorte de rouge foncé, commun, mais de très bon usage, qu'on vendait 2 florins la canne.

Les gris et les burels (8 s. la canne) de cette ville sont fort estimés pour leur bonne trame et la solidité de la couleur, obtenue seulement par le mélange des laines, et font des habits que l'on se transmet de génération en génération [1].

Saint-Antonin de Rouergue envoie aussi des draps bruns; ses fabriques ont été réglementées par les consuls, et la marchandise qu'elles livrent est garantie par de sages ordonnances [2].

Villefranche d'Aveyron et Rodez fabriquent des blancs; Rodez, plus spécialement, des draps à carreaux ou échiquetés, *escacat*. Toutes ces étoffes servent à nos vignerons et à nos laboureurs pour leurs manteaux, leurs cottes-hardies ou leurs chausses.

---

[1] Voir, pour plus amples détails sur les draperies montalbanaises, notre *Notice sur la fabrication des draps à Montauban depuis le XIVe siècle*; Montauban, 1883, in-8°.

[2] M. Mila de Cabarieu a publié dans le *Bulletin archéologique de Tarn-et-Garonne* (4e trimestre 1886) *les Statuts des fabricants de draps de Saint-Antonin au XIVe siècle*.

Quant aux élégants, le choix ne leur manque pas : il y a toutes les draperies renommées de Flandres et du nord de la France : le marbré de Malines, le cendré, le moiré, le mêlé d'Ypres et de Bruxelles, et les draps de Beauvais et de Montvilliers à 38 s. la canne, que Bonis rapporte, chaque année, de ses voyages aux foires du Lendit à Saint-Denis.

Courtray est représenté par le *tanné*, aussi solide que le cuir, et qui sert aux chevaliers pour les jacques qu'ils portent sous l'armure.

Mais, en dehors de ces qualités hors de pair et réservées seulement aux damoiseaux et aux seigneurs, notons encore le *blanquet* à 7 s. l'aune, le drap champêtre ou de paysan (*campestre*), le roset de Montaulieu, la brunette de Linay, le drap frisé (*gaugat*), le drap *carnassier*, le drap mêlé camelin blanc, pour chausses, à 9 s. l'aune.

Ce qui intéresse encore beaucoup dans cet inventaire rapide, ce sont les couleurs de ces belles pièces de drap, au dos rebondi, qui s'étalent sous l'auvent ou dans les rayons. On retrouve toutes les teintes de l'arc-en-ciel, depuis le violet, passant par le jaune, le bleu (*pers, indi, blau*), le vert, le rouge, jusqu'aux teintes indécises du cendré, du gris sombre (*encre*). Et ces draps moirés, à damier ou mi-partis, de couleurs différentes, frisés ou lustrés ! Il faut avouer que nous avions raison de dire qu'il y en avait pour tous les goûts et pour toutes les bourses.

Après les grosses étoffes des pays du Nord, voici les fines et délicates productions des contrées du soleil : voyez ces draps de soie croisée ; c'est une nouveauté qui se fabrique à Givet avec les soies de l'Orient; voilà une étoffe qui fait fureur pour les vêtements des chevaliers. Ces soies de l'Inde, d'Alep, d'Alexandrie, sont de véritables foulards, au tissu léger, et dont les brillantes couleurs forment une chatoyante palette. L'Angleterre, elle-même, a trouvé moyen d'importer chez nous les soies fines et les soies dorées, qui servent à la parure des femmes.

Mais rien ne peut lutter contre le cendal, si soyeux qu'on ne saurait rêver rien de plus délicat. Les dames le choisissent de couleur vermeille et indie, et les plus élégantes le prennent mi-parti vert et noir, originalité qui est en pleine vogue, puisque les damoiseaux « s'en vont par les rues une jambe rouge « et l'autre verte, au grand scandale des gens « d'Église (¹) ». Le cendal sert aussi de dernier vêtement pour les morts de haut lignage; son emploi est général pour les robes de livrées (²). Notons encore les coupons de soie verte de Lucques, les soies noires, les taffetas de plusieurs couleurs, les toiles de soie, sans compter les nombreuses pièces de *sedas*, cette étoffe si fine et si souple qu'envoie la Toscane pour doubler les vêtements, et dont l'usage est si général.

Notre visite est loin d'être terminée : voici les rayons réservés aux futaines, aux serges, aux camelots, aux étamines de couleurs variées. La futaine la plus estimée est celle de Givet; mais on en fabrique qui

---

(1) Les couleurs du blason envahirent toutes choses : on se costuma comme un écu, mi-parti rouge et bleu, ou bien au 1ᵉʳ, qui est l'épaule, d'azur; au 2, qui est la jambe, de gueules, et ainsi de suite. (De Laborde, *Émaux du Louvre*, t. II, p. 228.)

(2) La livrée au moyen âge était distribuée à certaines époques. Depuis les princes du sang jusqu'aux plus infimes serviteurs, chacun recevait alors la robe de livrée aux couleurs de son seigneur direct.

est soyeuse et a l'aspect de la peluche : c'est le *fustani pelut*. Quant à la serge, on la tisse à Montauban; il y en a d'échiquetée. Le camelot et le camelin, ainsi nommés parce qu'il y entre du poil de chameau, servent surtout pour les vêtements des religieux et des prêtres; on emploie les étamines pour doubler les collets.

Arrêtons-nous un instant au comptoir des toiles; il est largement approvisionné. Notre marchand a soin de constater dans les ventes et les achats de ce genre que le port est payé en sus de la marchandise, ce qui ne s'explique pas facilement. Tandis que les draps et les soies se vendent sans aucune restriction, pour les toiles on mentionne le prix de la *victura*.

La toile sert à plusieurs usages. On l'emploie d'abord à doubler les vêtements : c'est pourquoi nous en voyons des pièces entières de verte, vermeille et d'*aurnola* ou dorée. Il y a la toile de fin lin pour les doublets, les coiffes, les chemises et les braies, ainsi que la toile d'Autun fine et la toile bourgeoise; celle-ci est employée aussi pour les draps de lit des personnes de condition, comme la vicomtesse de Monclar qui en prit 30 aunes, payées au prix de 3 s. 6 d. (f° 61); en général elle se vendait 4 sols l'aune; enfin la toile de Normandie valait 6 s. 9 d. la canne (f° 104), tandis que la toile écrue était plus spécialement achetée par les gens de la campagne [1].

En dehors des étoffes que nous venons d'énumérer, le magasin contient encore une foule d'autres articles

---

[1] Dans un compte de dépense d'un intendant d'un château, en 1320, il est dit qu'on envoya un messager en Bourgogne pour acheter de la toile : *per anar en Bergounho a las telas*.

de mercerie et même des nouveautés, que notre marchand caractérise par ces mots *a la guia novela*, « à la guise nouvelle ».

Le rayon de mercerie comprend toutes sortes de rubans, au premier rang desquels brillent ceux de Lucques, faits de soie, et dont la vogue est très grande, puisque la plupart des habits sont parfilés de soie ; la *veta* ou bordure de soie, que la Normandie envoie, est aussi employée au même usage, et on remarque encore dans l'assortiment d'autres variétés de rubans, notamment le tissé (*tescut*), que Bonis cite une fois dans le compte d'un élégant.

Puis viennent les innombrables boîtes de fil, depuis le fil d'or de Chypre jusqu'au fil blanc. Il y a le fil simple de pastel, le fil enluminé ou de couleurs variées, le fil vermeil de brésil (qui tient son nom d'un bois de teinture, et non du pays, qui ne fut découvert qu'un siècle et demi après et reçut ce nom à cause de ce même bois) ; le fil soyeux *(sedenc)*, les fils rouges de Montpellier, etc., etc.

Passons rapidement devant les superbes bourses de velours, de soie et d'or ciselé, et les ceintures de soie, couvertes de plaques d'orfèvrerie émaillées ou dorées, les chapeaux de feutre garnis de belles torsades de soie, les fourrures de vair, d'hermine, les dentelles de soie, les voiles de lin et de soie qui viennent de Lyon, d'Alep, d'Alexandrie ou d'Allemagne ; les réseaux les plus nouveaux et les plus riches, reçus de Lyon ou faits à Montauban.

Le luxe devait être porté à son comble à cette époque, si l'on en juge par les vêtements dont Bonis vend les étoffes et fait fabriquer les accessoires. Les ordonnances si minutieuses et un peu bien draconiennes, — à notre point de vue actuel, — n'avaient d'ailleurs réussi qu'à stimuler, par l'appât du fruit défendu, la coquetterie des bourgeois et de leurs femmes; aussi ces lois furent-elles de tout temps violées et comme non avenues.

Un demi-siècle déjà avant que Bonis commençât son livre, cette folie de la parure était telle que le conseil de ville tout entier dut s'en émouvoir et que les consuls de Montauban, auxquels s'étaient joints les conseillers, adoptèrent en 1274 des statuts réglant très minutieusement le costume des dames de la ville et édictant des peines très sévères contre celles qui orneraient leurs habits d'orfrois, de parures d'or, d'argent, de soie ou d'hermine, de vair, de gris, de perles, de chaînes d'argent, ou qui porteraient des robes de cendal, de pourpre, de samit, d'aucun drap d'or ou de soie, si ce n'est cendal en doublure.

L'ordonnance défendait, en outre, de porter or, argent ou perles dans les rues, pas même des épingles ou fermaux, et seulement dix boutons au plus valant 2 sols tournois chacun. Les contraventions étaient punies par une amende de mille tuiles pour l'œuvre de l'église et la confiscation de la robe [1].

Ces prescriptions furent confirmées en 1291 [2], mais on peut compter que cette prohibition ne dura guère, puisque les ventes faites par Bonis prouvent surabondamment que tout ce qui avait été défendu par les statuts de 1274 et de 1291 se portait com-

---

[1] Archives de Montauban (*Livre rouge*, f° 20).
[2] Archives de Montauban (*Livre rouge*, f° 59).

impunément dans la rue en 1338, sans vexation ni trouble de la part de l'autorité.

Les défenses édictées par les consuls n'étaient pas applicables aux femmes de mauvaise vie, qui pouvaient impunément, et sans doute à la grande jalousie des *donas honestas*, se parer de joyaux ou de fourrures.

Bien plus sage nous paraît l'ordonnance du prévôt des marchands de Paris, qui défendait en 1360 aux courtisanes de porter broderies et joyaux sur leurs robes et chapeaux. Les édits somptuaires semblent d'ailleurs avoir été faits pour être violés : en effet, ils ont « le tort d'usurper sur la liberté privée « et de s'attaquer à certains signes extérieurs de la « richesse [1] », et d'être aussi « une concession faite « à la vanité nobiliaire ». Il est vrai qu'à Montauban l'édit vise les femmes de bonnes vie et mœurs, mais l'application devait en être fort délicate. De même que les ordonnances de Philippe le Bel, il n'arrêta pas la marche croissante du luxe, mais contribua plutôt à l'augmenter par l'appât du fruit défendu [2].

M. Quicherat a eu raison de dire que les modes inaugurées sous Philippe-Auguste se perpétuèrent dans les provinces jusqu'au milieu du quatorzième siècle : ce fait est incontestable. La mode n'était d'ailleurs pas alors aussi changeante qu'aujourd'hui, par suite de la lenteur des communications; cependant nos marchands montalbanais ne manquaient

---

[1] Baudrillart, *Histoire du Luxe*, t. III, p. 250.
[2] Baudrillart, *Histoire du Luxe*, t. III, p. 253.

pas d'aller régulièrement à Paris (¹) acheter les toiles de lin, les voiles et les nouveautés; à Rouen ou à Dieppe, choisir les ceintures et les bourses; à Toulouse ou à Beaucaire, faire leurs provisions de drap.

Nous montrerons tout à l'heure que les paysans de cette époque, loin d'être vêtus de haillons, comme certains historiens fantaisistes se plaisent à les représenter, jouissaient d'un bien-être, relatif il est vrai, mais incontestable, puisqu'on les voit acheter des jupes, des chausses, des manteaux, des gonelles, mettre chemise et braie, et se chausser de souliers, tandis que leurs femmes portent cotte-hardie, cape, chaperon, voile de soie et doublet. S'ils n'avaient pas le luxe, ils étaient convenablement habillés.

La classe aisée, dans laquelle se confondaient presque les bourgeois et les nobles, se faisait remarquer par le luxe qu'elle déployait. Les robes avec leurs garnitures de soie, de cendal, de fourrure; les chaperons également fourrés d'étoffes de soie et garnis de bijoux; les chapeaux de feutre garnis de cordelières de soie; les fermaux, les bagues, les ceintures garnies d'argent et d'émail; les bourses de soie, de velours et d'or; les manteaux de draps de Flandre, les garde-corps, les garnaches, les manches lacées, les gants et les mitaines; les voiles, les doublets, les réseaux de soie et de lin : toutes ces parures, dont nous allons donner le menu détail en rapportant les citations du Livre Bonis, prouvent que le luxe était

(1) A plusieurs reprises il est question de ces voyages pour « emplegar », faire les emplettes aux foires célèbres, notamment à celles du Lendit à Saint-Denis. *Que prestec à Paris, l'an 1353, que el c io amen a S. Marsel, costat am lu quant fom retornat a Montalba* (f° 12). — *Que prestec a en Peire Merle, que volia anar a la empleyua en Fransa* (f° 137).

très développé à cette époque. Nous renvoyons donc le lecteur à chacun des mots qui désignent une partie du vêtement ; ils y trouveront plus d'un renseignement intéressant sur le costume.

Avant de commencer la publication du répertoire ou glossaire du vêtement, qui est l'objet de ce chapitre, nous devons donner au lecteur quelques explications préliminaires sur le mode adopté par nous.

Le glossaire publié par M. de Laborde à la fin de sa remarquable *Notice des émaux du Louvre*, et le *Glossaire archéologique* de M. Victor Gay, qui procède absolument comme le précédent, nous ont paru devoir être pris pour modèles, à cause de la clarté des explications et de la classification des citations. Mais, pour rendre la lecture moins aride, nous remplaçons le texte roman de Bonis par une traduction. Les chiffres placés entre parenthèses renvoient aux folios du manuscrit.

Alba (*Aube*). — L'aube est un des premiers ornements liturgiques; elle était de toile blanche, comme l'indique son nom. Bonis vendait de la toile pour faire des aubes destinées à l'église Saint-Étienne de Sapiac (f° 37).

Ambre (*Ambre*). — L'ambre était fréquemment employé comme ornement. Les dames portaient des colliers de grains d'ambre (f° 104); la femme de Bertrand de Castille paie 4 sols une *corde* d'ambre (f° 46).

Anel (*Anneau, bague*). — L'anneau jouait un grand rôle dans la parure des femmes au moyen âge, aussi mettait-on un grand luxe dans leur ornementation. En dehors des alliances ou *verges planes*, dont il sera question plus loin, il y avait de nombreuses variétés de bagues, ornées de pierres précieuses et de perles de différentes couleurs et valeurs. Il semble que presque tout le monde ait porté bague au quatorzième siècle.

Les jeunes filles qui entraient en religion recevaient, des membres de leur famille, un ou plusieurs anneaux. P.-R. Foucault achète deux anneaux d'or avec saphirs, pour donner à sa nièce, N. de La Barte, qui entrait aux Minorites, et ils lui coûtèrent 13 sols [V 23 s.] (1) (f° 14). R. de Forabosc donna un anneau d'or à sa nièce, qui fut *monge*, nonne, et il devait être beau, puisqu'il coûta 54 sols [V 20 s.] (f° 52). Une religieuse minorite, pressée par des besoins d'argent, — qui s'expliquent par le trouble qui régnait alors dans notre ville à cause de la guerre, — donna à Bonis son anneau d'or garni d'un saphir, pour gage d'une somme de 1 l. 6 s. 10 d. (f° 3).

Dans les présents de noces, les anneaux étaient au premier rang; le futur en donnait à sa future le jour des fiançailles. Raymond de Montaury, fermier de la forêt du seigneur de Pommiers, acheta un anneau d'or avec saphirs, 7 sols, « parce qu'il avait choisi pour femme « la sœur de R. Delpy » (f° 14). Arnaud Seguy, bourgeois, en prit un avec perle du prix de 10 sols, pour sa fiancée (f° 31). Plus modeste, un tondeur de draps, acheta, pour son mariage, un anneau d'argent surdoré, valant 1 s. 4 d. (f° 50).

Mais ce n'était pas seulement les futurs à qui incombait cette obligation morale de donner des bagues : les parents plus ou moins éloignés apportaient en offrande à l'épousée des anneaux du même genre. A la noce de la fille d'un riche bourgeois, Géraud de La Serre, nous voyons des quantités de bagues offertes à la *nobia*, et notamment : deux bagues d'or avec saphir (f° 25), valant 4 sols chacune; deux anneaux d'or avec perles de Compiègne, valant 1 écu [V 16 s.] (f° 28), un anneau d'or avec turquoises, 8 sols (f° 40), et un autre anneau d'or avec saphir, 4 sols (f° 42).

Un autre bourgeois donna à sa nièce, Sibylle de Vacheresse, un anneau d'or avec perles, du prix de 10 sols (f° 31). Dans d'autres occasions, comme le premier jour de janvier ou la fête d'un saint patron, on offrait des bagues. Le notaire royal R. de La Molinairie acheta un anneau d'or avec grosse perle, le 30 juillet, pour *étrenner sa* femme, 1 florin d'or bon (f° 36). Son collègue, G. de la Borie, notaire de l'évêque, en prit un orné d'un saphir, du prix de 1 florin, valant 13 sols, pour le même usage (f° 55).

A l'occasion d'un baptême, le seigneur de Flaugnac, entre autres cadeaux faits à sa femme, donna un anneau d'or avec grenat (f° 33).

La mode de porter des anneaux était donc générale, et correspond au luxe qui régnait à cette époque. Le damoiseau Armand Azémar en achète six d'or à la fois (f° 21); un autre deux, dont l'un avec saphir

(1) Ces indications entre crochets indiquent le change de l'écu d'or.

l'autre avec grenat, valant un demi-écu d'or, pour sa fille (f° 64). Un marchand en paie deux en or avec grenat, 10 sols (f° 70). Un bourgeois en donne deux avec perles à sa nièce (f° 83). Un chevalier et son fils prennent deux anneaux d'or avec perles et saphir (f° 93). Un bourgeois se paye un anneau d'or avec *estrojassi*, une topaze, sans doute, qui valait 1 écu (f° 107).

Les paysans eux-mêmes portaient l'anneau : l'un d'eux en acheta un garni d'un grenat (f° 76); deux forgerons en prirent un avec perle.

On trouve parfois aussi des anneaux d'argent : un chevalier en paya deux 3 s. 4 d. (f° 27).

Souvent Bonis rachetait des anneaux, moyennant bénéfice sans doute. Pons Seguy, bourgeois, lui en vendit quatre valant 30 sols (f° 29), et quelques temps après il lui en achetait un en or avec saphir au prix de 20 sols [V 34 s.] (f° 78).

Nous pourrions multiplier beaucoup ces citations, car les ventes d'anneaux sont très nombreuses dans les comptes de notre marchand. Nous n'avons rapporté que les plus intéressantes.

Aurpels (*Oripeau, auripellum*). — Cuir mordoré ou paillon d'or qu'employaient les savetiers pour les souliers, en même temps que le parchemin. Un savetier achète deux oripeaux clairs moyennant 1 s. 10 d. (f° 7); un autre, demi-parchemin et trois oripeaux, 6 sols (f° 39); un troisième régla des parchemins et des oripeaux (f° 29).

Beana (*Couverture*). — Ce mot, qui signifie plus spécialement housse (voir *Cobertor* et *Vanoa*), est employé par Bonis pour désigner un tapis cordouanné pour couvrir une selle (f° 33).

Blizaut (*Bliaud, blaude*). — Ce mot désigne un vêtement dont la forme se rapproche assez de la *blouse*; il est resté avec une légère altération dans le patois actuel : c'est *biaudo*, qui signifie *blouse*.

On trouve le bliaud mentionné deux fois seulement dans les Livres Bonis; la première, à l'occasion de la sépulture de P.-R. de La Motte, chevalier de l'honneur de Monclar. Un notaire de la juridiction fut chargé de faire peindre les armoiries (*senhal*) du défunt sur un bliaud et une bannière. Il est donc probable que ce vêtement ainsi décoré fut mis sur la bière ou qu'il était destiné au porte-bannière (f° 47). La seconde prouve que les femmes elles-mêmes portaient le bliaud, puisque l'épouse d'un bourgeois achète trois ouchaus de soie noire pour garnir un bliaud, qui lui coûtèrent 2 s. 4 d. (f° 28).

La rareté de ces citations confirmerait l'opinion de M. Quicherat, qui pense que le bliaud avait été un peu délaissé dès le commencement du quatorzième siècle.

Bocaran (*Bougran*). — Étoffe de toile forte et raide qui devait servir à doubler. On trouve dans un compte : un bougran et une couverture de taffetas (f° 64).

Borsa (*Bourse*). — Dans toutes les conditions, les hommes et les femmes, les vieillards comme les enfants, les clercs comme les laïcs, tout le monde portait bourse, aumônière ou escarcelle pendue à la ceinture. (Voir *Escrasela, Sencha, Sentura.*) Comme conséquence de cette mode universelle, on peut ajouter qu'il y avait des bourses de toutes grandeurs et de tous prix, ainsi que de toutes sortes d'étoffes.

Commençons par les plus modestes : deux servantes qui se mariaient reçurent en cadeau d'un marchand, leur maître, deux ceintures et deux bourses de laine de Toulouse, qui coûtèrent en tout 6 sols [V 23 s.] (f° 123).

Un chapelain acheta un voile de lin doublé de Paris, une bourse avec sa ceinture de *gambais* (gambison, bourre ou feutre), pour une jeune fille de condition ordinaire, 1 écu d'or [V 23 s.] (f° 96), tandis qu'un cultivateur payait 12 sols une bourse de *gambais* avec sa ceinture fine de soie (f° 123).

Les prêtres portaient des bourses de soie (f° 37). L'abbesse des Minorites, Marie de Penne, en achète une fine de soie, qui lui coûte 1 florin d'or (f° 53).

Le luxe des bourses était porté si loin, que nous voyons un bourgeois payer à la fois à notre marchand : une bourse fine de soie, une ceinture d'argent émaillée, deux bourses d'or ciselé et un ceinturon garni de laiton pour faire un cadeau, le tout, y compris un doublet de lin de Paris, lui coûta 2 l. 15 s. 10 d. (f° 23).

Si on veut savoir d'où nos marchands tiraient les diverses sortes de bourses de soie qu'ils vendaient, il suffit de parcourir les comptes :

Le gardien des Frères Mineurs envoie à dame Blanche de Bioule, nièce de l'évêque Guillaume de Cardaillac, une bourse brodée de soie *de Paris*, avec sa ceinture émaillée, qui lui coûta 3 écus 1/2 (f° 4) (1); Pierre de Verdun, bourgeois, offrit à une accouchée, sa commère, une bourse et sa ceinture de soie *de Montpellier* (f° 53); un marchand se donna le luxe d'une bourse avec boursel *de Normandie*. Le *boursel* était sans doute une petite bourse destinée à son fils, puisqu'il y fait joindre un ceinturon d'enfant (f° 91); quant aux bourses fines d'*Angleterre*, elles étaient fort recherchées (f° 90).

---

(1) Les chiffres *italiques* entre parenthèses indiquent les renvois au Livre des Dépôts.

Nous avons cité tout-à-l'heure les bourses d'or ciselé. Le terme roman qui les désigne est *taillat*, taillé. Nous croyons que ces bourses venaient d'Orient. Bonis en vendait souvent, et elles étaient fort à la mode chez les riches bourgeois : Arnaud de Verdun lui achète à la fois sept petites bourses, *borselas d'aur taillat*, avec leurs ceinturons, *senturel*, pour son jeune neveu, au prix total de 19 sols (f° 77).

Les bourses de velours étaient portées aussi par les dames de haut lignage ; celles de vermeil surtout valaient 3 s. 6 d. (f° 60) ; les ecclésiastiques les prenaient en velours noir ; celles des chanoines du monastère valaient 2 s. 6 d. (f° 77) ; un écuyer paya deux bourses de velours 5 sols (f° 16).

Il y avait encore les bourses brodées : les brus d'un charpentier reçurent en cadeau, de leur père, des bourses brodées avec leur ceinture de soie (f° 50). Un moine du Moustier en paya une brodée et bien garnie 5 sols (f° 17).

Dans un compte-courant de Bonis avec un de ses confrères il est question de 7 douzaines *borsaut* (grande bourse ?), dont 3 avec *borsaut* et 4 sans *borsaut* (f° 14) ; une autre fois, de 2 douzaines *borsaut* (port payé, *avictural*) (f° 27) : enfin, une garde-malade, femme d'un barbier, se paie le luxe d'un *borsaut* de Normandie avec son *borsel*, et une ceinture d'Amiens (f° 30). Un chapelain fait également l'achat d'un *borsaut* avec un *borsel* de Normandie (f. 46).

Braguas, Camia (*Braies, chemise*). — Nous réunissons dans un même article ces deux parties du vêtement, parce qu'on les rencontre rarement l'une sans l'autre dans le document.

Les braies étaient faites de même toile que la chemise ; les hommes seuls portaient les braies, mais la chemise était commune aux deux sexes, et il est certain, d'après les citations nombreuses que nous avons relevées, qu'elle était d'un usage général dans toutes les classes de la société au commencement du quatorzième siècle.

Une servante de ferme et son fils, qui se louent pour travailler la terre, stipulent qu'il leur sera donné, en outre des gages, divers vêtements, parmi lesquels une chemise et un garnacho de lin pour la mère et autant pour le fils (f° 139) ; un paysan achète deux aunes de toile de lin pour faire des chemises et des braies (f° 121).

Les gens de cette condition employaient aussi à cet usage la toile écrue : un bour... en achète trois aunes pour faire des chemises et des braies, au prix de 9 s. 6 d. [V 20] (f° 139). Nous voyons des Minorites porter des chemises de toile écrue (f° 32).

Cependant les gens aisés préféraient la toile blanche, qui se vendait de 12 à 15 deniers l'aune (f⁰ˢ 18-117). Une bourgeoise acheta dix aunes de toile blanche pour faire des chemises à ses enfants (f⁰ 23). Un Frère Mineur en prit dix palmes, ainsi que 1|2 once de fil blanc, pour faire des braies, 10 s. (f⁰ 1). La chemise de noces de la fille d'un boucher fut faite de deux aunes et demie de toile blanche, et coûta 3 s. 8 d. [V 20 s.] (p. 114), et un damoiseau paya quatre aunes de toile blanche pour chemises et braies 4 s. 8 d. (f⁰ 34).

On faisait aussi des chemises en toile de Normandie : Pons d'Auty en emploie six aunes pour chemises et brayes, 30 sols [V 38 s.] (f⁰ 111), et les élégants préféraient la toile dite *Borgeza* (de Bourges), plus fine et plus chère, qui coûtait 2 s. 5 d. l'aune. Le prieur-mage du Moustier, Foulques de Belfort, qui aimait fort le luxe, en acheta douze aunes pour cet usage (f⁰ 47), et un notaire en prit cinq aunes pour deux chemises et deux braies, 13 sols (f⁰ 55).

Au baptême, le parrain donnait presque toujours une chemise brodée ou tuyautée à l'enfant. (Voir ci-après *Baptêmes*.)

Les gens les plus raffinés faisaient broder leurs chemises : une chemise brodée coûta 2 s. 6 d. (f⁰ 48); d'autres les garnissaient de dentelle, *fimbria*.

Braguier (*Brayer*). — C'était le cordon qui serrait les chausses attachées à la ceinture. On trouve une seule fois cette mention : un brayer de coton (f⁰ 106).

Brasalot (*Bracelet*). — Deux fois seulement nous avons relevé ce terme avec la signification de bijou, peut-être même encore désignant une pièce d'armure ; c'est d'abord : un bracelet et un *musiquis* doré valant un écu d'or (f⁰ 49). Le sens du mot *musiquis* nous échappe complètement, soit par suite d'une lecture défectueuse, soit pour toute autre raison. Une autre fois il est question aussi d'un bracelet et *muzipus* de cuir noir (f⁰ 37). Enfin, le prieur de Montalzat acheta un bracelet doré 25 sols (f⁰ 53).

Cambals (*Jambières*). — L'usage des guêtres ou jambières de toile ou de drap s'est conservé dans nos campagnes. Au quatorzième siècle on les portait surtout à cheval.

Le prieur de Campredon en achète une paire de doubles (f⁰ 19), et le gardien des Frères Mineurs une autre paire (f⁰ 1).

Dans les deux cas ces jambières sont vendues avec une courroie de faix.

Un marchand de Bruniquel s'en paya une paire au prix de 1 s. 8 d. (f⁰ 50).

Capa (*Cape, Chape*). — La cape était une sorte de petit manteau porté par les femmes, et garni souvent d'un capuchon.

On la faisait de drap; à Caylus, ainsi qu'on le verra au chapitre de la vie rurale, les femmes recevaient en dot plusieurs vêtements, parmi lesquels était une cape de bife ou galonnée. (Reg. de P. Gros, 1345.) La garniture d'une cape se composait ordinairement de soie et de ruban. La femme du procureur de l'évêque avait une cape garnie d'une palme de taffetas vert ample, de deux ouchaus de sedas et d'un quart de fil vermeil, 8 s. 8 d. (f° 81). Un notaire de l'official acheta cinq quarts de palme de cendal, une palme et demie de toile, deux ouchaus de soie verte et demi ouchau de vermeil pour la garniture d'une cape offerte à sa sœur, et d'un garnache destiné à sa belle-sœur, 7 sols (f° 116).

La chape, ornement ecclésiastique, était faite ordinairement de drap d'or, comme la chape processionnelle que le frère de Bonis, nommé prieur de Saint-Maffre, acheta au collecteur de Toulouse. Elle était en drap d'or diapré fin, et coûta 20 florins 10 gros (f° 30). On portait la chape selon la couleur de la rubrique. R. du Colombier, chanoine de la collégiale de Saint-Étienne de Sapiac, acheta trois palmes et demie de cendal vert, huit ouchaus de soie verte, une pièce de ruban vert, un quart de fil qu'il donna au tailleur pour garnir une chape noire et un manteau, 11 s. 6 d. (f° 47); le couvent des Carmes prit six aunes de toile verte pour fourrer une chape pour dire la messe (*Capa mesal*) (f° 69). Le frère B. Rolland, prêcheur, employa six aunes et une palme brunette noire pour faire une chape, qui coûta 6 écus d'or (f° *12*).

Capairo (*Chaperon*). — Au quatorzième siècle, hommes, femmes enfants même, riches et pauvres portaient le chaperon. C'est la coiffure à la mode; elle a pu varier de forme suivant les époques et les pays, mais à ce moment, dans le Sud-Ouest, si l'on en juge par les miniatures du temps, et notamment par celles du *Cartulaire de Beaumont*, il se portait en guise de turban, d'où pendait un guleron retombant sur l'épaule.

Le chaperon était d'ordinaire fait en drap plus ou moins fin, selon la condition.

Un gardeur de pourceaux acheta un chaperon et des pièces de cuir pour les souliers, 5 sols (f° 139).

Un chaperon de domestique coûta 8 sols (f° 8); on en faisait de brunette noire, de serge, de drap échiqueté de Rodez (f° 144), de tanné (f° *12*), etc.; mais c'est surtout par la garniture que les dames et les damoiselles faisaient assaut d'élégance, ainsi que le démontrent les nombreuses citations suivantes :

Le chaperon d'une marchande fut bordé de dix palmes de ruban de soie noire et doublé de soie, le tout du prix de 2 s. 1 d. (f° 11) ; une autre y dépensa 2 s. 3 d. de cendal (f° 15) ; une troisième le borda de ruban gaufré *(gaugada)* et de sedas du prix de 4 s. 1 d. (f° 19). On trouve encore dans le même cas des chaperons noirs garnis de cendal (f° 101) ; de drap bleu garnis de quatre aunes et une palme de ruban de soie, 6 s. 1 d. (f° 46). Du reste, la plupart étaient bordés de rubans de soie et garnis de cendal (f°s 11-15-38), de soie ou de sedas (f°s 31-36), quelquefois des deux étoffes (f°s 35-38-55-120).

Il y avait les chaperons à la mode nouvelle (*a la guia novela*), qui étaient aussi bordés de ruban de soie (f° 108), et, de même que pour les habits, la mode vint de porter les chaperons *parlys*, c'est-à-dire de deux couleurs, bordés et doublés de soie. La femme de Bernard Brunet, marchand, en avait un de ce genre garni de ruban large de soie (f° 123).

On pourrait à l'infini multiplier les citations de garnitures de chaperons pour femmes : la femme d'un savetier dépensa 5 sols pour une palme de taffetas vert ample, deux aunes de ruban de soie de Lucques, et un ouchau de soie pour fourrer et garnir son chaperon (f° 27) ; une autre se borna à y mettre 3/4 d'aune de taffetas vert ample (f° 48). Le bourgeois Lautier acheta dix aunes de ruban de soie de couleur à 10 deniers l'aune, et deux tresses de soie noire, 4 sols, pour les chaperons de ses deux filles (f° 50).

Une bourgeoise garnit le sien de trois aunes ruban de soie, un ouchau et demi de soie, et demi palme cendal (f° 113).

Les chaperons d'hommes étaient plus simples d'ordinaire, puisque dans les comptes on rencontre peu de garnitures pour ces coiffures masculines, qu'on se bornait à doubler de soie.

Un marchand paya 8 sols son chaperon de drap (f° 63), et un bourgeois achète un ouchau de soie verte pour coudre un chaperon bordé (f° 31). Le prieur de Campredon, Pilfort de Belfort, prend également un ouchau de soie pour un chaperon (f° 48). Le prieur-mage du Moustier dépense 1 s. 6 d. pour deux ouchaus de sedas pour coudre et doubler un chaperon (f° 19) ; d'autres fois il achète des fourrures pour garnir ses chaperons, 12 s. 7 d. et 15 s. 8 d. (f°s 19-22) ; enfin, on trouve à son compte deux chaperons faits avec sept palmes de brunette noire, 35 sols [V 33 s.] (f° 86).

Le prieur du Mas-Saintes-Puelles, Géraud d'Aigrefeuille, portait aussi un chaperon de brunette noire du prix de 5 sols (f° 38).

Quant à l'évêque, son chaperon était doublé de deux palmes de cendal indi (1) et d'un ouchau de soie de même couleur, 3 s. 6 d. (f° 35). Mais le plus riche de tous les chaperons mentionnés dans le Livre est celui de Bertrand de Cardaillac, seigneur de Bioule. Il est ainsi décrit dans un compte (f° 31) : un chaperon de *pers encre* (bleu foncé), garni de perles fines et *d'aiglas* (d'aigles) imitées avec des perles.

Un laboureur prit trois aunes de drap burel (marron) pour faire un chaperon, 8 sols (f° 139).

Terminons en citant encore un chaperon garni de fourrures, celui d'Arnaud Des Près, seigneur de Montpezat (f° 27).

Capairona (*Petit chaperon*). — Une seule fois, parmi les fournitures achetées par un domestique, on trouve : *una capairona* faite de deux aunes de drap échiqueté de Rodez (f° 144).

Vu la quantité d'étoffe employée, nous nous demandons si c'était bien là une coiffure ou un vêtement.

Capel (*Chapeau*). — Le chapeau, quoique d'un usage général, ainsi qu'on l'a vu précédemment, ne se portait que dans les occasions importantes; en tout cas il est certain que les chapeaux étaient également adoptés par toutes les classes de la société.

Le chapeau était d'ordinaire en feutre (f° 41) et de couleur noire, au moins pour les gens d'Église (f° 31), et le prix en était assez variable. Un bourgeois paya un chapeau de feutre 2 sols (f° 68); un écuyer, 1 s. 4 d. (f° 54); le seigneur de Corbarieu, le même prix (f° 41); celui de Villemade, 2 s. 6 d. (f° 84); un damoiseau et un moine, 2 sols (f°ˢ 91-31); un chanoine, 1 s. 4 d. (f° 54); le seigneur de Lesparre en eut deux en feutre pour 3 sols (f° 25).

Il y en avait *à la guia* (à la mode) qui coûtaient deux sols, et le pitancier du Moustier (f° 75), ainsi que le fauconnier du chevalier Molinier en achetèrent chacun une paire de ce genre (f° 59), au prix de 4 s.

Certains personnages, lorsqu'ils allaient en voyage à cheval, les faisaient garnir ou fourrer de ouate, *cotomapus* (f° 113).

Le chevalier Molinier acheta à son fils une sous-veste pour joûter et un chapeau de feutre, 12 s. 2 d. (f° 25).

Enfin les dignitaires de l'Église les garnissaient, comme aujourd'hui, de cordons de soie. C'est ainsi que l'official Cabirol dépensa 3 sols pour trois ouchaus de soie verte de Lucques, pour faire faire un cordon à son chapeau (f° 16).

Capelina (*Capeline*). — C'était, dans le costume civil, un chapeau

---

(1) Le *pers*, l'*indi* et le *blau* étaient trois variétés de bleu.

large, à coiffe pendante (V. Gay). Une seule fois ce mot se trouve cité dans Bonis, qui donna un chaperon et une capeline à un domestique (f° 8).

Carnier (*Carnier*). — Si les bourses et les escarcelles étaient élégantes et riches, les carniers ne l'étaient pas moins, si l'on en juge par l'unique citation relevée dans le Livre et qui a rapport à un carnier d'or brodé, acheté par un licencié en lois (f° 15).

Causas (*Chausses*). — Il ne faut pas confondre les chausses avec les braies. Celles-ci étaient faites de toile, ainsi qu'on l'a vu (voir *Braguas*), tandis que les chausses étaient ordinairement de drap ou d'étoffe, et avaient la forme de bas très larges qui s'attachaient sous les braies. La suprême élégance était, d'après les chroniqueurs, de les porter de couleur différente pour chaque jambe, de même qu'on avait des costumes ainsi bariolés ou partys, suivant le terme du blason. On les vendait d'ailleurs à la paire, ce qui prouve qu'elles ne tenaient pas l'une à l'autre : deux paires de chausses (1) (f° 5).

Elles étaient, avons-nous dit, en drap : un marchand employa trois aunes de drap mêlé camelin blanc à faire des chausses pour ses domestiques, 27 sols (f° 61). Bonis en avait de drap mêlé (probablement d'Ypres), apprêté et foulonné à Montauban (f°s *16-33*), d'autres de brunette noire (f° *48*). Il en fit faire pour lui et pour son fils avec deux tiers de canne de vert d'Ypres (f° *12*). Arnaud Des Prez, seigneur de Montpezat, en avait de drap roset (f° *26*). Le chambrier de l'évêque fit don à sa commère d'une paire de chausses qui valaient 4 sols (f° 35).

Le prieur-mage du Moustier, un élégant, ainsi qu'on peut le constater dans bien des passages de ce chapitre, en avait de bleu pers, et il achetait tantôt une aune de drap blanquet, 7 sols (f° 17), tantôt trois palmes et demie de drap mêlé, 9 s. 7 d. (f° 47-63), trois palmes et demie brunette noire, 10 s. 6 d. (f° 50); enfin il en paya une paire 10 sols [V 24] (f° 48); une autre fois, enfin, quinze palmes de drap gaugat (gaufré) pour chausses, à 13 sols la canne, 26 s. 3 d.

Un laboureur acheta des chausses de blanquet (f° 139). Un bouvier dépensa 2 florins 1 gros pour une cotte-hardie, un chaperon et des chausses de brun, blanc et bleu *(sic)* (f° 143).

Comme on le verra au chapitre des sépultures, les morts étaient habillés pour le grand voyage, et on leur mettait des chausses.

(1) C'est de là qu'est resté dans le langage méridional cette locution vicieuse: « une paire de pantalons ».

Cazubla (*Chasuble*). — Voici un compte relatif à la façon d'une chasuble : six aunes de toile verte à 15 deniers l'aune, deux onces trois quarts fil enluminé et vert pour fourrer la chasuble d'un chapelain, 9 s. 4 d. (f° 36). Dans un autre nous remarquons : deux palmes et demie taffetas échiqueté ample, deux ouchaus sedas de Lucques, pour garnir une chasuble, 13 s. 3 d. (f° 42).

Clocha (*Cloche*). — Viollet-le-Duc ne mentionne pas la cloche dans son *Dictionnaire du mobilier*. Quicherat nous apprend que c'était un manteau fendu par devant et qui était surtout porté par les chevaliers.

Il paraîtrait cependant que la cloche était adoptée par les femmes, puisque la femme d'un bourgeois de Montauban acheta les fournitures suivantes pour une cloche et un chaperon : demi-palme taffetas vert large : deux palmes condal vert ; quatre ouchaus et demi de sedas, et un ouchau de soie blanche, 8 s. 4 d. (f° 28).

C'est, du reste, la seule fois que ce mot est écrit dans le Livre.

Cobertor (*Couverture*). — Ces couvertures, qui servaient à divers usages, soit en guise de housse pour les chevaux, soit pour les livres, soit pour couvrir les lits, étaient armoriées quand elles appartenaient à des nobles. Il semble que ces objets de luxe devaient avoir une certaine valeur, puisque la plupart des citations que nous relevons à ce sujet sont des nantissements : le prieur de Léojac, P.-G. de Penne, met en gage chez Bonis une couverture de laine avec ses armes (f° 2). Un damoiseau promet de donner un *boucaran* et une couverture de taffetas en gage (f° 64). Bertrand de Mallac dépose une couverture de taffetas armoriée de fleurs de lys (f° 65).

Les housses de lit avaient aussi un autre nom : *beana*, *vanoa* (voir ce mot), qui est resté dans le patois : *banne*.

Cofa (*Coiffe*). — C'était une sorte de bonnet fait de toile, que l'on portait sous le chapeau et le chaperon.

Le notaire Bertaut fit faire une coiffe qui lui coûta 4 gros (f° 26).

Les coiffes de lin se vendaient 2 sols toutes faites (f° 88). Les coiffes de femmes élégantes n'étaient pas toujours simplement de toile ; on les garnissait de soie : la femme d'un bourgeois employa pour garnir ses coiffes trois aunes et demie de ruban de soie de couleurs, et demi-ouchau de soie vermeille, de la valeur de 4 s. 8 d. (f° 82). D'autres, moins coquettes, se bornaient à les faire en toile bourgeoise, comme la femme du savant en droit, Me Jean Melzieu, procureur de l'évêque, qui acheta à cet effet une aune de toile bourgeoise au prix de 2 s. 6 d. (f° 19).

Parmi les vêtements dont on revêtait les morts, il y avait la coiffe (f° 112).

Cofro (*Coffret*). — Presque toujours le futur donnait ses cadeaux dans un coffre de mariage, orné de dorures, de sculptures ou de peintures.

Le coffre était aussi un accessoire de voyage : on le retrouve concurremment avec les selles. Enfin il servait à tenir le linge et les objets précieux de la maison.

La sœur Denise, Minorite, mit en gage d'abord son anneau, qu'elle récupéra, mais elle régla son compte au moyen d'un coffre qui fut estimé 1 l. 6 s. 10 d. (f° 3).

R. Foucault, bourgeois, offrit à sa future divers objets, tels que gants, cendal, etc., dans un coffret doré, de Paris (f° 123) ; il en fut de même du marchand Bernard Brunet (f° 123). Ajoutons que ce dernier, après le mariage, revendit le coffre à Bonis, 33 sols (f° 123).

Coisi (*Coussin*). — Les coussins de plume avaient une certaine valeur, puisqu'ils servaient de nantissement pour les achats : un tailleur met en gage un coussin de plume pour le prix de 5 sols (f° 1) ; un autre, une épée, un bouclier et un coussin de plume (f° 19).

Colador (*Collet*). — Les auteurs prétendent que c'est seulement vers le milieu du quatorzième siècle que parurent les collets. Les citations suivantes prouvent que déjà en 1345 cette mode était arrivée à Montauban. Était-ce une collerette ou pèlerine, ou un de ces cols fraisés que l'on portait autour du cou ? Nous pencherions plutôt pour la première hypothèse, puisque nous voyons le Chapitre en acheter un certain nombre à la fois (f° 106), et qu'un ecclésiastique employa neuf palmes d'étamine pour faire trois collets, 1 s. 1 d. (f° 35).

Coguola (*Coule*). — La coule était le vêtement ordinaire des Bénédictins : elle était noire et faite de serge ou de camelot, et garnie et bordée de soie : un moine du Moustier fit faire une coule de serge noire, 3 s. 9 d. (f° 4) ; un autre en acheta une de *saïa (?)* noire (f° 11). Foulques de Belfort donna à un moine une coule de serge d'une valeur de 27 sols (f° 22). Une coule pour B. de Mailhac, moine de Saint-Théodard, fut faite avec onze aunes de serge noire, trois aunes ruban de soie noire et deux ouchaus de soie noire, et coûta 2 écus d'or (f° 29). Un autre moine prit neuf aunes de serge avec deux ouchaus de soie et treize palmes de ruban de soie noire pour une coule et la garniture de deux paires de manches, 3 écus (f° 29).

Le prieur du Mas-Saintes-Puelles donna à son neveu une coule neuve, faite de six aunes de camelot noir à 3 sols l'aune, garnie de deux ouchaus de soie noire, et qui coûta 2 s. 6 d. de façon, total 1 l. 1 s. ; et il lui fit arranger une de ses vieilles coules avec deux ouchaus de soie

INTRODUCTION. LXXIII

noire, une aune de toile et du ruban de soie noire, 3 sols (f° 38). Plus élégant pour lui-même, le prieur acheta treize palmes de byrrhe noire à 6 s. 8 d. la canne, demi-once fil et quatorze palmes de ruban noir de fil pour faire une coule à son usage, 12 sols (f° 38).

L'aumônier du Moustier fit une coule et scapulaire avec douze aunes une palme camelot noir à 2 s. 6 d. l'aune, deux ouchaus de soie noire, 3 l. 3 s. 8 d. (f° 105), et le sacristain avec huit aunes de camelot à 11 sols la canne, 2 l. 8 s. (f° 106).

Corsot *(Corset, petit garde-corps)*. — Diminutif de *cors* (corps ou corsage), le corset était un habit à manches très larges, porté par les femmes et les hommes, et serré à la taille. Les ecclésiastiques eux-mêmes portaient le corset.

En effet, l'abbé du monastère de l'Ilebarde, Poilfort de Belfort, ancien prieur-mage de l'abbaye de Montauriol, acheta trois aunes de drap tanné de Courtray et sept aunes de blanquet pour faire un corset à son usage, 7 écus 1/4 (f° 12). On peut observer quelle énorme quantité d'étoffe fut employée pour ce vêtement. Le pitancier de l'abbaye en fit faire un garni de toile blanche (f° 41).

C'était d'ailleurs, comme le garde-corps, un vêtement de dessus, qu'on devait soigner beaucoup. Il était cousu de soie, lacé et paré de manches postiches : trois quarts fil de soie pour piquer une petite manche à un corset (f° 20), demi-ouchau de soie pour faire des œillets à un corset du prieur de Campredon (f° 19).

L'étoffe employée était ordinairement du drap ou de la futaine qu'on doublait de soie ou de toile et qu'on garnissait de ouate : le bourgeois Forabosc acheta trois aunes de futaine de couleurs, trois aunes de toile blanche, demi-livre ouate *(cotomapus)* pour faire un corset, 13 sols, et trois ouchaus sedas et un ouchau fil soyeux blanc pour garnir son corset (f° 18).

Viollet-le-Duc confond corset avec garde-corps ; notre marchand employant les deux termes, nous avons cru devoir maintenir la distinction.

Cortapia *(Courte-pointe)*. — La courte-pointe était-elle une couverture piquée et ouatée ou un vêtement ? Ce mot figure dans le compte d'un bourgeois à côté d'un chaperon : demi-palme sedas mi-vert et noir, trois quarts de soie de Lucques, demi-palme cendal pour *cortapia* et chaperon de serge pour sa femme, 5 s. 10 d. (f° 55).

Cotardia *(Cotte-hardie)*. — S'il est un vêtement qui ait eu une vogue immense, c'est bien la cotte-hardie, portée par toutes les classes, et dont on retrouve d'innombrables mentions dans le Livre Bonis.

La cotte-hardie se faisait de drap, et variait de longueur et de dimensions suivant les conditions.

Deux domestiques de Bonis portent cotte-hardie. Le premier la bleue, aux prix de 7 sols (f° 3); le second paie 4 sols la façon et la garniture de la sienne. Un bouvier prend trois aunes de brun pour une cotte-hardie, 9 sols (f° 144).

Géraud Bonis achète à un collègue trois cannes de burel pour faire faire un manteau et une cotte-hardie, 18 sols (f° 15). Son frère Barthélemy prend six aunes de mêlé d'Ypres pour sa cotte-hardie et celle de son fils, 8 florins (f° 12). Une autre fois il achète trois cannes de drap mêlé de Montivillers pour une cotte-hardie et un manteau pour lui, à 38 sols la canne (f° 60).

Le prieur Poilfort de Belfort employa six aunes et demie de drap, 10 s. 10 d., pour garnir une cotte-hardie de drap roset, et paya 16 s. 8 d. au *pélicier* (marchand de fourrure) pour le même objet (f° 19).

Le prieur Géraud d'Aigrefeuille n'employa que deux cannes de burel pour faire sa cotte-hardie et une paire de chausses, 16 sols; la garniture de la cotte se composa de demi-once fil blanc, demi-palme toile et un ouchau de soie noire, 1 s. 1 d. (f° 38).

Les gentilshommes portaient la cotte-hardie serrée à la taille et bariolée de couleurs. Ainsi Amalvin de Lescure acheta dix palmes de toile, six ouchaus de sedas, un cordon de soie verte qui pesait deux ouchaus, pour garnir sa cotte-hardie de *listral* (rayé) noir et jaune, 10 s. 2 d. (f° 39). Pons de Cauzac, damoiseau du Verdier, fit faire une cotte-hardie *mi-partie*, qu'il garnit de cinq palmes de toile verte et vermeille, de deux ouchaus de sedas et d'une once de fil vermeil, 6 s. 1 d. (f° 91).

Les femmes elles-mêmes portaient la cotte mi-partie : celle de Delpy, bourgeois, acheta six ouchaus de soie mi-verte et noire, trois palmes toile verte, demi-palme cendal pour faire deux manteaux et une cotte-hardie *partie* (f° 10).

Le viguier de l'évêque était dans le même cas, puisqu'on trouve à son compte : une palme de toile verte, deux ouchaus sedas pour la cotte-hardie mi-partie de M. le viguier, en 1347, 5 s. 1 d. (f° 82).

Les grands seigneurs et dignitaires avaient, ainsi que nous l'avons dit, une livrée : l'écuyer du prieur P. de Belfort prit chez Bonis quatre écus d'or pour payer quatre aunes de drap pareil à celui de la cotte-hardie de livrée du prélat (f° 140).

Parmi les étoffes employées à la confection de la cotte-hardie nous avons cité le burel (f° 143), le mêlé de Montivillers (f° 60); il convient d'y ajouter la futaine blanche, dont Arnaud Séguy, bourgeois, fit faire sa cotte (f° 81), et le marbré qu'employa au même usage la dame Fine de Molinier, et de remarquer que, dans ces deux derniers cas, notre marchand mentionne une particularité : c'est qu'il dut faire tondre le drap avant de le livrer à ses clients. « Pour « dix palmes de marbré pour cotte-hardie, 2 florins, et pour tondre « et garniture et façon, 9 gr. 1/2 » (f° 17).

Un moine du Moustier fit remettre au tailleur une once de fil, demi-palme de toile et un ouchau de soie pour garnir une cotte-hardie de *ferlin*, 1 s. 3 d. (f° 29).

Pour compléter ces citations, notons enfin quelques garnitures que nous avons relevées dans le livre :

« Une aune de toile blanche, une once fil de laine, trois quarts fil « bleu pour garnir et fourrer une cotte-hardie pour un cultivateur » (f° 121).

« Deux aunes toile verte, demi-once fil vermeil, un ouchau soie « pour la cotte-hardie de Ratier de la Motte, 9 s. 10 d. (f° 110).

« Deux ouchaus et demi sedas, une palme toile, demi-once fil « blanc pour la cotte-hardie d'un damoiseau, 5 s. 2 d. (f° 109).

« Une canne de toile verte pour fourrer une cotte-hardie, 5 s. « 8 d. (f° 70).

« Six palmes de blanquet pour le même usage (f° 81).

« Un ouchau demi de sedas pour la cotte-hardie de vermeil d'un « damoiseau. » (f° 46)

Les manches n'étaient pas adhérentes à la cotte-hardie (voir *Marguas*) : Jean Clerc, bourgeois, achète deux palmes un quart cendal, une palme toile, cinq ouchaus sedas pour garnir la cotte-hardie et deux paires de manches, 6 s. 6 d. (f° 24).

Cremeira (*Bandeau de baptême, chrémeau*). — Plusieurs auteurs pensent que c'était là une petite coiffe ou bonnet qu'on mettait aux enfants après l'onction. Cette coutume n'existe plus. Le chrémeau est aujourd'hui un bandeau qui sert à essuyer le saint-chrême.

Le chrémeau, quelle que fût d'ailleurs sa forme, était offert par le parrain, en même temps qu'un cierge et souvent une chemise (f°s 18-36). Un damoiseau offrit un chrémeau brodé et un cierge d'une livre, 2 s. 10 d. (f° 21). Plusieurs bourgeois et seigneurs firent de même (f°s 25-32-66), et une bourgeoise donna à son filleul une chandelle de demi-quart et un chrémeau cannelé ou tuyauté, 7 deniers (f° 25). Un afanier, loueur d'écurie, en donna un avec une chandelle (f° 33), etc., etc.

Ouebrioap (*Couvre-chef*). — Cette coiffure de femme précéda le hennin ; elle accompagnait presque toujours le réseau et consistait en un voile léger empesé, couvrant la nuque. Il ne faut pas confondre le couvre-chef avec le voile.

Les couvre-chef étaient faits de toile fine d'Allemagne ; Bonis en achète à la fois une pièce entière (f° 51) ; à son voyage à Paris, en 1354, il en rapporta à son frère Géraud trois douzaines de lin de Paris, en même temps que vingt-huit réseaux, qui coûtèrent 21 écus trois quarts (f° 138). Le bourgeois Lautier achète un réseau avec le couvre-chef d'Allemagne, pour sa femme, 8 sols (f° 30).

La femme d'un boucher en prit un de lin de Paris (f° 28) ; il en fut de même d'une bourgeoise (f° 29).

Un damoiseau fit faire un couvre-chef de lin et de sedas (f° 98) ; un autre en acheta un double de lin (f° 98).

Doble (*Doublet*). — Cette partie du vêtement féminin se portait sur la peau. C'était, dit Viollet-le-Duc, une sorte de chemise cousue en double ; Victor Gay prétend que c'était une robe de dessous avec ou sans manches, taillée dans la toile mise en double.

D'après les citations relevées dans le Livre Bonis, les doublets se vendaient tout faits. La plupart sont inscrits sous cette rubrique : « Un doublet de lin de Paris ; » certains avaient une plus grande ampleur (*pasa gran forma*) (f° 33).

Le prix des doublets était fort élevé : la femme d'un boucher en paie un 3 l. 10 s. (f° 3), de même que celle d'un damoiseau (f° 5). Une marchande, 2 l. 10 s. (f° 77). Une dame noble, 33 sols 9 d. (f° 60). Une bourgeoise, 1 écu 1 s. (f° 53). La commère de Bonis, 20 s. 6 d. (f° 40). D'autres dames de haute naissance les payèrent un florin d'or de bon poids (f° 118) et 2 l. 5 s. (f° 98).

L'abbesse des Minorites donna un doublet de lin de Paris à une de ses compagnes, 50 sols (f° 53). L'hospitalière du Moustier paya 13 s. 6 d. un doublet de lin de Paris et deux palmes et demie serge noire (f° 99). Géraud Bonis apporta de Paris un doublet de lin à la femme d'un bourgeois, 1 l. 7 s. (f° 10). Les filles du bourgeois Lautier en portaient qui ne coûtaient que 12 sols (f° 30).

Il y avait aussi des doublets vermeil, comme ceux que Bonis apporta de Toulouse à une bourgeoise, sa voisine (f° 82). Il est à remarquer qu'il lui en porta vingt-trois à la fois.

Un notaire donna à sa femme un doublet de *sauseiia* (?) (f° 10). Nous n'avons pu traduire ce mot.

Parmi d'autres fournitures de voiles, de coiffes et de bourses on relève des ventes de doublets de Paris (f⁰ˢ 88-98-99-109), toujours à un prix dans les mêmes conditions.

Escarsela (*Escarcelle*). — On ne sait trop comment distinguer l'escarcelle de la bourse; certains auteurs prétendent que l'escarcelle avait une fourrure qui la fermait. Quoi qu'il en soit, l'escarcelle, comme la bourse, pendait à la ceinture au moyen d'une courroie en cuir, nommé *seng* ou *sobreseng* (1).

Un écuyer paie une escarcelle avec la courroie de cuir noir, 6 s. 5 d. Géraud Bonis avait une escarcelle blanche, avec son *sobreseng* pareil, achetée six sols (f⁰ 15). Un damoiseau en achète une garnie de sobreseng (f⁰ 103), tandis qu'un moine en paie une garnie de seng, 9 s. 6 d. [V 33 s.] (f⁰ 102), et un autre de sobreseng de cuir. Citons encore l'escarcelle avec le seng tressé *(trepat)* de Montpellier, qui est portée au compte d'un licencié, 10 sols (f⁰ 77), et celle destinée à un neveu par le prieur de Campredon, et qui était suspendue à une courroie fourrée *(folral)*, (f⁰ 19). Un procureur en paya une *bien garnie* 3 s. 6 d. (f⁰ 16). Enfin on trouve à plusieurs reprises des escarcelles vendues avec des *sobresengs* garnis de plates de laiton *(platonat de lato)*, qui coûtaient 8 sols (f⁰ 116), parfois même garnis de laiton étamé (f⁰ 59).

Estivals (*Estiviaux*). — C'était une sorte de chausses semelées et tailladées que l'on garnissait d'étoffes ou de fourrures. Les savetiers faisaient les estiviaux.

Le prieur-mage Foulques de Belfort fit payer 14 sols à R. de la Castre, savetier, pour des estiviaux qu'il lui fit (f⁰ 47), et acheta cinq palmes et demie de blanquet pour en fourrer une paire à son usage, 5 s. 2 d. (f⁰ 47).

Fermailh (*Fermail*). — Le fermail était une agrafe ordinairement en orfèvrerie, qui servait à retenir les deux parties d'un vêtement sur la poitrine, notamment pour les ornements ecclésiastiques.

P.-R. de Penne, prieur de Léojac, mit en gage, pour 15 sols, un fermail d'argent (f⁰ 2).

La femme d'un marchand en prit un garni de perles (f⁰ 123).

Fimbria (*Dentelle*). — Les diverses parties du vêtement que l'on garnissait de dentelles étaient : les chemises, les frontaux, les

---

(1) La plupart des lexiques traduisent *sobreseng* par *cuirasse*. Cependant si l'on remarque les citations ci-dessous, il est difficile de ne pas adopter notre explication.

doublets. Bonis n'était que commissionnaire pour cet article, qu'on rencontre très rarement dans ses comptes. La dentelle fine de soie était recherchée (f° 82) et se vendait 10 deniers la palme. Un seigneur fit mettre un cordon valant deux sols, et trois aunes et demie de dentelle valant 14 sols, à une bannière (f° 111).

Folraduras (*Fourrures*). — Le mot fourrure a deux sens sous la plume de Bonis; la plupart du temps il signifie garniture, doublure. Nous n'avons qu'à mentionner ce fait.

Quant aux fourrures de peau, l'emploi en était bien moins fréquent dans le Midi que dans le Nord, à cause de la température. Cependant, comme la mode voulait qu'on portât fourrures, il y avait à Montauban plusieurs peliciers ou pelletiers, apprêteurs de fourrures.

Bonis ne faisait que servir d'intermédiaire entre eux et ses clients, c'est pourquoi les indications qu'il nous a laissées à ce sujet sont assez rares.

On fourrait beaucoup avec les peaux de lapin : les comptes des pelletiers prouvent que Bonis en achetait souvent (f° 29) et quelquefois en revendait (f° 31).

Guillaume Maury, pelletier, vendit à Bonis deux fourrures et deux peaux 22 sols [V 33 s.]; une fourrure pour cotte-hardie 22 sols, et une troisième, 13 sols; enfin, d'autres fourrures noires, grosses, pour son propre usage, 11 sols (f° 86).

Poilfort de Belfort et sa nièce firent fourrer des cottes-hardies au pelletier Catala, et dépensèrent de ce chef 16 s. 8 d. (f° 27), et Guiraud d'Aigrefeuille paya 10 sols les fourrures de sa robe (f° 38). Bonis lui-même faisait fourrer ses garde-corps mi-partys et ceux de sa fille (f° 45).

Il y avait des fourrures noires du prix de 10 sols (f° 31-54). Bonis en apporta deux et demie de Toulouse pour le prieur de Campredon, qui coûtèrent 3 l. 12 s. 6 d. [V 33 s.] (f° 82).

Deux hermines fines furent achetées à Toulouse par Bonis, chez un pelletier, Jean de Veran, au prix de 10 sols (f° 31).

Les manteaux se fourraient de peaux d'agneau; on en mettait trois pour chaque vêtement (f° 79).

Les pelletiers vendaient aussi des peaux *escarlatadas*, vermeilles, 3 s. 6 d. chaque (f°ˢ 49-54).

Frontal (*Fronteau*). — Les religieuses portaient le fronteau en fin et beau tissu, orné de dentelles. L'élégante abbesse des Minorites, sœur Marie de Penne, se fit apporter de Toulouse dix-huit palmes de dentelle fine de soie, pour garnir ses fronteaux, 15 sols (f° 82), et une de ses compagnes chargea notre marchand de lui en acheter de brodés à Avignon ; les deux coûtèrent 16 sols (f° 82).

Gacque (*Jacque*). — Le jacque, espèce de justaucorps dont le nom est devenu célèbre, se portait, en général, sous l'armure : un grand seigneur, P. des Près-Montpezat, s'en fit faire un qu'il garnit de boucles d'argent (*singlas*) dorées. Cette fourniture est ainsi libellée : *Item pour un marc et une once d'argent donnés au doreur, notre voisin, pour faire boucles au jacque de Monseigneur P. des Près de Montpezat, à 6 florins le marc, monte 6 florins 9 gros* (f° 28).

Ganifet (*Canif*). — Le canif était l'objet d'un grand luxe, et on le prisait comme un cadeau de valeur : Bertrand Carbonel, gardien des Frères Mineurs, fit don à sa nièce, à l'occasion de son mariage, de deux ganifets à manche d'ivoire du prix de 13 s. 1 d. D'autres ganifets sont cotés 6 et 8 sols. Ils étaient souvent garnis d'un sceau : *Par mandement du prieur des Carmes, avec le sceau de son canif* (Voir *Sagel*). On le vendait aussi par couples : un couple de canifs (à manche) d'ivoire (f° 48). Il y avait même des canifs à manche émaillé (f° 90).

Garlanda (*Couronne*). — On a vu dans les ordonnances somptuaires de Montauban qu'il était défendu aux femmes de porter des couronnes. Néanmoins nous trouvons la mention de couronnes de Pise qui coûtaient 2 s. 6 d., et qui furent achetées par le bourgeois Delpy (f° 10).

Gauducho (*Gaudichet*). — Le *Petit Glossaire*, de Ducange, donne pour traduction à ce mot : *pièce d'armure*. C'est une erreur manifeste, démontrée par la citation suivante, qui prouve que le gaudichet était un vêtement fait d'étoffe : le bourgeois R. Bertrand achète sept palmes et demie de futaine blanche en peluche, demi-palme de toile blanche, une once fil vert et blanc pour faire un gaudichet pour lui, 8 s. 5 d. (f° 58).

Du reste, la citation de Ducange elle-même prouve que le savant lexicographe s'est trompé ; il copie en effet le texte suivant :

Do et lego unam integram armaturam, videlicet meum heaume a visiere, meum porpoinctum de cendal, meum gaudichetum.

Le pourpoint à côté du gaudichet prouve que ce dernier terme désigne bien un vêtement.

Guanag (*Garnache*). — D'après Viollet-le-Duc, c'était l'un des vêtements les plus gracieux, en même temps que les plus en vogue, au quatorzième siècle. Il avait la forme d'un manteau relevé sur les bras ; parfois même il était garni de manches et bordé de fourrures ou de soie.

Dans les conditions les plus humbles on portait le garnacho de lin: une servante de ferme stipule dans son contrat de louage qu'elle recevra, en sus de ses gages, un garnacho de lin (f° 139).

Quand il était fait de toile on l'appelait *guanay d'estiu*, garnache d'été, comme celui du valet de chambre de l'évêque : trois quarts fil vermeil, cinq palmes toile, deux ouchaus et demi sedas, un quart cendal pour garnir le garnache d'été et pour fourrer le corps, 4 s. 4 d. (f° 84).

Robert Gainart, juge ordinaire, fit donner un ouchau sedas et une palme cendal au tailleur Bru, pour garnir son garnache d'été, 2 s. 2 d. (f° 20).

B. de Forabosc acheta 14 palmes de ruban de soie, demi-ouchau de soie pour les pans d'un garnache de sa femme, 3 s. 7 d. (f° 52); et un autre bourgeois employa cinq palmes de toile verte, un quart fil vert, un ouchau et demi soie pour garnir son garnache, 2 s. 5 d. (f° 53). Le notaire Garnier prit pour le même usage deux palmes de toile verte et un quart fil soyeux, 10 deniers.

Diverses citations prouvent que ce vêtement était parfois garni de manches postiches : B. de Mailhac, moine du Moustier, achète demi-once fil vermeil, trois quarts cendal, deux ouchaus de soie pour garnir un garnache et deux paires de manches, 2 s. 8 d. (f° 29).

Il y avait, pour l'hiver, des garnaches d'étoffes plus fortes : le bourgeois La Pouzaque prend trois ouchaus sedas, trois quarts cendal, un quart fil vert pour garnir un garnache de serge verte à sa femme, 2 s. 6 d. (f° 31). Le vicomte de Monclar emploie sept aunes de futaine blanche, trois aunes de soie, cinq quarterons de ouate, trois onces de fil, trois aunes et demie de ruban de soie, cinq ouchaus de sedas pour garnir un garnache et faire une jupe (f° 90).

G. de Cardaillac avait acheté un garnache et une gonelle de velours bleu à M. de la Motte, 1 écu, pour faire des parements (f° 115). (Voir *Gonelle*.)

Guans (*Gants*). — Dans son *Histoire du Luxe*, M. Baudrillart affirme qu'au quatorzième siècle les gens du peuple, dans les campagnes, portaient des gants. Cette assertion pourrait paraître, au premier abord, exagérée et peut-être contestable, si nous ne trouvions dans les comptes de Bonis des quantités considérables de gants vendus à des gens de toute condition. Remarquons même que notre marchand livre en une fois 4 paires de gants forts de Londres, *pour les maçons*, 2 s. 4 d. (f° 37).

Le neveu de l'official offrit, dans le coffret nuptial, à sa fiancée,

9 paires de gants de Londres et 3 paires de gants de chevreau, 7 sols (f° 78).

Un notaire paie également 7 sols une douzaine de paires de gants de chevreau et de Londres (f° 112). Un bourgeois achète 10 paires de gants (f° 123), un autre, 2 douzaines de paires de gants de Londres (f° 65).

A part ces fournitures importantes, il est curieux de relever les diverses sortes de gants alors en usage.

Le chapelain de l'official avait des gants de lièvre, valant 2 sols (f° 46). Navarre de Malhac, épouse de Jourdain de Cos, en paya une paire 10 deniers (f° 64). Le vicomte de Montclar prit des gants de chevreau (f° 90), qui ordinairement coûtaient 10 deniers (f° 64). Un moine eut des gants de Londres *pendants* (f° 46). Un bourgeois des gants fourrés, de feutre (f° 45). Enfin un autre des gants *ouvrés* (f° 114).

Lorsqu'on habillait les morts, avant de les placer dans la bière, on n'oubliait pas de leur mettre des gants; cet usage était général : nous en trouvons la trace dans des sépultures de jeunes filles (f° 107), de moines, de notaires (f° 95), etc., etc.

Guaracors (*Garde-corps*). — Ce vêtement, propre aux deux sexes, se portait sur le corset, aussi était-il fait de belle étoffe, il était long, à capuchon, avec ou sans manches.

Nous avons relevé plusieurs citations qui prouvent le luxe qu'on apportait à sa confection.

Les filles de la dame de Cardailhac eurent un garde-corps fourré de taffetas vert ample (f° 17), et la femme de B. Acmar employa une once de fil vermeil et trois ouchaus et demi de sedas, et trois quarterons de cendal pour garde-corps long et manches de dessus, 7 s. 2 d. (f° 75). Une autre bourgeoise en avait un fait de trois aunes de drap de soie de Givet, à 15 sols l'aune, et garni d'un ouchau et demi de soie (f° 51). Un bourgeois fit garnir le sien de trois quarts fil vermeil, un ouchau et demi sedas, demi-palme cendal; tandis qu'un autre employait une palme de toile, trois quarts cendal, un quart fil vermeil et deux ouchaus sedas pour un garde-corps et des manches, 3 s. 7 d. (f° 40).

Le frère du vicaire-général de l'évêque avait un garde-corps vermeil (f° 31), et le pelletier Gaucelin Catala fournit les fourrures nécessaires pour fourrer un garde-corps mi-partie pour notre marchand.

Enfin nous trouvons la mention d'un garde-corps pour un chapelain (f° 32).

Guona, Guonela (*Gonne, Gonelle*). — D'après Viollet-le-Duc,

f

ce terme désignait un vêtement qui a beaucoup d'analogie avec la limousine des paysans et des rouliers, une sorte de manteau. M. Victor Gay croit, avec plus de raison, à notre sens, que c'était une sorte de tunique ou casaque. *Gonelle* serait le diminutif de *gonne*.

Quoi qu'il en soit de la forme de ce vêtement, il devait être long, à en juger par les mesures d'étoffes fournies pour cet usage; de plus il était porté par les deux sexes.

Les gens de condition inférieure employaient le blanquet.

Une servante de ferme achète un ouchau de soie vermeille et demi-once de fil blanc pour garnir sa gonelle, ce qui prouve que ce vêtement se portait dessus (f° 147). Un domestique prend trois aunes de drap bleu pour la gonelle de sa femme, 1 florin d'or (f° 137). Une autre femme de la campagne en fait une de blanquet qui lui coûta, avec la garniture, 13 s. 10 d., et le domestique de Bonis en avait une de même étoffe (f° 8).

Arnaud des Prés avait une gonelle faite avec six palmes de mêlé de Bruxelles (f° *26*).

Les enfants portaient des gonelles blanches, qu'on garnissait de toile : demi-once fil vert, demi-once laine, une palme toile pour les gonelles blanches des enfants, 11 deniers (f° 58).

La garniture se composait ordinairement de sedas : deux ouchaus et demi sedas pour garnir la gonelle de la femme d'Izombart du Valat, bourgeois, (f° 76); demi-once fil vermeil, un quart toile verte, un ouchau et demi sedas pour le notaire de la Fage (f° 26); deux ouchaus et demi sedas, une palme toile, demi-once fil blanc, pour la gonelle de B. de Ferenx, 8 s. 1 d. (f° 22); demi-once fil vermeil, un ouchau et demi sedas, demi-palme toile pour la femme de Simon de Camelier (f° 42).

La gonelle et le garnache se trouvent souvent réunis dans les mêmes comptes : B. de Cauzac achète six aunes trois palmes futaine velue, à 21 deniers l'aune; trois onces trois palmes toile blanche, un quart fil blanc et deux ouchaus sedas, donnés au tailleur pour faire une gonelle pour lui et un garnache d'été pour son neveu, 16 s. 5 d. (f° 82). Un autre bourgeois prit six palmes toile blanche, une palme toile verte, une palme cendal, une once fil vert, et deux ouchaus de sedas pour faire un garnache et une gonelle, 1/2 écu.

Un autre bourgeois : trois quarts laine noire fine (*eslan*), deux palmes toile verte, demi-palme cendal, trois ouchaus sedas pour garnir deux gonelles blanches et un garnache, 8 s. 1 d. (f° 78).

Parfois encore on trouve la gonelle à côté de la cotte-hardie : trois onces fil bleu, fin et blanc, et cinq ouchaus sedas, une palme toile verte pour garnir deux gonelles, deux cottes-hardies et une paire de manches, 6 s. 8 d. (f° 58).

On remarque la mention de *manches* (voir ce mot) à propos de gonelles : Arnaud de Verdun achète cinq ouchaus et demi sedas, une palme et demie toile, une once et demie fil pour deux gonelles blanches et pour une paire de manches pour lui et sa femme, 5 s. 1 d. (f° 45).

Enfin parmi les gonelles élégantes notons celle de M. de La Motte, qui était de *veluet indi* (f° 115), et celle d'une bourgeoise garnie de soie noire (f° 106).

Juopo, Jupo, Jopa (*Jube, Gipon*). — Ce vêtement était, disent les auteurs spéciaux, une sorte de surcot qu'on portait, comme la cotte, sur les vêtements de dessous. Les chevaliers la mettaient sur l'armure.

La jube paraît destinée aux personnes de condition, tout au moins aux bourgeois, si l'on en juge par les citations suivantes, qui nous en indiquent, avec force détails, les étoffes et les garnitures.

C'est d'abord une jube de bourgeois, doublée avec trois aunes et demie de toile blanche et fourrée de deux livres de ouate ; les garnitures consistent en trois ouchaus de sedas, une once de fil vermeil et demi-once de fil blanc, 1 l. 2 s. 3 d. (f° 150). Celle de G. de Gourdon, aussi bourgeois, était faite de futaine de Givet, à 3 deniers l'aune, et garnie de trois aunes et une palme de toile à 12 deniers l'aune, une livre de ouate et trois ouchaus de sedas, 20 s. 1 d. (f° 37).

Poilfort de Belfort, prieur-mage, employa trois ouchaus trois quarts sedas, demi-once fil de pastel et dix palmes de ruban de soie noire pour garnir sa jube, 5 s. 10 d. (f° 48).

Comme on le voit, les jubes étaient ordinairement fourrées de ouate, suivant la mode qui consistait à bomber les vêtements sur la poitrine, Voici le détail complet de la façon de deux jubes, à peu près pareilles, destinées à des bourgeois : pour quatre aunes et une palme futaine de Givet à 3 sols l'aune; pour trois aunes une palme toile blanche pour faire une jube, et pour deux ouchaus et demi sedas pour piquer à carreaux (*cairelar*) la jube (f° 63).

Trois aunes une palme futaine de Givet à 3 sols l'aune, trois aunes une palme toile blanche à 13 deniers, trois quarts de livre de ouate à 20 deniers, une once fil vermeil à 8 deniers; une palme toile verte et deux ouchaus et demi sedas pour faire une jube, 17 s. 3 d. (f° 37).

L'évêque Guillaume de Cardaillac en avait deux, faites sans doute de futaine et garnies de onze palmes de toile blanche, trois palmes toile verte, demi-livre ouate, une once fil soyeux et blanc, 4 s. 10 d.

(f° 35), et auxquelles il adaptait des manches doublées de toile verte et cousues de fil vert (f° 35).

Un damoiseau prit cinq aunes de futaine blanche peluche, à 2 sols l'aune, quatre aunes et demie toile à 12 deniers l'aune, une once et demie fil blanc, une once fil vert et une livre ouate pour faire une jube, 1 écu 2 d. (f° 33).

Un changeur achète quatre aunes une palme futaine de Givet, 11 sols, trois aunes une palme toile à 12 deniers l'aune, une livre ouate, 20 deniers, trois ouchaus sedas et 6 sols de fil pour coudre (f° 18).

Comme on le voit, la plupart des jubes étaient de futaine et ouatées. La couleur seule variait : le vicomte de Monclar en avait une de trois aunes et une palme futaine de couleur, trois quarterons ouate, deux ouchaus et demi sedas, deux onces fil blanc, une once de couleur, 1 l. 1 s. 2 d. (f° 90). Le fils du chevalier Molinier en acheta une de futaine noire (trois aunes une palme) et garnie de une livre de ouate, 18 sols (f° 98). Il en était de même du licencié Plainecassagne, qui paya trois aunes une palme futaine noire à 5 sols l'aune, une livre ouate, 2 sols, pour sa jube (f° 51).

Manta, Mantel, Manto (*Mante, manteau*). — Il est difficile de préciser quelle fut la forme du manteau au quatorzième siècle. Nous avons déjà parlé de la cloche, dont le nom indique la coupe. Quant au manteau et à la mante proprement dits, M. Quicherat croit qu'ils étaient ouverts sur le côté. Ceci est probable pour les élégants, mais pour le peuple il est à présumer que le manteau avait la forme qu'affectent encore les limousines, c'est-à-dire une sorte de vêtement avec collet, très ample, et dont on relevait un pan sur l'épaule.

Du reste, l'aunage employé prouve bien l'ampleur des manteaux, et par le choix des étoffes on peut juger du luxe qu'on mettait à ce vêtement.

La femme du bourgeois Pierre de Verdun prend trois aunes une palme de drap de soie de Givet, à 1 écu l'aune, pour fourrer un manteau, 3 écus 5 s. 9 d. (f° 53). Un habitant de Saint-Antonin, plus modeste, employa trois aunes de brun de Saint-Antonin, qui lui coûtèrent 33 sols (f° 136), tandis que le domestique de Bonis n'en prit que neuf palmes pour le même usage, 21 s. 6 d. (f° 4).

Nous avons vu tout-à-l'heure du drap de soie pour fourrer un manteau ; voici encore quatre aunes de drap mêlé blanc pour cet usage (f° *12*), et une autre fourniture de trois aunes et demie de drap de soie croisé pour fourrer le manteau de la femme du licencié Plainecassagne, 2 l. 9 s. (f° 51). Enfin, la sœur Agnès de Brandon, minorite, prit pour le couvent six aunes de drap roset pour faire des manteaux, 3 écus 1/2 (f° 12).

Les manteaux d'ecclésiastiques se faisaient de trois aunes et demie de camelot noir (f° 46).

Quant à la garniture des manteaux, elle se composait souvent de fourrures, ainsi qu'on l'a vu plus haut. Une minorite acheta trois peaux d'agneaux pour fourrer son manteau, et elle le garnit de cordons de soie (f° 79). Mais la plupart du temps, ainsi qu'il appert des citations suivantes, c'était la soie et le sedas qui servaient à garnir les manteaux : une palme cendal vermeil, un quart fil et deux ouchaus de soie verte (f° 46), trois quarts cendal, un ouchau et demi de soie, trois aunes de ruban (f° 32); un quart fil vermeil, une palme cendal et deux ouchaus sedas (f° 20); trois ouchaus de soie verte, deux ouchaus de noire, deux palmes cendal, demi-fil vert pour garnir deux manteaux d'un chanoine (f° 46); deux ouchaus sedas et un quart cendal, 1 s. 10 d. (f° 40); demi-once fil vermeil, une palme cendal, deux ouchaus sedas, 3 sols (f° 45); deux ouchaus et demi sedas, une palme toile, trois quarts fil, 2 s. 6 d. (f° 49).

Nous pourrions multiplier encore les citations de ce genre.

Marguas (*Manches*). — D'ordinaire, ainsi qu'on l'a vu dans divers passages précédents, les manches étaient séparées des vêtements. On disait *unas marguas* pour désigner une paire de manches. Les manches étaient ajustées par des lacets, soit aux garde-corps, soit aux jubes, soit aux autres habits.

L'évêque employa une palme toile, demi-once fil vermeil, deux ouchaus de sedas pour garnir deux paires de manches, 2 s. 2 d. (f° 35).

La femme d'un notaire prit un ouchau de soie, demi-palme de toile blanche pour garnir une paire de manches (f° 8).

Un moine fit garnir des manches d'un ouchau de soie noire, 9 deniers (f° 17). Un procureur y mit un ouchau sedas, une palme toile, un ouchau fil vermeil, 1 s. 4 d. (f° 81).

Il y avait aussi des manches garnies d'étamine (f° 128) et d'autres de cendal. La femme d'un notaire acheta un quart de cendal et demi-ouchau de soie pour garnir des manches, 8 deniers (f° 88).

Citons encore, dans un compte : trois quarts fil soyeux pour poser des manches à un corset (f° 20). (Voir *Garde-corps*.)

Un marchand fait faire deux paires de manches pour lui et sa femme, avec un ouchau de soie, un quart toile, un quart laine fine, un ouchau fil vermeil, 1 s. 4 d. (f° 45).

Pierre le Camus, tailleur du seigneur de La Pérairède, prit de la futaine, une palme toile et du fil pour faire une paire de manches avec *permola* (?) (f° 91). Nous n'avons pu trouver l'explication de ce terme.

Mitas, Mitanas (*Mitaines*). — L'usage des mitaines de laine est attesté par plusieurs citations. Ratier de Montpezat en prend une paire valant 1 s. 9 d. (f° 6), le camerlingue la paie 1 s. 8 d. (f° 113); un seigneur, 4 gros (f° 19), et un Frère-Prêcheur en achète deux paires qui lui reviennent à 1 s. 1 d. (f° 46).

Orfre (*Orfroi*). — L'orfroi était une sorte de galon tissé d'or, destiné à orner principalement les ornements ecclésiastiques, mais, ainsi qu'on le voit dans l'ordonnance somptuaire des consuls de Montauban, leur emploi pour les vêtements de femmes n'était pas toléré, et cependant l'épouse du bourgeois Arnaud Séguy se fait apporter de Toulouse, par Bonis, huit palmes et demie d'orfroi d'or qui lui coûtèrent fort cher, puisqu'une partie seule du prix s'élève à 14 s. 6 d. (f° 111). Le bourgeois Tozet paie également diverses fournitures d'habits, parmi lesquelles des orfrois (f° 126).

Pateros (*Patenostres*). — Au quatorzième siècle, la dévotion avait introduit dans le costume un nouvel ornement, c'étaient les patenostres, chapelet à prier, fait de diverses matières et notamment d'ambre.

Un flacon d'argent et une corde de patenostres d'ambre furent achetés 5 livres par Tissendier, bourgeois (f° 112); on trouve aussi souvent « une corde d'ambre, » 4 s. 16 d. (f° 46), ou un patenostre (f° 27).

Perles. — Parmi les objets de toilette ornés de perles, on trouve les anneaux, les ceintures, les chaperons. Il y avait les perles fines, les grosses et les perles de Compiègne. La châtelaine de Flaugnac paya 4 sols 23 perles fines (f° 71), et une autre dame en acheta pour 2 écus (f° 109).

Rauba (*Robe*). — Les citations relatives aux robes sont extrêmement fréquentes dans les comptes de Bonis. Aussi devrons-nous faire un choix parmi les plus caractéristiques. Notons d'abord que toutes les robes de femmes étaient *garnies*. Notre marchand porte la plupart du temps sur ses comptes *la garniso de rauba*, sans autre explication, et le prix de cette garniture variait de 1 s. 6 d. à 3 s. 6 d., suivant la condition des clientes.

Lorsqu'il mentionne les diverses fournitures destinées à garnir les robes, on voit que le cendal, la soie, le sedas, le taffetas étaient les principales garnitures.

Robes de femmes. — La femme de Bonis avait une robe faite de neuf aunes de (drap) vert perdu (f° 16); une bourgeoise employa quatre aunes de pers foncé pour la sienne, et presque toujours c'était le drap fin qui servait à leur confection

Mais aucune des robes citées dans le livre n'égale en richesse et en valeur celle que le seigneur de Montpezat offrit comme épingles à la vicomtesse de Montclar, à l'occasion de la vente faite par son mari de la seigneurie de Piquecos. Elle coûta 80 florins, qui équivalent à plus de 1,000 fr. de notre monnaie; malheureusement Bonis n'en dit pas plus long sur l'étoffe et les accessoires (f° 28.)

Voici quelques détails de garnitures: Pierre de la Pérairède, seigneur de Flaugnac, avait donné à sa femme une robe dite à *trois garnitures*, et pour la garnir il acheta trois palmes de cendal et six ouchaus de sedas moitié noir, moitié vert, ce qui semble indiquer que c'était une robe parée de trois couleurs (f° 46).

Signalons la robe courte de la femme d'un marchand, garnie de trois ouchaus sedas (f° 128).

Bonis achète un jour à l'encan, pour sa femme, une robe couverte d'*ordailla* (?) menue, au prix de 48 s. 10 d. [V 32 s.] (f° 7).

Un damoiseau achète cinq palmes de toile verte, deux onces un quart fil de couleur, une palme cendal, deux ouchaus et demi de sedas, une pièce ruban de fil vert pour garnir les robes de sa femme et d'une servante qu'il mariait, 1 fl. 10 gr. 1/4 (f° 19).

La fille de Izarn de Lacourt fait une robe garnie de deux ouchaus sedas, trois quarts toile, demi-once fil vermeil, demi-once fil bleu (f° 97).

La fille d'un bourgeois garnit la sienne de deux palmes de toile verte et quatre ouchaus et demi sedas, 5 sols (f° 10); une autre de deux ouchaus et demi sedas, trois quarts taffetas vert ample, dix palmes ruban de soie noire, 8 s. 10 d. (f° 49); et une grande dame, de deux palmes cendal vert, cinq ouchaus sedas, 16 sols (f° 92).

Enfin, un chevalier: trois ouchaus et demi cendal, cinq palmes toile verte, une once et demie fil vermeil, demi-once blanc, trois palmes cendal vert, cinq ouchaus et demi sedas pour garnir une robe longue de camelin à sa femme, et pour deux paires de manches, 13 sols (f° 33).

Les robes de deuil pour les femmes étaient d'étoffe noire, mais doublées de couleur: cinq palmes toile verte, demi-once fil vert pour doubler la robe noire de deuil pour la neuvaine (f° 60). Parfois on les faisait de brunette: sept aunes de brunette de Linay pour robe de deuil à la belle-sœur de Bonis (f° 12).

Voici, à propos de robes de deuil, les fournitures qui furent faites par le couvent du Moustier à une femme dont le mari était *donat* (1) du monastère ; trois cannes et trois palmes brunette noire, à 15 sols la canne ; pour faire tondre ledit drap, 18 deniers ; pour les doublures, 10 sols, et la garniture, 2 s. 8 d. ; pour un couvre-chef double de lin de Paris ; pour souliers et patins, 5 sols ; pour un cierge de une livre et demie, le tout donné par le prieur pour faire habiller la femme dudit donat, quant on fit le *revil* (cérémonie funèbre qui avait lieu dans les premiers jours après la mort) (f° 27). On remarquera que l'étoffe était tondue après l'achat chez le marchand, et aux frais de l'acquéreur.

Les robes étaient aussi garnies de fourrures, ainsi qu'il appert d'un compte de 4 florins 1/2 pour les fourrures et la façon de la robe d'une grande dame (f° 17).

Robes d'hommes. — Elles étaient également en drap. Le fils de Bonis en eut une faite de quatre aunes de drap, qui coûta 4 sols (f° 11) ; Bonis mit quatre aunes et demie de drap moiré et de mêlé d'Ypres pour la sienne, 7 florins 3/4 (f° 11). Enfin, une autre fois, il employa douze aunes de drap roset de Montaulieu pour les robes de son frère, valant 9 florins ; et il fit la provision de demi-pièce de marbré de Malines et trois aunes et demie de drap cendré pour faire ses robes, 28 florins (f° 16). Le domestique des Bonis employa deux aunes de drap à 18 sols l'aune pour une robe (f° 9), et son fermier trois cannes de drap brun pour robes à lui et à son frère (f° 127).

On voit que notre marchand, sa famille et ses gens étaient bien vêtus.

W. de Belfort reçut de sa femme, Navarre de Malhac, une robe de camelin *feuros (?)*, qui fut auparavant livrée au tondeur (f° 85).

La robe d'Ozil de La Cassagne, licencié, coûta 36 s. 5 d. ; elle lui fut offerte par le prieur-mage, et on employa pour sa garniture trois palmes de blanquet (f° 22). Celle du bourgeois Delpy fut garnie de deux palmes toile verte et de quatre ouchaus de sedas mi-vert et noir (f° 10). Le notaire Arnaud Fuelhas avait une belle robe faite de huit aunes de violet de *verni*, qui lui coûtèrent 11 florins 4 g. (f° 26) ; c'était d'ailleurs un élégant, qui dépensa 4 florins pour les fourrures de sa robe et de plusieurs autres vêtements (*ibid*). La garniture de la robe d'un bourgeois, invité à une noce, coûta 8 s. 6 d. (f° 14) ; celle d'un clerc de notaire, composée d'une once fil vermeil, une palme toile bleue, une palme et demie cendal, trois ouchaus sedas, coûta 4 s. 10 d. (f° 25), tandis que celle d'un notaire, qui employa une once fil vert, une palme

---

(1) On nommait ainsi les laïques qui se *donnaient*, eux et leurs biens, aux monastères, pour y vivre jusqu'à la fin de leurs jours.

et demie cendal, quatre ouchaus de sedas, revint à 5 s. 8 d. (f° 25); celle d'un barbier, trois palmes un quart toile verte, deux ouchaus sedas, demi-once laine fine, 4 s. 7 d. (f° 114).

Un boucher de Montauban, parmi les dépenses pour sa noce, paie 15 s. 1 d. pour trois quarts fil vermeil, une once de bleu, trois palmes toile verte, demi-once fil vert, demi-once laine fine noire, trois palmes ruban noir de soie, une palme cendal, cinq ouchaus et demi sedas pour les robes (f° 114).

De même que pour les cottes-hardies, les élégants se distinguaient en portant des robes parties, et, quoique cette mode fût assez scandaleuse au jugement des rigoristes contemporains, le prieur-mage du Moustier paya 3 écus d'or et 1 sol la robe partie d'un de ses parents (f° 47).

Ratier de La Motte s'empressa de faire faire des robes parties quand il laissa les robes de deuil (f° 24).

Robes d'enfants. — Les robes d'enfant étaient garnies absolument comme celles de leurs parents : Bertrand Astorg, bourgeois, paie sept onces fil blanc, six palmes de toile et quatre onces laine fine pour les robes de ses enfants et de sa femme, 5 s. 8 d. (f° 40).

Le chevalier Grimoard : six aunes toile verte, douze ouchaus sedas pour garnir les robes des enfants, de deux écuyers et de deux demoiselles, 33 sols (f° 17).

Un autre : sept ouchaus sedas, cinq palmes toile verte, neuf palmes soie noire, demi-once fil pour garnir sa robe et celles de sa femme et de ses enfants (f° 6).

Robes d'ecclésiastiques. — Voici le détail de la robe offerte par Bonis à l'archiprêtre de Réalmont : pour faire robe à M. l'archiprêtre, 12 florins de drap, et pour la garniture deux palmes taffetas vert large, demi-palme cendal vert, trois palmes et demie toile verte, six ouchaus sedas vert et noir (f° 29).

Foulques de Belfort, prieur-mage, eut une robe de marbré, une gonelle de même étoffe, mante, manteau, cotte-hardie et chaperon de brunette noire et cinq cannes roset, pour 22 l. 10 s. [V 32 s.] (f° 86).

Un chapelain prit une palme un quart toile, une palme serge, un quart fil vert, quatre ouchaus et demi soie verte, demi-palme cendal pour garnir sa robe (f° 19); un autre : deux ouchaus et demi soie verte, une palme toile verte (p. 32).

Le premier maître du chœur du monastère de Saint-Théodard en reçut, du prieur, une de *guolal* vermeil, qui coûta 78 sols. Le même moine donna quatre aunes de drap bleu foncé pour robe à sa nièce la minorite (f° 27).

Robes de livrée. — On appelait, ainsi que nous l'avons dit plus haut, robes de livrée des vêtements aux couleurs du blason du seigneur direct. Voici plusieurs citations à ce sujet :

Seize ouchaus sedas, quatre palmes cendal, cinq palmes toile, deux onces un quart fil soyeux pour garnir les robes de la livrée du seigneur de La Motte (f° 17).

Une palme et demie toile verte, trois ouchaus et demi sedas pour garnir la robe de livrée de M. le prieur du Mas-Saint-Puelles (f° 54).

Trois quarts fil vermeil, une palme toile, deux ouchaus soie pour faire une robe de la livrée de l'évêque, 3 s. 2 d. (f° 31).

Resol, Velet, Vel (*Réseau, Voile*). — Les cheveux étaient tressés avec du ruban : trois aunes de ruban de soie pour galonner les tresses (f° 78); cinq aunes de ruban de soie pour même usage (f° 128), et enfermés dans des réseaux de soie ou de fil. Les voiles couvraient cette coiffure. Ces deux parties du vêtement féminin se trouvent presque toujours mêlées l'une à l'autre dans les comptes, c'est pourquoi nous les réunissons dans un même article.

Le domestique de Bonis achète des réseaux pour sa femme (f° 4), ce qui prouve qu'on les portait dans toutes les conditions; la femme de Delpy, bourgeois, avait deux voiles de soie d'Allemagne et un réseau de soie grège, 17 sols (f° 10), ainsi qu'un réseau épais de soie, 8 sols (f° 10); et une nourrice en reçut un en cadeau, qui était fait de soie du *Viroli* (?), à 8 sols, en même temps que sa maîtresse en en achetait deux de soie épais, un de soie épais, un de soie de Lyon et un voile de soie d'Allemagne (f° 78).

Comme on le voit par les citations qui précèdent, il y avait plusieurs sortes de réseaux et de voiles. On vendait en effet : des *voiles* de lin de Paris, de soie d'Allemagne, plus ou moins larges, de soie d'Alep, des *réseaux* de soie épais, de soie de Lyon fine, de soie jaune, de soie du Viroli, de fil blanc tors, de lin de Montauban, etc.

Les réseaux étaient d'emploi si commun que Bonis les achetait par douzaines : quatre douzaines et sept pièces de réseaux de fil blanc tors, pris à un marchand d'Alby (f° 185), et qu'il les revend de même. Un mercier de Molières prend cinq douzaines plus huit réseaux de lin, faits à Montauban, 20 sols (f° 109).

Voici les divers extraits de comptes qui se rapportent à ces ventes de réseaux ou de voiles :

Un voile d'Allemagne très large à 11 sols, et deux réseaux pour les filles (f° 30). — Un petit voile d'Allemage, large, un réseau de soie grège, 4 sols (f° 50). — Un voile de soie d'Allemagne, 6 sols (f.s 4-7). — Deux réseaux de soie, 5 sols; deux réseaux de Lyon en soie (f° 78). — Une pièce (de voiles) d'Allemagne large et deux réseaux, 3 écus 1/2 (f° 119). — Un réseau de sedas (f° 60). — Deux voiles de soie d'Alep et deux réseaux de soie grège (f° 50). — Un réseau de soie à la dernière mode, 1 s. 8 d. (*passim*). — Deux bourses brodées, deux rangs de soie pour deux voiles de soie d'Allemagne, et trois réseaux de soie pour deux nouvelles mariées (f° 50). — Un doublet de lin de Paris, un voile de soie d'Allemagne, un réseau de Lyon, une tresse noire, 3 florins d'or (f° 109). — Un voile de soie d'Alep (f° 29). — Un réseau de soie épais, 12 s. 6 d. (f° 82). — Un voile de soie d'Alep très large, 5 sols (f° 25). — Un voile de soie de soie d'Allemagne de très grande forme, 18 sols (f° 25). — Un voile de lin de Paris (f° 96). — Deux réseaux de soie épais (f.s 82-120).

Sabatas, Patises, Espardenhas (*Savates, souliers, patins, espardeilles*). — Nous croyons devoir réunir en un seul article ces trois sortes de chaussures du quatorzième siècle.

Les *sabatas* étaient des souliers de cuir, terminés en pointe, dont toutes les figures du temps nous donnent la forme. *Savate* n'est plus aujourd'hui qu'un soulier éculé. Le terme a donc changé de signification. Il en est de même de *sabatier*, savetier, qui désigne maintenant les raccommodeurs de chaussures, tandis qu'au moyen âge c'étaient des fabricants, réunis presque partout en corporations, souvent très riches et prospères. Le *cordouanier* était spécialement *l'oveire de cuers*, le façonneur de cuirs, dits cordouans, du nom de la ville de Cordoue, renommée par les produits de ce genre.

Le mot *sabatas* se retrouve d'ailleurs, avec un autre sens, dans *sabots*, qui est resté dans la langue française. Sabot se dit *esclop* en roman, mot qui vient de *esclap*, éclat de bois; d'où *esclapat*, éclaté; *esclapou*, débris d'abatage.

Qu'on nous pardonne cette petite digression, sans prétention scientifique, et revenons à nos souliers.

Nous avons dit ailleurs que dans la plupart des contrats de louage de domestiques et d'ouvriers ruraux on stipulait que le maître fournirait, en sus des gages, une ou plusieurs paires de *sabatas* et les *pelases*, ou pièces de cuir, appelées aussi *tacos*, nécessaires pour les réparer; d'autres fois on donnait les semelles de rechange : *solas de sabatos*, qui coûtaient 2 gros et demi (f° 144).

Nous avons relevé les prix d'une paire de souliers à diverses époques : on en trouve à 3 s. 6 d. (f° 1), à 6 sols (f° 1), à 4 s. 2 d., à 5 sols.

Deux paires de souliers, avec leurs *pelases*, 7 s. 6 d.; on en payait jusqu'à 10 sols (f° 10), ce qui équivaudrait à 24 francs de notre monnaie.

Les *patins* étaient des galoches en bois, qu'on portait par les mauvais temps afin de garantir les chausses garnies de semelles, dites chausses semelées, qui ne pouvaient affronter la boue.

Les femmes surtout portaient des patins. Celle d'un avocat paya 8 sols des souliers et des patins; sœur Bérengère de Garsias acheta deux paires de patins 3 sols à Bonis, qui les prit à R. de la Castre, savetier (f° 32). La même sœur acheta 7 sols deux paires de patins noirs (f° 39).

Espardenhas. — Quant aux espardeilles, c'était cette chaussure encore en usage dans nos pays, et qui est surtout connue en Espagne sous le nom d'espadrilles, consistant en une semelle de corde tressée, garnie d'un pied en étoffe tressé également en fil de chanvre.

Une paire d'espardeilles coûta 10 deniers (f° 59).

Sagel (*Sceau*). — Il est bien souvent question dans les livres de Bonis du *sagel*, sceau, apposé par les bourgeois et les nobles sur la plupart des conventions écrites. Ces sceaux étaient ordinairement en laiton et en cuivre et portaient les armoiries; d'autres, le signe adopté par le propriétaire, qui les avait toujours dans son escarcelle.

Les canifs, les clefs et autres objets d'usage ordinaire étaient timbrés d'une matrice de sceau. Le gardien des Frères Mineurs timbre un acte avec les *entresenhas* de ses clefs (f° 4), et le prieur des Carmes avec l'empreinte du cachet de son canif (f° 7).

Par le plus grand des hasards nous avons retrouvé le sceau de l'un des clients ordinaires de Bonis : Bernat Asalhit, marchand de Montauban. Ce sceau porte au centre un écusson où l'on peut encore voir *un lion passant à l'orle de besans ou billettes*. En exergue on lit : *S. d'en Bernat Asalhit*. On s'étonnera moins de voir un marchand se parer d'armoiries, lorsqu'on saura qu'un Assailly, au douzième siècle, commandeur de Saint-Jean, portait les mêmes armes sur sa bannière (*Armorial de Magny*). Bernat Asalhit est très souvent cité dans les comptes de Bonis.

Le seigneur de Mirabel, Pierre de Labatut, qui se rendit célèbre dans les guerres contre les Anglais, ayant fait un dépôt chez Bonis, celui-ci dépeint son cachet, qui doit être représenté par la personne chargée de reprendre l'objet : *un cachet dans lequel il y a une truie avec deux bêtes et deux étoiles en un petit écusson* (f° 26).

Entre autres mentions de cachets, on remarque la citation suivante:

INTRODUCTION.

Sa lettre étant fermée avec une empreinte comme un sceau de cristal (f° 20).

Sencha (*Sangle*). — Ce mot nous paraît signifier aussi ceinture. On trouve, en effet (f° 78), *una sencha* de soie garnie d'argent émaillé, 1 florin d'or. Un frère-mineur achète *una sencha* émaillée d'argent (f° 4). Citons encore : une bourse et *sencha* de soie de Montpellier (f° 53). (Voir *Sentura*.)

Seng, Sobreseng (*Courroie*). — Nous avons relevé à l'article *escarcelle* les citations relatives aux courroies qui composaient la suspension de cet accessoire du costume. On a vu que ces courroies étaient en général de cuir, et souvent garnies de laiton brut ou étamé ; d'autres étaient fourrées ; il y en avait aussi de tressées, qui venaient de Montpellier. (Voir *Borsa, Escrasela*.)

Sentura, Senturet (*Ceinture, petite ceinture*). — Comme la courroie et la sangle de l'escarcelle, qu'elle soutenait, la ceinture fut l'objet d'un luxe tout particulier au quatorzième siècle. On connaît d'ailleurs le proverbe : « Mieux vaut bonne renommée que ceinture dorée. » Si les élégantes et les élégants montalbanais contemporains de notre marchand avaient bonne renommée, ils ne se faisaient cependant pas faute de porter de riches ceintures, ainsi qu'on le voit dans de nombreuses citations.

La Normandie, Dieppe notamment, fabriquait des ceintures de soie : Bonis offre à sa femme une ceinture de Dieppe en Normandie, qui lui coûta 1 florin (f° 136). Amiens faisait aussi des *senturas* : une bourse de Normandie et une petite ceinture d'Amiens (f° 30). Il y avait des ceintures de sedas vert bien garnies, qu'on portait avec les bourses de velours (f° 49), des ceintures fines de soie qui coûtaient un quart d'écu (f° 105).

Mais les plus riches ceintures sont celles-ci :

Un flacon et une ceinture verte garnie d'argent (f° 119).

Une ceinture garnie d'argent émaillé, 1 écu d'or (f° 47).

Une ceinture de soie émaillée d'argent (f° 48).

Guilhaume de Cardaillac, damoiseau, fit présent à son frère Jean, lorsqu'il fut reçu docteur ès lois, d'un double canif d'ivoire et d'une ceinture de soie émaillée d'argent, 38 sols (f° 48).

Une ceinture garnie d'argent émaillée, 1 écu d'or (f° 47).

Montpellier fabriquait de ces ceintures émaillées : une ceinture de soie émaillée de Montpellier (f° 86).

Une ceinture garnie de perles et d'argent et une bourse, 14 florins d'or (f° 27).

Les *senturets* étaient de petites ceintures pour les enfants. Un *senturet* d'enfant (f° 91). Un *senturet* garni de laiton (f° 23). Le prieur des Carmes, Carbonel, paya 6 sols un *senturet* de Genève (f° 1). Enfin Arnaud de Verdun fit cadeau à ses neveux de sept *senturets* de soie et de sept bourses d'or taillé (f° 77).

Sobreviesta (*Surveste, Surcot*). — Le mot indique la chose, c'était une sorte de housse en toile ou en futaine que l'on portait sur l'armure.

Un chevalier prend trois aunes de toile blanche pour faire des surcots pour joûter, et un chapeau de feutre (f° 25); un autre damoiseau achète une *sobreviesta* (f° 12).

Un marchand : trois aunes futaine blanche, une palme toile verte, une once fil vert, 11 s. 10 d. (f° 91); un autre : trois aunes futaine de Givet, demi-once fil vert, demi-palme toile pour faire *sobreviestas*, 9 s. 11 d. (f° 33). Certains les faisaient de deux couleurs : dix palmes futaine noire et blanche pour faire *sobreviesta* (f° 87). Trois aunes une palme futaine noire et blanche pour *sobreviestas* (f° 50).

Les ecclésiastiques eux-mêmes portaient le surcot en futaine : trois aunes futaine noire, et toile et fil pour faire *sobreviesta* pour le pitancier du Moustier, 8 s. 4 d. (f° 75); un autre moine prit en deux fois : trois aunes futaine noire pour faire *sobreviesta*, 7 s. 6 d., et les manches, 1 s. 9 d. (f° 69).

IX.

ARMES ET ARMURES.

Nous avons dit, au début de notre Introduction, qu'au moment où notre marchand écrivait ses comptes, le Midi était au centre des hostilités, et, par suite, que tout homme valide devenait nécessairement un soldat. Les frères Bonis prêtent des armes à leurs métayers, *quant fo ordenat que cada home ages son arnes*, quand on ordonna que chaque homme eût son harnais de guerre. — Cette précaution n'était pas inutile, car ces mêmes livres signalent des brûlements de métairies par les Anglais, et stipulent toujours la *aventura dels anemys*, la chance des ennemis.

L'armement du paysan était toutefois assez rudimentaire, puisqu'il se composait seulement d'une lance et d'un bouclier ou pavois.

Le bourgeois n'était pas moins tenu de se mettre en état de défense, car il avait le devoir de prendre part aux gardes et à la sûreté de la ville, ainsi qu'aux chevauchées qui pouvaient être ordonnées, soit pour aller en mission à Toulouse ou à Cahors, soit pour accompagner pendant quelques lieues de chemin un grand personnage. Le consul Forabosc, qui avait suivi le duc de Normandie, en 1346, à son départ de Montauban, chevaucha pendant deux jours et demi avec le prince, qui se rendait à Aiguillon. Barthélemy Bonis lui-même, qui d'ailleurs revêtit la toge consulaire, échangea plusieurs fois la chaude houppelande qu'il portait dans son obrador, et le chaperon de drap fourré de peau de lapin noir, contre la cotte de mailles et le heaume ou le bacinet. Il nous le dit lui-même quelque part, à propos de l'achat d'une cotte de maille (¹) *escurada*, nettoyée, que lui vendit le sartre ou tailleur Hennequin, *Anequi*, au prix de 7 florins, et qu'il mit avec celle qu'il possédait déjà : *e que metem am la nostra* (f° 27). Ce genre d'armure resta longtemps en usage; comme on vient de le voir, c'étaient les tailleurs qui les vendaient : le même Hennequin en céda plusieurs au même prix à des contemporains de Bonis; nous trouvons également dans le Livre un serrurier qui en vend une 6 florins et une seconde 8 florins.

---

(1) *Cotte* était plus spécialement le nom du vêtement qu'on portait sur la maille et qu'on appliqua ensuite par extension à celle-ci.

La cotte de mailles se complétait par le capuchon, *guolar*, de mailles, garni à l'intérieur d'une doublure rembourrée. Bonis prête à P. Ananie, co-seigneur de Corbarieu, un capuchon de mailles garni, lorsque celui-ci envoya trois hommes d'armes à P. de Gourdon, qui s'en allait à la guerre de Gascogne. Les bras étaient aussi recouverts de manches de mailles doublées de toile. Le marchand Pazern acheta une paire de manches et un gantelet de fer 2 s. 18 d. (f° 36), et le seigneur de Flaugnac fit doubler les manches de sa maille avec de la toile verte et blanche (f° 46). Bonis prêta deux cuissards, *faudas*, de mailles neufs et deux gantelets, qui lui appartenaient, à Hugues de La Valette.

L'emploi de l'armure de mailles persista pendant le quatorzième siècle tout entier.

Les seigneurs, presque tous obérés dans leurs finances par les dépenses considérables que nécessitait la guerre, n'hésitaient pas à mettre en gage chez notre marchand leurs armures de maille, sans doute parce qu'ils préféraient les nouvelles armures de plates que nous allons voir apparaître dans le harnais de l'homme de guerre. Une paire de jambières, des manches et un capuchon de mailles furent donnés en nantissement d'un prêt de 100 sols tournois.

Avant de quitter la maille, nous devons parler de la barbute, *barbuda*, sorte de casque léger, dont Viollet-le-Duc donne la description dans son *Dictionnaire*. Il ajoute qu'il était plus usité en Italie qu'en France. Le savant archéologue dit encore que, de ce côté des monts, la barbute était accompagnée du camail de mailles, et il en marque l'emploi seulement vers la fin du quatorzième siècle.

Nous pouvons, au moyen d'un article de compte du Livre Bonis, confirmer d'une part les assertions de Viollet-le-Duc sur l'adjonction du camail à la barbute, et faire remonter l'introduction de ce casque jusqu'avant la seconde moitié du siècle. En effet, Pilfort de Belfort, prieur-mage de l'abbaye de Saint-Théodard, à Montauban, solde le restant du prix d'une barbute garnie de mailles, qu'il avait fait prendre par le moine Ratier d'Audoy, son procureur, en 1345.

Ce fait prouve également que les ecclésiastiques ne se faisaient aucun scrupule de revêtir l'armure.

Le bénédictin Sicard de Belfort met en gage une armure de plates, en même temps que deux clochettes, *esquilas*, timbrées à ses armes; le camerlingue de l'évêque acheta une armure de plates 60 sols, une barbute 2 réaux, et revendit une vieille armure faussée 40 sols (f° 22).

Il semble singulier de voir un dignitaire de l'Église, un religieux, posséder des armures; mais, comme nous l'avons dit ailleurs ([1]), il faut se reporter à ces temps troublés et convulsés, où la guerre était à l'état permanent et où le prieur-mage était forcé de pourvoir à la défense des prieurés forains de l'abbaye. Du reste, Pilfort de Belfort était très recherché dans son costume, et nous voyons Bonis lui faire faire, par un argentier-doreur, douze boutons d'argent pour mettre aux manches de sa maille (f° 48).

---

(1) *Trois prélats de la maison de Belfort*, par M. Edouard Forestié, 1883.

La cervelière était une sorte de coiffe de peau ou de toile rembourrée, recouverte soit de mailles, soit d'une calotte sphérique de métal prenant la forme de la tête.

Bertrand de Cardaillac fit acheter à Toulouse, par Jean de Moscardon, son majordome, en 1326, une cervelière qui coûta 5 sols, et une coiffe pour mettre dessous, 20 deniers.

Tous les auteurs qui ont écrit sur les armures sont d'accord pour faire remonter au premier quart du quatorzième siècle l'usage de préserver certaines parties du corps du combattant au moyen de plaques de fer, formant une défense d'un nouveau genre, qui s'ajouta primitivement à la maille. Ces plaques s'appelaient *plates*, mot qui servit d'abord à désigner les diverses pièces, pour comprendre ensuite toute l'armure. En effet, dès 1339 nous relevons la mention d'un vêtement garni de plates : *Una sarga escacada e una plata que sinclo davant*, une serge échiquetée et une plate qui se boucle par devant (f° 1). C'était peut-être une sorte de corselet d'acier qui s'appliquait sur un gambison écartelé. Ailleurs nous constatons l'achat par un marchand, Pierre Delbosc, d'un brassard *platonat*, c'est-à-dire garni de plates (f° 22), et un autre garni de cuir et de ferrure (f° 110), qu'acheta un damoiseau, Ratier de la Motte, en janvier 1349, lorsqu'il alla rejoindre à l'armée le comte d'Armagnac; il le paya 1 florin de bon poids. Le gantelet était aussi garni souvent de plates. On l'appelait *guans de platas*.

L'armure complète de plates, qui comprenait alors la cuirasse, les brassards et les grèves, s'appelait dans le langage de nos marchands *platas de mega proa*, en opposition à celles du cheval, *may que mega proa*. Elle payait 4 sols de leude d'entrée à Montauban (f° 42), et souvent notre marchand en apportait de Toulouse pour ses clients. Bonis fit tenir à Jean Thozet, seigneur de Villemade, une *plata de mega proa*, lorsque le prieur-mage du Moustier envoya 4 hommes d'armes en Périgord rejoindre le sénéchal Arnaud d'Espagne (mars 1350, f° 121). Les consuls de Montauban acquirent deux *plates* à 57 sols chacune (f° 39). Il est question ailleurs d'armures de ce genre, vendues 65 sols, et qu'on doubla avec des peaux vertes et écarlates (f° 41). On a vu plus haut le prix de celles achetées et vendues par Sicard de Belfort.

Les plates étaient, ainsi que nous l'avons dit, rivées entre elles et attachées au corps par des boucles et des courroies. L'armurier Nicolas achète des clous de plates et des courroies à Bonis, pour une somme de 26 s. 6 d. (f° 56).

Le luxe qui régnait alors dans toutes les manifestations extérieures de la vie publique se retrouve dans les armures comme dans le vêtement. Un seigneur du Quercy paya 24 florins une courroie garnie d'argent qui pesait 4 marcs et 3 esterlings, ce qui représente près de 1,000 francs de notre monnaie comme pouvoir de l'argent.

Avec l'armure de plates apparaît le chapeau de fer, *capel de fer*. Cette mention relevée, assez rarement d'ailleurs, dans les comptes de Bonis, se rapporte-t-elle à ces fameux chapeaux de Montauban dont il est fait mention dans plusieurs auteurs contemporains, notamment dans la *Chronique normande* et dans l'*Histoire des ducs de Bourgogne*?

M. de France a traité cette question dans un article publié en 1883 dans le *Bulletin* de la Société archéologique de Montauban. Nous y renvoyons le lecteur, nous bornant à signaler l'achat d'un chapeau de fer par le chapitre de Saint-Théodard, au prix de 11 s. 4 d. morlas (f° 48).

Le heaume, *elme*, était aussi resté en usage jusqu'au milieu du quatorzième siècle, mais, comme il était fort lourd, on le portait à l'arçon de la selle jusqu'au moment du combat. On trouve dans Bonis la mention d'un heaume et d'un brassard mis en gage pour la somme d'un écu d'or.

Les chevaliers et les sergents d'armes avaient remplacé le heaume par le *bacinet*, casque léger et commode, mieux adapté à la forme de la tête. Ces casques, d'origine italienne, étaient le complément de l'armure de plates; on les appelait *bacinet de sergent de Gênes* (f° 146) : c'est ainsi du moins que les désignait Bonis dans une vente faite aux consuls d'une petite commune.

Les éperons se vendaient ordinairement 8 gros; dans un compte il est dit qu'on les faisait à six pointes; enfin, nous pouvons encore citer deux paires d'éperons de Lombardie, qui coûtèrent 1 florin 3 gros au seigneur de Montpezat.

Nous avons passé en revue les parties du harnais du combattant, qui constituaient sa défense; avant de parler des armes offensives nous compléterons cette partie de notre étude par quelques renseignements sur le harnachement du cheval.

Lorsqu'un chevalier allait rejoindre le seigneur sous la bannière duquel il devait combattre, il assistait à la montre, ou revue générale d'effectif, comme on dit aujourd'hui. Dans cette revue, dont un grand nombre de procès-verbaux ont été conservés dans les archives nationales ou provinciales, on trouve le nom des chevaliers, barons et damoiseaux, avec l'indication du nombre des hommes d'armes qui les suivaient, et surtout le signalement et l'estimation du cheval ou palefroi, dont le prix était, en cas de perte, remboursé par le trésorier des guerres.

La montre des gens d'armes du comte de Foix, reçue à Mont-de-Marsan en 1339, offre de curieux exemples de ce fait : *D. Arnaldus de Ispania, miles et baro, cum equo bayardo* (bai), *claro, stellato in longitudine frontis, estimato C libras turonenses.*

Voici d'autres signalements : *Equo maurello* (roux)… *equo liardo* (gris)… *equo liardo, pomelato, cauda crine, et tibiis nigris* (gris pommelé)… *ferrando* (rouan) *facie moscata* (pie), etc., dont le prix variait entre 40 et 200 livres.

Ajoutons que, d'après le livre de Bonis, le sénéchal Arnaud d'Espagne fit payer à nos marchands 22 écus d'or pour un *coursier* qu'il leur avait acheté. Le seigneur de Corbarieu en acheta un autre, avec tous ses vices apparents ou non apparents, 18 écus d'or. Ces prix équivalent à 1,200 et 1,000 fr. de notre temps.

Dans un compte de dépenses de 1326 nous trouvons inscrite la ferrure des quatre pieds d'un palefroi : *Ferar lo gran caval de Mossenher de IIII pes,* 4 s. 6 d. (¹). (Arch. de Bioule.)

---

(1) Souvent on ne ferrait qu'un, deux, ou trois pieds, selon les besoins.

L'armure du palefroi était non moins compliquée que celle du cavalier. Nous n'avons pas l'intention d'entrer dans les détails d'une description technique et minutieuse, qui nous obligerait à répéter ce qu'ont si bien expliqué les principaux écrivains qui ont traité cette matière; il nous suffira de constater qu'un luxe inouï était déployé par les seigneurs dans l'ornementation de ces harnais.

L'un d'eux dépensa la valeur de 3 marcs de fil d'argent pour mettre à la bride de son cheval (f° 59). Un autre acheta une bride avec des rênes vermeilles (f° 60). Ces rênes étaient fort à la mode, ainsi qu'il appert de plusieurs comptes dans lesquels on les mentionne : une bride et un licou, avec rênes vermeilles, coûtèrent 5 sols (f° 40).

Le harnais du cheval était couvert de plates. Un marchand de Montauban, Bertrand Astorg, se fit apporter de Toulouse, par Bonis, un brassard de plates, un gantelet et un harnais blanc de cuir pour son palefroi, qui lui coûtèrent 2 l. 4 s. (f° 27). Quelques jours après il compléta cette armure par des plates *may que mega proa*, de grandes dimensions, pour le cheval, au prix de 55 sols, en même temps qu'un capuchon de mailles, 25 sols, et un chapeau génois 10 sols, en tout 4 l. 10 s. (f° 40). Par le détail des armures que possédait ce brave négociant, on peut avoir une idée des mœurs militaires de cette époque.

Quant aux seigneurs, ils ne se contentaient pas de plates de fer : les riches barons mettaient leur amour-propre à faire miroiter les brillantes armures de leurs coursiers et à y faire graver leurs armoiries. Arnaud des Prés, seigneur de Montpezat, charge

Bonis de lui faire brunir à Montauban son harnais de guerre portant les écussons de son sceau, *las ensenhas de so sagel.*

D'autres fois, l'armure était couverte d'une housse aux couleurs héraldiques ou brodée d'écussons. Parmi les ventes ou les dépôts pour gages, inscrits dans le Livre Bonis, nous relevons notamment à ce sujet : une housse armoriée de couleurs (f^s 32-82); une couverture de taffetas avec armoiries de fleurs de lys, *am armas de flor de lis* (f° 65); une couverture de laine avec les armes de R. de Penne (f° 2).

Il y avait aussi des housses cordouanées, *beanas cordoanadas;* d'autres en bougran, couvertes de taffetas.

C'est dans ce brillant équipage que les seigneurs allaient en guerre, suivis de leurs écuyers et varlets, accompagnés des gens de leur *ost*. C'est encore ainsi harnachés qu'ils prenaient part aux joûtes et tournois, déjà tellement en honneur que le Roi dut les défendre. Toutefois, Bonis nous raconte que le capitaine Ratier de Belfort, célèbre alors par sa violence et ses allures soldatesques, mais qui devait plus tard racheter ces fautes de jeunesse en contribuant puissamment à faire rentrer la ville de Montauban dans le giron de la France, Ratier de Belfort vint, le 18 mars 1346, assister à un tournoi qui eut lieu dans notre cité, à l'occasion de la présence du duc de Normandie, fils du roi de France, et son lieutenant en Languedoc. Ce chevalier, aussi brave que prodigue, contracta pas mal de dettes chez le marchand Bonis, et son père fut obligé de les payer (f° 51).

Le chevalier Molinier, seigneur de Saint-Nauphary, qui avait eu l'honneur de recevoir le prince à sa table, prit part également à ces joûtes avec l'élite des seigneurs de la province. Il fit faire des soubrevestes pour joûter, et on employa pour cela sept aunes de toile bleue (f° 25).

Signalons enfin, à titre de complément de cette question du harnachement, le prix d'une selle ordinaire vendue 1 mouton d'or (f° 28), et une autre 2 écus (f° 118), et la description suivante d'un bât de voyage : un bât français garni de coffres et de malles par devant, avec un étrier *(marchape)* (f° 30).

Quant aux armes offensives, l'épée est l'arme du chevalier; il semble singulier toutefois de constater que parfois elle était mise en gage (f°ˢ 19 et 8), en même temps que l'écu ou bouclier. L'arbalète à croc était l'arme des hommes de pied. Le prieur de Moustier de Saint-Théodard en achète et en fait réparer à Toulouse; il paie un croc d'arbalète et le carquois, 3 s. 6 d. (f° 18), et fait apporter de la même ville 300 carreaux d'arbalète, avec leurs hampes, *astas* (f° 47). Les sergents ou archers génois se servaient de l'arc, ainsi que le rapportent les historiens du temps à propos de la bataille de Crécy.

Un acte inséré aux Preuves de *l'Histoire de Languedoc* (t. X, col. 610), vient compléter ce qui précède au sujet des armes défensives et offensives en usage dans la première moitié du XIV° siècle. La teneur en est assez curieuse pour que nous le reproduisions en entier. C'est le règlement édicté par le sénéchal de Beaucaire sur le port des armes :

INTRODUCTION.

Milo de Noëriis, miles domini nostri Francorum et Navarre regis, senescallus Bellicadri et Nemausi, universis et singulis rectoribus, vicariis, baillivis, etc., in dicta senescallia constitutis, etc. Ex gravi conquerentium querela didicimus, quod ob causam deportationis armorum, quam nonnulli in dicta senescallia facere noverentur, plura proveniunt discrimina ac plures committentur excessus. Ut autem facinoribus hujusmodi possit salubrius obviari, declarando quamdam ordinationem nuper per nos et nostrum consilium super premissis factam, habita deliberatione diligentiori, ordinamus ac etiam de nostri consilii auctoritate declaramus in modum qui sequitur :

In primis ordinamus ac etiam declaramus auctoritate domini nostri Regis et nostra, quod quicumque, cujuscumque conditionis aut status existat, qui de die vel de nocte arma portaverit, nisi sit viator et iter suum continuando, quo casu arma licita, non plus debito atrocia seu insidiosa, in suo itinere portare possit, utpote gladium sive ensem cum cultello non tamen signanter malicioso, dicta arma perdat sine aliqua super his remissione facienda, nisi dicta arma sibi defferre liceat de gratia speciali. Quæ arma, si minoris sint pretii quam x lib. Tur., servientibus ea capientibus, et si majoris, pro summa super excedente domino nostro Regi applicabuntur, cum pœnis inferius annotatis, videlicet quod quicumque portaverit gladium sive ensem aut cultellum, non tamen signanter maliciosum, si de die, tenebitur curiæ domini nostri Regis pro quolibet ipsorum in c sol. Tur. et si de nocte, in x libr. Tur.

2. Item quicumque portaverit misericordiam, cultellum, cuspidatam aut cultellum signater maliciosum, vel plumbatam cum manubrio, si de die, tenebitur curiæ pro quolibet ipsorum in x libris, et si de nocte, in xxv libr. Turon.

3. Item quicumque portaverit plumbatam manualem aut pugnalem, vel balistam de precorio, aut arcum cum sagittis dictis musquetis vel inganetis (1) cum hujusmodi arma sint valde atrocia, si de die, tenebitur curiæ pro quolibet ipsorum in amissione pugni vel in solutione L libr. Tur., et si de nocte, pugnum perdet absque aliqua remissione super hoc facienda, nisi de nostra gratia vel superiorum nostrorum processerit speciali, in quo casu taxationem pecuniariam nostro arbitrio reservamus.

4. Item quicumque portaverit arma deffensiva, utpote haubergerium sive gorionum, gorgeriam, humatam sive capellum ferreum, placas laurereas (?), displayden sive jupam majoris ponderis pro jupa v libr.,

(1) L'annotateur corrige *impennatis*, empennées, garnies de plumes ; nous croyons qu'il faut y voir la traduction latine du mot *engins*.

si de die, tenebitur curie pro quolibet ipsorum in 0 solid., et si de nocte absque aliis invasivis in x libr., et si cum dictis armis doffensivis arma invasiva portaverit, tenebitur pro quolibet in xv libr. Tur. curie antedicte.

5. Item quicumque portaverit lanceas, gaverlotos, tela, ballistas, clavatas, guisarmas, secures, baculos ferratos, vernatos aut alias affaytatos et hujusmodi arma mortifera, si de die, tenebitur curie in x libr., et si de nocte, in xxv libr., etc.

Datum et actum Nemausi, die xxviii octobris, anno Domini mcccxx.

Comme on le voit, il y faut remarquer d'abord que la peine était plus forte le jour que la nuit, si les armes étaient portées seulement sans intention mauvaise, *non tamen signantes maliciose.*

Dans le cas contraire, l'amende est plus considérable pour le délit nocturne. Si les armes sont plus meurtrières, *valde atrocia*, l'amende est forte pour le jour, et elle est aggravée par une peine non moins *atroce*, la perte du poignet. Il est vrai qu'on peut se racheter moyennant finances, tandis que si c'est la nuit, il n'y a pas de compensation, sauf le cas de grâce royale et spéciale.

Et, chose singulière, il était même défendu de porter des armures.

On s'explique difficilement la rigueur de cette ordonnance, sinon par les graves et incessantes rixes qui se produisaient dans la sénéchaussée, auxquelles le chevalier de Noëry fait allusion. Toutefois il est certain que cette ordonnance dut être souvent enfreinte, car, du moment où les voyageurs étaient libres de courir les routes en armes licites, l'abus devait difficilement être réprimé (¹).

---

(1) Cette défense n'était pas une exception. On trouve en effet parmi des ordonnances du viguier de Bioule, en 1343, la défense à toute personne de

Mais ce qui dans cette pièce nous intéresse plus particulièrement, c'est l'énumération des diverses armes offensives et défensives.

L'épée, *gladium sive ensem*, au XIVe siècle, était relativement courte; quand on combattait à pied, la poignée en était assez longue pour la prendre à deux mains (¹).

Le couteau, *cultellum*, était une arme à deux tranchants, plus courte que l'épée. Puisqu'on trouve dans cette ordonnance : *Gladium sive ensem, aut cultellum*, il ne devait pas y avoir grande différence entre ces armes.

La *miséricorde* était un long poignard à large lame et à quillon, qui, suivant la signification de son nom, servait à donner le coup de grâce au vaincu.

La *cuspidata* nous paraît devoir être identifiée avec le stylet, *spidzdolch* en allemand, dont l'usage remonte au milieu du moyen âge.

La *plombée* ou plommée, *plumbata cum manubrio*, que nous proposons de traduire : *plombée avec manche*, était une sorte de fléau garni de boules ou de cubes de plomb rattachés à une poignée ou manche, et dont les effets, dit M. Viollet-le-Duc, devaient être terribles sur les armures de plates. Nous supposons que par ces termes : *plumbata manualis aut pugnalis*, on désignait des variétés de plombées dans lesquelles le manche était supprimé et dont les masses étaient tenues par la main au moyen d'une chaîne.

---

porter des armes à la foire, sans la licence du seigneur ou de son bayle, à peine de 60 sols et de la perte des armes.
(1) Viollet-le-Duc, *Dictionnaire du mobilier*, t. V, p. 380-81.

La *balista de precorio* était probablement une arbalète à croc, la plus pratique et la plus légère du genre.

L'arc avec flèches, dites *mousquets* ou *engins*; c'est là une citation qui mérite d'être notée, car elle prouve que dès 1320 on lançait des traits incendiaires, et explique comment on doit entendre le mot *engins* ou *engiens*, si souvent employé par les chroniqueurs du moyen âge pour désigner les armes nouvelles que fit naître l'emploi de la poudre à canon. Le rédacteur de l'ordonnance a soin, en effet, d'ajouter : *Cum hujus modi arma sunt valde atrocia.*

Passons aux armes défensives :

Le *haubert* ou *haubergeon* était la tunique de maille, à manches et à capuchon ; c'était donc l'armure elle-même, qu'on a appelée souvent, comme nous l'avons montré ci-dessus, cotte de mailles, tandis que la cotte était le vêtement, la tunique d'étoffe qui recouvrait l'armure.

Dans l'acte ci-dessus, le haubergeon est dit aussi *gorionum*.

Le *gorgerin* ou *gorgeria*, ou camail de mailles, était ordinairement, comme nous l'avons dit, rattaché à la barbute.

Le heaume, *humata*, a été décrit plus haut, ainsi que le *capellum fereum*.

Les *placas laurereas*, qu'il faut lire probablement *platas ferreas*, sont les plates dont l'usage est ainsi reculé jusqu'à 1320.

Les autres termes, *displayden sive jupan*, s'expliquent difficilement comme termes d'armure ; toutefois, peut-être faudrait-il les rapprocher des précédents : *platas ferreas displayden, sive jupam*, et voir dans cette armure un gambison fait de peau ou d'étoffe, armé de plaques de fer; une de ces armures de transition dans lesquelles on employait concurremment diverses sortes de défenses.

Enfin, parmi les armes *invasivas* ou offensives, l'ordonnance cite encore dans son article 5 :

Les lances, *lanceas* (¹).

Les javelots, *gaverlotos*.

Les traits, *tela*.

Les arbalètes, *ballestas*.

Les *clavatas*, dont nous ne trouvons point la signification.

Les guisarmes, *guisarmas*, arme qui ressemblait assez à un épieu avec pointe droite d'estoc (Viollet-le-Duc).

Les bâtons ferrés, *baculos ferratos*, ou à nœuds ou pointes, *vernatos*, ou appointés, *affaytatos*.

Tel est, à peu près complet, l'arsenal dont disposaient les hommes d'armes du quatorzième siècle, au début de la guerre de Cent ans et même dès les premières années du quatorzième siècle. Une citation d'un vieux poème, *La branche des royaux lignages*, reproduite par Viollet-le-Duc, nous donne à peu près la même nomenclature en vieux français (2). L'auteur dit, en effet, à propos de la bataille de Mons-en-Puelle :

---

(1) Dans un compte de 1326 il est question d'armes achetées à Toulouse. On y lit :

« Item vi lansas o vi alsagayas et vi daicz, xlvii s. »; mais il nous a été impossible de traduire les deux derniers mots : *alsagayas* et *daicz*. Celui-ci serait-il synonyme de dague ?

(2) *Dictionnaire du mobilier*, Armes, t. V, p. 257.

> La ot tante tranchante *espée*
> Entr'eus, el pendant un moncel;
> Tant fort *escu*, tant *penoncel*,
> Tant biau *bouclier*, tant *bacinet*,
> Cler comme voirre et aussi net,
> Tant *baston de chesne* et de *charme*,
> Tant *godendac*, tant *juisarme*,
> Tante *cervelière* aaisie
> Et tante *cote gambaisie*,
> Tant *hauberjon*, tante *gorgière*,
> Tante *lance* roide et entière,
> Tante *espée*, tante *saqueboute*,
> Que touz lez en reluiz toute
> La closture d'eus et la haie
> Pour le soleil qui dessus raie.

Enfin l'inventaire des meubles d'un bourgeois de Moissac, en 1348, nous fournit la nomenclature des armes qui se trouvaient dans sa maison :

> Item quatro guisarmas.
> Item sinc lansas.
> Item quatro paves (pavois).
> Item quatro taulachols (pannonceaux).
> Item hun escut.
> Item doas espasas.
> Item hu penart (poignard ?).
> Item sinc parelhs de platas.
> Item dos guolars.
> Item unas faudas de malha.
> Item tres bacinets.
> Item doas balestas.
> Item quatro faussets (fauchards).

Dans cette liste, nous retrouvons les guisarmes, les lances, les épées, le poignard, les trois sortes de boucliers : pavois, écu, pannonceau; le heaume et le bacinet, les plates et la maille, dont il vient d'être question dans ce chapitre (1).

Poudre à canon. — Parmi les fournitures faites au couvent de Saint-Théodard, en décembre 1345, on trouve mentionnée la poudre à canon, que Bonis appelle *polveras per lo cano* et qu'il dit être composée de salpêtre et d'orpiment (sulfure de mercure). Cette indication, toute incomplète qu'elle est, nous a mis sur la voie d'une constatation assez curieuse et fort honorable pour notre pays.

Hugues de Cardaillac, seigneur de Bioule, neveu de l'évêque de Montauban, était l'un des chevaliers de l'armée française les plus dévoués, les plus vaillants. Ami et compagnon du Gallois de la Beaume, grand maître des arbalétriers, il prit une part brillante aux guerres de Gascogne sous la bannière d'Armagnac. Nous le trouvons en 1339 fabriquant les canons qui doivent défendre Cambrai contre les Anglais, et c'est son écuyer qui fait la poudre. Plus tard, avant Crécy, nous constatons qu'il possède dans son château de Bioule 22 canons avec leurs desserroirs, c'est-à-dire se chargeant par la culasse. C'est encore lui qui garnit de la nouvelle artillerie à feu les murailles de Montauban, de Lauzerte, de Cahors, dont il est gouverneur, et nous constatons qu'au moment même où Villani prétend que le bruit de trois bombardes jeta l'épouvante dans les rangs de la chevalerie française, à Crécy, il y avait plus de soixante canons sur les remparts de quatre ou cinq petites villes du Quercy.

(1) Ce document nous a été obligeamment signalé par notre confrère M. Dugué; il fait partie des Archives de Moissac, Série II, L. IX.

Nous ne pouvons entrer ici dans le détail de cette question, d'ailleurs encore peu connue; il nous suffira d'indiquer, d'après un document authentique (¹), qui a été communiqué au général Favé pour ses études sur l'artillerie, que si Cardaillac n'a point inventé la poudre, c'est lui qui, l'un des premiers en France, sinon le premier, a fabriqué des canons.

Armes de siège. — Le même document nous donne la liste des armes de siège que possédait le château de Bioule. Nous croyons devoir en consigner au moins les noms pour compléter ce chapitre.

Les arbalètes à tour ou à rouet.
Les arbalètes de deux pieds.
Les arbalètes d'un pied et leurs hausse-pieds.
Les arbalètes à croc.
Les frondes.
Les espingoles.

On ajoutait à cet arsenal les munitions consistant en carreaux ou traits, en bassins de terre pleins de chaux vive, de poix et d'huile bouillante, des pavés gros et petits.

Nous nous bornons ici à cette simple énumération et renvoyons le lecteur à une étude toute spéciale que nous préparons sur cette question de la vie militaire au quatorzième siècle.

---

(1) Rôle de la défense du château de Bioule (1346).

X.

APOTHICAIRES, MÉDECINS ET CHIRURGIENS.

Ainsi que nous l'avons déjà dit, le plus jeune des frères Bonis, Géraud, paraît s'être spécialement adonné à la vente des remèdes. C'était un véritable apothicaire, puisqu'on retrouve dans ses livres une quantité considérable de préparations pharmaceutiques et de drogues.

S'il en fallait une preuve plus convaincante, nous ajouterions que notre marchand remplissait souvent ou faisait remplir par ses apprentis l'office dont il est question dans *le Malade imaginaire*, office que les frères Bonis mentionnaient de la manière suivante dans leurs comptes :

« Per la decoxsio de un cristeri e per lo donar, « x s. t. » Cela ressemble assez à la réponse monotone du candidat médecin de Molière.

« Item pour 1 électuaire et pour un clystère « ordonné par W. de Verfeil, pour un écuyer, et qui « fut apporté à Bioule par G. Bonis, 14 sols. »

A cette époque, si nous en croyons plusieurs documents contemporains, et notamment le règlement de police inséré dans le *Cartulaire de Beaumont-de-Lomagne*, les apothicaires ne se bornaient pas à la vente des remèdes et à la préparation des ordonnances : ils fabriquaient aussi les cierges, la confiserie et vendaient des épices.

Ce cumul des trois professions persistait encore au dix-septième siècle, comme l'indiquent les statuts des apothicaires de Montauban (¹), où il est dit que le commerce de l'épicerie en détail leur était réservé « à peyne de 2 escuts 30 livres d'amende, » ainsi que la vente des torches et bougies de cire.

Cette industrie des *Apothicarii ceræ* était réglée par de sages prescriptions : ainsi il était défendu de rien mêler à la cire destinée à faire des cierges, qui devaient tous porter la marque du fabricant, afin que l'on pût constater les fraudes, le cas échéant. Tous les cierges et chandelles de cire devaient avoir le bout supérieur fait de cire verte et non peinte; toute marchandise vendue aux revendeurs étrangers était marquée par les consuls (²).

Quant à l'apothicairerie proprement dite, voici les principales obligations édictées par l'ordonnance de Beaumont :

Toute drogue ou plante médicinale, le safran notamment, doit être tenue propre, sèche et bien mondée, sous peine d'amende et de confiscation. Les apprentis ne peuvent quitter leur maître avant la fin de leur engagement, sauf la permission ou par la faute dudit maître, sous peine de la perte des sommes d'argent, du vin ou du blé donnés par l'apprenti, et même de la somme totale qui avait été promise. Il est d'ailleurs défendu aux maîtres de chercher à s'enlever les apprentis (³).

---

(1) *Les Corporations professionnelles de Montauban*, par G. Bourbes. (*Bulletin Archéologique* de Tarn-et-Garonne, 1876.)

(2) *Cartulaire de Beaumont.* — Nous avons dit ailleurs, à propos des mariages et sépultures, que nos marchands *ouvraient* la cire, c'est-à-dire la façonnaient.

(3) En 1601, l'apprentissage était de trois ans et cinq ans de stage dans une bonne ville de France. Les apprentis devaient savoir le latin.

En revanche, les apothicaires étaient tenus de montrer aux élèves leur métier et de leur faire connaître les statuts de la profession.

Ils devaient aussi : *transcribere in suis libris seu papyris, receptas quas recipient a medicis, super ysoropis, lectuariis et aliis rebus medicinalibus quæ infirmis et aliis personis dantur et ministrantur, et quod illa medicinalia faciant bene et legitime, sine fraude, de bonis et legitimis cóffimentis* (¹). Quant au prix des remèdes, il était débattu, sauf recours suprême aux consuls, après serment de l'apothicaire, déclarant que l'ordonnance avait été loyalement exécutée.

Défense absolue était faite de mêler aux préparations et aux épices, ou confitures, de la farine, de l'amidon ou autre mauvaise mixture.

Des prescriptions identiques étaient en vigueur à Montauban, car nous voyons souvent dans les Livres de Bonis cette mention : « pour un compte de remè-
« des (*medesinas*) écrit au livre vermeil de *l'obrador*
« (laboratoire), lesquels livre et *obrador* étaient gou-
« vernés par notre frère Géraud Bonis. »

Il est vraiment dommage que ce Livre n'ait pas été retrouvé; cependant nous devons moins regretter cette perte puisque l'aîné des frères Bonis avait la précaution de recopier souvent les ordonnances sur son grand-livre.

Du reste, ces sages réglementations d'une profession libérale étaient nécessaires, puisque deux siècles et demi après, les apothicaires montalbanais, comprenant la nécessité de mettre un terme à des abus,

---

(1) *Cartulaire de Beaumont.*

décident de se syndiquer, et forment une corporation « pour empêcher les empiriques et ceux qui s'entre-« mêlent de médecine, et baillent à toutes les mala-« dies même remède. »

« Des règlements minitieux ont pour but d'assurer « les bonnes compositions des médicaments, » dit M. Bourbon (1). Toutes ces mesures étaient prises pour éviter les conflits entre les médecins et les apothicaires, qui déjà, à cette époque, donnaient consultation.

Une des fonctions importantes de l'apothicaire, fonction qui lui a été dévolue presque jusqu'au commencement de ce siècle, c'est celle qui a valu à cette corporation le surnom de *donneurs de clystères*, et puisque nous avons vu déjà que l'un de nos marchands s'acquittait de cet office, nous demandons la permission au lecteur de placer ici à ce sujet une petite parenthèse qui ne manque pas, croyons-nous, d'intérêt au point de vue linguistique.

Nous avons donc parlé, au début de ce chapitre, du remède de M. Purgon. Il semblerait acquis aujourd'hui que *lavement* et *clystère* aient été longtemps synonymes, puisque l'*Erotica biblion* prétend que c'est grâce à l'influence des Jésuites (on ne s'attendait pas à les voir paraître en cette affaire) que *lavement*, qui avait succédé à *clystère*, fut placé par l'Académie parmi les expressions déshonnêtes, et remplacé par *remède*. On y a ajouté encore *médecine* du temps de Molière.

Au quatorzième siècle, ces divers termes avaient

---

(1) Bourbon, *Op. cit.*

chacun un sens bien déterminé; de plus, ils n'étaient pas synonymes, car *lavement* et *clystère* sont employés dans la même ordonnance avec *médecine*.

Toutes les fois que Bonis parle de clystère, il écrit la phrase sacramentelle : *Per la decoxsio de un cristeri et per lo donar*, x s. t.

Quand il dit *lavamen*, c'est un *maniluve* employé pour un mal à la main, ou *un lavamen al cap* pour la tête : en somme, une décoction pour laver, employée concurremment avec les emplâtres et les onguents.

Medesina, comme aujourd'hui, signifiait parfois un médicament purgatif; mais était plus ordinairement synonyme de remède en général, puisqu'il est dit aussi souvent *per cauzas medicinals*, pour choses médicinales (¹).

Les trois premiers termes sont donc contemporains mais n'étaient pas synonymes au moyen âge.

Au cours de cette digression on a pu remarquer le prix exorbitant payé pour la *decoxsio et* le *donar*, *10 sols* (24 francs de notre monnaie)!! Sans le *donar*, il coûtait 8 sols (19 fr. 20).

Il y avait à Montauban, de 1340 à 1350, un certain nombre de personnes exerçant la profession de médecin. On les désignait assez indifféremment par les titres de *medesis*, *fizisias* (physiciens), *surgias* (chirurgiens), quelquefois *mèges*.

Ces divers termes devaient bien, même à cette époque, présenter une légère différence, puisqu'un vieux dicton populaire, rapporté par Littré, nous dit :

---

(1) « Un électuaire laxatif *en manière* de médecine. »

> Où le physicien fait fin,
> Là commence le médecin,
> Supposant pour physicien
> Le très savant naturien (1).

Il semble donc, d'après cette définition, que *physicien* voudrait plus particulièrement désigner les chirurgiens, tandis que *mèges*, — qui aujourd'hui signifie vétérinaire, — pourrait s'appliquer plus exactement à une catégorie de praticiens moins relevée, qui soignaient à la fois bêtes et gens.

La liste des médecins montalbanais fournie par les Livres Bonis se compose de dix-huit noms. Parmi eux, cinq occupent le haut du pavé : c'est du moins ce qui appert du nombre d'ordonnances faites par eux; ce sont : Pierre de Martel, Wilhem de Verfeil, Philippe Sudre, Paul Rustang, Raymond le Lombard.

D'autres figurent moins souvent sur les livres: Bernard Canet, Bernard de Penne, W. Peironnet, Pierre Dupré, Bernard Dantocla, W. Barel, Gasc, le mège; Guilhem Gerlier, P. de Lautier (²), Bernard Calvet, Jean l'Aragonais, Raymond Modeste et Pierre de Mondenard.

Nous en trouvons aussi dans les villages des environs de Montauban : Pierre de l'Église, mège de Cayrac; le recteur de Montricoux, le mège de Saint-Antonin, celui de Lavilledieu, etc (³).

---

(1) Littré, *Dictionnaire*, v° MÉDECIN.
(2) Il existait à Montauban un hôpital portant le nom de ce médecin, et qui avait été fondé par un des membres de cette riche famille bourgeoise.
(3) Plusieurs familles nobles avaient leur médecin attitré : *Lo mège de M° de Mirapeys*.

Nous croyons que les cinq principaux médecins que nous avons cités n'étaient pas originaires de notre ville, mais bien des localités dont le nom avait été, suivant un usage fort répandu alors, joint à leur prénom : Martel (Lot), Rabastens (Tarn), Verfeil (Tarn-et-Garonne), etc. Paul Rustang était *fizisia de Castelnau-d'Ary.* Le Lombard était aussi sans doute un étranger. Quant à Philippe Sudre, il appartenait à une famille distinguée du Quercy, cumulait les fonctions de légiste avec celles de médecin (¹), et recevait des deux mains les honoraires particuliers à chacune de ces professions, justifiant ainsi doublement cette satire de son temps :

Et por ce ont aucune fois li avocat et li fizisia grans saleres a poi de paine.

Puisque nous parlons d'honoraires, nous pouvons en indiquer approximativement le taux par quelques citations, malheureusement un peu rares :

Un moine paya pour une maladie, aux divers médecins qui l'avaient soigné, la somme de 41 sols 8 deniers (²), qui équivalait à une centaine de francs de notre monnaie; une grande dame paya 13 livres 14 sols 3 deniers, équivalant à 600 francs environ.

Une consultation donnée par P. Rustang au prieur-mage de l'abbaye de Saint-Théodard, Foulques de Belfort, fut payée 1 livre 13 sols, près de 80 francs, et Philippe Sudre, qui avait soigné le malade régu-

---

(1) Philippe Sudre, savant en droit de Montauban, reçoit 1 florin d'un fustier qui le lui devait pour les *visitatios de l° malautia* (p. 21).

(2) Nous avons obtenu le taux du pouvoir de la monnaie d'alors, comparé avec la nôtre, au moyen d'un calcul de proportions, et le résultat s'est trouvé exactement celui qu'a indiqué A. Monteil, c'est-à-dire le denier ayant une valeur représentative de 0 fr. 20; le sol, 2 fr. 40, etc.

lièrement, reçut 3 écus d'or (150 francs); dans un autre cas ce dernier médecin toucha, « pour ses vi- « sites dans une maladie, 1 florin d'or (50 francs); » les médicaments employés pendant l'une de ces maladies avaient coûté 17 livres 17 sols 9 deniers (846 francs).

Comme on le voit, les honoraires variaient suivant les personnages et la gravité de la maladie. Les médecins s'appelaient parfois en consultation, mais ils n'allaient pas, ainsi qu'on l'a dit quelque part, toujours deux par deux (1). Comme aujourd'hui encore, ils se remplaçaient auprès des malades, puisque nous voyons l'abbesse des Minorites, sœur Marie de Penne, soignée successivement pour un mal à la main par Bernard Dantocla, par W. de Verfeil, enfin par le Lombard.

Il ne faudrait pas induire de ce fait que les malades fussent déjà, de ce temps-là, inconstants et ingrats envers leurs médecins. Au contraire, nous constatons, surtout dans la bourgeoisie et le peuple, que le médecin était l'ami de la maison, participant comme témoin aux événements et aux affaires de la famille. Il devient souvent le tuteur des orphelins et l'exécuteur testamentaire de ses clients.

La thérapeutique employée par les médecins paraît être celle des Arabes, que l'École de Montpellier enseignait alors et dont l'importation en France doit être attribuée aux Juifs. Voici, en effet, le curieux

(1) Deux articles des statuts de la corporation des médecins de Montauban établie en 1601, recommandaient « d'éviter toutes dissensions et débats entre « eux », et de vivre en bonne amitié; enfin, ils ne doivent pas « courir sur les « pratiques les uns des autres sans être légitimement appelés. » (Bourbon, Op. cit.)

passage d'un compte que nous traduisons textuellement parce qu'il peint fort exactement les mœurs du temps et donne la preuve de ce que nous venons de dire :

« Raymonde Pomèle, belle-fille de feu W. de
« Verfeil, physicien de Montauban..., nous a donné
« en gage un livre de médecine que nous avons prêté
« à M° Jean l'Aragonais, en présence de M° Philippe
« Sudre.

« Ce livre avait nom *Razi*. Et que l'on sache bien
« que ledit M° Jean l'Aragonais me donna 4 florins
« d'or pour ledit livre, le 4 septembre 1358, avec
« cette promesse que si M° Jean nous rendait ledit
« livre de Razi, avant la fête de la Noël prochaine,
« nous lui rendrions les 4 florins. Il nous a donné un
« reçu écrit de la main de Géraud Golfier et scellé
« de mon sceau. Et s'il ne rend pas avant ce temps
« le livre, il sera à lui et les 4 florins à moi »
(f° 125).

Le livre dont il est ici question ne saurait être que l'une des œuvres du célèbre médecin arabe Abou Becker ib Zacaria er Razi, que l'on nomme aussi Rhazès ou Razès, très connu comme auteur de divers traités de médecine. Razès vivait au dixième siècle; ses biographes disent qu'il se fit médecin à l'âge de trente ans, fonda et dirigea plusieurs hôpitaux, notamment celui de Bagdad. Son grand traité de médecine, — probablement celui qui fut mis en gage chez Bonis, — connu sous le nom d'*El Mansouri*, contient le résumé de la thérapeutique des Arabes, qui est restée fort longtemps en vogue en Europe. Louis XI lui-même dut, dit-on, donner caution à la

Faculté de médecine de Paris pour faire copier le livre de Razès.

Certaines opérations étaient faites par les chirurgiens-barbiers, ainsi que l'indiquent quelques rares ordonnances, comme celle de Jehan, barbier de l'évêque de Montauban, qui fait faire un onguent pour *adobar*, arranger, le bras d'Hugues de Saint-Urcisse, prisonnier dans les prisons de l'évêque. Le seigneur de Montpezat, blessé au bras, appela à la fois R. Modeste, médecin, et le barbier Jean de la Croix qui lui ordonnèrent des onguents et des emplâtres.

D'après les statuts de la corporation des chirurgiens de Montauban, les fonctions de chirurgiens se bornaient à « phlébotomiser les malades, à panser les « blessures et à rebouter les membres; » ils étaient en même temps dentistes et barbiers, et tenaient boutiques (¹).

Après avoir dit ce qu'étaient les apothicaires et les médecins montalbanais du quatorzième siècle, il nous reste à indiquer les divers remèdes notés dans les livres de Bonis.

Les emplâtres étaient faits avec des « gommes » et recouverts de cendal. Il y en avait de diverses formes et grandeurs. Paul Rustang prescrivit à un avocat « un emplâtre de gomme de trois palmes de « long et de deux de large pour la douleur des

---

(1) Nous possédons dans notre collection de faïences montalbanaises une enseigne de chirurgien-barbier portant un écusson, au centre duquel la fleur de lys est accostée de trois porte-savonnettes. Dans le bas sont des anges portant le bassin et le linge. Un cartouche contient : les fers à friser, la lancette et la seringue. Autour sont des bandages et au-dessus on lit : *Consilioque manuque*.

On voit que cette devise n'est pas de l'invention de Beaumarchais.

« échines »; cela ne suffit pas, puisqu'on y ajouta deux autres onguents « pour oindre l'échine du « malade. » L'emplâtre était fait en forme d'écu ou d'écusson et en forme de croix; on le trouve souvent dans la même ordonnance avec l'onguent et la pomme d'ambre.

Ailleurs, il est question d'un emplâtre pour guérir la *ronha*, la rogne (1), et une autre fois pour la castration d'un cheval.

Parmi les onguents mentionnés par Bonis, trois seulement, encore en usage, sont indiqués avec quelque détail : ce sont l'onguent *martiatum*, l'onguent *populeum* et l'onguent *rosentio;* ce dernier fait avec des roses ou du miel rosat.

Voici deux ordonnances qui paraissent être pour des onguents : « 4 onces térébenthine, 2 onces cire « blanche, 1 once gomme clemni, 1 once myrrhe, « 2 onces bol d'Arménie, 2 onces huile de rose, le « tout 7 sols (16 fr. 80); » et une seconde : « 1 quart *grepa* et *dialte* » (2).

« 1 quart cire blanche, 1 once encens, 1 once téré-« benthine, 1 quart d'huile d'olive, 2 écus 7 sols « 11 deniers, y compris un emplâtre. »

La pomme d'ambre était, comme nous l'avons dit, très fréquemment employée, concurremment avec les remèdes précédents.

Il y avait plusieurs sortes d'électuaires : l'électuaire restaurant *(confortatien)*, réconfortant, qui coûtait de 11 à 12 sols; l'électuaire *en manière de médecine*

---

(1) Maladie de peau, la gale probablement ?
(2) Le premier de ces termes n'a pu être traduit; le second vient d'*althea*, mauve.

ou laxatif *(laxatio)*; l'électuaire de suc de roses, et qu'on appelait « électuaire fait comme sucre rosat ». W. de Verfeil ordonna à une femme un électuaire dans lequel entra « une tortue et diverses drogues », qui coûta 1 l. 8 s. t. (67 fr. 20). On trouve même une note d'électuaire pesant une livre, qui coûta 6 sols.

Les tisanes sont indiquées par le mot *aigua*, eau; *eau d'endive, eau de rose, eau d'amidon, avenat* (gruau d'avoine, tisane délayante et laxative); cette dernière était mêlée, comme aujourd'hui, avec la tisane d'orge; la camomille et les roses formaient la base d'une tisane sudorifique; enfin on vendait communément l'orge mondé pour la confection de ces médicaments. Voici la composition d'une tisane : « aman-« des, amidon, sucre en pain et grenade pour faire « une tisane, 4 s. 8 d. »

Si les pharmaciens du moyen âge ne connaissaient pas le *looch*, les amandes *(mellas)* étaient souvent prescrites par les médecins.

L'anis confit, que l'on retrouve parmi les confitures et les épices destinées à faciliter la digestion, était employé aussi comme remède.

Voici maintenant une nomenclature, dressée en forme de glossaire roman, des divers médicaments cités par le Livre des Bonis. Nous nous bornons à quelques indications sommaires pour l'explication de ces termes ([1]) :

Aigua. — *Collyre.* « Pour une *eau* que nous fîmes pour les yeux « d'une femme, 2. s. 8 d. » — Extrait de diverses substances. « Une « eau » (f° 17). Eau d'endive (f° 96). Eau de rose (f° 56).

---

(1) Nous avons cru devoir comprendre dans cette liste quelques épices qui avaient leur emploi dans le traitement des maladies.

Alun de roca. — *Alun de roche.* Vendu 6 d. la livre, ce sel était surtout employé par les teinturiers. « 8 l. alun de roche. »

Ambre. — *Ambre;* la pomme d'ambre, fréquemment prescrite pour les douleurs : « Une pomme d'ambre pour un mal à la main » (f° 18).

Amellas, Mellas. — *Amandes* douces et amères, qui servaient à faire les loochs ou les tisanes. On prescrivait l'huile d'amandes amères (voir *Oly*). « Un emplâtre et deux onces d'huile d'amandes amères, 2 s. » (f° 10).

Amido. — *L'amidon* entrait dans la composition des tisanes avec l'orge et le gruau d'avoine : « Amandes, amidon, sucre en pain, grenade « pour une tisane, 4 s. 8 d. » (f° 24).

Anis coût. — *Anis confit.* Employé ordinairement comme épice, l'anis fut ordonné cependant plusieurs fois par les médecins : W. de Verfeil le prescrit à une fille (f° 84).

Antos, Diantos. — *Extrait d'œillet,* vendu 4 s. la livre : « 1 méde-« cine, 1/4 diantos, 11 s. 6 d. » (f° 18).

Aragnon. — *Extrait de prunelle;* astringent ordonné par un mège pour un cheval.

Avenat. — Avoine mondée ou gruau d'avoine servant, avec l'orge et les amandes, pour les tisanes : « 1 livre et demie avoine, 1 quart « sucre en pain, 2 s. 4 d. » (f° 24).

Banh. — *Bain.* Ce terme désigne probablement les drogues pres- crites pour aromatiser ou minéraliser les bains. On trouve aussi l'étuve : « Un emplâtre en forme d'écu, un onguent, des herbes, un « bain, etc. »

Beuratge. — *Breuvage.* Médecine.

Boder (?). — On trouve parmi divers remèdes : « 1 quart *boder.* » Honorat traduit *boder* par beurre : « 1 sirop, 1 électuaire, demi-quart « pénide, demi-quart œillet, 1 quart de roses et camomille, 1 quart *boder,* « 33 s. » (f° 106).

Boli arminisi. — *Bol d'Arménie.* Employé comme astringent dans les maladies d'entrailles, et mélangé avec d'autres drogues. (Voir ci-dessus.)

Brestia ou **Brostia.** — *Boîte* servant à mettre les onguents, etc. : « 1 quarteron pignonat en une boîte » (f° 111).

Camamilla. — *Camomille,* employée pour les tisanes ; on en tirait une huile; « huile de camomille » (f° 113).

Camfora. — *Camphre.* Servait à la fabrication de la poudre à canon et était aussi considéré comme remède : « 1 once tutie éteinte et « camphre, 2 s. 6 d. » (f° 10).

Canela. — *Cannelle*, épice.

Cassia fistula. — La *casse* médicinale (f° 85).

Citri ou **Sitri.** — Les *cortises* (écorce) de *citron* et les *slicadas* de citron étaient employées pour aromatiser les électuaires.

Coladuras. — On désignait ainsi les décoctions filtrées.

Comi. — Le *cumin* était plutôt un condiment qu'un remède, cependant il se trouve mêlé parfois aux remèdes et coûtait 6 d. la livre (f° 68).

Cotomapus. — La *ouate, cotoni mappa*, était en usage pour certaines maladies rhumatismales ou pour accompagner les emplâtres.

Cristeri. — *Clystère* (voir ci-dessus) : « 1 apozème, 1 électuaire « laxatif et 1 clystère, 18 sols » (f° 19).

Cubebas. — Le *cubèbe* se trouve mentionné dans la confection d'un piment.

Cuchie. — *Le fruit du cucéfère* (hyphœna thebaïca), ou *doum* des Arabes, était employé en pilules : « Pour pilules de cuchio ».

Diagraguan. — *Gomme adragante* préparée ? « Diagraguan fait avec « du sucre en pain et poudre » (f° 82), « 2 l. et 1/2 pénide, diagraguan « et poudre, 16 sols » (f° 82).

Diagrudi. — *Diagrède*, suc de la scammonée : « 2 gros et 1/2 de « diagrède. »

Dialte. — Mucilage ou préparation de racines d'*althea*, avec diverses résines et cires produisant l'*unguentum dialtecæ* : « 1/2 l. dialte et autres « drogues pour faire un onguent pour un cheval » (f° 48).

Diamagaritom. — *Diapalme* : « 2 l. diapalme pour l'évêque, « 1 l. 4 s. » (f° 35).

Diantos. — Voir ANTOS, *extrait d'œillet* : « 1 l. 1/4 antos, 5 s. 6 d. » (f°ˢ 18 et 98).

Diapenidion. — Voir *Penis*. — *Penide*, sucre tord cuit à la plume avec une décoction d'orge. Il coûtait 6 s. la livre (f° 17).

Diasicondem. — *Diascordium* ? Vendu 5 s. 4 d. la livre (f° 38).

Drigieia. — (*Dragée.*) — Certaines dragées, dites de Saint-Roch, étaient considérées comme excellentes contre la peste.

Durmitori. — *Somnifère* ou narcotique : « 1 clystère, 1 *dormitoire*, « 1 once 1/2 julep rosat » (f° 97).

Emplastre. — *Emplâtre.* — Voir ci-dessus les différentes espèces d'emplâtres.

Endevia. — *Endive*, eau d'endive.

Enguent. — *Onguents.* Voir ci-dessus le passage relatif à ce médicament.

Ensens. — *Encens.* Entrait dans la composition de certains onguents.

Estuba. — *Étuve.* « 1 sirop, 1 électuaire, 1 eau d'endive, 1 « onguent, un étuve, 1 l. 12 s., » ordonnés par W. Peironet à une femme.

Electuariom. — *Électuaire* (voir *Lectoari*).

Erbas. — *Herbes,* suc d'herbes : « 1 électuaire, 1 sac de fleurs « 1 quart diantos, 1 poudre et suc d'herbes, 14 s. 6 d. » (f° 98).

Esul. — *Essulle* (euphorbiacée).

Flors. — *Fleurs pectorales :* « 1 sac de fleurs et de gomme, « 1 sucre rosat et une grenade » (f° 36).

Galamota. — Ingrédient employé par les teinturiers : « alun et « gualamota. »

Galanga. — *Galengal,* épice.

Gingibre. — *Gingembre,* épice; le gingembre figure aussi parmi les remèdes.

Girofle. — *Girofle,* épice et médicament : « 1 électuaire, 1 huile et « 1 once girofle » (f° 100).

Gropa (?). — « 1 quart gropa et dialte » (f° 111). — Quelle est la vraie signification de ce mot ? Puisque nous le trouvons mêlé à la guimauve, nous sommes autorisé à croire que c'est le chiendent, appelé *gremp* dans le pays.

Gualbanom. — *Galbanum* ou gomme en larmes : « 2 onces « galbanum et 2 onces serapins » (f° 64).

Guomas. — Nom collectif des *gommes* de diverse nature.

Guommeleum. — *Gomme elemni* ou gomme résine.

Julep. — *Julep;* il y avait le *julep rosat* et le *julep violat* (voir ci-dessus).

Ichirop. — *Sirop* (passim); de ce mot était venu celui d'*issirapas,* fioles : « 1 électuaire, 1 sirop, 1 médecine, 12 s. » (f° 75).

Lavamen. — *Manilure* (voir ci-dessus). « 1 lavamen, 1 onguent, « 1 emplâtre, 1 pomme d'ambre pour un mal à la main, 20 s. 4 d. » (f° 618).

Lectoari. — *Électuaire.* « Électuaire restaurant » (f° 15); « élec- « tuaire au suc de roses » (f° 8).

Manus christi. — Ducange traduit ainsi ce mot : « Massa « quædam saccharo condita. » Gâteau de nougat fait avec les fruits du pin.

Martiatum. — *Onguent martialum,* encore en usage.

Masteo. — *Mastic,* huile de mastic.

Medesina. — *Purge,* médicament : « 1 emplâtre, 2 onces d'huile

« d'amandes amères, 1 piment et 1 médecine » (f° 10). « 1 électuaire fait
« en manière de médecine » (f° 43). « 1 sirop et médecine » (f° 10).

Mel. — *Miel*, employé généralement à la place du sucre.

Milgrana. — La *grenade* était fréquemment prescrite par les médecins.

Miliom Solis. — Probablement la graine du tournesol : « 1 sirop
« et 1 quarteron de *Miliom Solis* » (f° 69).

Mira. — *Myrrhe*, comprise dans la confection d'un onguent (f° 81).
(Voir ci-dessus.)

Mumia. — *Momie*. « 1/2 once momie, 1/4 miel rosat, 1/4 cire et
« 3/4 huile d'olives, 2 s. 6 d. » (f° 24).

Musoada. — *Noix muscade*, épice.

Not Yoheroa. — *Noix de Chypre ou de cyprès* (?) Épice.

Oly. — *Huile* : huile de mastic, d'olives, de roses, d'amandes amères, de camomille, etc. : « 1 électuaire, des huiles et 1 grenade » (f° 61).
« 1 emplâtre et 2 onces d'huile d'amandes amères, 2 s. » (f° 10).

Opozime. — *Apozème*, il coûtait 12 sols : « Diverses eaux et
« 1 apozème » (f° 38).

Opsiacra composta. — *Oxycrat composé*, « 1 livre julep rozat, 2 l.,
« *opsiacra composta*, 1 quart osties dorées, ordonné par P. de Martel,
« 1 l. 10 s. 4 d. » (f° 80).

Ordi. — *Orge* mondé pour la tisane.

Ostias dauradas. — Hosties dorées. On trouve au folio 80 les hosties dorées parmi les médicaments. (Voir *Opsiacra*.)

Perlas, perliris. — Semence de perles, perles communes (f° 51).

Pillulas. — Pilules.

Pebre. — *Poivre*. Il y en avait de plusieurs sortes.

Penis. — Penide (voir *Diapenidion*.) « 1 once 1/2 sucre en tablettes
« et 1 autre de penide » (f° 58).

Pesari. — *Pessaire*. Ph. Sudre ordonna à une femme : « 1 apo-
« zème, 1 électuaire laxatif, 1 autre électuaire et 1 pessaire » (f° 84).

Polveras. — *Poudres* médicinales et autres, poudres pour la tête, poudre pour le canon.

Populeon. — *Populeum*, onguent : « 1 livre populeum » (f° 65).
« 1 boîte d'huiles et de populeum et 1 cabas, 5 s. » (f° 7).

Prunas secas. — *Prunes sèches*, considérées comme médicament :
« 1 sirop, 1 électuaire restaurant, 1 quarteron prunes sèches », ordonnance de W. de Rabastens (f° 85).

Recalesia. — *Réglisse*. « Amandes, amidon et réglisse, 2 s. »
(f° 28).

Rosina. — *Résine*; entrait dans la confection des onguents.

Sabo. — *Savon*. Il est fait une seule fois mention de savon, qui coûtait 2 sols 3 deniers la livre en 1346.

Sang do dragno. — *Sang dragon*, drogue employée pour la chasse au faucon. L'once coûtait 2 sols : « 1/2 once sang dragon pour les « faucons » (f° 35).

Seno. — *Séné*. « 1 grenade, 1 quart sucre royal, 1 livre amandes, « 1 2 once séné, 4 s. 6 d. » (f° 61.) — « 2 onces de séné pulvérisé » (f° 81).

Semen lombricorum. — *Semence de vers* ou contre les vers (f° 39); *semen contra*.

Somensas. — *Semences*, graines : « 1 sac de semences, 1 sirop, « 1 électuaire, etc. » (f° 56).

Sera blanca. — *Cire* blanche pour les onguents.

Serapin. — *Serapias* (bulbe de) : « 2 onces galbanum et 2 onces « serapias, » ordonnés par P. de Martel (f° 64).

Sitoal. — *Zédoaire*, épice; on l'appelait aussi *citouart*.

Sopositors. — *Suppositoires* : « 1 onguent, 1 narcotique et 2 sup-« positoires, » ordonnés à un savant en droit (f° 12).

Soulfre. — *Soufre*.

Spica nardi. — *Spica nard* ou nard indien, épice.

Sucre. — Le sucre était considéré comme médicament ou plutôt il servait de base à la confection des sirops, juleps et autres préparations. On distinguait d'ailleurs plusieurs sortes de sucre : le *sucre cande* ou blanc, le *sucre rosat* ou parfumé au suc de rose, le *sucre violat* ou à la violette. On le vendait aussi de cinq manières : *en pa, en roc* (en morceaux), *en laula* (en tablettes), *molat* (moulu), *en pols* ou *polveras* (en poudre).

Torbontina. — *Thérébentine*.

Tizana. — *Tisane* : « Amandes, amidon, sucre, grenade pour une « tisane, 4 s. 3 d. » (f° 24).

Triasandaly. — *Les trois santaux*, poudre composée avec le santal blanc, le citrin et le rouge : « 1 quart sucre rozat fait avec écorces de « citron et les trois santaux, ordonné par P. de Martel, 2 s. » (f° 67).

Tiriaca. — *Thériaque d'Andromaque*.

Tutia. — *Tutie éteinte*. Oxyde de zinc, employé aujourd'hui pour les collyres, et que l'on trouve, dans les livres de Bonis, ordinairement associé au camphre (f° 10).

Tortuga. — *Tortue* : « 1 électuaire pour une femme, où il entra « une tortue et autres choses, 1 l. 8 s. » (f° 74).

Tels sont les médicaments relevés dans les comptes de Bonis; ils étaient contenus, suivant leur nature : les sirops, électuaires, etc., dans des fioles de verre *(ambolas, yshirapas)*; les onguents dans des boîtes *(brostias)*; enfin les plantes se plaçaient dans des paniers *(cabas)*, ou dans des sacs *(sac cairal)*.

Si l'on en jugeait par la liste que nous venons d'établir, la pharmacopée des médecins du quatorzième siècle n'aurait pas été fort complète; nous devons cependant faire observer que cette énumération n'est qu'un résumé : il ne faut pas oublier d'ailleurs que nous parlons d'un temps où s'élevaient partout en France des facultés de médecine, où, grâce au génie du milanais Lanfranc, qui avait réformé la chirurgie française au commencement du siècle, l'art de guérir n'était plus absolument à la merci des empiriques.

La peste noire, qui porta ses ravages dans tout l'Occident et sévit à Montauban vers la fin de l'année 1348, y faisant, comme partout ailleurs, d'innombrables victimes, puisque Bonis l'appelle « l'an « de la mortalitat, » donna un grand essor à la médecine; cela nous explique la présence dans nos murs des nombreux praticiens dont nous avons cité les noms. C'est sans doute aussi à ces diverses causes que l'on doit la fondation des hôpitaux établis au quatorzième siècle par de riches et charitables particuliers : l'hôpital de Parias, celui de Saint-Barthélemy, celui du Moustier, et l'organisation de plusieurs confréries de secours mutuels, touchant exemple de fraternité et de solidarité chrétiennes, qui nous est donné par ce quatorzième siècle, pendant lequel se déroulèrent de si grands événements politiques et sociaux.

XI.

L'ALIMENTATION.

Le quatorzième siècle vit naître le raffinement du luxe des vêtements, parallèlement avec celui de la table. Il est intéressant de constater combien l'art culinaire s'est modifié à la suite des Croisades. Il semble qu'à leur retour de ces pays lointains les seigneurs aient rapporté les habitudes prises au milieu des peuples qu'ils venaient de combattre, et si l'aphorisme de Brillat-Savarin :

Dis-moi ce que tu manges, je te dirai ce que tu es,

est exact, on peut dire que le siècle qui vit commencer la guerre de Cent ans fut un temps où l'esprit public subit une transformation considérable, qui porta également sur les mœurs et les coutumes de la table. On vit, dans les châteaux, des cuisiniers célèbres élaborer des combinaisons de sauces très compliquées, édifier de véritables monuments culinaires, et bientôt l'exemple, parti de haut, gagna la bourgeoisie et le peuple.

Une des plus importantes innovations fut celle des épices, qui, d'abord employées d'une façon tout à fait primitive, servirent ensuite à composer une foule de préparations destinées à accompagner et à assaisonner les mets.

La vente des épices était dévolue à cette époque

aux apothicaires, qui fabriquaient en même temps des confitures et des condiments, dont la confection était minutieusement surveillée par des bayles ou même par les délégués des consuls. Un règlement de police de cette époque, établi par les consuls de Beaumont (¹), édicte une peine sévère contre l'apothicaire qui n'aura pas tenu ses épices propres, mondées et sèches, et qui aura mêlé de l'amidon, de la farine ou de mauvaises matières aux confitures, au *pignolat* et au *gingibrat*.

Les comptes des frères Bonis fournissent d'innombrables mentions d'épices et de piments. Ce dernier terme servait à désigner la mixture de diverses sortes d'épices avec du miel ou du vin : c'était l'accompagnement obligé de tout repas.

En voici plusieurs recettes :

« 15 onces gingembre, 12 onces cannelle, une « once 1|2 girofle, 3 quarterons noix de Chypre (²), « 1 gros de spica nard, 3 quarts de miel pour faire « le piment. »

C'était là ce qu'on appelait le piment aux cinq épices ; en voici un qui devait être plus corsé, puisqu'il se compose de dix variétés :

1|2 once des substances suivantes : « gingembre, « poivre, girofle, cubèbe, noix de Chypre, muscade,

---

(1) Ces détails sont empruntés à un règlement de police de la ville de Beaumont-de-Lomagne, contenu dans le *Cartulaire* publié par la Société archéologique de Tarn-et-Garonne.

(2) Le texte roman porte *Not Ycherca*. Ce terme ne se retrouve dans aucun des lexiques que nous avons consultés. Supposant une erreur d'écriture, nous l'avons traduit par noix de Chypre. On pourrait aussi peut-être traduire par noix de cyprès. Ambroise Paré, dans sa thérapeutique, l'emploie, et son arome ne devait pas déplaire à nos pères. Laborde, dans son *Glossaire*, cite également la noix moscée, qui pourrait être la *not ycherca*.

« galanga (¹), zédoaire (²), poivre long, une once
« cannelle, 13 sols tournois. » Pour rendre ce piment
parfait, on y ajoute ensuite : « 1|2 once gingembre,
« 1|2 once cannelle, 1 quarteron girofle et 1|4 poivre
« long, afin, dit le Livre, de les mêler aux épices ci-
« dessus pour faire le piment; 3 sols 1 denier (³). »

Il serait assurément curieux de faire l'expérience
d'un pareil condiment. Les moutardes et les pickles
en usage aujourd'hui pâliraient devant ces préparations du moyen âge, dont les estomacs espagnols
sont seuls capables de supporter le feu (⁴).

Il y a encore dans le livre Bonis bien d'autres
« receptes » de piments : toutes se ressemblent
comme composition, les quantités seules varient,
mais on remarque, par leur poids total, quelle con-
sommation importante on en faisait dans les ména-
ges de nos aïeux :

« 1 livre 1|2 gingembre, 3 quarterons cannelle,

---

(1) *Galengal*, galanga, racine d'une amomée. Les Indiens en assaisonnent encore leurs aliments.

(2) Cette épice, que Bonis nomme *sitoal*, et que nous avons retrouvée dans une ordonnance du XVIᵉ siècle, désignée sous le nom de *citouart*, est la *zédo-aire*, racine ou plutôt rhizome de scitaminée, qui vient de Java ; elle a une saveur amère, camphrée, et une odeur aromatique analogue à celle du gingembre, auquel elle ressemble assez.

(3) Nous trouvons dans le *Glossaire* de Laborde diverses citations d'épices qui rappellent absolument celle-ci, et qui prouvent combien les épices étaient prisées par nos aïeux.

« A Java ils ont pèvre e noces moscée e espi, e galanga, e cubebe, e garo-
« fali e de toutes cheres espïceries qu'on peut trouver au monde. » (Marco Polo.)

Le *Mesnagier* de Paris parle de gingembre, girofle, noix muguettes, poivre long, cannelle, macis, garingal, girofle. La noix d'Inde (coco) était aussi fort recherchée, mais nous doutons qu'elle ait jamais figuré comme piment.

(4) Nous avons eu la curiosité de faire confectionner un piment d'après cette recette. Le résultat obtenu a été une étrange mixture, dont le goût rappelle certaines préparations pharmaceutiques. Il est certain que nos pères l'estimaient beaucoup, mais nos estomacs n'acceptent pas volontiers de pareils mélanges, un peu trop aphrodisiaques.

« 1 quarteron poivre long, 1|4 galenga, 1|8 noix de
« Chypre et une livre 1|2 de miel ; 4 sols. »

« 15 onces gingembre, 12 onces cannelle, 1 once
« 1|2 girofle, 3 quarterons noix de Chypre, 2 gros
« spica nard, 3 quarts de miel. »

« 2 livres poivre, 1 livre 1|2 gingembre, 1 livre
« 1|2 cannelle, 3 onces safran, 1 once girofle pour la
« cuisine ; 3 quarterons gingembre, 1|2 livre cannelle ;
« 1 once et demi girofle ; 1 once noix de Chypre
« et poivre long ; 2|4 1|2 de miel pour le piment
« (f° 48). » Cette fourniture était pour le moustier
de Saint-Théodard.

Comme on le voit, les goûts étaient assez divers. Les piments ne figuraient pas seulement sur la table des familles riches, qui en commandaient jusqu'à 5 pouchons (2 litres et 1|2), ni des couvents, dont celui des Carmes de Montauban en fit faire deux barils, mais sur les tables les plus modestes.

L'usage des piments et des épices, employés pour aromatiser les sauces, était d'ailleurs général à cette époque et subsista pendant fort longtemps : le pain lui-même était souvent parfumé à l'anis ou à la marjolaine. Encore de nos jours, les paysans ne manquent jamais, dans leur fournée, de faire un pain d'anis, qu'ils offrent le plus souvent à l'église.

Le poivre, le gingembre, la cannelle, la fleur de cannelle, le safran, le girofle, le macis, la noix muscade et même le cumin ([1]) servaient *per la cozina*, pour la cuisine ; leur prix était assez élevé, puisque le girofle se vendait 7 sols la livre, le safran 1 sol

---

([1]) Le cumin était mêlé par les Gaulois à tous leurs mets et à toutes leurs boissons (Baudrillart).

l'once (¹), et le poivre, le gingembre et la cannelle 16 sols la livre (²).

Dans un même article de comptes (f° 60) nous relevons les fournitures suivantes, qui paraissent destinées à la confection d'un gâteau : 1|2 livre gingembre et poivre, 1|2 once safran, 1|2 livre coriandre préparé, 1|2 quarteron de sucre en pain, 1 once sucre rozat, 1 livre d'amandes, 1|2 livre amidon et gruau d'avoine.

Passons maintenant à la cuisine proprement dite, c'est-à-dire aux mets principaux : la viande de boucherie d'abord.

Nous étonnerons certainement un bon nombre de nos lecteurs quand nous affirmerons que jamais peut-être plus qu'au moyen âge la santé publique ne fut l'objet des préoccupations constantes des magistrats consulaires de nos cités. Les boucheries, en particulier, étaient surveillées avec la plus grande sollicitude; divisée en deux catégories bien tranchées (l'étal de la place et le banc de la basse boucherie), la vente des viandes était rigoureusement réglementée. Ainsi, défense était faite de vendre du bélier, du taureau, du porc ladre, du bœuf sans moëlle (*sic*) et autres chairs corrompues ou nourries de nougat, sous peine d'une énorme amende de 500 sols toulousains.

Du 1ᵉʳ mai au 31 octobre, les bouchers ne pouvaient garder plus de vingt-quatre heures la viande

---

(1) Le safran de l'Albigeois était fort estimé.
(2) Dans les comptes de la dépense d'un château du Quercy, au quatorzième siècle, nous avons trouvé la mention de l'envoi d'un messager à Montpellier pour acheter la provision d'épices, qui s'élevait à une somme considérable.

à leur étal; passé ce délai, elle était vendue à la basse boucherie. Le gain autorisé sur la vente était fixé rigoureusement par les consuls (1 denier par sol), et un bayle visitait journellement les boucheries pour s'assurer de l'observation de ces prescriptions ([1]).

Chose curieuse et qui explique l'utilité de la fonction des *langueyeurs* ([2]) : si le porc était sain de la langue, quoique ladre de corps, il pouvait être débité à la basse boucherie. De même les marchands de salé ne devaient vendre de la truie ou du porc ladre que sur des tables spéciales et en avertissant l'acheteur.

Dans l'intérêt de l'hygiène publique, les bouchers ne pouvaient abattre le gros bétail dans l'enceinte de la ville.

Il était défendu, la veille et le jour des fêtes, aux bouchers, aux marchands d'agneaux et de porcs, aux revendeurs de volailles, de fruits et de gibier, d'acheter avant la troisième heure et avant que la cloche des consuls n'eût sonné.

L'habitant de la ville comme le paysan trouvaient ainsi, chez les bouchers et autres marchands, des viandes et des comestibles de qualité supérieure.

En dehors de ces aliments de première nécessité, les Montalbanais variaient agréablement leur nourriture, grâce au gibier de la forêt du Ramier, voisine de la ville, et dans laquelle la charte de fondation permettait de chasser, — à la condition de ne se servir ni de pièges ni d'embûches, — les sangliers

---

[1] Règlement de Beaumont.
[2] Le *langueyeur* est un expert qui a la mission de s'assurer si le porc est ladre. Pour cela il met la main dans la bouche de l'animal, et attirant la langue à l'extérieur, il examine si elle porte des traces de ladrerie.

et les laies, les cerfs et les chevreuils. Ces animaux y abondaient, puisque le comte de Toulouse, seigneur direct de la forêt, avait renoncé à tout droit sur ces prises.

Une citation du Livre de Bonis nous fournit quelques renseignements sur la composition des repas et les prix des denrées. C'est la note d'un envoi fait au prieur mage de l'abbaye de Saint-Théodard, qui était allé passer quelques jours à la campagne :

« Pour 8 sols de pain et pour 6 sols pour le prix
« d'un quartier de mouton. Item pour le montant
« d'un quartier de bœuf, un mouton, un lard de porc,
« deux paires de perdrix, douze fougasses (¹),
« 200 gaufres, 3 livres d'huile, 3 chandelles de suif et
« les épices; 2 écus 3 sols (l'écu valant 40 sols). »

En tenant compte du pouvoir de l'argent à cette date, 1346, le prix de ce menu représente 100 à 120 fr. de notre monnaie.

Bonis ayant vendu à un boucher sept moutons et brebis au prix de 35 sols la pièce, se paya de cette fourniture par divers achats de viande :

« Un tiers (de quartier) de bœuf et une gîte à la
« noix, le dimanche après Sainte-Catherine 1353,
« pour donner la meilleure part aux frères Carmes,
« 13 sols. »

« Un gigot de mouton et demi-pièce du rognon
« (ronhonal), 4 s. 6 d. » (f° 137).

La veille de Noël, il était accoutumé d'acheter force viande de bœuf, sans doute pour le réveillon,

---

(1) Gâteau de farine pétrie avec des noix.

ou tout au moins pour un grand repas, puisqu'il s'agit toujours d'un « tiers (de quartier) de bœuf. »

Bonis n'était que par occasion commissionnaire pour ces sortes de denrées. C'est pourquoi nous n'avons que ces quelques détails. Cependant nous pouvons constater que :

Un chevreau coûtait 2 s. 6 d. (équivalant à 6 fr.); un quartier de mouton, 3 sols (équivalant à 7 fr. 20 c.); un lapin sauvage, 1 s. 4 d. (équivalant à 3 fr. 20 c.) (1).

Nous avons vu tout à l'heure que la volaille était vendue sur le marché; on y trouvait également en abondance des poissons de mer et de rivière.

Sidoine Apollinaire nous dit, en effet, que, de son temps, le Tarn était, quoique limoneux, vanté pour la délicatesse de ses poissons :

> Hinc te Lesora Caucasum Scytharum
> Vincens aspiciet, citroque Tarnis
> Limosum, et solido sapore pressum
> Piscem perspicua gerens in unda.

L'Aveyron et la Garonne envoyaient aussi leur contingent, ainsi que l'indique une charte de 1195, qui nous apprend que l'on vendait journellement sur le marché de Montauban le saumon et l'anguille. On y portait même des harengs, de la morue et de la chair de baleine.

Cela n'a rien qui doive nous étonner, puisque l'industrie de la pêche dans les rivières et au bord de la

---

(1) Ce prix élevé s'explique par la défense, presque générale dans les chartes, de chasser le lapin sauvage, qui était réservé au seigneur.

mer avait été réglementée par saint Louis, à l'occasion de l'organisation de compagnies de bateliers-pêcheurs qui remontaient les grands fleuves. La chair de baleine était fort en usage au moyen âge, puisque « Carême la comptait parmi ses soldats, » ainsi que nous l'apprend un fabliau du treizième siècle (¹). Elle était pêchée sur les côtes du golfe de Gascogne et vendue salée dans les marchés de l'intérieur.

Le saumon, provenant de la Garonne, était débité frais, par tranches. Cet excellent poisson paraît avoir été plus commun qu'aujourd'hui.

Trois pièces de saumon et une anguille, envoyées en présent, coûtent 1 florin d'or (48 fr.).

Une lamproie et les épices nécessaires à sa préparation, 3 s. 6 d. (8 fr. 40 c.).

On relève aussi de nombreuses mentions d'aloses (collac), de cabillauds (merlus), de harengs et de morues (qui se vendaient par balles chez les marchands).

Un cabillaud frais coûta 2 s. 1 d. (5 fr.); un autre, 1 s. 3 d. (3 fr.) (f° 47); une alose et une lamproie 4 s. 8 d. (11 fr. 20); 2 morues, 2 s. 8 d. (6 fr. 50) (f° 48).

Les poissonniers étaient, comme les bouchers, soumis à diverses prescriptions relatives à la propreté de leur étal, au lavage des poissons, qui ne pouvaient être retrempés dans l'eau, et au jet des eaux sur la

---

(1) Il est question de la chair de baleine dans les comptes royaux et dans les devis des grands festins offerts par la ville de Paris à l'occasion des entrées royales. C'était aussi la nourriture des pauvres, comme de nos jours la morue salée (*Glossaire* de Laborde).

voie publique. Il leur était défendu, — chose assez singulière, — de s'asseoir pendant toute la durée du marché (1).

Une sage mesure était prise aussi à l'égard des marchands revendeurs de fruits, cerises, guignes, pommes, poires d'été et figues : défense leur était faite de mêler (tant sur la place qu'en cachette) les fruits de la veille avec ceux du jour, sous peine d'une forte amende.

En outre des fruits ci-dessus indiqués, d'autres figuraient sur les tables : nèfles (*mespolas*), raisins, noisettes, amandes, grenades, prunes *damasanes* ou de Damas, dont les Livres Bonis nous confirment l'emploi fait concurremment avec une quantité assez considérable et très variée de confitures et de préparations épicées.

« Après les viandes, disent les *Triomphes de la* « *noble dame*, on sert chez les riches, pour faire la « digestion, de l'anis, du fenouil et de la coriandre « confits au sucre. »

Le Livre de Bonis est plus complet que le recueil ci-dessus pour la liste des confitures en usage chez nos aïeux. Voici la liste et les détails qu'il fournit à ce sujet :

Le gingembre confit ou préparé coûtait 6 et 7 sols la livre (16 fr.); on l'appelait indistinctement : *gingibre cofit* ou *gingibrat*. Montpellier était renommé pour sa confiture de gingembre : « Comme « il nous vient de Montpellier, 15 sols la livre « (34 fr.). »

----
(1) Règlement de Beaumont.

Le *pinhonat* ou *pinholat* (¹), nougat de fruits de pins, était fort estimé; il se vendait en boîtes, seul ou mêlé avec du gingibrat; parfois il était à l'état solide, *pinhonat en roc*, et coûtait 7 à 8 sols la livre (18 fr.); il était fait de sucre : « une livre de pigno-« lat en roc de sucre en pain, 6 sols » (15 fr.). On vendait du pignolat fait avec du miel.

Le *codognat* ou *codonhat*, ainsi nommé parce qu'il était fait avec le coing (*codonh*) mêlé à des épices, était aussi très goûté. En voici la recette fournie par Bonis : « 1 quart 1/2 gingembre, « 1/4 cannelle, 1/2 once noix de Chypre pour mettre « au codognat. » Lorsqu'il était à l'état solide, obtenu par une cuisson prolongée, il se vendait en pains, comme la pâte de coings.

Les hosties dorées (*ostias dauradas*) étaient une pâtisserie dont nous ignorons la composition, mais qui nous paraît se rapprocher beaucoup de notre pain d'épices; elles se vendaient 6 s. 4 d. la livre (15 à 16 fr.).

L'*irangat* ou orangeat (f° 12) était la boisson qui accompagnait d'ordinaire les hosties dorées.

L'anis confit était fréquemment servi sur les tables, et l'on préférait celui qui était préparé à Montpellier (²).

Les *festues* (confits) étaient fort en usage. Quelle est cette préparation ? Les lexiques n'ont pu nous éclai-

---

(1) Le pignolat, encore en usage dans certains départements du Midi, est une espèce de dragée faite avec les amandes de la pomme de pin.

(2) On ne doit pas oublier qu'à ce moment la cité de Montpellier était gouvernée par des princes espagnols, ce qui expliquerait cette spécialité pour la préparation des épices. (Voir la note de la p. cxxxv.)

rer à cet égard (¹). Ils coûtaient 8 sols la livre (18 fr.).

Les mûres confites se vendaient en général mêlées aux fétuques.

Le *manus Christi*, que Ducange explique ainsi : *massa quædam saccharo condita*, explication fort élastique, était également en honneur, ainsi que les massepains (²).

Toutes ces sortes de confitures et de gâteaux figuraient parmi les entremets sucrés ou les desserts, mais la plupart étaient d'ordinaire spécialement affectés aux présents faits aux grands personnages par les consuls, concurremment avec les dragées.

Il y avait la dragée grosse qui se vendait 2 sols (5 fr.) la livre, et la dragée fine qui coûtait 8 sols (20 fr.). Chacun avait une recette pour leur confection ; l'évêque Guillaume de Cardaillac, l'abbesse des Minorites, le prieur de l'abbaye, font fabriquer à Bonis des dragées spéciales : il y en avait qui contenaient du genièvre ; on les appelait dragées de Saint-Roch, parce qu'on croyait qu'elles préservaient du mauvais air et de la peste.

Pour clôturer la partie du menu qui se rapporte au dessert, n'oublions pas le fromage ; si, en effet, un vieux dicton disait :

Jamais homme sage
Ne mangea fromage,

---

(1) Fétuque, manne de Prusse (*Glicerla fluitans*), graminée. Sa graine, récoltée dans le Nord, est réduite en gruau et cuite au lait. Elle entre dans la confection de la bière et du pain.

(2) Nous croyons que l'on doit chercher l'explication du nom de ce gâteau dans cette tradition, fort enracinée dans nos campagnes, que dans l'amande de pin pignon on trouve la main de Jésus.

nous croyons, — et nos ancêtres étaient de l'avis de Brillat-Savarin, — que

Un dessert sans fromage est une belle à qui il manque un œil.

Aussi voyons-nous sur leur table le fromage d'Auvergne, et surtout le fromage de Najac (Aveyron), qui se vendait par forme de 4 livres et coûtait 8 deniers la livre (1 fr. 60 c. environ).

Nous avons parlé du sel au début. Quoique le sucre fût plutôt à cette époque une denrée pharmaceutique, on ne peut cependant l'omettre ici, car il servait de base aux diverses confitures que nous venons d'indiquer. Au quatorzième siècle, le sucre se vendait à Montauban sous cinq formes : en poudre ([1]) (*pols*), en pain (*en pa*), en morceaux (*en roc*), en tablettes (*en taula*), moulu (*molat*), et on en distinguait trois qualités : le *cande* ou blanc, le *rosat* et le violet.

Comme boisson, nos ancêtres avaient le vin de nos coteaux : rouge, blanc et clairet, qui se vendait par muids, tonneaux, barils et pipes, à des prix très variés, suivant les années et les provenances.

Citons encore parmi les douceurs gastronomiques que se procuraient les Montalbanais : « Une cavette « (*coffa*) faite avec des épices et autres choses, un « quart de pignons et un quart de gomme adra-« gante. » C'est là évidemment le détail d'une conserve dans le genre de celle que nos paysans préparent encore avec des prunes, et qu'ils appellent

---

[1] La poudre blanche de sucre se vendait 2 s. 8 d. la livre (f° 60).

la mal cofada (mal coiffée), parce que le bouchon de la cavette est entouré de linges.

Voici les mots romans par lesquels on désignait à Montauban les divers repas :

Dina, le dîner du matin, qui avait lieu à 9 heures et était annoncé par le beffroi municipal (cette coutume s'est conservée) ; *brespalh*, le goûter, à 2 heures ; *sopa*, le souper, repas du soir.

Nous avons indiqué, d'après le Livre de Bonis, comment se nourrissaient nos pères au milieu du quatorzième siècle. Tout ce que nous avons dit à ce sujet est extrait de ce Livre ou du *Cartulaire de Beaumont*. C'est aussi au Livre du marchand montalbanais que nous allons recourir pour décrire la garniture de la table.

Le paysan mangeait dans la terraille, comme aujourd'hui, car la fabrication de ce genre de poterie, dérivée de la fabrication importée par les Romains, s'est perpétuée à travers les siècles, et nos campagnards préfèrent cette poterie vernissée au plomb, brune, simple et solide au feu, aux faïences et surtout aux fragiles porcelaines.

Les bourgeois se servaient de l'étain, que la ménagère soigneuse entretenait brillant et poli comme l'argent ; un notaire de Montauban, frappé par les malheurs du temps, mit en gage chez Bonis sa *vaichela de peutre* (étain), et un autre bourgeois chargea notre marchand de lui apporter de Toulouse 64 livres 3[4 de vaisselle d'étain, consistant en 24 salières, 24 saucières, 2 plateaux, 4 bouteilles pour tenir le vin et 4 carafes pour tenir l'eau, en étain, valant 3 sols la livre : 19 livres 18 sols 4 deniers. On remarquera, dans le détail ci-dessus, le nombre des salières et des saucières : chaque convive devait avoir devant lui ces deux objets, ce qui confirme l'usage général des piments.

Dans les maisons nobles, la table était garnie de *grasals* (grands plats), de *pechieiras* (bouteilles), de *cofinels* (corbeilles) d'argent, ainsi que de gobelets et de hanaps de même métal. Parmi les objets mis en gage chez lui, Bonis mentionne, en effet, entre autres : une tasse d'argent pesant 6 onces; une tasse d'argent et une cuillère pesant 1 marc; une tasse d'argent, avec un chien ciselé; une tasse d'argent ouvrée; des tasses d'argent dorées; un hanap d'argent doré dedans et dehors, avec son plateau, du poids de 3 marcs 5 esterlins; un autre de 2 marcs; une corbeille d'argent doré, avec son plateau; un verre doré; un gobelet doré, avec sa soucoupe; des cuillers d'argent pesant 7 onces 1|2; une bouteille et deux plats d'argent pesant douze marcs 15 esterlins, à 68 sols le marc; un hanap d'argent, avec son plateau émaillé, pesant 9 marcs 1|2, à 100 sols le marc, etc.

Nous n'avons relevé que les citations les plus caractéristiques; elles nous prouvent combien le luxe de la table était grand à cette époque.

Il est souvent aussi question de *verres de beri* dans les comptes de Bonis (¹).

Pour compléter ce chapitre, nous emprunterons

---

(1) Bonis écrit « veires de beri »; d'après M. de Laborde, le *béril* désignait particulièrement une variété de l'émeraude, l'aigue marine, mais on le confondait souvent autrefois avec le *béricle*, qui s'applique au cristal naturel ou artificiel.

quelques curieux détails à l'inventaire fait à Moissac, en 1348, à la suite de la mort d'un bourgeois de cette ville (¹). Voici d'abord l'argenterie :

1ª pichera (bouteille) d'argent am sos guobels d'argent ;
Item hueg tasas planas d'argent ;
Item tres tasas o quatro guobels d'argent obrats ;
Item una tasa d'argent a mostrar vis (tâte-vin) ;
Item tretze culhies d'argent.

Passons à la vaisselle d'étain et au mobilier de la cuisine :

Premieramen vingt e una pichieiras d'estanh, que paucas, que grandas ;
Item sinc grazalas (grands plats) ;
Item detz e set platels de peutre ;
Item setze saliers ;
Item vingt o dos grazalets (petits plats) de peutre ;
Item 1ª bota (boîte) de acier ;
Item 1ª bota d'estanh ;
Item 1 lavador (bassin à laver) d'estanh ;
Item 1ª conqua (chaudron sans anse) de lato ;
Item tres petitas conquas ;
Item un salier de coyre ;
Item doas conquas mojansieras (demi) ;
Item 1 bassi de lato ;
Item sinc payrols (chaudron) ;
Item 1ª payrola (grand chaudron) ;
Item 1ª cassa (petit bassin de cuivre emmanché) ;
Item 1ª lechafrita (lèchefrite) ;
Item dos astz (broches) de fer ;
Item quatre enders (trépieds) ;
Item dos trafoyers (chenêts) ;
Item hu fornel d'aigua rosa (2) ;

---

(1) Voir la note de la p. cxi.
(2) Ce fourneau, destiné à l'eau de rose, était probablement un alambic qui servait à distiller l'eau de rose, fort employée dans les repas pour les ablutions.

Item quatre olas (pots) de metalh;
Item dos calfalcos (chauffe-lit);
Item hu mortier de metalh am so pilo;
Item quatre quadieiras (chaises);
Item tres taulas am sos escaudels (escabeaux);
Item una forma longua (moule à pain);
Item dos candeliers (chandeliers);
Item dons mags (pétrins);
Item hu sedas (tamis à farine);
Item dos calelhs (lampes à trois becs).

Le luminaire, qui fait si bien ressortir la décoration d'un festin, n'était pas négligé par nos pères. Si chez le laboureur la traditionnelle chandelle de résine, plantée dans une échancrure de bois, au coin de l'âtre, et le *calelh* à trois becs, reste de la civilisation romaine, éclairaient le modeste repas du paysan, le citadin se servait déjà de la chandelle de suif, dont le poids variait entre 1[4 et une 1[2 livre, et se vendait 3 sols 4 deniers. Dans les intérieurs riches, les jours de fête, on employait la cire, ainsi que le prouvent les citations suivantes :

« 1 quarteron de *doubles* (¹) de cire et des épices, « pour fêtes, 8 sols », chez un marchand, Pierre de Verdun.

« 10 livres de cire en quatre torches pour le mariage « de Navarre de Mailhac. »

A la suite des joûtes qui eurent lieu à Montauban, le 18 mai 1345, l'un des chevaliers qui y prirent part donna un grand festin *(tenc taula)*, dont la garniture, le luminaire et les épices coûtèrent 15 s. 6 d. (f° 31).

---

(1) *Doblas*; ce terme désigne des bougies deux fois plus grosses que les chandelles, *candelas*.

On sait que la salle était jonchée de feuillage et que les murs étaient tendus de tapisseries.

Après le repas, nos pères ne dédaignaient pas de se livrer au plaisir du jeu de dés, ou à tout autre jeu en vogue. Bonis qui, en sa qualité de banquier, devait toujours avoir l'escarcelle *ben garnida*, prêtait souvent à ses compères *per joguar*, et nous devons ajouter qu'à l'encontre de l'usage moderne ces sommes ne lui rentraient pas dans les 24 heures.

L'usage, qui s'est d'ailleurs conservé très longtemps parmi les administrations municipales de l'ancien régime, était d'offrir un présent, invariablement composé de sucreries et de cierges de cire, aux personnages de marque qui arrivaient dans la ville; les riches bourgeois les invitaient à une collation et leur donnaient des gâteaux, des dragées, des confitures et des fruits.

Lors du passage à Montauban, en mars 1346, du duc de Normandie, les consuls achetèrent des confitures et deux torches pour lui faire présent: 2 l. 18 s.

Pierre de Saint-Vincent, bourgeois et consul, acheta 1¡2 livre d'anis confit, le 17 mars 1345 (v. s.), « parce « qu'il avait des hôtes pour la venue du prince. »

Gaucelin Catala, premier consul, pelletier de Montauban, acheta des confitures et 3 massepains le 28 mars 1346, « pour les hôtes qu'il avait pour le « duc de Normandie, 18 sols 9 deniers. »

Le confesseur du duc fut logé au Moustier, et un moine lui offrit du gingembre et du coriandre confits.

L'évêque de Montauban fit boire à la compagnie du duc treize tonneaux de vin.

Le prieur d'Ilebarde (¹) étant venu à Montauban, reçut des consuls, le 13 juin 1349 : 2 torches de 4 livres chacune, 3 livres 1|2 hosties dorées et coriandre confit. Ce présent fut remis par le consul P. de Castillon, et coûta 3 livres 3 sols 2 deniers.

Enfin, P. d'Auzolier, juge-mage d'Agenais, et un chevalier de la suite du duc de Bourbon, recevaient des consuls 3 livres 1|2 et 1 once sucre en tablettes et anis confit : 1 livre 1 sol 5 deniers.

Sans sortir de notre sujet, nous pouvons ajouter quelques renseignements relatifs aux hôteliers et à l'exercice de leur profession.

Ils logeaient, comme on disait encore il y a peu de temps, à pied et à cheval. Le voyageur à pied devait payer le prix de la couchée, suivant le taux fixé par les consuls, d'après la valeur des monnaies et aussi les difficultés du moment dans ces époques troublées.

Pour un cheval, ils ne pouvaient exiger de leurs hôtes que le quart du prix de la pugnerée d'avoine et du quintal de foin (²).

Comme détail de mœurs du moyen âge, voici la traduction littérale du texte même de l'ordonnance des consuls de Beaumont, relative aux hôteliers :

« Item qu'aucun hôtelier ou hôtelière, lorsque les
« voyageurs passeront par les rues cherchant un gîte,
« ne soit assez osé pour sortir dans la rue et inviter

---

(1) Poilfort de Belfort, ancien prieur mage de Montauriol, abbé de l'abbaye de l'Ilebarbe, près Lyon.

(2) « Item quod nullus hostalerius seu hostaleria sit ausus recipere ab « hospitibus suis seu viatoribus, nisi quartam partem precii quod decostabunt « sibi punheria (pugnerée) avene et quintale feni... », sous peine de 12 deniers tornois. (Règlement de Beaumont.)

« lesdits voyageurs en criant, vociférant ou en se
« diffamant les uns les autres, mais simplement, gra-
« cieusement et sans murmure; qu'ils se tiennent sur
« les limites de leurs portes, debout ou assis à la
« table de leur auberge, et invitent lesdits voyageurs,
« et les engagent à entrer chez eux à voix basse
« (*submissa voce*), sous peine, pour chaque contra-
« vention, d'une amende de 12 sols tournois. »

Les mesures prises à l'égard des marchands de vin ou taverniers n'étaient pas moins minutieuses : il leur était ordonné notamment de tenir leurs mesures à la porte du cellier, où le vin devait être porté et mesuré en présence de l'acheteur. Ils ne pouvaient servir aucune *licherium*, lichée ou nourriture, dans leur taverne.

Les marchands d'huile étaient tenus aussi à la plus grande propreté pour les mesures qu'ils employaient. Non seulement ils devaient en avoir de spéciales pour les diverses sortes d'huile, mais encore ils étaient obligés de les récurer tous les quinze jours, et de veiller à ce qu'elles ne gardassent aucune trace de dépôts et de crasse, *nundine et crassa*.

Nous n'avons cité de l'ordonnance de Beaumont que ce qu'elle a de connexe avec notre sujet; à Montauban les mêmes prescriptions sanitaires et les mêmes mesures de police existaient : c'étaient d'ailleurs, à cette époque, des règles générales, qui variaient fort peu dans les différentes villes. Il est difficile de rencontrer un ensemble d'ordonnances plus sages et plus paternelles. Si l'on en excepte les taxes relatives à la fixation des bénéfices, qui ne sont plus conformes aux idées et aux besoins de notre temps, il n'est pas une de ces prescriptions qui ne se retrouve en substance dans la législation actuelle, et tout semble nous faire croire qu'elles étaient au moins aussi scrupuleusement observées qu'aujourd'hui.

XII.

BAPTÊMES, MARIAGES, TESTAMENTS, SÉPULTURES.

Baptêmes. — L'entrée d'un nouveau-né dans la famille a été de tous temps et en tous lieux une occasion de joie et de réjouissances. Dans le Quercy et dans tout le Midi il devait en être ainsi; c'est pourquoi on s'étonne de trouver dans les règlements de police édictés par les consuls de Montauban des règles fort sévères au sujet de ces solennités.

Ils réglementaient ce que le parrain et la marraine pouvaient offrir à leur filleul :

« Item que negus hom ni neguna fenna, que fassa
« filhol, quel payris no lhi auze donar, ab gen ni ses
« gen, mas que 1 denier d'argen, e la mairina autre
« denier, e tot lo remanen d'albolas e als, tro en
« vi sols de tornes en pena de v sols per cada
« vegada (¹). »

Ces prescriptions se retrouvent dans un statut de Saint-Sulpice (Tarn), où il est dit :

« Que tout homme et toute femme du château ou
« de ses dépendances, qui sera parrain ou marraine,
« ne soit assez osé pour donner autre chose que

---

(1) *Ordenansa dels vestirs de las donas* (1291). Arch. de Montauban : *Livre rouge*.

« chemise, chrêmeau, et en offrande un denier tou-
« lousain d'étrenne. »

Les consuls de Montauban édictèrent en outre au quatorzième siècle un règlement adopté par le conseil général sur le fait des baptêmes.

Dans le premier article, il est défendu aux parrains et marraines de donner à leurs filleuls plus d'un denier d'or, d'argent, ou d'autre monnaie à leur choix, et de ne rien offrir à l'accouchée à l'occasion de ses relevailles, sous peine de 60 sols de Cahors d'amende, le mari payant pour la femme.

Le second article défend d'acheter, et aux merciers de vendre des aubes (chemises) pour les filleuls, plus de 8 s. de Cahors, sous peine d'une amende de 5 sols de Cahors.

Le troisième fixe à douze le nombre des personnes présentes au baptême; s'il y en a plus, le parrain ou la marraine paieront, pour chaque personne en plus, 5 sols de Cahors.

Le quatrième défend les repas de baptêmes ou de relevailles, sous peine de 5 sols de Cahors pour chaque convive, le mari payant pour la femme.

A la suite de chaque article il est déclaré que les étrangers ne sont pas tenus d'observer ce règlement.

Ce document est inséré au Livre Rouge ou des Serments, folio 54, au milieu d'actes du quatorzième siècle, et l'écriture est bien de la seconde moitié de ce siècle.

Il n'est que la reproduction de l'ordonnance citée plus haut, édictant des règlements très sévères pour les repas de relevailles :

« Que neguna dona, ni autra fenna, quand levara

« de sas jasillas (couches), no auze far dinar, ni
« manjar, ni negun autre covit de neguna persona,
« si no era que estes en l'ostal de la jasent, en peno
« de v sols caorsens, per cada persona que manjara;
« e quel marit de la jasent sera tengutz e destreg de
« paguar per cada persona e per cada vets aqui on
« los Cossols establirio a lor conoguda. »

Ce qui veut dire que seules les personnes habitant la maison, en un mot la famille, pourront être invitées au repas des relevailles, sous peine d'amende.

Mais ce n'était pas tout; il était aussi défendu aux femmes d'aller visiter une accouchée, à moins d'être sa cousine seconde, au moins, ou sa commère, et encore ces visites ne pouvaient avoir lieu que le dimanche :

« Item que neguna dona no auze cortejar neguna
« jazent, si no era cozina segonda d'els o de so maritz,
« o d'aqui en avant, o comaire; et aquelas que o
« puesco far tant solament lo dimentze, e no a negun
« autre dia de la semmana, en pena de v sols caor-
« senxs, per cada persona e per cada vetz; e quel
« maritz seria destreg de pagar per sa molher ([1]). »

Nous avons cité ces ordonnances, qui paraissent si restrictives de la liberté, pour montrer que, comme toutes les lois somptuaires, elles avaient pour but, — excellent d'ailleurs, — de mettre un frein à ces repas pantagruéliques que nos pères aimaient à donner dans toutes les circonstances de la vie et qui se terminaient par de trop abondantes libations.

Au point de vue égalitaire même, il y avait là une

[1] Archives de Montauban, *Livre rouge*.

règle qui empêchait l'étalage d'une opulence que le pauvre aurait pu voir d'un œil jaloux. Donc les consuls de Montauban et de Saint-Sulpice firent acte de bons et prudents administrateurs. Est-ce à dire que leur ordonnance fût suivie bien rigoureusement? Nous sommes d'autant plus autorisés à en douter, que les citations suivantes, empruntées aux comptes de Bonis, sont caractéristiques et prouvent que toutes les lois somptuaires, malgré leur indiscutable moralité, ont toujours et partout été violées ([1]).

On a vu tout à l'heure que le parrain devait offrir un chrémeau *(cremieira)*, ou une aube *(albola)*, ou chemise; en général il ajoutait un cierge pour la cérémonie, et, malgré l'ordonnance, des présents pour l'enfant ou pour la mère.

Ainsi de nombreux articles des comptes de Bonis portent cette mention :

« Per 1ª cremieira e per 1 tortis de 1 cart per far
« 1 filhol. »

La *cremieira* ou *chrémeau* était le bandeau destiné à essuyer le Saint-Chrême apposé sur le front, les oreilles, les lèvres de l'enfant, et non point une coiffe comme le pense Viollet le Duc. Cet usage subsiste encore aujourd'hui : le bandeau ou chrémeau est ensuite offert à l'église; il était fait de toile et garni parfois de dentelle; il y en avait aussi de brodés et de tuyautés *(canelada)*.

Le fils du viguier de Montauban reçut de son parrain deux chemises et deux chrémeaux brodés; un bourgeois, Pierre de Verdun, tenant sur les fonts

---

(1) Cf. Baudrillart, *Histoire du Luxe*.

baptismaux le fils d'un ami, ne craignit pas d'enfreindre l'ordonnance, car il acheta à Bonis : « un « voile de soie d'Allemagne, une bourse et une cein-« ture de soie de Montpellier, pour offrir à sa com-« mère ; une chemise et un chrémeau brodé, ainsi « qu'un cierge d'un quart (de livre) pour l'enfant. »

Un grand seigneur du Quercy, compatriote du pape Jean XXII et parent d'un futur évêque de Montauban, Pierre de la Peyrarède, seigneur de Flaugnac, donna à l'accouchée : « un doublet de lin « de Paris, un anneau d'or avec grenat, un cierge « de demi-livre et un chrémeau brodé » ; tous ces cadeaux lui coûtèrent 11 livres tournoises. Pour montrer combien les ordonnances étaient peu suivies au quatorzième siècle, citons encore le fait de Arnaud Des Près, seigneur de Montpezat de Quercy, qui fut parrain du neveu de l'évêque de Montauban, fils d'Hugues de Cardaillac. A cette occasion, il acheta : « un hanap d'argent surdoré dedans et dehors, avec « son plateau, pesant 3 marcs et 5 esterlins, d'une « valeur de 17 florins 3 gros, qu'il offrit à la femme « de son ami. »

Avant de clore ce chapitre, nous croyons devoir ajouter un détail caractéristique que nous avons recueilli récemment dans un vieux registre de notaire de l'année 1330. C'est un bail de nourrice ; en voici le texte :

« Anno Domini M. CCC. XXX et XV^a, die mensis Julii, « que en P. Augier, e na Bernada, sa molher, abdos « essemps (conjointement), baylero a na Bernada del « Capmas, molher d'en Ar. Gayraut, un efan mascle « per alachar (allaiter) e per noyrir, e aysso del dia

« d'uey, entro a la prumieira venen festa de S. Johan
« Baptista; e sia saubut que los digs en P. e na
« Bernada, sa molher, lhi devo donar IIII lh. mens
« v s. t., e una carticira de fromen a paguar de se : lo
« fromen e las dichas IIII libras mens v sols, els termes
« que s'enseguo, so es asaber : XXXIII s. e VI d. d'aishi
« a la prumieira venen festa de Nadal; el remanen
« d'aqui a la prumieira venen festa de S. Johan, e
« d'aqui en la, a sa voluntat; e per atendre e per
« cumplir l'un a l'autre totas las causas desus dichas,
« obliguero l'un a l'autre lor e tot lor bes mobles e
« no mobles, presens e endevenedors. Sot tot renun-
« ciamens de dregs e cautela. Testimonis : R. Adam,
« W. Mayniol, del Ramié; B. del Trohel (1). »

Dans un autre acte du même genre, on trouve cette variante :

« De noyrir et de alachar, et de far so que apert a
« noyrir. »

Quels détails dans ce contrat ! quelles garanties de part et d'autre ! Cela n'a rien d'étonnant pour ceux qui ont consulté des notulaires du moyen âge et de la renaissance. Tout était prévu dans ces actes, et on laissait rarement une porte ouverte à la fraude et à la chicane (*cautela*).

Mariages. — Tout d'abord il convient de constater qu'au quatorzième siècle la liberté des mariages était absolue dans presque tout le Midi, sous la simple réserve de certains honoraires dus à l'Église pour la célébration de la cérémonie religieuse, et au seigneur pour des redevances qu'on retrouve aujour-

---

(1) Registre de J. de Maloment, notaire de Bioule, 1330.

d'hui sous d'autres formes dans notre moderne fiscalité.

Les quelques exemples de restrictions qu'on rencontre dans plusieurs chartes avaient pour but d'éviter que les vassaux d'un seigneur ne sortissent de sa tenure; encore dans ce cas il n'est question que de quelques sommes très minimes.

Ainsi, à Castelnau de Montratier (Quercy), l'article relatif aux mariages était ainsi conçu :

« Item que tots homs ni femna d'esta vila e de la
« honor, que no pogues maridar sa filha sens licensia
« de son senhor; mas que si maridar la vol, done
« v sols caorsenxs per raso de souta, aquel senhor la
« solva ab los sines sols. »

Dans une magnifique page, écrite avec une suprême autorité, basée sur les considérations et les exemples les plus probants, M. Léopold Limayrac, en commentant cet article, a montré « que cette soulte, cette
« redevance attachée à ce droit était une mesure
« fiscale qui caractérisait une institution politique
« d'une immense portée; la redevance a disparu,
« mais la mesure politique existe encore, quoiqu'elle
« ne soit pas appliquée d'une manière générale ». Il cite, en effet, les mariages princiers, ceux des militaires, etc., soumis à des autorisations.

Du reste, les prétendus historiens qui ont voulu faire le procès du moyen âge, et, dans ce but, se sont emparés de tous les textes qui pouvaient servir à leur thèse, n'ont pas toujours eu la main heureuse. Ainsi, pour Montauban, certains ont prétendu que ce droit en numéraire, perçu à propos des mariages, était le remplaçant d'un autre droit en nature, ou plutôt contre nature, dont aurait été investi l'abbé de Saint-Théodard sur les habitants de Montauriol. M. Devals aîné, dans son *Histoire de Montauban*, a fait justice de cette calomnie en montrant qu'il y avait une absolue mauvaise foi à soutenir une pareille thèse.

D'ailleurs, le protestant Michel Leclerc, auteur de cette assertion, se trouve démenti absolument et catégoriquement par son fils, Pierre Leclerc, qui était autrement compétent que son père en fait d'histoire, puisqu'il rédigea en 1666 un inventaire admirablement complet et raisonné de nos Archives municipales. Or, dans la préface de ce précieux livre, — retrouvé à peine depuis quelques années, — Pierre Leclerc réfute l'opinion de son père. M. Devals ne connaissait pas l'existence de ce registre quand il écrivit son *Histoire de Montauban*.

Sans aller bien loin autour de Montauban, nous pouvons citer des villes, autrefois féodales, où la coutume consacre la liberté des mariages : à Bioule, il est dit dans la charte inédite de 1273, octroyée par Bertrand de Cardaillac : « Item que totz habitans « del dig loc puesca maridar sa filha o sas filhas, o « sos filhs, o sos fils molherar francamen la ons volra « ses tot contest o contradig del senhor ([1]). »

Et à Cologne (Gers) : « Item quod habitantes « dicte ville possint filias nubere et ubi voluerint « maritare, et filios suos ad sacerdotatus ordinem « facere promoveri ([2]). »

---

(1) Charte inédite de Bioule, dont le texte va être publié prochainement.
(2) Ed. Cabié, *Chartes de coutumes de la Gascogne toulousaine*. — Charte de Cologne (1287).

D'autres exemples pourraient être donnés; nous nous bornons là, mais nous ferons remarquer que dans la plupart des chartes de coutumes, soit de bastides, soit de villes affranchies, il n'est pas fait mention de la question des mariages; mais comme dans les autres articles la liberté de quitter la cité pour aller ailleurs est formellement reconnue, il s'ensuit que celle des mariages des habitants avec des étrangers, — car c'est seulement ceux-là qui peuvent être visés, — sont également libres.

Après avoir parlé des questions relatives au droit coutumier, nous rentrerons dans la catégorie des faits qui précédaient le mariage et dont nous trouvons la constatation dans les comptes des frères Bonis.

Les fiançailles étaient célébrées très solennellement; cela s'appelait *fermar marit*, affirmer son choix. L'importance de cet acte, dont le notaire retenait la minute, était telle, qu'on le considérait absolument comme aujourd'hui le mariage civil. C'étaient les conventions temporelles précédant les engagements par-devant l'Église.

Ces actes sont curieux à lire pour se faire une idée de la condition des personnes. Lorsque dans une famille il y avait garçons et filles, les premiers, ou plutôt l'aîné avait la grosse part; cependant ce n'était pas un droit acquis, puisque nous trouvons beaucoup de contrats précédant des mariages de filles dans lesquels celles-ci renoncent à la succession de leurs parents moyennant une dot : « Atendut
« als plasers e servisis agradables que son frayre
« lhy avia fags; en recompensa d'aquel, reconoy-

« chen, etc. » La dot consiste en une somme d'argent en rapport avec la position sociale de la famille; de 10 à 25 livres tournoises en moyenne, plus le lit garni et les habits de noce (¹).

Les fiancés affirmaient dans l'acte relatif aux conventions matrimoniales qu'ils avaient plus de 15 ou de 18 ans et moins de 25.

Le texte de ces actes est assez curieux par sa couleur locale. En voici un exemple :

« In nomine patris et filii et spiritus sancti. Anno
« et die, etc... Que fog selebrat matremoni per
« paraulas de fiansa entre W. filh de Ramon Vaiso,
« e na Joana de la Guorssa (²). Aqui meys (là même),
« lodig W. autree (octroya) se per par (moitié) et
« per marit a la dicha na Joana, e la dicha na Joana,
« per la manieira mema meys, donee e se autree per
« par e per molher ag dig W., e aqui metheys lhi
« donee e per sa dot lhi costituet tots sos bes e
« causas movablas o no movablas e tots sos dregs...
« los cals bes e causas, o deniers, lo dig W. Vaisso
« aqui metheys reconoc aver agutz aytals contenguts
« ni expresses en i enventari per la ma de mi, notari...
« Aquest covens que fero entre lor, que aquel que
« prumiciramen desunaria (mourra) donec al sobre-
« venen (survivant) xxv guianes negres — c'est la
« constatation du droit de survie — per far sas
« volontats e per sos ops (ses besoins), e per donatio
« facha entre vios (³). »

Cet acte avait été précédé de deux autres, l'un

---

(1) Registre de H. de Brêtes, notaire de Bioule, 1363.
(2) G. de la Gorsse, parent de la future, était changeur à Montauban.
(3) Registre de H. de Brêtes, déjà cité.

dans lequel le père du marié donnait à son fils une dot s'élevant à la moitié de ses biens, et l'autre portant l'inventaire des biens donnés à la mariée par ses parents.

Voici une variante pour le protocole de l'acte de fiançailles: « Aqui metheys lodig Hug donec e autreiec « se per marit e per par e per espus (époux), *aisi* « *cum Dios e la glieya de Roma ho vol, e coma el* « *Apostol S. Paul ho coffirma*, a la dicha na Argualena, « et per la maniera meteys la dicha Argualena donec « e autreiec se per molher et per esposa aldig Hue de « la Tor ([1]). »

Les parents de la jeune fille offraient, à l'occasion des fiançailles, une collation à laquelle prenaient part les parents et les amis. On y mangeait force confitures, des fruits, des gâteaux. Bon Tozet de Vacheresse acheta pour cet usage à Bonis : « per que « sa filha Sebelia avia fermat marit, » deux boîtes de pignolat et de gingembre confit.

La dot ou *verquieira* variait naturellement selon la condition des parents et des époux.

En général, la jeune fille recevait une somme d'argent, plus le vestiaire, composé ordinairement d'un garde-corps (*guaracors*), d'une gonne ou jupe (*gonela*), d'une cape ou manteau de drap et de la robe *verqueyral* ou nuptiale; il y avait, en outre, le lit garni de (*cosseras*), lits de plumes, coussins, draps de lit (*lensols*) et couvertures (*flessadas*). On remarque qu'il n'est jamais question de matelas de laine ([2]).

[1] Registre de H. de Brêtes, notaire de Bioule, 1363.
[2] Cette observation est d'autant plus curieuse, que le Quercy, du temps même des Romains, était renommé par ses matelas. Aucun des inventaires du quatorzième siècle que nous avons consultés ne parle des matelas.

k

Dans les présents de noces, les anneaux étaient au premier rang, ainsi que nous l'avons déjà dit dans notre chapitre sur le Vêtement, et non seulement le futur, mais encore les parents et amis de la jeune fille lui offraient des bagues d'or et d'argent, parfois ornées de pierres précieuses ou de perles.

Voyons maintenant les autres achats faits à l'occasion des mariages :

Un des fermiers de Bonis prit chez son maître : 2 cannes de drap brun pour faire une robe pour lui et une pour son frère, des chausses, une bourse, une ceinture et un anneau pour sa femme. Il acheta en outre la viande de porc et de bœuf nécessaire pour le repas de noces.

Un laboureur dépensa, en 1355, 10 livres 2 sols 8 deniers. Dans cette somme, considérable pour l'époque, étaient compris : une partie du drap nécessaire pour la robe de la mariée, valant 42 sols 8 deniers ; la viande pour le repas de noce, 23 s. 6 d.; une paire de chausses de drap blanquet et les joyaux de la mariée, 1 florin 1|2 ; la garniture de la robe ; enfin les épices, 18 s. 6 d.

Le boucher P. Malbert paya 5 écus d'or 1|2 pour les noces de sa fille, à laquelle il acheta : « un collier « d'argent, une bourse et une ceinture de soie, une « corde d'ambre, une paire de gants ouvrés, un dou- « blet de lin de Paris, un voile de soie d'Allemagne « et deux réseaux. »

Pour la confection des robes de noce, Malbert acheta 3 quarts de fil vermeil, 1 once de fil blanc, 3 palmes toile verte, 1|2 once fil vert, 1|2 once laine noire, 1 palme cendal, 5 ouchaus et demi sedas.

Pour ce repas de noces, Bonis fournit 3 livres de fruits et les épices, poivre, safran et gingembre, ainsi qu'un cierge de 1|2 livre.

Enfin un cierge de 1 livre fut offert à un moine du Moustier (¹). Les Frères Carmes reçurent 6 morues et les Frères Prêcheurs 40 harengs et 20 sols en présent.

Un artisan donna à peu près la même corbeille : un voile de soie d'Allemagne, un réseau, une corde d'ambre, une bourse et une ceinture de soie pour sa fille qui se mariait. Le tout coûta 1 livre 6 sols (f° 63).

Un marchand fit emplette d'une corbeille de noces encore plus riche : « Un coffre de Paris doré, un « collier d'argent à la mode nouvelle, un épinglier « de soie, quatre réseaux épais, une ceinture d'ambre, « une pièce de voile d'Allemagne large ; deux dou- « blets de lin de Paris et un anneau (*vergua*) d'or « uni (*plana*), qui coûtèrent 25 livres 18 sols » ; de plus, il fit faire à sa fiancée une robe courte de soie et lui donna un fermail d'argent avec perles, du prix de 2 écus.

La veille du mariage, ce marchand alla rendre visite (*visitar*) à sa future ; pour cela il acheta 3 torches qui pesaient 5 livres.

Les épices fournies pour la noce coûtèrent 1 livre 1 sol. Il faut ajouter que le coffre de Paris qui avait servi à contenir les cadeaux fut revendu quelques temps après au prix de 34 sols et racheté par un autre.

---

(1) On offrait aussi un cierge à la mariée : « Per 1 tortis de 11 libras per donar a la molher de B. del Pot, que fo nobia » (f° 51).

Enfin, le bourgeois P.-R. Folcaut, qui épousait la fille de Oton de Montaut, seigneur de Bressols, acheta à cette occasion : « Un coffre doré de Paris, « 10 paires de gants, 3 aunes de cendal vermeil, « 2 torches de 1 livre, et 5 aunes de ruban de soie « pour galonner les tresses ; le tout 5 livres 10 sols « 6 deniers. »

Testaments. — « Sçachez que les trespassez de « ce siècle, après qu'ils sont morts, sçavent ce que « d'eux en ce siècle est fait de ce que ordonné ils « ont, et ce sçavent-ils par les bons anges qui habi- « tent entre les vivants en l'air. » Ainsi s'exprimait Boutillier, dans sa *Somme rurale*, au seizième siècle.

Telle est aussi la pensée qui dirige pendant le moyen âge tous les actes des gens qui vont mourir, et règle la conduite de ceux qui leur survivent.

Dans ces temps de foi, où l'on avait confiance dans la pérennité des œuvres humaines, où l'on pouvait, avec une apparence de raison, compter sur la stabilité des fondations pieuses ou charitables, grâce à l'Église, exécutrice des dernières volontés des mourants, tous les testaments présentent un caractère puissant, original, admirable de philanthropie, en même temps que la marque profonde d'une constante préoccupation : la conservation de la famille et du foyer. Le sentiment religieux s'y traduit d'ailleurs par des œuvres pies et par des déclarations d'une simplicité vraiment éloquente.

En un mot, ceux qui quittaient le monde osaient regarder en face le redoutable dénouement, et prévoir avec une étonnante lucidité tous les événements que leur mort devait amener, afin de bien indiquer leur volonté formelle pour les cas qui pouvaient se produire.

Tous les testaments du quatorzième siècle commencent par un protocole, d'ailleurs peu différent au fond, mais présentant quelques variantes dans la rédaction; en voici quelques types :

« Conoguda causa sia... que... N... greus de ma-
« lautia, e feble de coratge, empero en so bo sens e
« en sa bona memoria, pensans de sa fi, penedens de
« sos pecats, no volens ychir d'aquest presen segle,
« seno far testamen espiritual; afin que negun debat
« ni deguna discordia no puesca naycher metz los
« seos, el fe aquest testamen, quar es de dreg e de
« razo que hom pauze las causas espirituals abans
« que las temporals; el pauzee aquelas...

« E prumiciramen el donee e comandee la sua
« arma en las mas de N. S. Dio Jhesus Christ, e de
« Madona Santa Maria, la sua gloriosa maire, e tota
« la companhia celestial de Paradis, e a Mosenh San
« Miquel l'angel, que l'agues e la capdele (¹). »

Il est inutile de traduire ce texte, pas plus que le suivant, qui donne une légère variante :

« Conoguda... que N..., pensans, cogitans, enten-
« dens la incertitat de la mort e de la hora d'aquela,
« e que ges per so lo saubut laicha donar l'avenamen
« d'aquela... penedens de sos pecatz e de sos falhi-
« mens, en so bo sens e en so bo prepausamen,
« evenians, volens aordenar de si e sos bes e causas,
« e far so testamen, per so que, apres lo demoramen
« de lhui, degus plaguat, destor, no puesca naycher

---

(1) Registre de H. de Brêtes, notaire de Bioule, 1363.

« ni venir apres lhui, fac e ordenec e establic so
« testamen noncupatio, son dever e disposicio.

« E prumieiramen, quar es de razos que de las
« cauzas espirituals hom ordene que de las tempo-
« rals, el ordenec d'aquelas, e tot primieiramen donec
« e laychec e comandec son cors e sa arma a Nostre
« Senhor Dio Jhesus Christ e a Madona Santa Maria,
« e a Mosenh S. Michael, archangel, e a totz los
« angels e archangels, e sans e santas del Paradis (¹). »

Dans un autre nous lisons cette formule : « Quar
« negus hom en aquesta present vida no pot esquivar
« l'espaventable jutgadamen del sobira jutge (²). »

Après ces prolégomènes, dont on doit reporter
tout le mérite littéraire à l'esprit plus ou moins
fécond et cultivé du tabellion qui rédigeait l'acte, le
testateur faisait le signe de la croix et déclarait qu'il
choisissait pour sa sépulture le cimetière de sa
paroisse, l'église voisine ou le couvent où il possédait
un caveau : « Et veut que son corps y soit mis et
« placé, et enseveli quand Dieu aura fait de lui à
« son plaisir. »

Puis il dictait ses dernières volontés. Ici, le Livre
de Bonis, surtout le Livre des Dépôts, nous fournira
de nombreux et très curieux détails, car notre marchand fut chargé de la liquidation des successions
de plusieurs riches bourgeois de Montauban, et quelques testaments copiés dans les notulaires de l'époque
complèteront ces renseignements.

On ne manque pas de rencontrer tout d'abord
dans les testaments la mention de l'œuvre *de la*

---

(1) Registre de H. de Brètes, notaire de Bioule, 1363.
(2) Registre de J. de Fraux, notaire de Caylus, 1344.

armas, des âmes ou du Purgatoire, à laquelle on faisait un don en argent pour dire des messes.

« Item en apres el donec desus sos bes e causas
« per amor de Dios, e de la sua arma, e de son
« payre, e de sa mayre, e de tot fizels deffunhs, e
« tot prumiciramen donec a la obra de la glieya de
« Moss. San Salvador de Biole, v s. guianes (¹). »

L'église paroissiale et ses chapelles, ainsi que les églises des environs, reçoivent un legs en huile ou en argent destiné à entretenir la lampe qui brûlait dans la *roda* ou *couronne,* qui a pour équivalent aujourd'hui le *lustre* ou la *suspension*. A ce dernier point de vue, les testaments de ces époques sont une mine précieuse pour l'histoire ecclésiastique d'une contrée, car il n'est pas rare de rencontrer la mention de treize églises parmi les légataires, ainsi que l'indication de leur patron.

« Item a la lumenaria de las lampas de la dicha
« glieya, II s. guianes.

« Item als siris de S. Salvaire, de Madona, de S.
« Johan, de Moss. S. Blasi, de la dicha glieya a cascu
« XII d. guianes.

« Item a la lumenaria de XIII glieyas mai prop-
« danas del dig loc de Biole, a cascuna XII d.

« Item a la obra de la glieya de S. Marsel, de la
« honor de Realvila, v s. (²). »

Le mourant fixait ensuite le nombre de prêtres qui devaient assister à sa sépulture, de ceux qui veilleraient son corps jusqu'à l'inhumation. Il indi-

---
(1) Registre de H. de Brêtes, notaire de Bioule, 1363.
(2) *Ibid.*

quait les sommes à distribuer à chacun d'eux : 2 ou 3 sols, représentant 5 à 7 francs de notre monnaie.

« Item a Moss. Ar. Regambert, rector de Biole, la
« valor e soma de v crozats.

« Item a Moss. J. Alquier, la soma de vi crozats.

« Item a Moss. B. dels Rivals e a Moss. Ar. Lapasa,
« e a Moss. W. de Arabanel, e a Moss. Peyre Pelissa
« (prêtres), a cascu la soma de i crozatz, e que lodig
« Moss. Regambert els autres sobrenomats capelas
« sio tenguts de lui lo jorn de son obit venir per
« assolossar lo de son ostal, tro complida et facha la
« sepultura, de cantar e selebrar mesas per la sua
« arma e per las armas de son linage lo jorn de son
« obit et lendoma el jorn de la novena del dig son
« obit (¹). »

Des sommes importantes étaient léguées pour les services dont il sera question tout à l'heure; enfin, certains riches personnages assignaient une rente sur une terre pour assurer le service d'une chapellenie, ou fondaient un obit à perpétuité. Le marchand Bonis et son fils avaient établi des fondations de ce genre, mais ces libéralités pieuses ne sont rien à côté de celles que quelques personnages, tels que le prieur-mage Pilfort de Belfort, qui, devenu abbé du Mas-d'Azil, légua 20,500 sols de Cahors pour le repos de son âme, et Bertrand de Cardaillac, dont les legs pieux se chiffrent par des sommes énormes.

Les pèlerinages renommés, comme Saint-Jacques de Compostelle, Saint-Honorat, Saint-Christophe ou Saint-François, sont mentionnés dans les testaments,

---

(1) Registre de H. de Brétes, notaire de Bioule, 1363.

avec cette clause qu'une personne de la domesticité sera envoyée pour faire ce pèlerinage aux frais et dépens des héritiers.

« Item al autar de Nostra Dona del Puon : una « emagena (¹) de una libra de cera o la valor d'aquela.

« Item al perdo de S⁺ Onorat : xii d.

« Item al perdo de S⁺ᵉ Trinitat : xii d. »

Il y avait encore un legs d'un caractère tout particulier au moyen âge, mais qui dut bientôt disparaître : c'est le legs pour la Croisade, que nous avons trouvé dans un extrait de testament de 1336, ainsi : « Plus « au passage général outre mer : 100 marcs d'argent, « au temps du premier passage, payable au chevalier « élu par son héritier. »

Pour donner une idée exacte des autres libéralités pieuses des bourgeois de ce temps, citons, par exemple, la liquidation de la succession du bourgeois R. Capelle. Elle tient trois grandes pages du Livre des dépôts (fᵒˢ *4, 9* et *10*).

Les exécuteurs testamentaires furent le prieur des Frères Prêcheurs et le prieur-mage du Moustier, qui commencèrent à faire vendre à l'*encan*, sur la place, les meubles du défunt, réalisèrent tous les biens immeubles, et firent liquider les dettes laissées par Capelle et sa femme.

Puis, commença la distribution des legs : aux Frères Prêcheurs, la somme de 74 l. 18 s. 2 d.; aux Frères Mineurs, 13 écus d'or et 1|3; plus de très grosses sommes au monastère de Saint-Théodard.

Un autre bourgeois, R. de Pazern, légua les sommes

---

(1) *Emagena*, image, peut-être une petite statue.

suivantes, relevées dans le Livre des Dépôts (f° 15) : aux Frères Prêcheurs, 22 l. 13 s. 4 d.; aux Carmes, 43 livres; aux Frères Mineurs, 44 écus; aux Augustins, 12 livres; au Moustier, 18 écus 1[4; pour les chapellenies, 10 livres; aux Minorites, 5 écus 20 d.; à l'œuvre de Saint-Étienne de Sapiac, 10 sols; à six autels dans ladite église, 30 sols; à l'œuvre de Saint-Jacques et de Saint-Louis, 53 s. 8 d.; à l'église de Saint-Michel, 23 s. 8 d.; à l'église de Saint-Orens, 20 s. 3 d.; à l'église Saint-Benoît de Bressols, 50 sols; à l'église Notre-Dame du Fau, 38 s. 3 d., etc., etc.

On voit que nos pères faisaient une large part dans leurs biens en faveur de l'église, mais celle des pauvres n'était pas moins importante.

Le testateur dote d'abord les confréries ou associations philanthropiques dont il fait partie et qui sont établies dans sa ville natale ou dans les localités où il possède des propriétés.

Puis viennent les œuvres de *miséricorde*, c'est-à-dire les hôpitaux : « A la dona de Lombart, espita-
« licira de l'ospital del Mostier, per la laicha, VIII s.
« IV d.; à la dona de Limos, espitalicira de l'ospital
« de S. Bertomio, e per la lumenaria, XI s. VIII d.; à
« M° W. del Deves, capela de l'ospital de Parias,
« VIII s. IV d.; à W. del Fraicher, per los pauvres
« torses guarir, LXIII s. IV d. » (f° 12).

Dans d'autres testaments on voit le legs d'un lit garni, qui se composait d'un châlit, d'une couette ou lit de plume (*colsera*), d'un coussin (*coishi*), de deux draps de lit (*lensols*), et d'une clochette (*chilo*) pour appeler les hospitalières auprès du lit « où « seront couchés les pauvres de N.-S. Jésus-Christ. »

De larges distributions sont faites aux pauvres à la suite des cérémonies funèbres.

Bertrand de Cardaillac, seigneur de Bioule, lègue en 1336 1,000 robes de drap blanc ou brun aux pauvres de ses domaines.

R. Capelle (f° 9) laisse 6 l. 7 s. 4 d. pour deux pièces de drap blanc de Rodez, que l'on donna pour l'amour de Dieu, le Mercredi Saint, aux pauvres, pour faire des gonelles, et le samedi après Pâques, pour la charité, on distribua 10 setiers de blé valant 2 livres 1|2, et quatre tonneaux de vin d'une valeur de 20 livres.

Dans un testament de 1364 nous trouvons les mentions suivantes à ce sujet :

« Item dos sestiers de blat lo jorn de son obit per
« l'amor de Dio als paubres de la vila e de la onor.

« Item layssec e donec lodig testayre per amor de
« Dio e de la sua arma e de totz fizels defunhs una
« carta de fromen cadaus en pa cueg, que fos donada
« lo Digos e Vendre Sant, e aysso per lo terme de
« x ans continuatz et complitz, comensat l'an venen
« apres son obit (¹). »

Le seigneur de Bioule laisse 5,000 sols aux hommes et aux femmes qui seront à son service au jour de son décès.

Les veuves de la paroisse se trouvent souvent mentionnées dans les testaments. On stipulait alors le nombre de celles qui devaient participer aux distributions, et on les choisissait parmi les plus indigentes.

---

(1) Registre de H. de Brêtes, notaire de Bioule, 1363.

Raymonde de la Penche, femme de R. de Meynac de Bioule, lègue 11 poignerées de blé à payer à l'été à onze femmes veuves de la paroisse (¹).

On retrouve surtout dans la plupart des testaments le legs de *las piuselas maridar*, des jeunes filles à marier. Bonis nous en fournit plusieurs exemples.

La liquidation de la succession de R. Capelle contient plusieurs articles de ce genre :

« Les exécuteurs testamentaires donnèrent pour « l'amour de Dieu, sur le legs des filles à marier, « 5 livres à Mondette Guilabert, fiancée de Guillaume « del Devez, savetier; 5 livres à Jeannette de Martel, « fiancée de Jean Chaubard, savetier; 10 livres à « Jeanne Mares, fiancée de M⁰ B. Rous, notaire, et « 5 livres à Guillaumette de Sarraust, fiancée de Jean « d'Albi, notaire (f° *10*). »

On voit que les exécuteurs étaient libres de fixer la dot lorsque le testateur n'en avait pas lui-même réglé la quotité. Bertrand de Cardaillac laisse 6,000 sols tournois pour marier les pauvres demoiselles de sa terre, et veut que sur ladite somme soit mariée la fille de noble Guillaume Bonafous, avec 60 livres.

Cette dernière citation caractérise l'institution de ces legs. C'était pour venir au secours des infortunes, en même temps que pour permettre à d'honnêtes filles de ne pas changer de condition.

Telles sont, à peu près complètes, les diverses œuvres pieuses, charitables ou philanthropiques qui

---

(1) Registre de H. de Brétes, notaire de Bioule, 1363.

sont l'objet de la sollicitude des mourants. Ajoutons, pour ne rien oublier, quelques détails sur les prescriptions relatives au partage des biens et à leur attribution.

Après avoir institué un héritier universel en la personne du fils aîné, chargé de perpétuer la tradition familiale dans la maison paternelle, et nommé des exécuteurs testamentaires ayant pour mission de surveiller l'accomplissement de ses dernières volontés, le testateur indiquait « nuncupativement » tous les biens qu'il donnait à chacun de ses enfants, et réglait minutieusement tous les cas de mort qui pouvaient se produire; aussi ces actes sont-ils hérissés de nombreux *e si tan ero*, s'il advenait que, et de prévisions relatives au décès de ses enfants en *pupillar estat*, en état de minorité.

La part de la veuve était réglée ainsi : en général elle reprenait le montant de sa dot ou l'équivalent, et recevait, en outre, une somme pour droit d'augment, qui d'ordinaire était égal à la moitié de la dot; mais le testateur stipulait très sévèrement le cas d'un second mariage. En voici un exemple :

« Item donec e laychee a na Ramonda, sa molher,
« sos obs (son nécessaire) de mangar, e de beure, e
« de vestir, e de causar, aytant quant estara en son
« hostal, ni ab sos heretiers sotz escrigs, convenable-
« ment, seguon la conditio de persona; e si estar ni
« convenir ab sos heritiers no podia, donec lhi e lhi
« layssee *autant quant tendra vida honesta e vidual*, e
« ses cobrar sa verquiera de sos heretiers una mayo
« a sa contruga (convenance), e per far de II setiers
« emina de seguel, e una emina de fromen, e una

« pipa de vi, e sayssanta sols guianes, *autramen*
« *re* (¹). »

Cette dernière phrase est significative dans son laconisme.

Le testateur désignait lui-même les tuteurs de ses enfants et indiquait d'avance ceux qui pourraient les remplacer au besoin; et il se trouve des cas où le tuteur était dispensé de rendre compte de son administration et de faire inventaire.

Sépultures. — Lorsque nos pères avaient ainsi réglé toutes leurs affaires temporelles, ils avaient plus de liberté d'esprit pour penser à se préparer au grand voyage. Les derniers sacrements leur étaient donnés en présence de toute la famille, et Bonis fournit de nombreux cierges per *enoliar*, ou pour *l'enoliacio*, l'extrême-onction.

La bière était faite d'ordinaire en sapin (*avet*), et coûtait 5 sols (f° 75); les morts y étaient couchés tout habillés et enveloppés d'un suaire. Le Livre Bonis est très précis à cet égard; il indique, sous la rubrique *fourniture*, les objets nécessaires pour la funèbre toilette.

La veuve du chevalier Molinier étant morte le 23 avril 1348, ses enfants achètent : 140 l. 1|4 de cire ouvrée et brute; 3 aunes 1|2 de toile blanche; pour le suaire, 2 livres 1|2 résine pour cirer le drap (*enserar*); 1|2 once fil blanc pour coudre le suaire; 1|2 livre d'huile d'olive pour la lampe; une paire de gants; 5 palmes 1|2 camelot noir pour faire un couvre-chef, et un quart de livre d'encens.

---

(1) Registre de H. de Brêtes, notaire de Bioule, 1303.

La fourniture d'un notaire se composa de 4 aunes de toile pour faire le suaire; d'un chaperon; d'une paire de gants; de chausses, de brayes; 2 aunes de cordon noir de soie et 4 aunes de cendal vermeil neuf; une once d'encens et 17 livres de cire ouvrée; le tout coûta 6 l. 12 s. (f° 95).

P. Folras mourut en 1349 : c'était un bourgeois; ses exécuteurs testamentaires payèrent pour garnir son corps quand il fut mort, 5 s. 4 d.; pour ouvrir le caveau (*sisterna*) dans une église, 4 s.; pour 5 livres de cire, 25 sols, et pour un habit avec lequel il fut enterré, 52 s. : total, 4 l. 18 s.

Mᵉ Constantin de Riom, notaire de Montauban, étant mort, on acheta pour lui : 5 aunes de toile, des chausses, une paire de gants, une coiffe, une pièce de de ruban, 3 aunes cendal vermeil, 18 livres de cire : total, 5 livres 10 s. 4 d.

On trouve dans la fourniture d'Arnaud de Manoet des chausses et des savates.

Cette coutume d'habiller les morts était observée aussi pour les femmes. Étienne de Forabosc, bourgeois, paya : 5 aunes de toile à 2 sols l'aune, une paire de gants, une coiffe, une pièce de ruban de fil, 3 aunes cendal, 6 torches de 1 livre, 3 torches de 1/2 livre, 3 torches de demi-quart, à 6 s. la livre, pour la fourniture de sa fille, épouse de R. Guasbert : total, 4 l. 3 d. (f° 107).

D'après les citations qui précèdent, et que nous aurions pu multiplier, on a vu que le suaire était de toile et quelquefois aussi de cendal, c'est-à-dire que dans bien des cas il devait y en avoir deux; sans cela on ne s'expliquerait pas la présence simultanée du cendal et de la toile dans ces comptes

Du reste, nous trouvons plusieurs autres exemples de suaires de cendal pour les riches : le damoiseau de La Mothe prend une aune de cendal, 3 s. t., pour le suaire de son enfant (f° 17). On lit dans un autre compte : 9 palmes de toile blanche pour suaire; 3 palmes de cendal pour suaire à l'enfant, 4 sols tournois; 5 palmes de cendal, 6 s. 4 d.

Pour la cérémonie religieuse de l'enterrement, les amis et parents offraient des cierges et des draps d'or. Cette coutume est constatée par d'innombrables achats de ce genre qu'on rencontre dans le Livre Bonis.

La quantité de cire variait; les draps d'or étaient aussi de sortes et de qualités très diverses. Nous avons relevé les suivants : drap d'or, drap d'or diapré (*diaspret*), drap d'or de siglaton (*sisclatonat*) [1], drap d'or parfilé (*perfilat*), drap d'or taurin [2] (*tauri*), brodé *d'agnus Dei*, drap d'or de Venise, drap couvert d'or (*d'aur cubert*), drap d'or avec figures de lièvres (*am lebres*), drap d'or avec figures de paons (*que y avia i pau fag*), drap d'or avec figures de prêtres (*am capelas*), et le demi-drap d'or (*meganel*).

Chacune de ces qualités avait son prix, qu'on trouvera indiqué dans le Livre ; on remarquera aussi que le drap était tantôt loué, d'autrefois acheté définitivement, *per pausar al cors*, ou *per far onor al cors*.

Voici quelques citations à ce sujet :

Guillaume de Penne, prieur de Léojac, acheta

---

[1] Le *siglaton* était une espèce de brocart fabriqué d'abord dans les Cyclades, d'où il tirait son nom, puis dans tout l'Orient. (Quicherat, *Hist. du Costume*, p. 153.)

[2] Probablement couleur de taureau ou brune.

pour la sépulture de P. Raymond de Penne, son frère, en 1340, un drap d'or diapré 40 s., 16 livres de cire ouvrée à 2 s. la livre, et 2 livres d'encens. En nantissement il donna une couverture à ses armes et un livre.

Bertrand de la Popie, damoiseau du Quercy, seigneur de Coanac, paya 5 livres 1 sol pour le loyer d'un drap d'or et 16 livres de cire pour la sépulture d'un abbé d'Ilébarbe.

Le légiste Guillaume Paya loua aussi un drap d'or et acheta 4 cierges d'une livre pour faire honneur au corps d'un habitant de Corbarieu.

Le notaire de Cos acheta un demi-drap d'or et 5 livres de cire pour la sépulture du seigneur d'Auty.

Un drap d'or, *tauri am agnus*, coûta 5 florins, valant 13 sols la pièce, en 1345, à R. Bertrand, bourgeois.

A la mort d'Amalric, vicomte de Lautrec, seigneur d'Ambres, en 1345, Pierre Amanieu, seigneur de Corbarieu, acheta : un drap d'or diapré, 6 torches de 2 livres valant 7 écus 2 sols. L'évêque de Montauban envoya également à cette occasion : 16 torches qui pesèrent 57 livres à 2 deniers la livre, et un drap d'or diapré montant 6 livres. La cérémonie eut lieu à Lavaur, vers le 26 août de l'année 1345. Cette mention a un intérêt spécial, puisqu'elle donne la date exacte de la mort d'Amalric de Lautrec.

Un chanoine et un légiste offrent un drap d'or diapré et 53 livres de cire pour la sépulture de la femme d'un damoiseau.

Les consuls de Saint-Nauphary assistèrent à la sépulture de B. Molinier, chevalier, leur seigneur, et offrirent un drap d'or et 8 cierges.

Plusieurs gentilshommes achètent un drap d'or de Venise, 8 cierges de 1 livre 1|2 pour la sépulture d'un de leurs tenanciers. Cet achat s'éleva à 6 livres 1 sol 6 deniers.

Un simple maréchal-ferrant donna un demi-drap d'or et 4 cierges de 1 livre et 1|2 pour la sépulture de Maffroi Reygasse, de Bruniquel; et le procureur d'un riche bourgeois de cette ville acheta un drap d'or diapré et un autre drap d'or couvert, 105 sols, et 10 torches de 2 livres 1|2 à 22 deniers la livre, pour la sépulture de son maître. A cette même occasion, deux autres personnes offrirent un drap d'or avec lièvres brodés et six torches de 1 livre et 1|2.

A la sépulture de P. de La Motte, damoiseau de Monclar, le 18 janvier 1346, Pierre de Proilhes fournit 82 livres de cire, 11 aunes de toile blanche et *aurnola* (?), 1|2 livre d'encens, et acheta un cercueil, puis fit poindre une bannière, un bliaut et un blason (*senhal*).

On trouve aussi la mention de feuillage acheté pour les sépultures : ainsi Bertrand d'Antéjac, seigneur d'Almont, acheta un drap d'or de siglaton, 8 livres; 20 cierges de 2 livres 1|2, à 22 deniers la livre; 1 livre doubles chandelles de cire, 2 sols; 2 onces encens, 12 deniers; 2 cannes de feuilles de sapin (*abet*) *pour mettre les cierges*, 1 sol 3 deniers, pour la sépulture de son frère.

Le lendemain de la mort, on faisait une cérémonie religieuse, qu'on appelait le *revit*, pour laquelle on offrait aussi des cierges : « Pour torches pour le revit « de sa belle-sœur....., le lendemain au revit. »

Il y avait aussi l'octave et la neuvaine : l'octave,

qui consistait sans doute dans une grand'messe chantée, à laquelle étaient conviés les parents et amis; la neuvaine, série de neuf messes célébrées pour le repos de l'âme du défunt. Le seigneur de Belmont, Bertrand de Malhac, loua pour la neuvaine de Jourdain de Cos : deux draps d'or, 20 sols; 13 cierges de 2 livres chacun.

L'anniversaire (*annoal*) était aussi solennel que la sépulture, puisque l'on y retrouve les mêmes pratiques. Guillaume Cabirol, official de Montauban, envoie un drap d'or de siglaton, 10 torches de 3 livres, 2 cannes de feuilles de sapin et une *lardière* (?) (¹) pour faire honneur à l'anniversaire du seigneur Ébral de Castelnau.

On trouve encore : « Pour les torches de l'anni« versaire de Ozil d'Antéjac. »

Nous eussions voulu, pour clore dignement ce chapitre des sépultures, pouvoir donner le récit des obsèques d'un des grands seigneurs du Quercy, tel qu'il se trouvait rapporté dans un document contemporain. Malheureusement ce document n'existe plus, et nous n'avons qu'un pâle reflet de cette cérémonie dans un passage d'une généalogie de cette famille.

Bertrand de Cardaillac, chevalier, seigneur de Cardaillac, Bioule, Saint-Cirq-La-Popie, Aujols, Bach, Concots et autres lieux, premier maître du Parlement de Paris, mourut le 6 septembre 1336, en son château de Bioule, près Montauban. « Il y fut ensevely, — dit

---

(1) C'était probablement la corde qui avait servi à serrer cet envoi, car Bonis avait l'habitude de compter à ses clients même les cordes des paquets. On l'appelait sans doute ainsi parce qu'elle était du type de celle qui servait à attacher le *lard*.

« le généalogiste, — le douzième jour du même mois
« avec de grands honneurs et pompes funèbres, où
« furent conviés plusieurs prélats, seigneurs et vas-
« saux considérables de ses terres. » Dans l'assistance on remarquait, parmi les ecclésiastiques, quatre
évêques : Guillaume de Cardaillac, évêque de Montauban, frère du défunt; Bertrand de Cardaillac, évêque de Cahors; Guillaume de Cardaillac, évêque de
Saint-Papoul, ses cousins; Pierre de la Vie, évêque
d'Albi, oncle de son fils; trois abbés : Auger de Durfort, abbé de Moissac; Reginald de Concots, abbé de
Marcillac; Géraud de Lentillac, abbé de Figeac.

Le deuil était conduit par le fils aîné du défunt,
Hugues IV de Cardaillac, seigneur de Bioule, entouré
de ses frères, le damoiseau Guillaume, seigneur de
Vilole; Bertrand de Cardaillac, archidiacre de Blois,
futur évêque de Montauban; l'étudiant Jean de Cardaillac, futur patriarche d'Alexandrie, l'une des plus
pures gloires de cette maison, et deux religieux, Gaillard, moine de Saint-François, et Sicard, bénédictin,
noble lignée que Bertrand V léguait à la France et à
l'Église.

Parmi les plus qualifiés des assistants, on remarquait : Amalric IV, vicomte de Lautrec, beau-frère du
défunt; Amalric, vicomte de Monclar, son gendre;
Bertrand de Cardaillac, seigneur de Lacapelle-Mari-
val; Bernard de Durfort; les seigneurs de Gourdon,
de Castelnau, de Périgord, de Thémines, de Penne,
des Près-Montpezat, etc., etc.

Le généalogiste ajoute que, pour honorer davantage les funérailles du seigneur de Bioule, cette
noblesse fit apporter des draps mortuaires et des

cierges en si grande quantité, qu'on y compta cent quatre draps d'or et mille soixante et une torches de cire.

Ces chiffres sont bien en rapport avec ceux que nous donnons ci-dessus, et qui nous sont fournis par le Livre Bonis.

XIII.

VIE CIVILE ET ECCLÉSIASTIQUE.

Grâce aux coutumes si libérales accordées à la ville de Montauban, en 1190, par Alphonse, comte de Toulouse, son fondateur; grâce aux privilèges, franchises et libertés concédés ou confirmés par les rois de France, cette cité fut pendant le treizième et le quatorzième siècle une ville indépendante, une petite république.

Par sa situation aux confins de deux provinces, le Quercy et le Languedoc, par son importance stratégique, sa position sur une rivière navigable, enfin par ses défenses naturelles, qui lui valurent plus tard de pouvoir résister à des sièges mémorables, Montauban était un joyau que les rois de France et d'Angleterre avaient grand intérêt à posséder et à garder.

Aussi, constatons-nous dans l'histoire de cette époque que nos consuls, tout en conservant leur fidélité au roi de France, s'empressaient de profiter de toutes les occasions pour augmenter la somme des immunités dont ils jouissaient déjà.

L'administration de la cité, confiée à des magistrats élus par les bourgeois, les nobles, les marchands et le peuple, était essentiellement démocratique, puisque la majorité dans ce conseil restait toujours dévolue au *menut pople*. La liberté y florissait en même temps que l'égalité, sous l'égide de règlements minutieux qui déterminaient les droits et les devoirs de chacun.

Une partie de la noblesse des environs y avait acquis pour ses membres le droit de bourgeoisie. Il n'est donc point étonnant de voir notre marchand désigner par la qualification de bourgeois des représentants de familles nobles, de même qu'il n'est pas rare de trouver la mention de bourgeois qualifiés seigneurs de tel ou tel lieu, titre qu'ils prenaient après achat desdites seigneuries : ce qui montre que ces deux classes de la société, distinctes par leur origine, avaient cependant des points de contact et s'unissaient entre elles par maintes alliances.

Les Livres de comptes des frères Bonis nous prouvent d'ailleurs que l'aristocratie du sang, celle de la fortune, pas plus que le clergé, ne jouissaient de privilèges particuliers, notamment en ce qui concerne les dettes. Si, dans quelques chartes de coutumes, le seigneur se réserve un délai plus long pour payer ses créanciers, il est certain qu'à part cette concession légère nous voyons nos marchands obliger quatre grands seigneurs du Quercy et de l'Albigeois (f° 149) à venir se constituer otages d'une dette, à *tenir arrêt* dans la ville à la volonté de leur prêteur ; d'autre part, nous constatons, à chaque page du livre, que les rigueurs judiciaires et ecclésiastiques sont exercées contre les nobles, les prêtres, les moines, pour leur faire payer ce qu'ils doivent.

Aucun document ne saurait donc, mieux que notre précieux registre, donner une idée exacte de la vie privée et publique d'une époque, car toutes les classes de la société viennent défiler devant le comptoir de notre marchand.

Les bourgeois, issus des anciens prud'hommes du municipe de Montauriol, auquel avait succédé le bourg ecclésiastique groupé autour du monastère de Saint-Théodard, étaient venus à la fin du douzième siècle habiter la nouvelle ville. Ils détenaient la fortune acquise probablement par le commerce, et vivaient de cette vie luxueuse du quatorzième siècle, rivalisant d'élégance avec les nobles, dont la richesse était d'ailleurs fort diminuée depuis les Croisades, et auxquels ils avaient acheté, contre de beaux deniers comptants, une partie de leurs domaines.

Bonis lui-même, si nous en jugeons par les indications relevées dans ses Livres, possédait plus d'un million et demi (valeur actuelle) de terres dans les environs de Montauban, plusieurs maisons, des celliers, etc., dont l'achat est mentionné. Cela ne l'empêchait pas de vendre ses marchandises au plus menu détail, de préparer et de faire administrer des clystères par son frère, et lorsque des bourgeois, ses compères, viennent dans sa boutique pour faire des emplettes, ce ne sont que joyaux, argenterie, soie et velours, ceintures émaillées, etc., qu'ils achètent pour leurs femmes ou leurs familles.

C'est l'aristocratie de l'argent faisant assaut de luxe et de splendeur avec celle de la naissance, et les malheurs du temps n'ont pas le pouvoir d'apporter un tempérament à cette funeste émulation.

Le peuple était représenté par les ouvriers, les artisans, les travailleurs. Au point de vue moral, l'ouvrier jouissait d'une liberté incontestable, peut-être même d'une considération affectueuse de la part de ses patrons ou de ceux qui l'employaient, qu'on ne retrouve plus aujourd'hui dans nos relations sociales. L'ouvrier n'était pas l'ennemi du maître ; c'était plutôt son auxiliaire. D'ailleurs, les conditions économiques de l'industrie étaient particulièrement propres à développer ces sentiments. Les métiers étaient soumis à une réglementation sévère, qui exigeait du patron comme de l'ouvrier une loyauté absolue, tant sur la qualité de la marchandise que sur la bonne exécution du travail. On a beaucoup calomnié les jurandes et les maîtrises. Après en avoir réclamé et obtenu la suppression, il y a un siècle, on en vient aujourd'hui à rétablir, — mais dans un autre esprit, — par les syndicats, ces corps de métiers qui avaient assuré à la France la première place parmi les nations industrielles.

Les réglementations locales qui avaient pour but la répression de la fraude sur la marchandise vendue, la limitation des bénéfices, le contrôle de la fabrication, furent l'œuvre de syndics élus par leurs confrères, et si l'on peut reprocher à ces ordonnances l'esprit de routine, on ne saurait leur refuser une constante préoccupation de l'intérêt du consommateur. Doit-on critiquer les détails lorsque le but est aussi noble ?

L'ouvrier était d'ailleurs garanti par l'apprentissage et le compagnonnage contre le chômage, et il trouvait encore dans l'assistance mutuelle les secours nécessaires en cas de maladie.

Partout des confréries, placées sous le patronage de quelque saint populaire, — saint Blaise, saint Christophe, saint Sébastien, saint Éloi, — comptaient dans leurs rangs, à côté de l'ouvrier et du travailleur de terre, des bourgeois, des ecclésiastiques qui apportaient leur offrande à l'œuvre commune, et de ce rapprochement, de cette association philanthropique naissaient forcément des relations affectueuses, cimentées par un échange constant de services.

Le clergé, issu de ces trois classes, partageait avec elles leur part d'influence. Au sommet, le clergé régulier avec ses dignitaires, pour la plupart de noble extraction : les prieurs et les officiers claustraux des couvents sortaient en général de la noblesse ou de la bourgeoisie; le bas clergé et les moines des ordres mendiants étaient fils du peuple. Et néanmoins toute cette hiérarchie sacerdotale, imbue profondément du principe d'autorité, fonctionnait normalement et sans trouble. Nous ne voulons pas dire que dans ce milieu, comme dans la société laïque, il n'y eût des points faibles; que tout fût au mieux. La perfection n'est pas de ce monde, et les registres de l'officialité, s'ils nous eussent été conservés, ainsi que ceux de la viguerie, nous prouveraient que partout et de tout temps il y a eu de mauvais prêtres, des moines prévaricateurs, comme des citoyens criminels et des larrons.

Toutefois, on ne peut nier, en examinant les moyens employés par les législateurs d'alors pour refréner le mal, que la puissance morale du serment et le respect de la foi jurée, de même que le sentiment religieux, ne fussent dans la plupart des cas la seule et la plus efficace sanction. Par conséquent il faut supposer que nos pères du moyen âge valaient, sous bien des rapports, autant que nous.

Les relations entre la classe ouvrière et le clergé, entre la noblesse et la bourgeoisie, étaient fréquentes et cordiales. En voici un exemple : l'évêque Guillaume de Cardaillac s'intéresse à un pauvre berger, Jean de Limoges, et en 1344 il lui envoie le médecin à ses frais, et c'est encore lui qui paie les remèdes et les frais de sépulture (f° 24 verso).

Pons Séguy, bourgeois, nourrissait dans sa maison un pauvre homme, et il pourvut aux frais de sa sépulture. Chaque maison avait ainsi ses pauvres attitrés.

D'autre part, on constate à chaque page que des bourgeois et des hommes du peuple achètent ou louent des draps d'or, des cierges, de l'encens pour faire honneur au corps d'un noble décédé. De cet échange de services, de ce patronage qui rappelle les traditions de l'ancienne Rome, de cette communauté de périls, de joies et de souffrances partagés par le seigneur et par le paysan qui le suivait à la guerre, de cet amour du sol natal qu'ils ressentaient également, devait naître nécessairement une confiance, une sympathie, dont l'heureuse influence s'est fait sentir tant que les seigneurs ont habité leurs châteaux et administré leurs domaines.

Nous avons dit, à plusieurs reprises, que le Livre Bonis pouvait donner la physionomie exacte de la population qui se trouvait dans l'enceinte d'une petite cité méridionale. En effet, nous pourrions, en nous servant seulement de la liste des noms relevés dans le registre de notre marchand, constituer pour ainsi dire *l'Annuaire*, — qu'on nous pardonne ce mot moderne, — de la ville de Montauban au milieu du quatorzième siècle.

On y retrouverait, dans l'ordre ecclésiastique : la maison de l'évêque, avec ses vicaires généraux, l'official, le trésorier, les procureurs, le maître de salle, les compagnons ou camerlingues, les écuyers, le viguier; les notaires de la chambre épiscopale; les onze tabellions de l'évêque; un scelleur; un notaire de la chambre du pape, et, parmi la domesticité, un chambrier, un bouteiller ou sommeiller, et deux sergents; la collégiale Saint-Étienne de Tescou avec ses chanoines, dont Bonis nous fournit sept noms; l'église paroissiale Saint-Jacques avec son prieur, deux vicaires, un chapelain chargé de l'œuvre (*obrier*) et de nombreux prêtres; l'église Saint-Michel et son recteur, un camérier et un chapelain; enfin une liste d'environ cinquante prêtres ou chapelains, dont certains étaient attachés aux diverses chapelles fondées dans les églises, ou à des familles riches chez lesquelles ils servaient souvent de précepteurs. Nous citerons entre autres : les chapelains de l'official, du sacriste du Moustier, du prieur-mage, du juge-mage, etc. Notre marchand lui-même avait son chapelain attitré, Étienne de Costoratier.

Dans les campagnes, le nombre des prêtres n'était pas moins considérable, et Bonis nous donne les noms d'une centaine de recteurs, de chapelains, d'archiprêtres, de prieurs des églises environnantes.

On voit encore défiler dans les magasins de Bonis

la plupart des moines des couvents de Montauban (¹); nous y relevons :

Pour l'abbaye bénédictine de Saint-Théodard de Montauriol, les noms de trois prieurs-mages successifs, de deux prieurs-claustraux, du sacriste, de l'ouvrier, du syndic, de l'aumônier, de l'infirmier, des celleriers et pitanciers, des procureurs et de vingt-sept moines.

Pour les Frères-Mineurs, une liste de cinq gardiens et de vingt-six frères.

Pour les Carmes, quatre prieurs, dont l'un, Wilhem Bonis, était frère de notre marchand; un sous-prieur et dix-sept religieux, ainsi que les noms de prieurs étrangers.

Pour les Augustins, venus à Montauban vers 1349, nous n'avons que le nom du premier prieur.

Pour les Frères-Prêcheurs, Bonis nous fournit (f° 182) des renseignements précis sur la date de la construction de leur cloître et les noms de plusieurs prieurs, sous-prieurs, lecteurs, syndics et frères, au nombre de vingt-six.

Enfin, pour les Minorites ou Clarisses, nous y trouvons la date de l'élection de l'abbesse Marie de Penne, en 1342, avec le nom de onze sœurs (²).

Dans l'ordre civil et judiciaire, nous relevons également dans les comptes de Bonis, les noms des sénéchaux et de leurs lieutenants, des juges-mages

---

(1) Pour les détails sur l'emplacement et l'histoire de ces couvents, voir les *Documents historiques sur le Tarn-et-Garonne*, par M. Moulenq, et l'*Histoire de l'Église de Montauban*, par M. l'abbé Daux.

(2) Le sceau de Marie de Penne a été publié en 1883 dans le *Bulletin de la Société Archéologique du Midi de la France*.

et ordinaires, des viguiers et d'une foule de procureurs, licenciés, bacheliers et savants en droit.

Enfin, on constate l'existence à peu près simultanée dans notre ville de :

Quatorze notaires du roi ;
Onze notaires de l'évêque ;
Un notaire apostolique ;
Dix notaires de l'official ;
Deux notaires de la commune ou des consuls ;
Un notaire du viguier ;
Trente-six notaires ordinaires.

Au total soixante-quinze notaires. Ce nombre pourrait paraître extraordinaire pour une localité comme Montauban, si on ne savait qu'à cette époque la plupart des transactions, même peu importantes, se passaient devant notaires. La multiplicité de ces tabellions était telle, que Bonis nous en indique quatre pour le petit village de Corbarieu, près Montauban.

Nous voyons encore défiler dans les Livres de Bonis toute la noblesse du pays, et notre marchand a la bonne précaution d'indiquer minutieusement les degrés de parenté entre ses divers clients, de sorte qu'au point de vue généalogique on y retrouve une foule d'indications précieuses.

Les sommaires placés par nous en tête de chaque folio du document donnent la profession de chaque client et permettent en outre d'avoir une idée assez exacte de la population marchande et travailleuse de Montauban.

Il serait curieux de citer les règlements consulaires relatifs aux arts et métiers, qui sont contenus dans nos cartulaires municipaux, mais le cadre de cette

Introduction ne nous permet point d'entrer dans des détails aussi minutieux. Bornons-nous à indiquer sommairement les industries et les métiers dont nous trouvons la trace dans notre Livre :

Les *carpentiers* et les *fustiers* se confondaient probablement dans une même corporation, qui correspond à celle des charpentiers d'aujourd'hui. Le terme *fustier* pouvait aussi signifier *tonnelier*; les menuisiers ne figurent pas dans notre liste, mais ils portaient le nom d'*huchiers*, faiseurs de *huches* ou coffres; il y avait aussi les *recubreires*, recouvreurs de toits au moyen des briques canal.

Parmi les ouvriers du fer, on remarque les forgerons (*faures*), chargés des gros travaux et des réparations aux outils agricoles; les serruriers (*sarailhers*) dont le travail était limité aux ouvrages délicats de ferronnerie fine; les armuriers, les fabricants d'épées (*espaziers*), et les couteliers (*coteliers*).

Les maçons (*masoniers*) formaient une catégorie particulière avec leurs manœuvres.

Les savetiers (*sabatiers*) fabriquaient les souliers (*sabatas*) à longues pointes, alors à la mode, tandis que les *cordoaniers* travaillaient le cuir comme nos tanneurs d'aujourd'hui. Ils tiraient leur nom de la ville de *Cordoue*, renommée par ses cuirs préparés.

Les tisserands (*theisendiers*) envoyaient leurs étoffes aux teinturiers (*thenchuriers*); puis au tondeur (*retondeire*) et aux apprêteurs (*paraires*), qui les teignaient, les foulonnaient, les pressaient et les tondaient; le drap était alors *molhat, tondut e baisat* Souvent aussi le client achetait le drap et le faisait apprêter à ses frais.

Le marchand de drap (*drapier*), le pelletier (*pelisier*) et le mercier (*mersier*) fournissaient au tailleur (*sartre*) les étoffes, les fourrures ou les garnitures nécessaires à la confection des vêtements.

Les doreurs (*daureliers*) vendaient les bijoux (*jueias*) et fabriquaient l'argenterie; les changeurs (*cambiaires*) trafiquaient sur les monnaies.

Les apothicaires (*apoticaris*) fabriquaient les cierges et vendaient les remèdes; les chandeliers (*candeliers*) faisaient les chandelles de suif.

Notons encore parmi les métiers : les faiseurs de couvertures (*banairiers*), les faiseurs de bâts (*bastiers*), les presseurs d'huile (*trolhiers*) et les cordiers.

Pour l'alimentation, nous avons déjà cité les bouchers (*mazeliers*), les tripiers, les épiciers (*espesiers*), les enfourneurs de pain (*fourniers* ou *pancossiers*), les revendeurs de denrées (*revendeires*), les cuisiniers (*cocs*), les hôteliers (*ostaliers*), et les taverniers (*taberniers*).

Dans un autre ordre de métiers : les baigneurs étuvistes; les courtiers (*coratiers*), les peintres (*pengeires*), les ménétriers (*menestriers*), les crieurs publics (*trompaires* ou *encantaires*), les charretiers (*caratiers*), les messagers (*mesagiers*), les relieurs (*liaires*).

Au chapitre de la vie rurale, nous donnerons les diverses qualifications appliquées aux colons et aux serviteurs ruraux.

XIV.

VIE RURALE ET AGRICULTURE.

On a beaucoup disserté, et trop souvent avec plus de passion que de loyauté, sur cette grave question de l'état social et matériel du travailleur de terre, de l'homme des champs, au moyen âge.

Certaine école, s'appuyant sur des exceptions ou des faits isolés, et qu'il serait prudent de contrôler, paraît avoir pris à tâche de dénaturer la vérité ou tout au moins de propager et de perpétuer des erreurs qui peuvent servir au triomphe d'une thèse ou d'un principe.

Il semble cependant qu'à notre époque où, plus que jamais, la critique historique est en honneur, l'écrivain doit se dégager des entraves suscitées autrefois par le défaut de recherches aux sources authentiques.

Cette période si intéressante a été du reste l'objet d'études magistrales de la part de deux membres éminents de l'Institut, MM. Léopold Delisle et Siméon Luce (1), qui, après avoir fait le tableau de la vie rurale en Normandie au moyen âge, en arrivent à conclure que le paysan normand du XIVe siècle possédait une aisance dont on n'a peut-être retrouvé l'équivalent qu'à une époque assez récente.

---

(1) Voir aussi un excellent résumé des ouvrages de MM. L. Delisle, Luce, Dareste, Dontol, Loymari, Babeau, etc., publié par la Société bibliographique sous ce titre : *La Vie privée des paysans au Moyen Age et sous l'Ancien régime*, par M. Félix Brun.

Tout dernièrement un statisticien, M. Guyot, dans une étude sur l'aisance relative du paysan du moyen âge, établie sur des chiffres indiscutables, conclut également dans ce sens pour la Lorraine (¹).

Le Livre des frères Bonis nous permet d'affirmer qu'il en était de même pour les populations du sud-ouest de la France.

Les fermes du quatorzième siècle étaient souvent bâties en briques cuites; quelques-unes en torchis ou colombage mêlé à des poutrelles de bois; un certain nombre, comme aujourd'hui, construites en pisé ou en briques de terre séchées au soleil, à l'exception du mur situé au couchant d'hiver. Du reste, l'orientation des maisons est une tradition scrupuleusement observée dans nos campagnes, où presque toutes les habitations ont leurs principales ouvertures du côté du levant et présentent cette particularité du *deambulatorium* romain, qui consiste en une sorte de préau couvert, nommé *baylet* ou *valet*, dans la langue vulgaire. C'est là que se font pendant l'hiver certains travaux, le teillage du chanvre notamment.

La preuve que les briques cuites entraient pour une large part dans les constructions rurales, se trouve dans de nombreuses transactions de matériaux relevées dans les comptes du marchand Bonis. Il vend *cinq mille briques* à son voisin Thozet, dont la propriété de Villemade avait été brûlée par les Anglais; et, dans une autre occasion, il en vend encore vingt mille, pour la reconstruction d'une mai-

---

(1) *Bulletin de l'Académie de Stanislas*, à Nancy, 1888.

son des champs. Un laboureur lui achète plusieurs milliers de tuiles canal (¹), pour recouvrir son toit qui s'est effondré. Nous pourrions multiplier ces citations.

La latte-feuille, qui servait à établir les toitures de tuiles, se vendait couramment 1 sol 3 deniers le cent, et la tuile canal 3 sols le cent. En tenant compte du pouvoir de l'argent, on obtient les chiffres de 3 et de 7 fr., qui représentent exactement la valeur actuelle de ces matériaux.

La grande exploitation rurale, dont la ferme de Bonis à Villemade, près Montauban (²), est le type, ne différait guère de nos métairies importantes. Bonis, dans ses Livres, a consigné la plupart des détails de sa comptabilité agricole, ce qui nous permet de reconstituer la physionomie de son domaine rural, tel qu'il devait être il y a cinq cents ans.

Il y avait d'abord le *gasailler*, dont le nom est tiré du mot *gasagnar*, gagner, d'où vient le *bail à gasaille* ou *cheptel*. Le gasailler était un simple associé pour l'exploitation d'un ou plusieurs animaux, tout aussi bien que pour la culture des terres; dans ce dernier cas il exploitait la propriété comme métayer, colon partiaire, ou *bordier*, à peu près dans les conditions en vigueur à notre époque.

Voici, en effet, la traduction littérale du texte

---

(1) La tuile canal (*imbrex*), qui nous vient des Romains, forme l'unique genre de couverture pour les toits employée dans les environs de Montauban.

(2) Nous complétons les renseignements empruntés à Bonis sur la vie rurale, par quelques citations tirées d'un registre de notaire de Caylus (Tarn-et-Garonne), de 1342 à 1346, que nous avons offert aux Archives départementales de Tarn-et-Garonne, et de détails extraits de la charte de coutumes concédée aux consuls de Villemade, en 1371, par Mathias Tozet (archives de la Société archéologique de Tarn-et-Garonne). Nous ne pouvions trouver un document qui se rapportât davantage à notre sujet.

d'un accord passé par Bonis avec deux de ses serviteurs ruraux :

« Le 2 octobre 1351, nous nous accordâmes de
« nouveau pour la borde, avec R. Picas et Rochelle,
« nos gasaillers, et nous convînmes que je dois
« semer ou donner la semence. Nous devons partager
« les grains sur l'aire, *au tiers et à la moitié* (¹), la
« part la plus grande pour moi ; les prés et les autres
« terres doivent rester dans les conditions précéden-
« tes (c'est-à-dire au prix de deux écus de rede-
« vance) (f° 127). »

Les baux de ce genre se faisaient généralement aux environs de la Saint-Michel (29 septembre). Ils étaient passés en présence d'un notaire et de quatre témoins, et les parties juraient sur les quatre saints Évangiles de Dieu : « de bien et fidèlement observer « ces conventions. »

Dans un bail de métairie donnée à gasaille par Bonis en 1353, il est dit qu'en outre du partage des grains, le bordier devait payer pour deux journaux de pré, pour la moitié du jardin, excepté les arbres fruitiers, et pour la maison, une somme annuelle de 40 sols (90 fr.), ainsi qu'une rente de 10 paires de chapons.

Voici un exemple de bail à mi-fruits, dont nous donnons la traduction littérale d'après le registre de Pons Gros :

---

(1) Dans le texte roman, il y a *al ters e a megas*; cela veut dire sans doute qu'on divisait la récolte en trois, et que le maître prenait deux parts, puisqu'il payait la semence ; ce système équivaut à peu de choses près aux usages encore en vigueur. Peut-être aussi peut-on y voir la confirmation d'une coutume très répandue, d'après laquelle le blé est partagé au tiers, comme nous le disons ci-dessus, et les autres menus grains à moitié.

« L'an 1345, etc., le vendredi le plus prochain après
« la fête du bienheureux André, apôtre (30 nov.),
« soit connu que Guillaume de Plamielh et sa femme
« Bernarde, chacun établis en la présence de moi,
« notaire, reconnaissent et confessent à R. Bofat, ici
« présent, et à W. Bofat, son frère absent, moi
« notaire le remplaçant et stipulant comme personne
« publique, que lesdits mari et femme ont semé et
« couvert en semant à demi ou par moitié entre les
« parties (*megansieramen*) 1 émine et demi quarte
« de froment, 3 quartes de méteil, tout à la mesure
« de Caylus, dans la terre ou vacants desdits, con-
« frontant, etc., etc.

« Item lesdits mari et femme reconnaissent auxdits
« frères Bofat, moi notaire stipulant comme dessus :
« 1° qu'ils leur doivent 3 quartes de froment à la
« mesure susdite et 3 sous tournois pour raison de
« prêt bon, juste, amiable, lesquels grains et 3 sols
« ou leur représentation en froment, au choix desdits
« frères, ils promettent de payer, et veulent que les
« bailleurs puissent les prendre et lever sur les fruits
« que Dieu aura donnés ; 2° lesdits blés étant semés
« premièrement, à la récolte la division se fera entre
« les parties et lesdits fruits doivent être mi-partis
« entre lesdits... De plus il fut convenu par lesdites
« parties que lesdits blés seront sarclés et cueillis à
« moitié (frais)... » Suivent les garanties habituelles,
d'après lesquelles les débiteurs s'obligèrent, eux et
leurs biens, la femme renonçant au bénéfice du séna-
tus-consulte, et tous deux à la demande du libelle,
petitioni libelli, et aux indices des quatre mois, enfin
à tous les privilèges des nouvelles bastides, etc., etc.

Nous trouvons encore dans le même registre plusieurs baux de semence et de labour, dont la teneur est curieuse; nous en donnons la traduction littérale :

« ... Soit connu, etc..., que G... doit labourer en
« quatre fois et par quatre sillons une pièce de terre
« appartenant à R..., et les trois premiers labours
« doivent être faits aux temps, jour et heure choisis
« par le propriétaire, et le dernier des trois labours
« avant la fête de la Toussaint prochaine... G...
« doit aussi semer de blé, fourni par R..., sur ladite
« pièce de terre, et le couvrir bien et suffisamment;
« pour ce travail il recevra 18 sols tournois. »

« Pons Telhet, de la paroisse de Caudesaygues,
« sème, laboure, et couvre bien et suffisamment un
« ... r de froment, à mesure de Caylus, sur la terre
« ou *varag* de Pons Rabanit..., au terroir de l'Olmière,
« pour le prix de 60 sols tournois, de la monnaie
« qui avait cours l'an prédit, en la fête de Tous-
« saint, c'est à savoir une maille d'argent florée
« valant 9 deniers tournois petits et 1 denier floré
« valant 3 mailles tournoises petites (*paucas*). »

« Robert de Pailhayrols promet de labourer et
« travailler avec de bonnes bêtes une partie de pièce
« de terre de Na Roque, par quatre labours bons et
« suffisants, et dans le dernier il doit semer du fro-
« ment de Na Roque et le recouvrir, et tout doit
« être fait avant Toussaint, et entre les labours il
« doit laisser s'écouler quelque temps. Il promet
« d'accomplir cela au prix de 15 sols tournois. »

Dans d'autres cas la terre était affermée moyennant une redevance dont le taux variait sans doute suivant les lieux et les qualités des terres.

Un acte de 1345 nous montre la femme de G. de Bag, savetier, donnant à loyer et à ferme une pièce de terre, du lundi avant la Saint-Valentin (14 février) jusqu'à la fête de Saint-Michel de septembre, moyennant 1 setier et demi quarte de froment pour le loyer dudit temps, payable ledit loyer au temps marqué, soit : ledit jour du bail une quarte 1|2, et à Saint-Michel 3 quartes de froment. (Registre de Pons Gros.)

Les clauses générales du bail à cheptel étaient les suivantes : le gasailler devait donner chaque année un certain nombre de boisseaux de blé pour chaque bête à corne, pour payer l'estive; mais, en revanche, il acquérait annuellement une partie déterminée du cheptel, et à l'expiration du bail on partageait les cabaux : Rochelle, gasailler à Villemade, chez Bonis, prit à gasaille, en 1350, une paire de bœufs, d'une valeur de 12 écus; il devait donner chaque année au maître, pour ces bœufs, 3 setiers de froment pour l'estive; en revanche il acquérait sur le cheptel 1 écu par setier, c'est-à-dire 3 écus annuellement (f° 127).

Un autre métayer, Périer, prit à cabal ou cheptel une paire de bœufs, estimés 23 écus *(monnaie altérée)*; il devait donner, chaque année, 2 setiers pour l'estive, après quoi le cabal serait diminué de 1 écu par setier.

Une jument brune, estimée 7 écus *(monnaie altérée)*, devait payer 5 demi-quartes de froment.

On remarquera que c'était sur le cheptel et par le gasailler qu'était payée l'*estive*, travail de sarclage, de moissonnage et de battage, accompli par les *estivandiers*, ouvriers ruraux qui n'habitaient pas dans la propriété (¹).

Le registre du notaire de Caylus nous fournit un grand nombre de baux à cheptel; la plupart sont calqués les uns sur les autres; en voici un exemple :

« Anno, die loco, etc. (1344), soit connu que Jean
« Granhel, de Pailheyrols, déclare et reconnaît tenir
« à cabal et à moitié fruit, et à *araygua* (travaux),
« de Hugues Périès, de Caylus, à savoir une jument
« de poil gris pour le cabal de 10 livres tournoises
« petites bonnes et de la monnaie courante le jour
« présent, et reconnaît avoir reçu ladite jument
« pour cabal et promet de lui en rendre bon compte
« et raison, et toutes fois déclare être tenu de la
« moitié dudit cabal, et de tout, si par sa faute il
« se perdait, et promet de sortir ladite jument à la
« volonté du bailleur; et pour les travaux de ladite
« jument il lui donnera une mesure de froment,
« mesure courante de Caylus, payable d'ici à la fête
« de Saint-Julien, et puis chaque année à ladite
« fête 2 setiers de froment. Et l'on doit rabattre et
« diminuer dudit cabal autant que vaudra ledit
« froment chaque année audit terme; il est en outre
« stipulé que Jean Granhel sera tenu d'aller avec
« ladite jument faire le service des vendanges dudit
« Hugues pendant sept jours. Et pour tout cela ledit
« Jean s'obligera, lui et tout ses biens, etc., etc. »
(Reg. de P. Gros.)

Le menu bétail : porcs, truies, moutons et brebis, était mis aussi à gazaille.

---

(1) Final fo am lu (gasailler) per tot, exseptat 1 setier de froment que devo per l'estivada.

Bernat Bécudel, gasailler de Bonis à Léojac, règle son compte de cheptel pour un troupeau de brebis. On y voit qu'il touchait sa part des toisons (*auses*) de laine; ce compte se termine ainsi : « Réglé, « avec lui le 30 mai, jour où nous vendîmes 6 mou-« tons, et nous restâmes quittes, et le cabal resta le « même. »

La ferme était amplement fournie d'outils et d'instruments agricoles appartenant au propriétaire, mais dont l'entretien incombait au bordier. Ainsi nous relevons dans les comptes de Bonis des achats d'*estebas* (manches de charrue), de *corbas*, de *reilhas*, de *becferi*, etc. (parties de charrue), mis au compte des gasaillers. Deux d'entre eux achetèrent des roues de charrette au prix de 2 livres (95 fr.) et un teilloir pour le chanvre, garni d'armatures de fer. Les faulx, les bêches, les sarcloirs, les râteaux, les fourches, les pelleverses, etc., se retrouvent dans tous les inventaires du temps avec les charrues et les charrettes.

Le *reilhatge* (réparation d'outils agricoles) était payé au forgeron, par abonnement, au compte du bordier. A Villemade, on donnait 3 quartières (1 hectolitre 68 l. 15 c.) de grain, mi-froment et mi-mesture (blé mêlé de seigle) par paire de bœufs. C'est encore, dans la plupart des communes du bas Quercy, à peu près le prix payé pour ce travail.

A Montauban, le reilhatge était de 1 émine (1 hect. 12 l. 11 c.) par charrue attelée d'une paire de bœufs; d'une quartière (56 l. 05) par charrue attelée d'une bête ou d'une paire d'ânes, et de demi-quartière par charrue attelée d'un âne. Tout laboureur non abonné devait payer 1 denier tournois pour l'aiguisage de ses socs et de ses coutres de charrue. (Livre des Serments, f° 61.)

Le forgeron était tenu de payer une redevance au seigneur. A Montauban, elle consistait en 10 sols d'acapte et 5 de réacapte, et en quelques travaux pour le comte et la ville. Les consuls avaient la surveillance de la forge, et, de même que pour les moulins et les boulangeries, ils pouvaient obliger les forgerons à refaire leur travail s'il était mal exécuté.

Aux environs de Montauban, dans certaines localités, il y avait un usage assez curieux pour le pacage des animaux dans les prés d'autrui. On devait faucher les prés avant la Saint-Michel de septembre, et depuis ce jour chacun avait le droit d'y faire paître; les foins devaient en être sortis à la Toussaint, et dès lors personne n'était tenu des dégâts que pouvaient causer les bestiaux.

La fumure des vignes était autorisée sur certains points et défendue ailleurs; à Villemade, il était permis d'améliorer les vignes « avec toutes choses, » sans encourir de peine.

La propriété était protégée contre les malfaiteurs avec une extrême sollicitude. Toutes les chartes édictent des peines très sévères contre les voleurs de fruits, de denrées, et l'amende variait suivant que le méfait était commis de jour ou de nuit, avec ou sans panier, etc.

Si de la vigne nous passons au chai, nous constatons que la vaisselle vinaire était faite de préférence en bois de châtaignier; l'industrie du merrain était très prospère dans nos contrées, ce qui prouve que la culture de la vigne devait être fort importante.

Nos aïeux pressaient le vin, ainsi qu'il résulte de diverses notes recueillies çà et là, et de l'achat fait par Bonis : d'un pressoir avec sa vis tout garni, le banc qui se met sous le robinet (*canela*), 4 tonneaux, 5 cuviers et 5 fûts divers, le tout au prix de 9 livres (432 fr.).

Dans toutes les localités, une des principales prescriptions des coutumes était la protection accordée aux vins du lieu. L'introduction des vins étrangers était subordonnée à la licence des seigneurs et des consuls, et les délinquants encouraient une peine assez forte, plus la confiscation de la vendange introduite frauduleusement.

Ces restrictions n'étaient pas sans inconvénients, mais il est certain que les barrières fiscales avaient pour but de maintenir le prix du vin à un taux rémunérateur pour le propriétaire. Cela s'explique d'ailleurs par la quantité de vin récoltée à cette époque dans le pays, quantité qui paraît avoir été, sinon supérieure, au moins égale à celle que produisaient naguère nos contrées.

La culture maraîchère était déjà assez répandue dans les environs de Montauban, pour qu'à Villemade plusieurs articles de la charte soient relatifs à la défense des jardins; de dures pénalités réprimaient les délits contre ces propriétés.

Il en est de même des vergers, où cependant il était permis à ceux qui passaient sous les arbres fruitiers *domeges* (greffés) ou sauvages, et qui trouvaient des fruits par terre, d'en manger et d'en emporter les mains pleines; mais, quand quelqu'un volait des pêches ou autres fruits, cultivés ou non, dans des vergers clos ou ouverts, il était puni de 10 sols d'amende si c'était le jour, et du double si c'était la nuit, sans compter les dommages (¹).

Le personnel de la métairie était fort nombreux dans les grandes exploitations, et les gages payés à chacun de ces serviteurs prouvent que le salaire était pour le moins aussi élevé proportionnellement qu'aujourd'hui.

Dans sa borde de Villemade, Bonis avait sous ses ordres des bouviers ou laboureurs, des porchers, des chevriers, des bergers, des servantes et des pâtres.

Voici quelques détails sur chacune de ces catégories de serviteurs. Nous les citons à peu près textuellement d'après le livre de notre marchand-propriétaire:

Un bouvier fut loué à raison de 9 florins par an (432 fr.), en 1358; on lui devait en outre une paire de souliers. A ce propos, on verra que presque tous les serviteurs recevaient une partie de leurs gages en vêtements et particulièrement en souliers (*sabatas*), et, détail curieux, des pièces de cuir pour les réparer.

Voici une convention faite avec un bouvier: « Il
« doit rester chez nous avec son bœuf et l'autre qui
« est à nous, de janvier à la Saint-Jean-Baptiste
« prochaine, en qualité de bouvier, pour faire les
« façons des terres, et nous lui devons 1 setier de
« froment, 1 setier de blé mêlé, 2 barils de demi-vin
« ou piquette ».

Lorsque le bouvier allait hors des terres de son maître, pour charrier ou labourer au compte d'autrui, il était obligé à une retenue proportionnelle.

---

(1) Charte de Villemade.

Dans certaines communes il y avait un porcher communal entretenu et nommé par la communauté. Le porcher communal de Villemade était sous la surveillance directe des consuls, qui étaient tenus de réparer le dommage que pourrait occasionner le troupeau. Cependant Bonis en avait un particulier, dont le salaire variait suivant le mérite, sans doute, puisque le premier en date reçut 20 sols tournois (48 fr.) de gages annuels, un chaperon de drap brun, et cinq pièces de cuir pour réparer ses souliers, et le second 4 florins (182 fr.) et une paire de souliers (f° 144).

Le chevrier Jules était aux gages de 4 florins (192 fr.) et une canne de drap brun.

Le berger Guadi recevait 6 florins (278 fr.) et une paire de savates; un autre, Pierre Des Champs, était loué au même taux. Voici le texte des accords passés entre lui et son maître (f° 139) :

« L'an de Notre-Seigneur 1354, le mardi avant la
« Madeleine (22 juillet), je louai Pierre Des Champs
« pour un an entier, et je dois lui donner pour ses
« gages 6 écus d'or nouveaux (288 fr.) et une paire
« de savates. Il mangera et boira à la borde (¹).
« Ledit Pierre Des Champs doit me gouverner le
« bétail de bonne foi. Je lui confiai ledit jour:
« 16 brebis et moutons, 95 chèvres et boucs. Je lui
« donnai en outre en garde, 36 porcelets, 5 vieilles
« truies et 1 verrat, ainsi que 2 porcs de 3 ans; le

---

(1) Dans certaines localités de l'Albigeois, notamment à Saint-Sulpice, il était défendu de nourrir les ouvriers loués pour certains travaux : « que lui hom ni lunha fenna que logue home o fenna, nolh do a mangar ni a beure sal daquelas obras que es acostumat que hom done a mangar. » (Ed. Cabié, *Coutumes de Saint-Sulpice.*)

« tout lui fut remis en présence de Martin de Saint-
« Gervais. »

On voit que les étables étaient bien garnies.

Une vieille domestique, *la maïre*, et son fils, furent loués de janvier à Saint-Jean-Baptiste 1353, au prix de 2 écus d'or (96 fr.), une *gonelle* (jupe) de blanc, ainsi qu'une paire de souliers pour chacun (f° 144).

L'année suivante, le fils ayant grandi, ils furent engagés de nouveau au prix de 3 écus (144 fr.), une chemise et un garnache (justaucorps) de lin, une paire de souliers pour le fils, et ceux que la mère usera.

Nous avons cité ces détails, tirés d'une source authentique et indiscutable, pour montrer que malgré la peste noire qui décima l'Europe entière et notre contrée en particulier, dans l'année 1349; malgré la présence des Anglais dans nos campagnes et les désastres inhérents à la guerre et à l'invasion; malgré les incendies allumés par l'étranger, les pillages des soudards d'Outre-Manche; malgré la réserve insérée dans la plupart des contrats de *l'aventura dels anemys* (la chance des ennemis), la ferme rurale était en pleine activité, l'étable bien garnie d'animaux, la culture des terres se faisait régulièrement et les salaires étaient très rémunérateurs.

On a vu plus haut les prix adoptés pour les baux de labour.

Le labourage de 4 séterées de terre, en deux fois, fut payé, en 1346, 36 sols (86 fr.) Le sarclage de l'avoine et des vesces semées dans la métairie de Villemade, 33 sols 9 deniers (80 fr.).

Le cultivateur de ce temps est convenablement

vêtu : d'abord, comme on l'a vu, il reçoit, d'après toutes les stipulations, la chaussure qui coûte cher: une paire de souliers valant 10 sols (24 fr.); des jupes, du drap, des étoffes, des chaperons, des chemises, des braies et des blouses de toile. Ensuite, nous le voyons souvent venir chez le marchand de la ville pour augmenter sa garde-robe. En voici quelques exemples tirés des comptes de Bonis :

Un berger, en 1358, achète du drap et une *cotte hardie* (veste) de *burel* (drap brun), doublée de toile; un bouvier se fait envoyer un *chaperon*, une *cotte hardie* et des *chausses;* un domestique achète un *voile de soie d'Allemagne* pour sa femme; un gasailler se fait faire *une robe* coûtant 2 florins 6 gros (100 fr. environ), et emprunte 10 palmes de *drap burel* pour faire une *cotte hardie* et un *chaperon*, 9 sols 6 deniers (23 fr.), 3 aunes de *toile écrue* pour des *chemises* et des *braies*, et 10 sols (24 fr.) pour une paire de *souliers*.

On voit donc que les paysans n'étaient pas vêtus de guenilles.

Encore deux citations concluantes :

Le gasailler de Villemade, Rochelle, se maria en 1351, et Bonis lui avança, sur son compte, 5 livres 5 sols tournois pour acheter : *3 cannes de drap brun pour faire deux robes*, une pour lui et une pour son frère; des *chausses, une bourse, une ceinture* et *un anneau* pour sa femme. Enfin, sur cette même somme, qui équivaut à 252 fr. de notre monnaie, il acheta encore la viande de porc et de bœuf pour le *repas de noce*.

Dans les mêmes circonstances, un bouvier se fit

prêter par Bonis, toujours sur ses gages, la somme de 10 livres 2 sols 8 deniers (496 fr.) pour payer : le reste des *draps* qu'il avait achetés pour sa femme (42 sols 8 deniers), la viande de son *repas de noce* (23 sols 6 deniers), la façon de *chausses de blanquet* à un tailleur, les *joyaux* de la mariée (1 florin), la moitié de la *garniture de la robe nuptiale* et les *épices* du repas de noce (3 livres 2 sols 8 deniers).

Le domestique de Bonis achète à son maître des robes, des réseaux, un manteau de drap, une cotte hardie bleue, etc., etc.

Les sommes dépensées par les paysans, à l'occasion de la sépulture de leurs parents, pour l'achat des torches de cire, draps funéraires et autres objets du même genre, indiquent aussi une certaine aisance : un des gasaillers de Bonis paya, pour la *fourniture* de sa mère, 16 sols 6 deniers (39 fr. 60) ; un autre, 20 sols 2 deniers (48 fr. 40) ; un troisième, 10 sols 6 deniers (25 fr. 20).

Nous avons parlé du bien-être journalier; après les exemples que nous avons cités et qui pullulent dans notre document, il est indiscutable. Mais ce n'est pas tout. Comme la fourmi, l'agriculteur de nos contrées a été toujours sobre, dur au travail, et surtout économe. Le salaire amassé denier par denier, l'épargne grossie par le labeur quotidien du père, les petits profits de l'industrieuse mère de famille, tout cela finissait par s'accumuler dans le *cofre novial*, et, peu à peu, on voit des bouviers, des chevriers, des bergers, acheter un petit lopin de terre, une cabane, un cazal, tout en continuant à cultiver les terres du grand propriétaire et en faisant prospérer les leurs, jusqu'au moment où la propriété est assez ronde et la maison assez vaste pour contenir la famille entière. Cela se passait alors comme de nos jours : en veut-on des preuves ? Pendant qu'il était aux gages de Bonis, le porcher Jean Chausse-Noire possédait une vigne ; Salona, le bouvier, avait deux maisons à la ville, et son aisance était telle, que pour célébrer le baptême d'un de ses enfants, il acheta deux charges de vin (220 l. environ) (f° 145). Un autre bouvier acquit du seigneur de Villemade une maison au bord de l'Aveyron ; le gasailler Picas tenait une vigne à nouveau fief de Pierre de la Peyrarède, et, pour couvrir sa maison, il acheta 20,000 briques canal, ce qui indique une grande superficie de bâtiments.

Citons encore quelques exemples, qui montrent l'aisance dont on jouissait alors :

En 1366, pendant la domination anglaise, une pastoure vient trouver Bonis et lui confie en dépôt : d'abord 24 florins 6 gros ; puis 9 florins 1 gros, ce qui équivaut à 1,400 ou 1,500 fr. de notre monnaie.

Le domestique de Bonis, accompagnant son maître au pèlerinage de Rome, à l'occasion du jubilé de 1350, lui prêta en route 3 écus d'or. Du reste, ce serviteur, qui touchait 5 florins de gages (250 fr.), avait un petit pécule et quelques terres à Villemade, sur lesquelles on semait 2 setiers et demi-quarte de froment ; il déposa même, dans les greniers de son maître, une partie de sa récolte, consistant en 1 demi-setier misture, 1 setier de seigle, 3 setiers 3|4 de froment et 2 setiers de méteil.

On sait combien nos paysans sont rebelles, encore

à notre époque, à l'idée d'appeler le médecin. Il ne paraît pas en avoir été de même au quatorzième siècle, puisque nous constatons de nombreuses ordonnances exécutées par Bonis pour des gens de la campagne : un travailleur de terre (*afanier*) dépensa 4 sols 2 deniers (10 fr.) pour des remèdes ordonnés par W. de Verfeil, physicien (médecin) renommé de Montauban ; un autre paya les remèdes ordonnés à son frère par le médecin Paul Rustang, et s'élevant à la somme de 18 sols (43 fr. 20).

Quant au niveau de l'instruction des populations rurales, question si controversée, nous pouvons affirmer, en nous basant sur de fréquents exemples, que le paysan n'était pas aussi illettré qu'on le croit. D'abord il est constant que, dans chaque village, le curé ou un autre prêtre tenait école ; de plus, nous voyons plusieurs des travailleurs de terre, qui ont affaire à Bonis, signant des reçus ; les témoins de la charte de Villemade, en 1371, sont deux laboureurs ; parmi les trois consuls de cette petite commune, un seul est de la noblesse, ou, pour mieux dire, de la classe des bourgeois anoblis ; les deux autres sont des laboureurs ou des cultivateurs.

Pour compléter et terminer ce chapitre de la vie rurale, nous emprunterons quelques détails inédits sur les intérieurs des maisons de village et des fermes à un inventaire dressé, en 1345, par un notaire de Capdenac (Aveyron) [1].

La maison n'est pas celle d'un riche bourgeois : elle appartient à la veuve d'un laboureur ; on y trouve :

---

[1] Archives départementales de Tarn-et-Garonne.

« Deux lits de plume garnis de couettes, coussins,
« draps de lit, couvertures rayées de jaune, quinze
« draps de lit fins et quatre couvre-pieds.

« Deux pintes, quatre bouteilles et deux aiguières
« d'étain, une conque de cuivre, un bassin de laiton,
« un chaudron, deux petits pots de métal, un chauffe-
« lit de métal, un lavoir d'étain, un mortier et son
« pilon, un coffre à sel, un seau, une casse de cuivre,
« deux trépieds de fer.

« Deux grands coffres, un petit, une armoire, une
« boîte, quatre tables avec leurs escabeaux, un établi,
« un banc, deux pétrins, deux caisses pour tenir le
« blé, une table.

« Un outil droitier *(dextral)*, deux haches, quatre
« lances, une arbalète, une barbute, une besaiguë,
« une faulx.

« Un moulin de fer, neuf cuviers et deux cuves. »

Parmi les objets mentionnés dans le même acte
et qui furent trouvés à la métairie, on remarque, en
outre, trois lits garnis et les meubles suivants :

« Quatre pétrins avec ou sans couvercle; un grand
« entonnoir; trois peignes de fer pour le chanvre,
« une mesure *(eminal)* pour le blé, des cardes pour
« le drap, une échelle, deux bêches, deux sarcloirs,
« trois fourches de fer, une pelleverse, une petite
« faux, une barre de fer, un chaudron, un trépied,
« deux aiguières de laiton, un alambic de plomb
« *(forniel d'aigua)*, une petite casse, un crochet de
« fer, une pelle, une poêle, deux tables avec leurs
« bancs, deux établis, une lampe à trois becs, un
« mortier de pierre et son pilon, un seau, huit cuviers,
« quatre tonneaux, trois cuves, un lessivoir, deux

« barils, un pressoir garni de ses accessoires, un
« charriot garni, trois teilloirs pour le chanvre, deux
« aiguillons en fer.

« Deux bœufs, un cheval, un âne, deux porcs,
« deux truies, un essaim d'abeilles. »

Bien des fermes du haut Quercy ne sont pas aujourd'hui mieux garnies que celle dont nous venons de rapporter l'inventaire, et nous avons choisi notre exemple dans un des pays les plus pauvres de nos contrées.

Nous conclurons donc avec M. Baudrillart, qu'au quatorzième siècle « l'agriculture offre souvent dans
« nos vieilles provinces un état relativement satis-
« faisant. Les populations rurales présentent des
« preuves réelles de bien-être. Nos paysans, si on les
« compare à ceux des siècles précédents, ne sont plus
« reconnaissables. Les plus simples cultivateurs ont
« du linge de table ou de corps; l'usage de la chemise
« est fréquent dans les campagnes. Le vêtement est
« bon et solide, en laine, souvent en drap bien
« fabriqué; l'alimentation est saine, assez variée,
« suffisante, quand la disette ne vient pas à sévir; le
« salaire subvient habituellement aux nécessités de
« la vie. On trouve des ornements de luxe chez les
« cultivateurs aisés, l'usage de gants dans les fêtes de
« village. Les femmes des cultivateurs ont en leur
« possession des objets de parure souvent précieux.
« Encore une fois, l'histoire économique de ces temps,
« aujourd'hui mieux connue par de savantes recher-
« ches, se dérobe à la fois aux apologies trop com-
« plaisantes et aux tableaux uniformément sombres,
« qui ne distinguent pas entre les époques, et qui

« confondent sous dénominations vagues et banales
« de ténèbres et misères du moyen âge, des moments
« extrêmement différents de la vie des peuples. »

CONCLUSION.

Nous voici arrivé au terme de cette Introduction. Certes, nous aurions pu multiplier encore les chapitres de notre étude synthétique d'un manuscrit qui touche par tant de points à l'histoire des mœurs, des coutumes, aux questions économiques sociales, à la généalogie et à la linguistique, etc. Mais nous avons dû nous borner à un aperçu général des ressources qu'offrira aux savants le texte que nous publions.

D'ailleurs, pour tirer parti de toutes ces ressources il faudrait posséder une érudition universelle, ce qui malheureusement n'est point notre cas, et si nous avons, dans les pages qui précèdent, essayé de grouper des matériaux épars à travers les feuillets du Livre Bonis, nous n'avons eu d'autre prétention que d'appeler l'attention des érudits et des spécialistes sur ce précieux document.

Nous avons fait tous nos efforts pour conserver au texte l'exactitude la plus scrupuleuse et la plus conforme au manuscrit; mais là, comme dans nos commentaires et dans nos notes, nous ne sommes pas à l'abri d'erreurs; nous serions heureux qu'on voulût bien nous les signaler.

Quoi qu'il en soit, nous croyons, qu'à défaut d'autre mérite, notre œuvre, — fruit de dix années de patient labeur, — aura celui d'apporter une modeste contribution à l'histoire d'une des plus intéressantes époques de notre vie nationale.

Édouard FORESTIÉ.

Montauban, avril 1890.

LES LIVRES DE COMPTES
DES FRÈRES BONIS

LIVRE C
PREMIÈRE PARTIE

LES
LIVRES DE COMPTES

DES FRÈRES BONIS

MARCHANDS MONTALBANAIS DU XIVe SIÈCLE

[1339]   F^o I.

M° CCC XXX VIIII.

SOMMAIRE : 1. Report d'un compte précédent (1). — 2. Frère Carme; report de compte. — 3. Cousin de Bonis; report de compte. — 4. Marchand; report de compte. — 5. Cousin de Bonis; report de compte; serge; armure de plates. — 6. Frère de Bonis, carme d'Albi; livres de commerce.

1. *P. Huc, nostre compaire* (2), *que esta* (3) *al Grifol de Fossat* (4), *deu per I comte el libre de B* (5), *a I^a carta* : . . . . (6).

2. *Fraire Johan Combas, f. del Carme del covén de Montalba*, deu per I comte el libre de B, a I^a carta, que monta : . . . . . »»

---

(1) Le livre de compte que nous publions était le troisième de la comptabilité de Bonis. Il était coté *livre C*, c'est pourquoi les premières pages contiennent des reports de comptes du livre B.
(2) *Compaire*, compère, parrain d'un enfant de Bonis.
(3) *Esta*, reste, habite.
(4) Le griffoul ou fontaine du Fossat était situé dans le fossé de la ville, près du faubourg Saint-Antoine, aujourd'hui Villenouvelle.
(5) Le livre B. — Voir la note 1 ci-dessus. — I^a *carta*, page 1re.
(6) L'humidité a rongé l'angle supérieur de quelques feuillets; nous remplaçons ces lacunes par des points, des guillemets, ou des mots entre crochets.

3. *P. Guolfier, sabatier d'Albi, mon conhat* (1), deu per i comte el libre de B, a 1ª carta : . . . . »»

4. *P. Johan, mercadier de Montalba,* deu per i comte el libre de B, a 1ª carta, que monta : . . . . »»

5. *Johan Baudier, filh que fo* (2) *d'en R. Baudier, d'Albi, nostre cozi,* deu per i comte el libro de B, a 1ª carta, que monta : iiii lh. E avem ne 1ª sargua escacada et 1ª platas que siuclo davant (3). Finat fo am lu.

6. *Fraire Guilhem Bonis, mo fraire, f. del Carme del covent d'Albi,* deu per i comte el libre de B, a 1ª carta, que monta : . . . . v lh. v d.

Et avem ne i escrig de sa ma, el libre pelos de la companhia de mi e de mos conhat (4).

———

[1340]   Fº I vº.

M CCC XL.

SOMMAIRE : 1. Bourgeois ; report de compte ; clystère. — 2. Médecin ; report de compte. — 3. Report de compte. — 4. Notaire de l'évêque ; report et transport de compte. — 5. Épicier ; report de compte. — 6. Report de compte. — Frère mineur ; report de compte. — 8. Tailleur ; report de compte ; coussin en nantissement. — 9. Changeur de Toulouse ; report de compte. — 10. Recteur de Meauzac (Tarn-et-Garonne).

1. [*Lo Senhen*] *Johan Proome, jove, borgues de Montalba,* deu per i comte el libre de B, a ii cartas, que monta : . . . xiii s.

(1) *Conhat*, cousin. — Les Guolfier et les Baudier (voir n° 5) étaient des marchands d'Albi, dont on retrouve le nom dans les fastes consulaires de cette ville.
(2) *Filh que fo*, qui fut fils, c'est-à-dire fils de feu R. Baudier.
(3) *Avem ne*, litt. nous avons de lui. Mise en gage d'une pièce de serge *escacada* (tachetée, mouchetée), et d'une pièce d'armure de plates, qui s'attache par-devant. Cette citation prouve que les armures de plates étaient d'un usage courant dans le Sud-Ouest dès la première moitié du quatorzième siècle.
(4) Le livre *pelos* ou *pelut*, litt. velu, ou de peau de chamois, de l'association entre Bonis et ses beaux-frères, prouve que Bonis avait dû habiter Alby avant de venir à Montauban. Voir à ce sujet, et relativement à son frère Guillaume, notre Introduction.

[1315] Anno Dni m° ccc° xlv.

[Item den de bos] t. petitz (1), la florada (2) per iii d., per i cristeri quelh ordonec M° P. de Martel, a i de may, que monta : . . . . v. s.

2. [M°] W. de Rabastenxs, *fizisia de Montalba*, deu per i comte el libre de B, a ii cartas, que [monta] : . . . . viii s. i d.

3. [G. de Cam]lardier, *de Laviladio*, deu per i comte el libre de B, a ii cartas, que monta : . . . . i s. i d.

4. [M°] *Duran Mensis*, notari de M° l'avesque de Montalba, deu per i comte el libre de B, a ii cartas, que monta : i lh. xi s. e i d. Aiso nos deu M° Johan de Colavila, notari, am i actom fag per M° Emeric Manoet, per davant los senhors cosols de Montalba. E nos a lu quens (3) bailec en W. del Castanh, per lo susdig Johan de Colavila, a xxx d'aost : . . . . . . (xxxi s. e i d.) (4).

5. *Guilhem Brancha*, espesier de Montalba, deu per i comte el libre de B, a ii cartas, que monta : . . . . xi s. viii d.

6. . . . . *Guiraut Theisendier*, de Montalba, cozi d'en P. de Colcenkas, deu per i comte el libre de B, a ii cartas, que monta : . . . . xvii s. i d. Sa creticira es Joana, sa filha, que esta a Rainiers ; Ar. de Fontanilha es so curador (5).

7. *Fraire Arnaut de la Valada*, f. menor del covent de Montalba, deu per i comte el libre de B, a ii cartas, que monta : . . . ii s.

8. *Bertran Quasquier*, sartre de Montalba, que esta al bari de Fozat, deu per i comte el libre de B, a ii cartas, que monta : v s. E avem ne i colsi de pluma.

(1) Des bons tournois petits. En 1329, Philippe VI ordonna le retour à la forte monnaie. Les bons petits tournois reprirent la valeur qu'ils avaient au temps de saint Louis.
(2) *Florada*, maille ou obole tournoise, ainsi nommée parce qu'elle était marquée d'une fleur de lys.
(3) *Quens*, pour *que nos*.
(4) Les sommes mises entre parenthèses au fond de la ligne sont les paiements reçus par Bonis, en un mot le *crédit*, l'*avoir* des clients, tandis que les autres en sont le *débit*.
(5) *Curador*, curateur, procureur.

9. . . . . . *Mergual, cambiaire de Toloza*, deu per i comte el libre de B, a III cartas : . . . . v s.

10. . . . . *Esteve Dorsat, rector de Meuzac*, deu per i comte el libre de B, a III cartas : . . . . III s. XI d.

Soma : LI s. X d. Vera est (1).

[1340] F° II.

SOMMAIRE : 1. Bourgeois; report de compte. — 2. Report de compte; morceau de cendal mis en gage. — 3. Barbier; la rue des Cordiers à Montauban; report de compte. — 4. Savetier; notaire de l'évêque; report de compte. — 5. Prieur de Léojac; famille de Penne; denrées; médicaments; fermail en gage; sépulture: drap d'or, cire, encens; moine de Moissac; camérier de Saint-Michel de Montauban; livre et converture armoriée mis en gage. — 6. Bénédictin; famille de la Pouzaque.

1. *Lo senhen Bernat de Foraboscx, borgues de Montalba*, deu per i comte el libre de B, a III cartas, que monta : . . . . »»
Mudat avant a CXII cartas (2).

2. *P. Melge, annat, de Montalba*, deu per i comte el libre de B, a III cartas, que monta : . . . . »»
E avem ne i tros de sendat vermelh, que podia valer la soma : . . . . »»

3. *Guilhaumes, lo barbier, que esta a la carieira de Tesco, davant los Cordiers* (3), deu per i comte el libre de B, a III cartas, que monta : . . . . »»

4. *P. Raines, sabatier de Montalba, e M° Johan Penart, notari de M° de Montalba*, devo per i comte el libre de B, a III cartas, que monta : . . . . XXIIII s.
Mudat avant el comte de M° Johan Penart, a XXVIIII cartas.

5. *M° Peire Guilhem de Pena, prior de Leujac* (4), deu per

---

(1) Ce total, inscrit au bas des pages, indique un inventaire dont le résultat se trouve porté au dernier feuillet du livre.
(2) Cette mention signifie que le compte se trouve reporté à un folio suivant. *Avant* signifie plus loin, à la suite, à la droite, comme disent les militaires.
(3) Le Tescou, affluent du Tarn, qui sépare de la ville le quartier de Sapiac.
(4) Léojac, commune de Léojac et Bellegarde, près Montauban, station gallo-romaine.

t comte el libre de B, a IIII cartas, e fo per comtans, e per dinadas que hac, que monta : . . . . II florensas (1) et III d. t.

[1315] ANNO DNI M° CCC° XLV.

Item deu de bos t. petitz, l'escut per XV s. (2), per I ychirop e per I lectuari que fo ordenat per lo seu Bertran, so fraire, a M° B. Calvet, a XXVI de mars; e avem ne I fermalh d'argent : XV s. X d.

[1316] ANNO DNI M° CCC XLVI.

Paguet XV s. X d. lo senhen Bertran ; redem lhi lo fermalh.

Item deu per I drap d'aur diaspret LX s., e per XIII lh. sera en obra a II s., e per I^a onsa enses (3), quelh tramezeren a XIII de junh, per M° Jacme de Sanhas, monge de Moysac, per la fornitura d'en P.-R. de Pena, so fraire, a paguar a S. Johan, lo jorgy d'aur (4) per XX s. T. (5) B. Delser, que esta am lo camarier de S. Miquel ; e avem ne I libre en comanda : . . . . III jorgis, el ters d'un autre d'aur.

Redem lhi lo libre a XI de mars l'an XLVII (1347-48) (6), local libre pres Gualhart Espero, e M° Huc Desparasola ; e bailero I cobertor de lana am sas armas ; a paguar estam quidamen dins I mes o vendre lo cobertor (7).

Soma : III jorgis e III escutz.

6. M° Bertran de la Poxaca, monge del mostier de Montalba,

(1) *Florensas*, gros à la fleur de lys.
(2) La valeur, ou plutôt le change de l'écu en monnaie divisionnaire se trouve indiqué presque à chaque page du livre. C'est le résultat du déplorable système de l'altération des monnaies sous Philippe VI. (Voir l'*Introduction*.)
(3) Bonis désignait sous le nom de « fourniture » les objets qui servaient pour les sépultures : draps d'or, cire ouvrée, c'est-à-dire en cierges ou chandelles, encens, etc. (Voir le chapitre des baptêmes, mariages et sépultures. *Introduction*.)
(4) Les florins Georges frappés à Orléans sur l'ordre de Philippe d'Orléans, fils du roi, eurent cours dès 1340. On voit qu'ils valaient 20 sols.
(5) La lettre T signifie témoin ; on trouve aussi *testimonis* dans le même sens.
(6) L'année commençant à Pâques, nous faisons la correction toutes les fois que c'est nécessaire.
(7) Dans la plupart des coutumes des bastides du moyen âge il y avait un article permettant au seigneur d'acheter avec 15 jours ou un mois de crédit, moyennant un gage.

fraire dels senhors de la Pozaca, deu per ı comte el libre de B, a v cartas. T. Bertran de la Pozaca, son bot (1), que monta : . . . .
. . . . xxxııı s.

Soma : xxxvııı s. ıı d. Vera est.

[1341]   Fº II vº.

M CCC XLI.

SOMMAIRE : 1. Carmé; report de compte. — 2. Bourgeois; report de compte. — 3. Ouvrier de terre; portier. — 4. Médecin; prêt d'argent. — 5. Tondeur de draps; cierges, chandelles. — 6. Report de compte. — 7. Bourgeois; report de compte. — 8. Notaire; report et transport de compte. — 9. Peintre; report de compte. — 10. Marchand; report de compte.

1. [..... F]aure, f. del Carme de Montalba, deu per ı comte el libre de B, a v cartas : . . . . ıı s. ıx d.

2. [.....]t, borgues de Montalba, deu per ı comte el libre de B, a vı cartas, que monta : . . . . ıııı s. ıı d.

3. [.....] Cortes, afanier de Montalba, en P. de la Faga, clavier de l'ostal (2) de Mº Bernat Moli, devo per ı comte el libre de B, a vı cartas, que monta : . . . . ııı s.

4. P. de Martel, fizisia de Montalba, que esta en Sobiros (3), deu per ı comte el libre de B, a vı cartas, que monta : . . . . . .
. . . . ıııı lh. ı s. x d.
Item deu de bos t. petit, quelh prestem comtans, a ııı de may l'an xlvı (1346): . . . . v s.

5. Bertomio Combas, retondeire de Montalba, deu per ı comte el libre de B, a vı cartas, fag comte am lu. T. lo sen P. de Guordo, en R. de Pazern : . . . . xxı s.
Item deu el comte metheis, de bos t. petit, per sera que ardec

---

(1) *Bot*, pour *nebot*, neveu.
(2) *Clavier*, porte-clef, portier.
(3) *Sobiros*, on nomme ainsi dans les villes du Midi la rue qui longe les remparts. Etym. *sub ire*.

de II tortises, e per candelas per enoliar (1) son paire, que monta : . . . . I s. VI d.
Mudat.

6. *Huc de S. Ugno, de Montpezat, que esta a Montastruc, pres d'Ilamada,* deu per I comte el libre de B, a VII cartas. T. Esteve de Moutelhs, sabatier de Montalba, que o pres : . . . . III s.

7. *Durant de Castilho, borgues de Montalba,* deu per I comte el libre de B, a VIII cartas : . . . . II s.

8. *Mº Bernat de Senairolas, notari de Montalba,* deu per I comte el libre de B, a VIIII cartas : . . . . X s.
Mudat el manoal de D (2) a CLXXIIII cartas, el comte de la fornitura de sa sogra. . . . .

9. *Mº Johan, lo pengeire (3) am la camba grossa,* deu per I comte el libre de B, a VIIII cartas ; . . . . . e esta a la Fauria, que monta : . . . . V s. IIII d.
Finat fo am lu II III de genier l'an XLVII (1347-48).

10. *Los cretiers d'en Guilhem de Monricos, mercadier de Montalba,* deu per resta de I comte el libre de B, a X cartas, que monta : . . . . VIII s. IX d.

Soma : IIII lh. XVII s. X d. Vera est.

[1341] Fº III.

SOMMAIRE : 1. Notaire de la Sauvetat de Majuze (Tarn-et-Garonne); bonne monnaie; citation en justice. — 2. Chapelain de Saint-Nauphary, près Montauban; report et transport de compte. — 3, 4. Bourgeois; report de compte. — 5. Damoiseau; les La Popie, seigneurs de Coanac (Lot); sépulture de R. de Belfort, abbé d'Isle-Barbe, location de draps d'or; monnaies. — 6. Notaire de l'évêque; report de compte.

1. *Mº Guiraud de Puegnautes, notari, que esta a la Salvetat, pres*

(1) *Enoliar,* donner l'extrême-onction.
(2) Lo *livre manoal* ou journal coté D. Ce livre avait au moins 350 pages; il avait été précédé des livres A, B, C. Le livre C avait plus de 400 pages. Cela montre l'importance des affaires des Bonis.
(3) Jean, lo peintro, qui a la grosse jambe. C'était probablement quelque étranger dont Bonis ignorait le vrai nom.

de [*Monclar*], deu per resta de I comte el libre de B, a xii cartas, que monta : . . . . »

Item de bona moneda (1) per 1ª sitasio : . . . . »

2. *M° Amiel de Biole, capela, que esta a S. Laufari, e* sa *Bermonda Fontanselha, sa coxina,* devo per I comte el libre de B, a xiiii cartas, que monta : . . . . »

Mudat fo el comte de na Bermonda, el manoal de B, que avia comensat mo fraire Guiraut a ii^c xxi carta (2).

3. *Lo senhen Arnaut Guiraut, borgues de Montalba,* deu per I comte el libre de B, a xvii cartas, que monta : . . . . . »

4. *Franses Bocas, borges de Montalba,* deu per I comte el libre de B, a xviii cartas. . . . . vi s.

5. *Lo senhen Bertran de la Popia, donzel de Querssy, senher de Coanac* (3), deu per I comte el libre de B, a xxii cartas, que monta : . . . . v lh. I s.

Lacal soma fo per xvi lh. sera en viii tortises, e per lo loguier de I drap d'aur que n'ac per la sepultura de M° l'abat de la Yla Barba, son cozi (4), lo xvii dia de fevrier l'an m ccc xli (1342).

Soma per lo tot, comtat am lodig senhor : v floris ii s. t.

E may devem a lu, que nos bailec lo xviii dia d'abril l'an m° ccc lx (1360), loscals bailec en iii reals d'aur de Joannes duriers (5) . . . . (iii flor. iii gr.)

6. *Me Arnaut de Salas, notari de M° de Montalba,* deu per

(1) Par cette citation et celles qui indiquent le cours de l'écu, citations qui se retrouveront à chaque page, presque à chaque ligne, on verra combien l'altération des monnaies apportait de trouble dans le commerce.

(2) Voir la note 2 de la page 7. — Géraud, frère de Barthélemy Bonis, était spécialement chargé de *l'apothicairerie* et de la confection des cierges.

(3) Coanac, château, commune de Varaire (Lot).

(4) Raymond de Belfort, abbé de l'Ilebarbe, près Lyon, avait été d'abord moine à l'abbaye bénédictine Saint-Théodard de Montauban; il mourut en 1310, ainsi que l'indique l'obituaire de ce dernier monastère, dans lequel il voulut être enterré. Cette cérémonie eut lieu seulement en 1313, ainsi que l'indique le compte de B. de la Popie, son cousin, à moins qu'il y ait une erreur de date dans l'obituaire. (Cf. *Trois prélats de la maison de Belfort,* Ed. Forestié.)

(5) Royaux d'or de Jean II nouveaux. Les royaux frappés sous Jean II étaient plus pesants que ceux frappés par ses prédécesseurs; ils pesaient 94 grains (Le Blanc).

ı comte el libre de B, a xxııı cartas, que monta : . . vı s. v d. t.

E nos a lu, que pot montar enviro de aquesta soma.

Soma : lxvı s. ıııı d.

[1342] F° III v°.

M CCC XLII.

Sommaire : 1. Religieuse de Sainte-Claire ou Minorite; anneau d'or avec saphir mis en gage; coffre. — 2. Prêt d'argent; assignation; excommunication pour dettes. — 3. Licol; tondeur de draps. — 4. Domestique de l'archiprêtre de Roquemaure (Tarn). — 5. Hôtelier; livre de l'association de Bonis avec ses cousins. — 6. Seigneurs de Puycelsy (Tarn), de Puylaroque (Tarn-et-Garonne); famille de Belfort (Lot). — 7. Bouchère; doublet de lin de Paris. — 8. Médecin; robe.

1. [.....]da Dauniza, menoreta de Montalba, deu per ı comte el libre de B, a xxıııı cartas, que monta : . . . . . x lh. vı s. x d.

E avem ne ı anel d'aur am safir.

Redem l'anel a Mª l'abadessa, sor Maria de Pena (1).

Finat fo per ı cofre que n'aguem.

2. [Mer]guot, de Tolosa, conhat d'en P. de Molieiras, deu per ı comte el libre de B, a xxvııı cartas, e fo per comtans quelh prestem. T. en Gailhart de Guordo, e Bernat de Verno, que monta : . . . . vıı lh.

Item per ıª sitaşio, que anec a Tolosa l'an xlvı (1346) e per l'escumenge (2).

3. Azemar de la Roqua, de Montalba, deu per ı comte el libre de B, a xxxv cartas, e fo per ıª capsanas, que hac. T. Bertomio Combas, tondeire, que monta : . . . . ııı s.

E nos a lu quens bailec Bertomio Combas : . . . . . . (ııı s.)

4. Diague, masip de Mº Olivier de Malbeiso, arsipestre de Roca-

---

(1) Marie de Penne, abbesse du couvent des religieuses Minorites de Montauban, figure très souvent dans les comptes de Bonis. Son sceau-matrice a été retrouvé récemment et publié par la Société archéologique du Midi de la France.

(2) Escumenge, excommunication. Après la citation (sitasio), l'admonition ou monitoire (monesio, amonesio), le jugement (julgat) ou procès (greuge), le débiteur était excommunié (escumengat); il ne pouvait obtenir l'absolution (absolcesio) qu'après complète libération.

maura, deu per i comte el libre de B, a xxxv cartas, e fo per iii ochaus (1) seda vert, que hac : . . . . iii s. ix d.

5. *P. Bastier, ostalier de Montalba,* deu per i comte el libre de B, a xxxv cartas : . . . . »

Item deu may per i comte el libre pelut de mi et de mes conhat : . . . . v s.

6. *M° Bertran de Puegselsi, donzel, senher del Puey de la Roqua, bot de M° Folc de Belfort* (2), deu per i comte el libre de B, a xxxviiii cartas, e fo per dinandas que hac. T. lo filh del sen P. de Belfort, que monta : . . . . iii lh. x s.

7. *La dona de Guilhalmo, molher del senh. Pons Guilhaumo, mazelier de Montalba,* deu per i comte el libre de B, a xlv cartas, e fo per i doble de li de Paris que hac, que monta : iiii lh. x s.

8. *M° W. de Verfuelh, fixisia de Montalba,* deu per i comte el libre de B, a li cartas, e fo per guarnizo de rauba que hac. T. Chacstat, lo sartre, que monta : . . . . vi s. iii d. t.

Soma : xvi l. xi s. xi d. Vera est.

[1342] F° IV.

SOMMAIRE : 1. Marchand; médecin et médecine; électuaire restaurant; voyage à Montpellier; monnaie; citation. — 2. Trompette de ville; report de compte. — 3. L'official de Montauban. — 4. Bourgeois; chaperon de femme. — 5. Mercier; poivre et gingembre. — 6. Notaire de Montricoux (Tarn-et-Garonne); médecin. — 7. Notaire; roussin; quittance. — 8. Carme de Figeac, du couvent de Saint-Antonin: dragée.

1. *Bernat Brus, mercadier de Brunequel,* deu per resta de i comte el libre, a lii cartas, e fo per medesinas que ordenec M° P. de la Glicia, metge de Cairac, fag comte am lu a ix de junh, l'an xlii (1342), que monta : . . . . »

(1) *Ouchau, ocham,* huitième de livre : 54 grammes 5.
(2) Cet article prouve que la seigneurie de Puylaroque ne fut pas vendue — au moins entièrement — aux comtes d'Armagnac, en 1316, ainsi que l'indique M. Moulenq (*Doc. hist.* II, 301), d'après un inventaire des archives du Roi.

Item deu el comte metheis, de bos t. petit, que resteo a paguar de 1 lectuari restauran e per autras cauzas quelh tramezem per so masip a xxviiii de may. T. B. Brunet, de Montalba, que monta, fag comte am lor : . . . . ⅅⅅ

E nos a lu que bailec en I fl. a B. de Verno, a Brunequel, que venia de Monspeslier (1) : . . . . (xii s. vi d. t.)
Item deu de bona moneda per iª sitasio : . . . . ⅅⅅ
E may a lu que bailec a B. de Verno, a Brunequel en I escut : . . . . , ... (xvi s. viii d.)
Finat fo am lu a xxiiii de setembre l'an xlvi° (1346).

2. *Peirot, trompador de Montalba,* deu per resta de I comte el libre de B, a liii cartas, que monta : . . . . xiii s.

3. *Bernat, masip de Mº W. Cabirol* (2), *que esta a S. Porquier,* deu per I comte el libre de B, a liiii cartas, e fo per resta de I velet de seda d'Alamanha, que hac a sa molher : . . . . vi s.
E nos a lu, que bailec Mº W. Cabirol : . . . . (vi s.)

4. *Lo senhe W. Lheutier, borgues de Montalba, que esta a la Fauria* (3), deu per I comte el libre de B, a liiii cartas, e fo per la guarnizo de I capairo, que pres la dona sa molher.

5. *Bernat Delpi, mersier de Montalba,* deu per I comte el libre de B, a liiii cartas, e fo per resta de pebre e de zz (4) e de sera, quelh tramezem per so masip, que monta : . . . . vii s. viii d.

6. *Mº R. Guascxs, notari de Monricos,* deu per I comte el libre de B, a lv cartas, e fo per medesinas que ordenec Mº P. de la Glicia, per la dona sa molher, que monta : . . . . xxi s.

---

(1) Le voyage à Montpellier était consacré ordinairement à l'achat des épices. Nous avons relevé des voyages de ce genre dans d'autres comptes. Montpellier était l'entrepôt des épices du Levant.

(2) W. Cabirol était official de Montauban ; il résidait parfois à Saint-Porquier, près Montech (Tarn-et-Garonne).

(3) La Faurie ou *forge*. La rue de la Forge correspond à la rue du Vieux-Palais, aujourd'hui de la République. — Les Lautier étaient de très riches bourgeois. La tour actuelle du beffroi ou *Tour de Lautier* dépendait de l'hôpital fondé par eux dans une de leurs maisons.

(4) Ces deux zz désignent très probablement le gingembre, en provençal *gingibre* ou *zinzibre*.

7. M⁰ P. *Delbosquet, notari de Montalba* (1), deu per resta de i comte el libre de B, a LX cartas, e fo per resta de so ques devia per lo rossi, que montec : . . . . III l.

E avem ne 1ª carta que fe M⁰ Johan Fereuxs, notari.

Soma que monto las III lh. avandichas XIII s. t. petitz, fag comte am lu a XI de gener (1343).

Finat fo am lu a XXIIII de may l'an XLVIII (1348), e M⁰ Mete fe quitansa de mi e de bey.

8. *Fraire Huc Faure, f. del Carme de Figac, del cocen de S. Antoni* (2), deu per i comte el libre de B, a LXI cartas, e fo per 1ª drigleta fina quelh tramezem per f. Pons de Clere, f. menor, am sa letra, que monta : . . . . XIII s. VI d. t.

Soma : XXIII s. VIII d. Vera est.

[1342]   F⁰ IV v⁰.

SOMMAIRE : 1. Moine de Saint-Théodard; comte de serge noire. — 2. Domestique de Bouls; monnaies; robe; amidon; réseaux; voyage; draps pour manteau; etc hardie bleue; nourrice; robes; gages; maladie; bonne foi.

1. [........], *monge del mostier de Montalba*, deu per i comte el libre de B, a [LXII] cartas, que monta : . . . . XIIII s. v d. t.

[Item deu el] comte metheis, de bos t. petitz, e fo per resta de 1ª coguola de sargua negra. . . . . . de novembre l'an LXIII (1363), que monta : . . . . III s. IX d. t.

Mudat.

2. [Bertran] *Molinier, de Lauzerta, nostro masip,* deu per i comte el libre de B, a LXIIII cartas, ... de diversas monedas, que monta, tornat a bona moneda : . . . IIII lh. XVII s. VII d. t.

Item deu per comtans que pres en II vetz a XXII d'abril l'an XLV (1345) . . . . III s.

---

(1) Ce compte est curieux parce qu'il montre l'intervention de deux notaires dans le règlement d'une somme de 3 l. t. On a pu voir déjà du reste le nombre considérable de notaires qu'il y avait à cette époque.

(2) Le carmel de Figeac était une maison mère, qui possédait un monastère à Saint-Antonin de Rouergue.

Item deu per comtans que pres a xxi de junh, e per guarnizo de
rauba: . . . . IIII s. VI d

Item deu per guarnizo de rauba, e per IIII lh. amido, e pe[r]
comtans que pres a xvii de setembre: . . . . VI s. X d

Item deu per comtans, que pres per comprar rezols a xxi
d'ochoire : . . . . VI s

Item deu per comtans, que pres a xii de novembre, que anec [a]
Lauzerta : . . . . V s

Item deu que paguem per lu an W. Bramaire, e per ix palm[s]
draps, de que fe i manto : . . . . XVI s. VI d

Item deu per comtans, que pres per far 1ª cotardia de blau, [a]
xiii de gener (1346) : . . . . VII s

Item per comtans, que pres a xx d'abril, que bailec a 1ª noiris[a]
de sa tera : . . . . VII s

Item deu per comtans, que pres en ii vetz, e per guarnizo (1), [e]
xxi d'ochoire : . . . . VII s. VII d

Item deu per comtans, que pres a iii de dezembre, en parselas
. . . . VII s. II d

Item deu per i comte el manoal de E, a viiii^{xx} viiii cartas, e f[o]
per comtans et per autras cauzas, que pres a xiii de junh l'a[n]
xlvii° (1347) : . . . . I lh. X s. IIII d. t

Item deu que pres per nos d'en R. de Camelier, de Moysac, per
sas soudadas (2) : . . . . VI l. X s

Item deu que pres en parselas, a xiii de fevrier, a xx s. l'escut
. . . . XVIII s. X d

Item deu que pres per comtans, a xxx de junh, que anec [a]
Lauzerta, que so paire era malautes : . . . . XXII s.

Item deu que avia pres, seguon que el dig que no era escrig (3).
E nos a lu per sas soudadas la soma desus.

(1) *Guarnizo*, garniture de robe.
(2) *Soudadas*, gages.
(3) Le *masip* ou domestique de Bonis, dans le règlement de comptes, déclare
devoir à son maître 22 sols qui n'étaient pas inscrits. C'est une des nombreuses
preuves fournies par ce document sur l'honnêteté qui présidait aux transactions.

[1343] F° V.

M° CCC XLIII.

SOMMAIRE : 1. Damoiseau de Montvalent (Lot); médecin. — 2. Damoiseau de Cordes d'Albigeois; doublet de lin de Paris; prêt. — 3. Écuyer du prieur ou du monastère de Saint-Théodard. — 4. Recteur de Corbarieu (Tarn-et-Garonne); damoiseau; médecines; citation. — 5. Licencié en lois, juge de Beauvais; taillette; savant en droit. — 6. Report de compte; garniture de robe. — 7. Bourgeois; hanap d'un mulet.

1. *Lo senhe Johan Cabirol, donzen de Montalen, fraire de M° W. Cabirol* (1), deu per i comte el libre de B, a LXV cartas, e fo per cauzas medesinals que lhi tramezem per Martí, per so filh, e per M° Guilhem Arquier, capela, que monta : . . . . »

E nos a lu que bailec M° W. Cabirol, son fraire, a sos cretien.

2. *Lo senhe Azemar de Brando, donzel de Cordoas d'Albiges, bel de madona sor Brenguieira de Guarstas* (2), deu per i comte el libre de B, a LXVIIII cartas, e fo per i doble de li de Paris, e per III s. comtans quelh prestem per cobrar la quitansa que hac de sa sor. T. Guiraut Bonis e Bernat de Verno, que monta :   III lh. XIII s.

3. *Guiraut Bertran, de Montalba, escudier de M° Pelfort de Belfort*, deu per i comte el libre de B, a LXXI cartas. T. M° P. Chiralba, sartre, que monta : . . . .   II lh. V s. VI d.

4. *M° Pe R. de Montuey, donzel, rector de Corbario* (3), deu per resta de i comte el libre de B, a LXXII cartas, e nom de lo sen R. W. de Montueg, so fraire, e fo per medesinas quelh ordene M° P. de Martel, que monta : . . . .   II lh. XV s. IX d.

Item deu per III sitasios.

5. *M° Gui Calvieira, lisensiat en leys de Gualhac, jutge de Bea-*

(1) W. Cabirol était official de Montauban.
(2) Bérengère était religieuse au couvent des Minorites ou Clarisses de Montauban. Ce couvent, d'abord situé hors les murs, près la porte Montmurat, fut — pendant les guerres anglaises, — transféré dans l'enceinte de la ville.
(3) *Corbarieu*, petite commune du canton de Villebrumier, à 9 kilomètres de Montauban. Cette localité fut autrefois fort importante. On y voit encore la rue des Orfèvres. La charte a été publiée par M. Moulenq dans le *Bulletin archéologique de Tarn-et-Garonne*, t. VIII, p. 13.

cis (1), deu per resta de 1 comte el libre de B, a LXXII cartas, e fo per tafata que hac. T. M° W. de la Faga, savi en dreg : . . . . .
. . . . 1ª lh. XV s.

6. *Bernat de Mauriac, apelat del Botaria, de Montalba*, deu per 1 comte el libre de B, a LXXIII cartas, e fo per guarnizo de rauba que hac, que monta : . . . . VI s.

7. *Lo sen Toxel de Toxel, borgues de Montalba, nostre vezi*, deu per 1 comte el libre de B, a LXXIIII cartas, e fo per l'arnes de 1 falhel (2) que hac : . . . . XII s.

Soma : VI lh. XVI s. IIII d. t. Vera est.

[1313] F° V v°.

SOMMAIRE : 1. Marchand; compte à demi effacé; sépulture. — 2. Seigneur de Corbarieu; mitaines de laine; lettre. — 3. Cultivateurs; robes. — 4. Chevalier de Saint-Pressc (Tarn); sépulture. — 5. Damoiseau de Corbarieu; médecine.

1. [N. . . . .], *mercadier de Montalba*, deu per resta de 1 comte d libre. . . . . . a. . . . . . cartas, que monta. T. B. Molinier, de Lauzerta : . . . . 1ª lh. XVII s. 1 d.
[. . . . .] el manoal de D a VIII^{xx} VII cartas el comte de sa fornitura.

2. *M° Ratier de Monpezat, donzel, senher de Corbario* (3), deu per 1 comte el libre de B, a LXXVI cartas. T. son escudier, e Bernat de Verno, que monta : . . . . 1 lh. VI s.
Item deu el comte methels de bos t. petit, e fo per 1 par de mitanas de lana e per 1ª letra : . . . . »

(1) La bastide de Beauvais, fondée en 1312 par Jean de Marigny, lieutenant général du Roi en Languedoc. La charte était si libérale, que dans la plupart des transactions contemporaines les contractants s'engagent à ne pas invoquer ces privilèges contre leurs créanciers.
(2) *Falhel :* nous proposons comme traduction à ce mot, celui de *mulet*, par le rapprochement du terme latin *phaleratus*. En effet, dans le Midi, les harnais des mulets et mules étaient couverts de plaques de cuivre gravées qui remplacent les phalères antiques.
(3) Ratier de Montpezat est l'un des nombreux co-seigneurs qui possédaient la seigneurie de Corbarieu.

..... el manoal de D, a CIIII cartas. ....

3. .... Johan, en Jacme del Poget, de la paroquia de la Capela (1), pres de S. Laufart, devo per I comte el libre de B, a LXXVIII cartas, e fo per comtans e per guarnizo de rauba que hagro, que monta per tot : .... XIIII s. IX d.

4. Los cretiers de M° Guilhem Lop, cavalier, que esta en la ora de S. Sorsizi, devo per resta de I comte el libre de B, a LXXX cartas, e fo per resta del fornimen del susdig M° W. Lop, T. R. Pelegri, son bot, e M° R. Marquier, son bot, que monta : .... l^a III s. IX d.

Mudat avant a CXII cartas.

5. Lo senhe Emeric de Gaugac, donzel de Corbario, deu per I comte el libre de B, a LXXXI^a cartas, e fo per cauzas de medesina quelh ordenec M° W. de Verfuelh, e per autras cauzas : ... . XII s. IX d.

Soma : XXVI s. VI d. Vera est.

[1343] F° VI.

SOMMAIRE : Indication du cours de la maille. — 1. Bourgeois; robes; angal de pret. — 2. Marchand; eaux médicinales; cours de la maille; florin; Frères Prêcheurs. — 3. Ecuyer; voyage à Avignon. — 4. Seigneurs de Puycornet; drap. — 5. Damoiseau de Monclar; monnaies; jugement; procès. — 6. Seigneurs de Penne d'Albigeois; médecines.

Aisi comenso los deutes, que om nos deu : la XI^a [mailla] (2) florada per [III d.]

1. *Estere de Forabosc jove, filh del sen Estece de Forabos, borges de Montalba*, deu per I comte el libre de B, a LXXXV cartas, e fo per guarnizo de rauba, que hac, la malha per : .... »

(1) Cette paroisse, dont la trace est perdue, pourrait bien être la chapelle qui est située à Bonrepos ou la paroisse actuelle de Charros, commune de Saint-Nauphary.
(2) La maille *florade* valait 3 deniers. Cette mention, inscrite en tête d'une page, indique qu'en 1343 on fit proclamer le taux de cette monnaie. L'humidité avait effacé ce taux à l'angle de la page, mais nous le trouvons noté quelques lignes plus bas. Voir aussi plus haut, page 3, note 2.

Item deu el comte methels per resta de ii angels (1), quelh aviam prestat de bos t. petit (2) : . . . . »»

Soma per tot, de bos t. petit, xvi s. ii d. t., comte fag am lu a xx de setembre l'an xlv (1345), a paguar a Martro que ve.

E nos a lu quens bailee a x de gener (1346) : . . . (x s. t.)
Final fo am lu a i de fevrier l'an xlvi (1347).

2. *Johan de la Casanha, mercadier de Montalba*, deu per i comte el libre de B, a lxxxvii cartas, o fo per alguas que pres sa sirventa, quant la dona sa molher era malauta : . . . . . »»

Item deu, el comte methels, de bos t. petit, la mallha per iii d., que monta : . . . . »»

Soma per tot, de bos t. petit, viii s. o i d. t.

Item deu que restec a paguar de v floris d'aur, quens mandec a paguar per Johan Vidal, de Montalba. T. fraire Bertomio de la Boria, e fraire P. dels Folsco, prezicadors : . . . mcg [escut]

3. *En Bernat, escudier de M⁰ Guiraut d'Agrofuelh, prior del Mas Santas Puellas* (3), deu per i comte el libre de B, a lxxxviii cartas, e fo per comtans quelh prestem quant s'en montee Avinho premieiramen, que monta : . . . . xvii s.

Mudat avant a xxxviii cartas el comte de M⁰ G. d'Agrefuelha.

4. *M⁰ R. de Causada, cavalier, senher de Puegcornet* (4), deu per resta de i comte el libre de B, a lxxxviii cartas, e fo per i drap d'aur que n'ac. T. en Jacmes Carbonel, son escudier, que monta : . . . . i² lb.

5. *Lo senhe Olivier de Malhac, donzel de Monclar*, deu per resta

---

(1) *Angels*, angelots, monnaie d'or créée par Philippe VI, et qui portait l'effigie d'un ange. Elle cessa d'être fabriquée en 1342.

(2) Contrairement à l'orthographe du temps, Bonis supprime presque constamment la marque du pluriel dans les mots : *petitz escutz* vel. Nous croyons devoir maintenir le texte du manuscrit.

(3) Géraud d'Algrefeuille était en même temps moine du monastère de Saint-Théobard et prieur du Mas-Saintes-Puelles. Il dut être nommé prieur vers cette époque (1343), puisque Bonis mentionne son voyage à Avignon.

(4) Ce R. de Caussade est le sire de Puycornet, qui joua un rôle important dans les guerres Anglaises.

de 1 comte el libre de B, a LXXXVIII cartas, que monta de feblas monedas : . . . . III lh. XII s. v d.

E Mº R. Bramairo, notari, avo 1 jutgat.

Item deu per 1 greuge, que hac en fevrier (1344) (1) : . . »»

6. *Lo senhe Bertran de Pena, donzel, fraire de Mº lo prior de Leugac, que esta a l'aval, en Albeges* (2), deu per 1 comte el libre de B, a LXXXVIII cartas, o fo per cauzas de medesinas, que ordenee Mº Bernat Canet, per la dona sa molher, que pres el metheis, que monta : . . . . 1ª lh.

Soma : XVIII s. VI d.

———

[1343] Fº VI vº.

SOMMAIRE : Cours de la maille. — 1. notaire; sépulture; citation. — 2. Marchand; garniture de robes; sépulture. — 3. Notaire de l'évêque; robes; papier lombard. — 4. Savant en droit; robe; soie; toile; robe; détail de la garniture d'une robe; coiffures; robe; soie; honoraires de médecin; mercerie. — 5. Faiseur de bâts; sépulture; bât. — 6. Seigneurs de Cos, près Montauban; citation; excommunication.

[Also] que om nos [deu] de bona moneda, la mailla florada per III d. t.

1. . . . [Cas]tanha, *notari de Montalba*, deu per resta de 1 comte el libre de B, a . . . 1 cartas, o fo per la resta del fornimen (3) que pres azops d'en P de la Pozaca . . . d'en Franses e d'en Johan, que monta : . . . . 1ª lh. VI s. II d. t.

[Item per] sitasios.

Mudat avant a ovii cartas el comte de la molher que fo d'en Franses . . . [de] . . . la Pozaca.

2. *P. Etier, mercadier de Montalba*, deu per 1 comte el libre de

(1) *Greuge*, dommage, procès perdu.
(2) Le château de Penne, situé aux confins de l'Albigeois et du Quercy, est célèbre par les amours du vicomte de Saint-Antonin, un des troubadours, avec la belle Adélaïde de Penne. C'est aujourd'hui une ruine imposante et pittoresque. Laval est un petit village au pied de Puycelsi (Tarn).
(3) *Fornimen* ou *fornitura* désignent indistinctement dans ce livre les objets destinés à la sépulture : cierges, encens, draps mortuaires, etc.

B, a IIII^{xx} cartas, et so per garnizos de raubas que hac en parselas, que monta : . . . . XV s. V d.

Item deu per la fornitura de la dona sa molher, que pres W. Brancha o M° Guiraut de Forabosc, a xxxI d'aost l'an XLVI (1346), l'escut per xx s. : . . . . IIII lh. I s. d.

E nos a lu que bailec, l'escut per xx s., a xxIII de setembre : . . . . (6 s. t.)

3. M° *Johan Bernat, notari de M° de Montalba, bot de M° Johan Melzio*, deu per resta de I comte el libro de B, a IIII^{xx} x cartas, o so per resta de guarnizo de rauba e de papier que hac en parselas, que monta : . . . . VIII s. e I d.

Item deu per II mas de papier lombart (1), quelh tramezem per M° Johan de la Pugada, son disiple, a xv de may l'an XLVI, en II vet (1346) : . . . . II s.

Mudat avant a IIII^{xx} xv cartas.

4. M° *Felip Sudre, savi en dreg de Montalba* (2), deu per resta de I comte el libro de B, a LXXXXIIII cartas, e so per comtans e per guarnizo de rauba que hac en parselas : . . . . XVII s. III d. t.

Item que deu de resta XLIII s. VI d. t. Mudat avant a LXXIII cartas.

[1345] ANNO DNI M° CCC° XLV.

Item deu per I ocham (3) seda, e per meg palm tela que pres el metheis a VII d'abril : . . . . XI d.

Item deu per comtans, quelh prestem a xIII d'abril. T. n'Ar. de Vairac : . . . . X s.

Item deu per guarnizo de rauba e per autras cauzas, que hac a xxVIII d'abril, en III vet : . . . . III s. VIII d.

Et nos a lu que bailec a G. Bonis a xII de julh : (xIII s. t.)

---

(1) Lo papier lombard a existé jusqu'au siècle dernier. On désignait ainsi une sorte de papier dont les dimensions étaient les suivantes : le grand lombard, 22 pouces 8 lignes sur 17 pouces 10 lignes ; le lombard, 21 pouces 4 lignes sur 18 pouces ; le lombard ordinaire ou grand carré, 20 pouces 6 lignes sur 16 pouces 6 lignes.

(2) On verra plus loin que Philippo Sudre était à la fois médecin et légiste.

(3) *Ocham* ou *ochau* huitième de livre, voir note 1, p. 10.

Item deu per vii ochaus sedas (1), e per v palms tela vert, e per ix palms veta de seda negra (2), et per mega onsa fil vermelh, que hac per guarnir rauba a si e a sa molher e als efans, a xxv de gener (1346) : . . . . ix s. e i d. t.

Item deu per i cartairo festuxs cofit (3), que hac per Izombart del Valat : . . . . ii s.

Item deu per guarnizo de rauba, que pres el a xxi de fevrier : . . . . i s. ii d.

Item deu per meg ochau seda, que hac a vii de mars : . . »»

Item deu per v megas cartas de fromen, que hac a vii de junh l'an xlvi (1346). T. B. de Verno : . . . . xxvi s. iii d.

E nos may a lu, que prezem per lu per la cura que fe an Brenguier de Rocafort : . . . . (xvi s. viii d. t.)

Item deu per ii palms e meg tela vert, e per iii ochaus sedas, e per i cart fil vert, que hac a xii de junh : . . . . . iii s. viii d.

5. *Guiraut de Biolet, de Monclar; en P. Albar, bastier de Montalba,* devo per resta de i comte el libre de B, a lxxx xiii cartas, e fo per resta de la sepultura del susdig Guiraut, que monta : . . . . v s. i d.

E nos an P. Albar per adobar los bast, que pot montar aiso o enviro.

6. *M° Oxil d'Antegac, donzel, senher de Cos, d'Otr'Araïro* (4), deu per resta de i comte el libre de B, a lxxxxiiii cartas, fag comte am en Bernat, so filh, que monta : . . . . ii lh. v s. x d.

E nos a lu quens mandec lo senhe Antegac d'Antegac per la mitat d'aquest deute, a xxvii d'ochoire : . . . . (xxii s. xi d.)

E per la resta que demora a paguar, fo sitat en R. de la Valeta.

---

(1) Le *sedas* était une étoffe de soie très claire qui a donné son nom aux tamis et toiles à bluter la farine. Il servait surtout pour les doublures et garnitures.

(2) *Veta*, ruban de petite largeur servant à border ou à parfiler.

(3) *Festuca cofit*, fétuque confite. La fétuque est une graminée qui ne paraît pas se prêter à la confiserie. Nous n'avons pas pu trouver d'autre traduction de ce mot, d'où le français tire *fétu*.

(4) *Otr'Araïro,* outre Aveyron, c'est-à-dire la rive droite de l'Aveyron. — La seigneurie de Cos était située sur la rive droite de l'Aveyron, près de Montauban. Une antique cité gallo-romaine, Cosa, marquée sur la table de Peutinger, a existé sur ce point. On y a découvert de nombreux vestiges antiques.

coma eretier de la mitat dels bes, e mes en defauta e en escumenge (1).

[1313] F⁰ VII.

Sommaire : 1. Doreur. — 2. Seigneur du Cayla en Albigeois, châtelain de Fox en Agenais; voile de soie d'Allemagne. — 3. Marchand. — 4. Bourgeois; sépulture d'un chevalier de Bressols (Tarn-et-Garonne); procédure. — 5. Marchand; sépulture; maladie; procédure; blé; bailliarge; quittance grossoyée.

1. M⁰ P. Arnaut, daurelier de Montalba, deu per resta de I comte el libre de B, a LXXXXIIII cartas, que monta : . . . . »»

2. Lo senhe Daunis de S. Daunis, donzel, cozi de la de Savis, senher del Castar, pres d'Albi, castela de la Fos en Agenes (2), deu per I comte el libre de B, a LXXXXIIII cartas, e fo per I velet de seda d'Alamanha, que hac azops (3) de sa molher. T. B. de Verno, G. Bonis. . . . . »»

3. Peire del Biro, mercadier de Montalba, deu per resta de I comte el libre de B, a IIII^xx XI cartas. T. lo senhe Arnaut de Vairac, que monta : . . . . XVIII s.

4. M⁰ Arnaut Leutier, borgues de Montalba, deu per resta de I comte el libre de B, a LXXXXV cartas, e fo per lo fornimen de M⁰ R. de Brunhas, cavalier de Bresols, lacal soma deu pagar M⁰ Olric de Montaut, XII s., per IIII tortis que y donec el filh de M⁰ R. VI s. II d.: . . . . XVIII s. II d.

Item per Iª sitasio, e per la defauta, e per I escumenge contra M⁰ Olric de Montaut : . . . . »»

E nos a lu, que bailec W. lo Castanhan, per M⁰ Aulric, a XX de mars : . . . . (XII s. e las despesas).

(1) Curieux exemple de la procédure suivie ordinairement dans les affaires de ce genre : citation, défaut, excommunication. Dans d'autres cas il y avait la monition, et le jugement quand les parties étaient présentes.
(2) Le château de Fox en Agenais, dont on trouve souvent le nom dans les guerres franco-anglaises. Le damoiseau Denis de Saint-Denis, seigneur du Cayla, en était châtelain en 1313. — *La de Savis*, la [dame] de Savis.
(3) *Azops*, ad opus, c'est-à-dire pour.

Resto vi s. ii d. t., que deu paguar R. Brunhas. Mudat el comte del senhe de Lheutier.

5. *Arnaut de Bracono, mercadier de Montalba*, deu per resta de i comte el libre de B, a LXXXXVI cartas, e nom deu Simo B[raco]no, son cozi, coma eretier que n'Ar. es de sos bes, e fo per las fornituras e per las causas de las malautias del susdig Simo e de sa molher. T. n'Isarn Ebrat, e dona mager de B[raco]no, avida (1) d'en Matio Guari : . . . . v lh. iiii s. v d.

Soma vi escut d'aur e iiii s. v d. t., que deu, comte fag am lu a xix de dezembre. T. lo sen P. Forset, l'an xLV (1345).

Item deu per i^a amonessio, et per i escumenge, e per l'apsolvesio, que ac, a xvi de mars l'an xLV (1346) : . . . . iiii s.

E nos a lu quens bailee, lo dia desus :   (ii lh. viii s. vii d. t.)

Resto LX s. t. que deu, l'escut per xvi s. viii d., comte fag am lu lo dia desus. T. M° R. Delbruelh, e Esteve de Forabosc jove, e M° Costanty de Riom, notari, feu carta.

E nos a lu que bailee l'escut per xxii s. en i^a carta fromen a xxvi de novembre : . . . . (xxi s. t.)

Item per i^a sitasio.

E nos al susdig Arnaut de Bracono, que bailee a xxii de setembre l'an XLVII (1347) : . . . . (i escut d'aur.)

Item deu per i comte avant a CXXXI cartas, v megas de balhare (2).

Finat fo am lu, am lo dig Arnaut de Bracono, lo xi dia de dezembre M° CCC LVIII (1358), e cobree la carta grossada.

6. *Lo senhen Johan de Rivet, de Negrapelissa*, deu per i comte el libre de B, a LXXXXVI cartas, e fo per espesias quelh tramezem am sa letra, que es a la caisa (3), que monta : . . . . XI s.

[1345] ANNO DNI M° CCC° XLV.

Item deu per i carto sucre pa, e per meg carto de penis, e per i^a lh. mellas, e per i cart amido, e per i^a brostia d'olis e de populeon, e per i cabas (4), quelh tramezem a xx d'abril per

---

(1) *Dona mager*, la grand'mère. — *Avida*, aïeule.
(2) *Balhare*, baillargo, espèce d'orgo. *Megas cartas*, 25 litres environ.
(3) *Que es a la caisa*, qui est dans notre caisse.
(4) Cette nomenclature de remèdes : sucre en pain, pénide, amandes, boîte

G. Deinier, filh d'en Huc, azops de G. Deinier, so bot... T. en fiansa (1), G. de Las Fons, de Negrapelissa.

E nos a lu quens bailec : . . . . (XVI s. IIII d.)

[1343]   F° VII v°.

SOMMAIRE : 1. Seigneur de Belmont; épices; absolution, détail de procédure; citation; excommunication; absolution. — 2. Précepteur; joyaux de mariée; cahier de missel mis en gage. — 3. Savetier; parchemins, oripeaux clairs; sucre; épices. — 4. Barbier; sépulture. — 5. Charretier du faubourg Montmirat; sépulture; bois à brûler; le comte de Pommiers; le duc de Normandie à Montauban.

1. [*B. de Malhac*], *donzel, senher de Belmon* (2), *pres de la Salcetat*, deu per I comte el libro de B, a LXXXXVII cartas, e fo per espesias e per autras cauzas que hac, de que avem letras de sa ma, [per las] despensas d'aqui fachas, e per la apsolvesio que volc quel quitesem de sentensia. T. M° Huc Desparasola e M° Olivier Lop, monges de Montalba, que monta per tot : . . . . . IIII lh. I d.

[Item per] I^a sitasio e per I escumenge (3) : . . . . . XV s.

Item per l'apsolvesio quelh aguem de Caors a nostres despens, a v de junh l'an XLVI (1346).

2. *Lo M° del senhen Arnaut Beraut, genre d'en Guiraut, pestor de Montalba*, deu per resta de I comte el libro de B, a IIII^{xx} XVIIII cartas, e f° per las jueias que hac quant pres sa molher. T. la dona Blanca de Biole, e sa filha, molher del sen R. de la Mota, que monta : . . . . XXII s. X d.

E avem ne I escrig de sa ma, e II cazern de misal, que fe bailar a f. W. Barau, f. menor (4).

---

d'huiles et onguent populeum, le tout mis dans un cabas, donne une idée de la pharmacopée d'alors. (Voir notre étude sur les pharmaciens et médecins.)

(1) *En fiansa*, témoin en confiance.

(2) Belmont, canton de Lalbenque (Lot). — La Salvetat, paroisse du canton de Montpezat (Tarn-et-Garonne).

(3) Ce compte donne une idée très exacte des moyens juridiques employés par Bonis pour se faire payer de ses débiteurs.

(4) Bonis ignore le nom de ce client; c'était sans doute le précepteur des enfants de Béraut; ordinairement ces précepteurs étaient clercs; celui-ci était laïque, car il se marie, et cependant il met en gage un cahier de missel.

3. R. de la Castra, sabatier de Montalba, deu per resta de 1 comte el libre de B, a LXXX e XVIII cartas, e fo per parges (1) e per autras cauzas, que monta : . . . . VI s. II d.

[1345]   ANNO DNI M° CCC XLV.

Item deu per II aurpels clars (2) que [hac] a XVIII d'abril. T. G. Bonis, quelh o bailec : . . . . I s. X d. t.
Item deu quens mandec a paguar per M° W. Arquier per 1 ome de S. Estefe de Tolmo (3) : . . . . V s.
Item deu per 1 comte el manoal de D, a VIII^{xx} XVIII cartas, e fo per sucre e per espesias que hac a XVIII de julh.
Mudat el manoal de D, a VIIII^{xx} XVII cartas.

4. M° Guiraut Esperandio, barbier de Montalba, en P. Capela, faure, son cozi, que esta a la Fauria, devo per resta de 1 comte el libre de B, a LXXX^{xx} XVIII cartas, e fo per lo fornimen de la molher d'en P. Capela, que monta : . . . . XXI s. V d.
Mudat avant a XII cartas el comte de M° Huc Trobat, quens o mandec a paguar.

5. Simo, caratier de Montalba, que esta al bari de Montmiral (4) deu per resta de 1 comte el libre de B, a IIII^{xx} XVIII cartas, e fo per resta del fornimen de son paire, e per autras cauzas que hac en parselas, que monta : . . . . XX s. IX d.
Item deu per resta de 1 comte el libre manoal de D, en la premieira carta, rebatut IIII^{xx} X pilas de lenha quens aportec del talh del senhe de Pomiers, quant M° J° de Fransa fo a Montalba (5), que monta : . . . . XIIII s. X d.

(1) *Parges*, parchemins.
(2) *Aurpels clars*, oripeaux clairs. Les *sarctiers* ou fabricants de souliers, qu'on nomme aujourd'hui improprement *cordonniers*, puisque ce nom signifiait les apprêteurs de cuir à la façon de Cordoue : *cordouanniers*, employaient beaucoup le parchemin et le cuir doré ou mordoré.
(3) Saint-Étienne-de-Tulmont, canton de Négrepelisse (Tarn-et-Garonne).
(4) *Montmiral*, faubourg de Montauban, situé au bord du Tarn, et dont une partie est occupée aujourd'hui par la Faculté de Théologie protestante.
(5) Le comte de Pomiers possédait une immense forêt aux environs de Montauban. Le duc de Normandie Jean, fils de France, vint deux fois dans notre ville en décembre 1345 et en mars 1346.

Soma xxxv s. vii d. que deu, comte fag am lu a xxiii de junh.
T. Ar. de Vairac e Duran Delpot.

Finat fo am lu per lenha portar a xi d'aost.

Soma : iiii lh. xv. i d. Vera est.

[1313] F° VIII.

SOMMAIRE : 1. Ouvrier de terre; prêt. — 2. Notaire de l'officiel. — 3. Le pont de Moustier; dragée. — 4. Veuve d'un bourgeois; toiles; épices. — 5. Baigneur; cierges; amandes; sucre. — 6. Barbier de Garganvillar (Tarn-et-Garonne); onguents; poudres médicinales. — 7. Baigneur; julep; onguents; médecine; électuaire de suc de roses.

1. *Estece Daurat, afanier de Montalba*, que esta al bari de Fosat, deu per resta de i comte el libre de B, a c cartas, e fo per resta de comtans quelh prestem : . . . . »"

2. *Me Bertomio Abeli, notari*, que esta am M° l'ofesial de Montalba, deu per resta de i comte el libre de B, a cr^a carta, que monta : . .
E nos a lu quens bailero los eretiers de M° W. Cabirol : (ix s. t.)

3. *Guiraut de la Barta, filh que fo d'en Gr.*, que esta al cap del pon del Mostier, deu per i comte el libre de B, a cr^a carta, e fo per i^a drigeia que hac. T. n'Uc Andral, que monta : . . . . . iii s.
E nos a lu que bailee : . . . . (iii s. ii d. t.)

4. *La dona Blanca de Biole, molher que fo del senhe Pos de Biole, borgues de Montalba*, deu per i comte el libre de B, a cii cartas, e fo per telas et per espesias et per autras cauzas que hac. T. F. Felip Clavel e Bertran Carbonel, son escudier, que monta : . . . . xx s. ii d.
Et nos a liey quens bailee lo M° a xviii de novembre l'an xLv (1315) : . . . . (viii s. t.)
E may a liey, que bailee en Gualhart Tozet, per liey, a iii d'aost l'an xlvi (1316) : . . . . (v s. t.)
E may a liey que bailee en Gualhart Tozet : . . (vii s. ii d.)

5. *R. Arquier de Montalba*, que esta als banhs (1), deu per resta

---

(1) *Als banhs*, aux bains. Cette citation, de même que celle de l'article 7 du même folio, prouve qu'il y avait à Montauban, au quatorzième siècle, plusieurs

de ı comte el libre de B, a cııı cartas. T. Bernat de Verno e Guiraut Bonis, que monta : . . . . x s. ıı d.

Et nos a lu quens bailec M° Pozat, cavalier, per lu : . . . .
. . . . (ıı s. ıııı d. t.)

[1316]   Anno Dni M° ccc° xLv.

Item deu per ıı tortises de ı^a lh. cascu, o per melhas e per sucre que hac per madona Serena, sa cozina, monga d'Albafuelha (1), a xxı de julh, que monta : . . . . ıııı s. v d.

E nos a lu quens bailec a xxvı de may l'an xLvı (1316) : . . .
. . . . (vıı s. vı d. t.)

Resto v s. o ı d. t. que deu, comte fag am lu lo dia dessus.
Finat fo am so filh.

6. *Johan Veire, barbier de Avarguanvilar*, deu per ı comte el libre de B, a cııı cartas, o so per enguens o per polveras que hac. T. Bernat Molinier, de Lauzerta : . . . . ıııı s.

7. *La dona mayer de Guasbert, maire d'en R. de Guasbert, que esta als banhs*, deu per ı comte el libre de B, a cııı cartas, e so per ı julep o per ı enguen o per ı^a medesina quelh ordenec M° P. de Monlanart, fizisia, que monta : . . . . »»

[1316]   Anno Dni M° ccc° xLv.

Item deu per ı^a onsa electuarium de sucorozarom que pres en R., so filh, per si, a xvı de may : . . . . »»
Finat fo am so genre.

Soma : ıııı s. ıx d. Vera est.

baigneurs étuvistes. Du reste la rue actuelle de la Mairie est l'ancienne *rue des Bains*. Les changements apportés dans le cours des siècles à cette partie de la ville, rendent difficile à nos contemporains la conception d'établissements de bains sur un point si élevé. Lorsque la ville fut fondée, il y avait à cet endroit un ruisseau dit *la Pissotte*, qui se jetait dans le Tarn, près du château du comte de Toulouse (l'hôtel de ville actuel). Ce minuscule ruisseau, qui a totalement disparu aujourd'hui, a beaucoup préoccupé tous nos historiens. Il ne pouvait avoir qu'un cours très restreint ; c'était probablement le déversoir d'une source abondante venant de la place de la Cathédrale actuelle, et qui alimentait les bains établis dans la rue qui portait ce nom.

(1) Le monastère d'Albefeuille, près Montauban, avait été établi d'abord par les Templiers. Ce fut ensuite un prieuré confié à des religieuses.

[1313]   F° VIII v°.

SOMMAIRE : 1. Sergent royal ; doublet de lin de Paris ; cotte-hardie ; réseau de soie ; tondeur de drap ; boucher ; gingembre confit ; épée en gages ; sépulture ; toile écrue. — 2. Domestique de Bonis ; gages, coutelier ; ganivet, gonnelle de drap blanquet ; toile de lin ; brassard ; capeline de fer ; bâtant ; chaperon ; cotte-hardie, voyage à Toulouse. — 3. Notaire de l'officiel ; cendal vermeil ; soie ; toile bleue pour garnir des manches ; 2 aunes de toile blanche pour le suaire de deux enfants ; main de papier ; garniture de robe. — 4. Écuyer du prieur mage de Montauban ; maladie.

1. *Pos*. . . . [sir]*cen de nostre senhor lo rey de Fransa, que esta en Sobiros*, deu per i comto el libre de B, a CIIII cartas, o so per i doble de li de Paris o per la guarnitura de 1ª co[tardia], o per i rezol de seda, que hac per ops de sa molher. T. J° de Rosilho, tondeire, o la molher de Sabathier, mazelier de Montalba, que monta per tot : . . . . XVI s. V d. t.

Item que resteo a paguar de IIII lh. gingibre cofit, que pres lo senhen R. Lombart, fe M° a XX (1). . . per que lhi redem 1ª espaza que n'aviam en comanda, tro que el nos mandec a paguar dins VIII dias estan quidamen, l'an XLV (1345) : . . . . VI s.

Item deu per lo fornimen del susdig Pos, que pres en Gualhart Pelat a XXII de setembre l'an XLVI (1346) o per X s. t. que lor prestem a far los mens cost (2), loscals fornimen es escrig en i cazern, l'escut per XX s. VI d., que monta : . . . LXVIII s. VI d.

[Item per 1ª] situsio a Monbeto o a Montalba, contra los cretiers.

. . . . . sa molher a XXII aunas tela crua a XVIII d. l'auna : . . . . (XXX s.)

[Item nos]. . . deu, loscals nos mandec a paguar en B. Tumbarel, so marit : . . . . »»

[Finat fo am M° Johan d']Albi, notari de M° l'ofesial a XXIIII d'ochoire l'an XLVIII (1349).

2. [*Bernat de*] *Verno, nostre masip*, deu per resta de i comte el libre de B, a CIIII cartas, rebatuda sa soudada de l'an M° CCC° XLIIII (1344), que monta : . . . . XII s.

(1) La page de ce compte est très détériorée par l'humidité, et rend certains passages inintelligibles, notamment celui-ci.
(2) Même observation.

[1315] Anno Dni M°ccc° xlv (mudat avant a viii cartas).

Item deu per comtans, que pres en parselas a xxvi de mars : . . . . x s. vi d.

Item deu quens mandec a paguar per P. Capus, cotelier, per guantset que n'ac : . . . . ii s.

Item deu per comtans, que pres en ii vet a xxviii d'abril per la bot 1ª partida : . . . . xviii s. ii d. t.

Item deu per comtans que pres a xv de may per comprar 1ª gionela de blanquet, e per guarnizo : . . . . . . xiii s. x d. t.

Item deu per i comte el manoal de D, a viiii^{xx} cartas, que monta : . . . . xviii s. ix d. t.

E nos a lu el comte methels quens ballec : . . . (xxiiii s. t.)

Item deu per i comte el manoal de D, a ii^c cartas, e so per comtans que pres en parselas : . . . . ii lb. xi s. vi d. t.

E may a lu per xxxii aunas tela de li, a xiii de l'auna, que n'aguem : . . . . (xxxvii s. iiii d.)

Item deu per i comte el manoal de C, a ii^c xviii cartas, e so per comtans que pres : . . . . 1ª lb. vi s.

Item deu per comtans, que pres a xxiii de dezembre : . iiii s.

E nos a lu que ballec en i ll. xii s. vi d., e v s., de Ar. Segui, e viii s. per los braselot (1) que vendec a M° Felip Sudre, per tot : . . . . (xxv s. vi d. t.)

Item deu que pres comtans en iii vet a x de fevrier (1346) am 1ª capelina (2), per tot : . . . . 1ª lb. vii s. ii d. t.

Item deu per comtans que pres en parselas a i d'abril, que monta : . . . . 1ª lb. iii s. viii d. t.

Item deu que fe ballar al bort (3), a xii de junh : . . . . v s.

Item deu per i capairo que rebatem del comte d'en P. Vinas, mercadier : . . . . viii s.

Item deu per i comte el manoal de C, a xlii cartas, e so per comtans que pres : . . . . xiiii s. vii d.

(1) *Braselot*, brassard, pièce d'armure.
(2) *Capelina*, chapeau de fer. Montauban était renommé pour ses chapeaux de fer. (Voir l'*Histoire des ducs de Bourgogne*, et les autres ouvrages sur les armures.)
(3) *Bort*, bâtard.

Item deu que fe bailar a M° P. Chiralba, per far 1ª cotardia e per la guarnizo, que monta : . . . . IIII s.

E nos a lu que avia mes per nos a Tolosa a xxx d'ochoire (1) : . . . . (XIX s. l.)

3. M° Huc Guarnier, notari de M° l'ofesial de Montalba, deu per comte el libre de B, a cıııı cartas, que monta : . XIIII s. v d. t.

(1315) ANNO DNI M° CCC° XLV.

Item deu per III cart sendat vermelh e per I ochau seda, que hac a IX de mars : . . . . I s. VI d.

Item deu per I ochau seda e per meg palm tela blaua, per guarnir 1ª marguas (2) o per II aunas tela blanca, que pres la dona sa molher per suzari a II efans, a III de Junh, per tot : »»

Item per 1ª ma e mega de papier, que hac a XXVI d'ochoire (1316) : . . . . II s. VII d. t.

Item per guarnizo de rauba, que hac a IIII de novembre : . . . . I s. IIII d. t.

Item deu que pres a xvı de novembre : I s. II s. VI d. t. (sic.)

E nos a lu per escripturas tro a XVII de novembre l'an XLV (1345) : . . . . (XXIII s. IIII d. t.)

4. R. del Capmas, que esta am M° Fole de Belfort, prior mager del mostier de Montalba, deu per resta de I comte el libro de B, a CIIII cartas, o fo per comtans quelh prestem e per las cauzas de la malautia d'en Brenguier de Rocafort, quens mandec a pagar per R. Delpi, de Montalba, e B. Mollnier, de Lauzerta, el masip d'en Brenguier, per tot : . . . . VIII l. III s. II d. t. Mudat.

---

(1) Ce compte d'un domestique est fort intéressant, car il montre quelle était la condition des gens à gages. Par les achats d'étoffes pour vêtements et d'armes qu'on y relève, on peut constater que ce valet était fort bien mis, qu'il tombait pas mal d'argent. Il vend notamment à son maître une pièce de toile de lin ; il résulte d'ailleurs de la balance de son compte, qu'il toucha dans un an et demi environ 325 francs de notre monnaie.

(2) Les manches étaient souvent postiches et de couleurs variées ; on les attachait à la robe par des lacets.

[1343] N° IX.

SOMMAIRE: 1. Habitant de Bressols (Tarn-et-Garonne); garniture de robe; pacadure. — 2. Bourgeois; rue Saint-Jacques; maladie; sépulture. — 3. Domestique; draps; robes; règlement de comptes.

1. *Guiraut Segui, filh d'en B. Segui, de Bresols*, deu per resta de 1 comte el libre de B, a cviii cartas, fag comte am lu, que monta : .... »»
Item deu per guarnizo de rauba que lhi tramezem per Duran de Montelhs, sabatier, a xv de fevrier : .... »»
Item deu per 1ª sitasio o per la defauta o per 1 escumenge : »»
Final fo am lu a xxii d'ochoire.

2. *Johan Dellac, borgues de Montalba, que esta en la cariciera de S. Jacme*, deu per resta de 1 comte el libre de B, a cv cartas, que monta : .... »»

[1346] ANNO DNI M° CCC° XLVI.

Item deu per 1 comte el manoal de E, a lx cartas, o nom de fr. Greguori d'Algus, son conhat, o fo per las cauzas de sa malautia o per la fornitura que pres lo susdig J. Dellac a 1 de setembre, l'escut per xviiii s., que monta : .... ii lh. x s
E nos a lu quelh mandem per en Pos Segui, de Montalba, a xvi d'ochoire : .... x lh. t.
Item deu per lo croys dels xx s. vi d. desus, que no valia 1 escut mas xvi s. viii d. (1) : .... iii s.
Item deu que fo balhar au Pons Segui a xxvi d'ochoire : .... v lh. xix s.

3. *Bernat de Verno, nostro masip*, deu per resta de 1 comte en l'autra carta enreires, a viii cartas, que monta : .. (en blanc.)
Item deu que paguem an W. Bramairo per ii aunas del drap de que lhi fe rauba : .... xviii s. t.
Item deu per 1 comte el manoal de E, a cviii cartas, e fo per

---

(1) Cet article indique quelles opérations minutieuses et quelles difficultés dans les transactions suscitait la déplorable mesure, si souvent prise par les premiers Valois, d'affaiblir les monnaies pour faire face aux besoins de l'État.

comtans o per autras cauzas que hac a xvii de gener (1344), que
monta : . . . .   ii lh. ii s. iiii d. t.

Item deu per i comte el manoal de E, a clxii cartas, o fo per
comtans que pres : . . . .   xiiii s.

Item deu que pres d'en R. de Cameller, de Moysac, part vi lh. x s.
que deu baillar per mi a B. Mollnier, nostre maslp : .   vi lh. x s.

E nos a lu per l'an xlv (1345), e s. e per l'an xlvi (1346), e
per l'an xlvii (1347) : . . . .   (xiiii l. t.)

Resto xxx s. vi d. t., que deu, lescals sio seus per Dio, e may,
se may me devia (1).

[1344]   F° IX v°.

M° CCC XLIIII.

SOMMAIRE : 1. Boucher. — 2. Les métiers de Montauban ; enregistrement des ordonnances sur les monnaies. — 3. Cazallier (métayer) ; garniture de robes ; moutons de deux ans ; laine. — Savant en droit ; garniture de robe ; fournitures pour
baptêmes ; cierges ; messes ; chrêmeau ; chandelle pour baptêmes ; clergé. — 5. Sergent
royal ; maladie ; citation.

1. [. . . . . .] *desus, muzelier de Montalba*, deu per resta de i comte
el libre de B, a cvi cartas, final fo am lu : . . . .   v s.

2. *Los mestiers de Montalba*, devo per i comte el libre de B, a
cvi cartas, e fo per comtans que lor prestem per donar al sen P. de
Cuordo, per lo trebalh que fo per lor davant M° lo Senescalc,
quant demandava los tres pasamens de las ordenansas, que
monta (2) : . . . .   i lh. xv s. t.

---

(1) Trad. litt. : « Il reste devoir 30 s. 6 d., qu'ils soient à lui, pour Dieu, et
même davantage, s'il me doit davantage. »

(2) Les corporations ou métiers de Montauban obtinrent des sénéchaux plusieurs privilèges qu'ils firent enregistrer au livre des serments de l'hôtel de ville
de Montauban. Nous pensons qu'il s'agit ici de l'ordonnance que Philippe VI
avait édictée cette année sur les monnaies. Les commissaires envoyés pour lever
4 deniers par livre payables par le vendeur sur toutes les marchandises rencon-
trèrent de grandes difficultés. Les marchands réclamèrent vivement au sénéchal,
Henri d'O, sieur de Montagnac. (*Hist. du Quercy*, par Lacoste, t. III, p. 101.)
Les archives de Montauban conservent l'enregistrement du nouveau tarif de la
leude, en 1343.

3. *Johan de Pomaireda, nostre guazalha* (1), que esta en la *onor* de La Capela, deu per i comte el libre de B, a cvi cartas, e fo per guarnizo de rauba, e per comtans quelh prestem : . xii s. ii d.

Item deu el comte metheis per ii caps de motos doblencs (2) que vendec de que pres los deniers. . . . . »»

Item deu el comte metheis per xxv s. viii d., quelh ballem per la sua part de la lana xiii auses (3) l'an xlv (1345); paguet la lana l'an desus : . . . . »»

Finat fo am lu a viii d'ochoire l'an xlv (1345).

4. M° R. *Tolza, savi en drey, de Montalba,* deu per i comte el libro de B, a cvii cartas, e fo per guarnizo de rauba e per lo fornimen (4) de i filhol, que hac : . . . . iii s. e i d. t.

[1345]   Asso Dei m° ccc° xlv.

Item deu per ii tortises de ia lh. cascu quelh tramezem per sa sirventa a xix de may, per far dire mesa per fr. Siquart d'Ausac : . . . . iiii s.

Item deu per ia cremilera e per ia candela de meg carto que pres la sirventa a xxiii de junh per far i filhol (5) : . . vi d. t.

Item deu per i tortis de i lh. e mega, quel tramezem per sa sirventa a viii d'aost : . . . . ii s. ix d. t.

E nos a lley, que ballec a xiii de junh l'an xlvi (1346) : . . . . (x s. ii d.)

5. *Bernat. . . dels senhors, sirven de Montalba de nostre senhor lo rey,* deu per resta de i comte el libro de B, a cvii cartas, e fo per las cauzas de sa malautia, que monta : . . . . ia lh. vii s.

E nos a lu quens ballec a xviii d'aost : . . . . (x s. t.)

Item deu per ia sitasio.

---

(1) Lo *gazailler* était et est encore celui qui élève ou garde des animaux qui lui sont confiés et dont il partage le profit avec le propriétaire. Les registres de notaires contiennent de nombreux baux de ce genre. Au moyen-âge le *gazailler* était aussi un colon partiaire.

(2) Moutons de deux ans.

(3) *Ause,* toison de brebis.

(4) Fourniture d'objets pour baptême.

(5) Lo *chrêmeau* est le bandeau de linge qui sert à essuyer le saint-chrême dans la cérémonie du baptême.

E nos a lu quens bailec a XXIIII de setembre : . . . (x s. t.)
Soma : XXVII s. Vera est.

[1344]   Fᵒ X.

SOMMAIRE : 1. Seigneurs de Cos, près Montauban ; sépulture ; cire ; location d'un drap d'or. — 2. Bourgeois ; location de la maison occupée par Bonis ; quittances et taux ; sirops électuaires ; médecine ; onguent ; étuve ; thériaque ; briques ; réparations ; fenêtre géminée avec chapiteau ; loyer ; doublet de lin de Paris ; voile de sée d'Allemagne ; crépissage d'une chambre ; gingembre, poivre et cannelle ; toile blanche ; latrines ; loyer ; réparations aux toits ; prix de journées ; sucre en pain ; drap épais de soie ; soie et toile pour robe ; vigne des Ortolans ; toile verte, sédas vert et noir pour robe ; couronnes de Pise ; épices ; soie verte et noire, toile verte, cendal, pour manteaux et cotte-hardie ; toile verte, sédas pour robes ; loyer. — 3. Méze ; médecines ; sirop.

1. *Bernat de Cos, rector d'Ardu, en Gualhart de Cos, donzel, so fraire, senher* [*de Cos*], devo per resta de I comto el libre de B, a CVII cartas, o fo per resta de comtans o de tortises que donero a la sepultura de Mᵒ W. Bernat de la Mota, que monta : . »»

Item deu en Gualhart de Cos, per la mitat de la sera o del loguier de I drap d'aur que pauzec en Po[n]s de Cos a la maire de Gausbert de la Guarda a V de setembre, que monta : . . . »»

Finat fo am lu a XII d'octobre l'an XLV (1345).

2. *Lo senher R. Delpi, borgues de Montalba, nostre osde*, deu per resta de I comto el libre de B, a CVII cartas, abatut lo loguier de l'osdal e dels obradors en que estam, del Nadal l'an XLIIIIᵒ (1344), que monta (1) : . . . . XXII lh.

E Mᵉ B. Faure, notari, fo las cartas de nos o de lu do quitansas, XV dins en abril, o del vendemen dels efrugs de l'osdal en que estam en la Barbaria l'an XLIIIIᵒ (1344).

Item deu per I ychtrop o per I lectuari o per Iª medesina o per

---

(1) Ce compte est celui des frères Bonis avec le propriétaire de la maison et des ouvroirs (obradors) ou laboratoires qu'ils occupaient près de l'église Saint-Jacques, à côté du château comtal ; ils jouissaient aussi d'une autre maison avec jardin, située sur les derrières, à la *Barberie*, aujourd'hui rue de la Grande-Bacherie. Ils payaient 17 livres tournois par an, payables à Noël et à Saint-Jean-Baptiste.

i enguen o per 1ª estuba (1) e per 1ª onsa tiriaca que ordenée M° W. Peironet, per la dona, sa molher, a III de junh, per tot : . . . . 1ª lh. XII s. t.

Item per L teules, e so que costec lo M° que adobec lo daumatge que fo a l'osdal la fenestra am lo capitol de l'osdal del sen Tozet de Tozet (2) : . . . . III s. t.

E nos a lu per lo loguier de l'osdal e dels obradors, del S. Johan, l'an XLV (1345) : . . . . (VIII lh. X s. t.)

Item deu per comtans que bailem a la dona sa molher en II escut, a XXII d'ochoire, quelh portec B. de Verno a son osdal : . . . . 1ª lh. XIII s. t.

Item deu per I doblo de II de Paris quelh portec Guiraut Bonis a mayo sua, a XXVIIII de novembre, per la dona sa molher, que monta : . . . . 1ª lh. VII s. t.

Item per II veletz de seda d'Alamanha, e per I rezol de seda gruec XXII s., e per I tortis alucat (3) que pezava IIII lh. e I cart. a XX d. la lh., que hac la dona sa molher a XXII de dezembro l'an XLV (1345). T. Dona de Bertran, que monta : . . . I lh. VIII s. III d.

Item deu per comtans que costec la mitat del torcadis de la cambra que sto (4) am lo senho de Lheutier, a XX de genier (1346) : . . . . IIII s. a.

Item deu per meg cartairo gingibre, e per 1ª onsa pebre e per 1ª onsa canela que avia pres la Mª, a XXIII de dezembro : III s. t.

Item per IIII aunas e I palm e meg tela blanca, quelh tramezem per lo M° a IIII de fevrier : . . . . IIII s. IIII d. t.

Item deu per comtans quelh tramezem a III de mars per Pino (5), so filh, e per lo M° de Pino, B. Pepy : . . . 1ª lh. X s.

E may a lu per lo loguier de l'osdal e dels obradors, del Nadal l'an XLV (1345) : . . . . (VII lh. X s. t.)

---

(1) Dans cette liste de médicaments on trouve une étuve. C'était un bain de vapeur qui se donnait à domicile, par le ministère des baigneurs-étuvistes.

(2) La maison Tozet, qui séparait la maison occupée par Bonis du château comtal, a été démolie et englobée dans les bâtiments de la prison.

(3) *Gruey*, jaune. — *Tortis alucat*, cierge déjà allumé, ayant servi.

(4) *Torcadis*, crépissage. — *Que ste*, pour *que se ten* : qui se tient, qui est contigu.

(5) *Pino*, diminutif de *del Py*. C'était le fils de celui-ci ; il avait un *muestre* ou précepteur, B. Pépin, comme tous les fils de bourgeois.

Item que costero de curar las latrinas, e claure la on se crebec, e velhero vi omes iiii nuegs, els v. prendio xii d., el M⁶ xviii d. e lor despessa e per iii lh. de candelas de seu (1) : iᵃ lh. xi s. vi d.

E may a lu per lo loguier de l'osdal e dels obradors, del S. Johan, l'an xlvi (1346) : . . . . (vii lh. x s.)

Item que costero e teules iii s. t. per recubrir tot l'osdal, e per xii d. de lata, e per vi d. de clavels, e per la vista adobar, e per iii jornals que y estero Vidal Caviere e Bernart d'Audubert, recubreires de Montalba, a xviii d. per jornal (2), a vi d'aost l'an xlvi (1346), per tot : . . . . xiii s. t.

Item deu per meg cartairo sucre pa, que pres la sirventa per la dona a xii d'aost : . . . .

Item deu per i rezol espes de seda, que hac la dona sa molher a xviii d'ochoire, que pres la sirventa : . . . . iii s. t.

Item deu per ii ochaus seda e i palm tela, que pres Pino a xxii de novembre per sa rauba : . . . . iii s.

Item deu per comtans quelh tramezem per Jacme de las Guariguas a xiii de dezembre, que avia comprada iᵃ vinha dels Ortolas : . . . . iiii lh.

Item deu per ii palms tela vert e per iiii ochaus sedas meg vert e negre, que pres Pino, a xxiiii de dezembre, e per la rauba del senher Delpy : . . . . v s. t.

Item deu per ii guarlandas de Piza (3) v s., e per ii s. ii d. especias, que hac lo dia desus la dona : . . . . vii s. ii d.

Item deu per vi ochaus seda meg vert e negre, e per iii palms tela vert, e per meg palm sendat, que pres Mᵉ P. Fois e la filha, per ii mantels e iᵃ cotardia a la dona, a xxx de dezembre : vii s.

Item deu per ii palms tela vert e per iiii ochaus e meg sedas, que pres Pino a xxx de gener, per sa rauba de las filhas : v s.

E nos a lu per lo loguier de l'osdal e dels obradors del nadal l'an xlvi (1346) : . . . . (viii lh. x s. t.)

Resta viii l. xiii s. viii d., que deu mudat a iiiiˣˣ iᵃ carta.

---

(1) Détail curieux de réparations qui donne les prix des ouvriers : le chef maçon 18 deniers, les ouvriers 12 deniers.

(2) Même observation : le prix de la journée d'un charpentier est de 18 deniers.

(3) Couronnes de Pise. Les couronnes étaient très à la mode dans le costume des femmes.

3. *Me P. de la Glicia, metge de M° lo deya de Cairac* (1), deu per I comte el libre de B, a oviii cartas, e fo per restas de cauzas de medesinas que hac per n'Ausac d'Ausac d'Otr'Avairo, e per I ychirop, et per I^a medesina que hac per M° lo deya, que monta per tot : . . . . xiiii s. vi d.

[1344]   F° X v°.

SOMMAIRE : 1. Changeur; maladies; sépulture; piment; médecine; emplâtre, huile d'amandes amères. — 2. Bourgeois; carrefour des fougasses; tasso ouvrée mise en gage; heaume, brassard; cahier de papier; — 3. Frère mineur; tutie éteinte; camphre; cahiers de missel. — 4. Notaire; garniture de robe; étoffe inconnue pour doublet; roussin gris. — 5. Bourgeois; l'Aiguillerie; sépulture d'enfants: citation: drap. — 6. Marchand; cierges.

1. [*Guilhem de la*] *Guorsa, cambiaire de Montalba*, deu per resta de I comte el libre de B, a . . . . cartas, e fo per las cauzas de sa malautia e per las cauzas de la malautia del . . . . . ne d'en Matio Tozet, son conhat, et per la malautia de sa conhada la monga, per tot : . . . . v lb. xi s. t.

E nos a lu, que bailec Durant Ebrart, sabatier, per lo fornimen d'en Matio Tozet, son conhat : . . . . (xxxviii s. t.)

E may a lu quens bailec M° Johan Tozet a xxiii de julh : . . . . (x s. t.)

Item deu per I pimen e per I^a medesina que ordenec Me P. de Martel, per lo senhe R. Rozet, so sogre (2), a x de may l'an xlvi (1340) : . . . . v s. ii d. t.

Item deu per I emplastre, e per II onsas oli amellas amaras, que ordenec Me P. de Martel per sa filha a I de junh : . . . . ii s.

[Paguet] en Guilhem de la Guorsa a qu se apartenia a lu ; resta so que se aparte a M° Johan Tozet (3).

Mudat avaut a cxii cartas. — Finec M° J° Tozet.

(1) *Metge*, médecin ; il y avait certainement une différence entre le *mege*, le *medesi* et lo *fizisia*. (Voir le chapitre de la médecine dans notre introduction.) — Le doyenné de Cayrac, de l'ordre de Saint-Benoît, était situé près de Réalville, à 14 kilomètres de Montauban.

(2) *Sogre*, beau-père, *socer*.

(3) Règlement de comptes entre beaux-frères. Ce compte et le suivant montrent l'état de la bourgeoisie montalbanaise au quatorzième siècle. Les Tozet

2. *Lo senhen Bernat Tozet, jove, borgues de Montalba, que esta al cairefore de las foguassas* (1), deu per i comte el libre de B, a cviii cartas, e fo per comtans quelh prestem en ii vet; e avem ne 1ª tassa obrada en comanda: . . . . i escut e ii reals.

Item deu per comtans quelh prestem a xx de mars. T. Johan de Veran. E avem ne i elmo e i brasalot: . . i escut d'aur e ii reals.

E nos a lu per la tassa desus dicha et per l'elmo e per los brasalot que n'aguem; comte fag am lu a i d'ochoire l'an xlvi (1346) rebatut los iiii deniers d'aur e ii s. que nos devia xxx s. t. (2).

Item deu el a nos, quelh portec Guiraut Bonis en son ostal, lo dia desus en i carn de papier: . . . . xxx s. t.

3. *Fraire Guilhem Barau, f. menor de Montalba*, deu per i comte el libre de B, a cviii cartas, e fo per tutia escantida, e per camfora, que monta: . . . . ii s. vi d. t.

Item deu per los ii cazerns quelh bailem que avian del Mᵉ de Bernat, en que nos devia xxii s. x d. t. de bona moneda (3).

Finat fo am so masip a xi de setembre l'an xlvi (1346).

4. *Mᵉ Guilhem Ros, notari de Montalba*, deu per i comte el libre de B, a cviii cartas, e fo per guarnizo de rauba, e per cauzas de medesina quelh ordenec Mᵉ Felip Sudre, e per doble de sauseia (4) que hac. T. son disiple, que monta per tot: ii lh. xi s. vii d. t.

E nos a lu per i rossi liar, quens bailec Mᵉ Felip Sudre per lu: . . . . (ii lh. x s. vii d. t.)

Aiso fo fag a xxv de novembre l'an xlviii (1348) en prezensia de fraire Bertran Carbonel, guardia dels fraires menors, e fraire B. Ros, e Mᵉ Huc de Fornier, capela, son cozi.

---

descendants des prud'hommes de l'antique cité de Montauriol, à laquelle succéda Montauban, étaient seigneurs de Villemade, et l'un d'eux, Mathias ou Mathieu, probablement le neveu de Mathieu et le petit-fils de Raymond, dont il est question ici, donna une charte de coutumes à cette localité en 1374. (*Bull. archéol. de Tarn-et-Garonne.*)

(1) Le carrefour des fouaces ou des gâteaux était à l'angle de la grande place et des rues Michelet et du Greffe.

(2) Dans ce compte on voit fonctionner le prêt sur gage, si fréquent au quatorzième siècle. Ici c'est une pièce d'argenterie, des brassards et un heaume, qui sont vendus par le détenteur, et la différence envoyée au débiteur est inscrite dans un cahier de papier. — *Carn*, contraction de *cazern*.

(3) Il s'agit des cahiers de missel mis en gage (fº 7) par un précepteur.

(4) *Sauseila?* c'est une étoffe de soie ou de gaze.

5. *Lo senhen P. de Castilho, borgues, que esta a la Gulharia* (1), deu per I comte el libre de B, a CVIII cartas, et fo per lo fornimen de II efans, e per autras cauzas que hac. T. en Gualhart de Guordo o Grimaut de Lartigua, en Ausac d'Ausac : . . . XVIII s. VII d.

Item per 1ª sitasio : . . . . IIII s. t.

Item deu que fe bailar an B. de Lauzeraut per drap que n'ac: . . . . IIII s. VI d. t.

E nos a lu quens bailec lo dessus dig B. de Lauzeraut per lu: . . . . (XXX s.)

E may deu el a nos quelh tramezem per Simona, sa sirventa, a VI de novembre : . . . . VI s. VII d.

6. *Lo senhen tolza* (2) *Machela, mercadier de Montalba*, deu per resta de I comte el libre de B, a CX cartas, et fo per tortises que hac, que monta : . . . . III s. II d.

Mudat el revers del manoal de D, a XV cartas.

[1344]   Fº XI.

SOMMAIRE : 1. Maladie. — 2. Notaire royal; garniture de robe; chaperon; tailleur. — 3. Marchand; La Serre; médecine; ruban large de soie; soie pour un chaperon; ruban vert de soie; clergé allumé; sépulture d'un enfant; chandelle; relevailles. — 4. Moine; prieur de Saint-Lizier; coule de serge noire; garniture de robes. — 5. Boucher; maladie. — 6. Bourgeois de Montauban; sépulture. — 7. Chapelain du moustier; sacriste; maladie.

1. *Po[n]s Perssa, de Montalba*, deu per resta de I comte el libre de B, a CX cartas, e fo per las cauzas de sa malautia, quelh ordenec Mº Felip Sudre. T. Bernat Molinier : . . . . VI s. t.

E nos a lu quens bailec a III de may : . . . . . . (III s. t.)

E may a lu quens bailec : . . . . (III s. t.)

2. *Mº Guasto Merle, notari real de Montalba*, deu per I comte el libre de B, a CXVII cartas, e fo per guarnizo de rauba e de

---

(1) La rue de l'Aiguillerie, aujourd'hui de la Trésorerie. — La famille Castillo, Castillon ou Castillon était une des plus anciennes et des plus riches de la cité; elle possédait une partie des moulins sur le Tarn.

(2) Tolza, toulousain.

ı capairo de sa molher, que hac. T. M° Huc del Solier, sartre, que
monta : . . . . v s. t.

3. *Johan Vidal, mercadier de Montalba, que esta a la Sera* (1),
deu per resta de ı comte el libre de B, a cxvııı cartas, e fo per
cauzas de medesinas per la dona sa molher, que monta : . . . . .
. . . . xvıı s. t.

(1315)   Anno Dni m° ccc° xlv.

Item deu per ı palm veta ampla de seda negra, e per meg ochau
seda, que hac per guarnir ı capairo a sa molher : . . . ıı s. ı d.

E nos a lu per v ochaus veta vert de seda : . . . (ıııı s. ıı d.)

Item deu per ı tortis alucat de ıı lh. e mega, e per lo forniment
de ı efan que hac a xv d'aost : . . . . v s. vııı d. t.

Resto xxı s. ıı d. t., que deu, comte fag am lu a xxv d'aost,
l'escut per xvı s. vııı d. t.

Item deu per ı° candela de meg cartairo, que pres sa sirventa
a x de setembre, que sa molher levec efan (2).

Mudat avant a lxıı cartas.

4. *M° Gui Austor, monge de Montalba, prior de S. Ligier*, nebot
de *M° Guiraut d'Agrefuelha* (3), deu per ı comte el libre de B, a
cxvııı cartas, e fo per ı° coguola de sana negra (4), e per guarnizo
de rauba, que hac. T. M° Pelfort de Belfort, e M° P. Delrieu e
M° P. Chiralba, sartre, que monta : . . . . ıı lh. e ııı s. t.

E nos a lu quens bailec a xv de setembre : . . . . (xx s. t.)

5. *P. Delpot, mazelier de Montalba*, deu per resta de ı comte el
libre de B, a cxvııı cartas, e fo per las cauzas de sa malautia
quelh ordenec M° Felip Sudre, e per autras cauzas que n'ac. T.
Durant Delpot, so fraire, e R. de Lusac, so genre, que monta : .
. . . . xııı s. t

---

(1) *La Sera*, La Serre ; c'est le nom d'une rue de Montauban, qui longeait les
remparts du côté du Tescou. Ce nom provient sans doute de celui d'un bourgeois, G. de La Serre, qui y habitait au quatorzième siècle.

(2) *Levec efan :* relevailles.

(3) Saint-Lizier, près Saint-Girons (Ariège).

(4) *Sana*, lisez *sargua*, serge, car les *coules* étaient ordinairement faites de
serge.

6. *Lo senhen Gualhart de Cos, borgues de Montalba, que esta a la Fauria,* deu per resta de i comte el libre de B, a cxviii cartas, e fo per lo fornimen de sa molher, que hac. T. en Gr., en Constanti Plantavinha, que monta : . . . . i lh. i s. t.

E nos a lu quens bailec a xxvii de junh : . . . . . . (x s. t.)

E may a lu quens bailec a xvi d'ochoire : . . (xi s. vii d. t.)

7. *M° Guilhem Faure, capela del mostier de Montalba, que esta am lo sagresta,* deu per i comte el libre de B, a cxviii cartas, e fo per comtans quelh prestem, e per las cauzas de sa malautia de que moric, que monta : . . . . i^a lh. iiii s.

E avem ne i breviari.

Soma : xix s. viiii d. Vera est.

[1344]   F° XI v°.

SOMMAIRE : 1. Le Moustier de Montauban; maladie. — 2. Cuisinier du Moustier; épices; garniture de robe. — 3. Forgeron d'Albias; épices, cierges. — 4. Chapelain des Minorites; boucher; cire; épices; confrérie de Saint-Christophe; citation; livre de commerce; viande. — 5. Charpentier de Villemur (Haute-Garonne); miel. — 6. Bourgeois; drap d'or; blé aux Minorites; oublies. — 7. Teinturier; piment; fil teint en bleu; alun de roche.

1. [. . . . .] *del mostier de Montalba,* deu per resta de i comte el libre de [B, a cxviii] cartas, e fo per las causas de sa malautia quelh ordenec M° P. de Martel e per [autras cau]zas, que monta : . . . . xxi s. ii d. t.

Finat fo am lu a xv d'ochoire l'an xlvi (1346).

2. *Johan, lo coc* (1) *del mostier de Montalba, que esta al bari del Mostier,* deu per resta de i comte el libre de B, a cxviii cartas, e fo per espesias e per guarnizo de rauba que hac en parselas : . . . . v s. ix d. t.

3. *Guilhem Ferat, faure de la Bastida d'Albiars* (2), deu per

---

(1) *Coc* : cuisinier.
(2) *Albias,* bastide fondée au treizième siècle par les vicomtes de Bruniquel, située à 10 kilomètres de Montauban, au bord de l'Aveyron. Une charte confirmative fut concédée par Philippe IV en septembre 1287.

comte el libre de B, a cxviii cartas, e fo per espesias e per resta
de i tortis de iii lh., que pres el e sa molher, que monta : iiii s. t.

E nos a lu quens bailec sa molher a xxvii de may :. . (ii s. t.)

E may a lu quem bailee a xiii d'aost : . . . . (ii s. t.)

4. Me *Bernat Verzena, capela de las Menoretas de Montalba, en Johan Durfort, mazelier, de Montalba* (1), devo per resta de i comte el libre de B, a cxviii cartas, e fo per resta de sera e d'espesias que n'agró per la cofrairia de S. Cristofol, que monta : xi s. viii s. t.
Item devo per 1ª sitasio.

E nos a lor que bailee Johan Durfort a xviii de setembre : . . .
. . . . (v s. t.)

E nos a lu per i comte el revers del manoal de D, a xii cartas, per carn que n'aguen : . . . . (vi s. i d.)

Resto ix d. que deu.

5. *R. Tempier, de Vilamur, en P. Adam, carpentier de Montalba*, devo per resta de i comte el libre de B, a cxviii cartas, e fo per resta de x pochos (2) de mel quens vendero, comte fag am lor (3) : . . . . lxvii lh. mel.

Item deu per 'comtans quelh bailem a xxiiii d'aost. T. so bot, filh que fo d'en P. Batailha : . . . . (iiii lh. sera)

E nos a lu quens bailec : . . . . (iiii lh. sera)

E nos a lu quens bailec a xiii d'ochoire l'an xlvi (1346) : . . .
. . . . (xvii lh. mel)

6. *Madona Guirauda de Girvais, molher que fo de M° Bernat Girvais, de Montalba*, deu per resta de i comte el libre de B, a cxviii cartas, e fo per resta de i drap d'aur e per autras cauzas que hac per far onor al cors de M° Johan Girvais, de Limos (4). T. B. Aulric, son clerc : . . . . v s. vii d. t.

Item deu que nos mandec a paguar per las donas Menoretas per vii sest. (5) fromen quen comprem : . . . . . vii sest. fromen.

---

(1) Ces deux personnages sont évidemment les majoraux de la confrérie de Saint-Christophe.

(2) Le signe indiquant cette quantité est un *p*, que nous traduisons par *pouchon*. Le pouchon contenait 46 centilitres environ.

(3) Exemple du prêt en nature, remboursable de même, sans intérêt.

(4) *Limos*, Limoux (Aude).

(5) Le *setier* de Montauban contenait 216 l. 32 s.

E nos a liey, quens mandec en P. de Forabosc, per la dona Guirauda d'Esquivat, sa sor, loscals devia d'oblias a la susdicha madona Guirauda de Girvais : . . . . (vi sest. fromen)

E may a liey, quens bailec a xiiii d'ochoire l'an xlv (1315) : . . . . (i sest. fromen e v s. vii d. t.)

7. M⁰ R. Prunet, tenchurier de Montalba, que esta otra Tescn (1), deu per resta de i comte el libre de B, a cxviiii cartas, que monta : . . . . xiii s. iiii d. t.

[1315]   Anno Dni m° ccc° xlv.

Item deu per i pimentas que pres el metheis a xxx d'abril : . . . . ii s. iii d. t.

E nos a lu per xiii lh. e mega fil, quens avia tenc en blau (2), a xi d'abril : . . . . (ix s. t.)

Item deu per viii lh. alun de roca, quelh tramezem per so filh a xiii de may, a vi d. la lh. : . . . . iiii s. t.

Item deu per i comte el manoal de D, a iiii^{xx} xvii cartas, e fo per diversas cauzas que hac : . . . . i s. e i d. t.

Item deu per i comte el manoal de D, a ii^c i^a carta, e fo per alun e per autras causas que hac a xxiiii de setembre :   x s. i d.

E nos a lu el comte metheis per tenher viii lh. e meg fil en blau : . . . . (v s. iiii d. t.)

E nos a lu per tenher xiii lh. fils, a xxiiii de ochoire : . . . . (viii s. viii d. t.)

Item deu per alun de roca, lo dia desus : . . . . x s. . . . . . . lh. fil tenher a vi de novembre : . xviii s. viii d. t.

(1) Otra Tescn, le faubourg de Saplac, situé au delà du Tescou, au confluent du Tarn et du Tescou.
(2) Blau, bleu.

[1311]   Fº XII.

SOMMAIRE : 1. Damoiseau, seigneur de Cos; maladie; garniture de robe; drap d'or; citation; excommunication; garniture de robe; — 2. Compromis relatif à un acte faux; citation; procès; absolution. — 3. Marchand; maladie; dragée fine; cire en pe; voile de lin de Paris; hosties dorées; orangeat; brunette (étoffe); toile; fil vermeil. — 4. Report de compte; garniture de robe. — 5. Damoiseau, écuyer de l'évêque; futaine bleue; ruban de soie; solas; soubreveste; futaine.

1. M⁰ *Jorda de Cos*, donzel, *senher de Cos*, deu per resta de i comte el libre de B, a cxi cartas, e fo per resta de las cauzas de la malautia de sa molher, que ordenero los medesis, so es a saber Mº P. de Martel e Mº P. de la Glicia e Mº Esteve, e per guarnizo de raubas, e per i [drap] d'aur, e per autras cauzas quelh tramezem en parcelas per sa companha, que monta : . . . . ᴅᴅ

Item deu per 1ª sitasio, e per i escumenge : . . . . ᴅᴅ

E nos a lu quens bailec Mº Johan Barba a v de novembre: . . . . (v s.)

Item deu per i comte avant a xliii cartas, e nom de Marty Chacarel, e fo per guarnizo de rauba que avia preza per l'ostal de Mº Jorda, que monta : . . . . ᴅᴅ

E tot niso es l'escut per xvi s. viii, que monta l'escut a xviii s.: . . . . vi lh. xv s. t. que deu.

Mudat el manoal de C, a el comte de dona Navara, sa molher (1), a xxxiii cartas.

2. La dona Joana, molher d'en *Vidal Guiraut*, de Moisac, que esta a Moisac o en la boria que fo d'en Bernat de Lauzerau, en la paroquia de Fonnora (2), deu per i comte el libre de C, a cxi cartas, e fo per lo compromes que se am mi per las despensas que io fi per la carta falsa que so filh Beraut bailec a Mº l'abat de Clunic, fag lo compromes per Mº Pelfort de Belfort, prior de Camredon, e per Mº Simo de Camelier; e Mº Johan Penart, notari de Mº l'ofesial, fen jutgat, que monta (3) : . . . . viii lh. t.

---

(1) Navarre de Malhac, que nous retrouverons plus loin dans ce livre, après être devenue veuve de Jourdain de Cos, épousa successivement W. de Lacourt et W. de Belfort en trois ans.

(2) Fonneuve, paroisse de la banlieue de Montauban.

(3) Il s'agit ici d'un acte faux, donné par le fils de Jeanne Géraud à l'abbé

Item deu el comte metheis per 1ª sitasio. Item per 1ª monesio.
Item per III greustes fags contra liey ; cobree la apsolvesio, e vole Mº Pelfort de Belfort quelh quites las despensas.

Aquestas VIII lh. t. nos fe mandar en Toloza Maichela, an P. de Forabose e an B. Razeire a VII de dezembre de los cals VIII lh. nos bailero lo dia desus : . . . . (C s. t.)

E may quens bailero lo susdigs : . . . . (LX s. t.)

3. *P. Vinas, mercadier de Montalba,* deu per resta de 1 comte el libre de B, a CXI cartas, e fo per resta de las cauzas de la malautia de la dona sa molher, que ordenee Mº Felip Sudre, e per 1ª drigicia fina quel fezem, que monta per tot : . . . . XIII s.

[1345]   ANNO DNI Mº CCCº XLV.

Item deu per 1 comte el manoal de D, a VIIII^{xx} IIII cartas, e fo per X lh. sera en roc e per III veletz de li de Paris e per 1ª lh. e mega ostias dauradas e yrangat, e per XXIIII escut d'aur per las Menoretas, de XX d'aost en 1 mes apres. T. lo seu R. Delpi, En P. de Colvenhas.

Rebatut V s. VI d. m^a que nos lhi devem per III palms bruneta, que monta : . . . . XXVI escutz.

Item deu per II palms tela e per 1 cart fil vermelh, que pres so fraire a VI d'ochoire.

E nos a lu quens bailee comtans : . . . . (X s.)
E may a lu per. . . . que n'aguem : . . . . (XI s.)
Resta XXVI s., l'escut per XVI s. Mudat avant.

4. *Bernat Vidal, de Montalba, fraire d'en Johan Vidal,* que esta a la caricira del Mostier, deu per resta de 1 comte el libre de B, a CXI cartas, e fo per guarnizo de rauba, que monta : . . . . III s.

5. *En Po[n]s de Cauzac, donzel, fraire de Mº Bertran de Cauzac,* escudier de mosenher de Montalba, deu per resta de 1 comte el libre de B, a CXII cartas, e fo per fustani blau e per veta de seda e per sedas, quelh tramezem al Verdier, per sa letra, per Huguet, masip de Mº Johan Melzio, e per Po[n]set d'Alburel, so masip, que monta : . . . . XIIII s.

de Cluny. Lo prieur-mage s'interpose pour régler cette affaire, qui toutefois se dénona judiciairement.

Item deu per resta de 1ª sobreviesta, que fo de 11 fustanis a
vii de fevrier l'an XLV (1346) : . . . . 11 s.

Soma XVI s. t. que deu, comte fag am lu a VIII de mars l'an
XLV (1346).

[1344] F° XII v°.

SOMMAIRE : 1. Recteur du Cauzé (canton de Beaumont, Tarn-et-Garonne); toile
verte; chandelles rondes; dragée fine; gingibrat; royaux d'or. — 2. Sépulture;
citation. — 3. Maladie. — 4. Savetier; majoraux de la confrérie du Vrai Cœur de
Dieu; épices; savates. — 5. Licencié en lois; écuyer; garniture de robe. —
6. Notaire; cire; sirop; torches; vaisselle d'étain.

1. [N. . . . .], *rector del Cauzer*, deu per 1 comte el libre de B,
a CXII cartas [per comtans] e per autras cauzas que n'ac en
parcelas, que monta : . . . . X s.

[1346] ANNO DNI M° CCC XLVI.

[Item deu per] V palms tela vert que hac a XXX de novembre.
T. B. de Verno e B. Molinier : . . . . 11 s. 1 d. t.

[Item per] II candelas de 1ª lh. redondas e per 1ª drigieia fina
III s. V d. per la drigieia, e V s. per. . . . . e per I cart
gingibrat IX d., que hac a XXII de fevrier l'an XLVII (1348) : . . . .
. . . . IX s. 1 d. t.

E nos a lu per II reals d'aur quens mandec per lu M° Huc Carit,
quant los agam cobrat.

2. *Lo senhen R. Bois* (1), *de Montalba*, deu per resta de 1 comte
el libre de B, a CXII cartas, e fo per resta del forniment de la dona
sa molher, que monta : . . . . XVIII s. II d.

Item deu per 1ª sitasio.

E nos a lu quens bailec : . . . . (XVIII s. II d. t.)

3. *Lo senhen Durant del Cluzel, de Montalba*, deu per resta de
comte el libre de B, a CXII cartas, e fo per las cauzas de la
malautia de si e de sa molher, que ordenec M° Felip Sudre, fag
comte am lu, que monta : . . . . II lh. XI s.

---

(1) *Bois*, lisez *Boutz*, nom de famille qui existe encore à Montauban.

E nos a lu quens bailec Arnaut dels Cazals per lu en II vet:
. . . . (XXV s. t.)
E may a lu quens bailec el metheis a VII d'aost : (XIIII s. t.)
E may quens bailec lo susdig Arnaut : . . . . (VI d. t.)

4. R. de la Roca, sabatier, en Gualhart Descos, en Jacme de la Roca, majorals de la cofrairia del Veray Cor de Dio, de Montalba (1), devo per resta de I comte el libre de B, a CXII cartas, e fo per resta de sera e d'espesias que hagro per la festa, que monta : . . . . VIII s. VI d.
Item per I^a sitasio. Finat fo am lu per sabatas que n'aguem.

5° Me Arnaut de Plana Casanha, lisensiat en leys, que esta a Montalba, deu per resta de I comte el libre de B, a CXIII cartas, fag comte am Riguaut, son escudier : . . . . VII s. X d. t.

[1345]   ANNO DNI M° CCC° XLV.

Item deu per I comte el manoal de D, a CLX IIII cartas, e nom d'en Riguaut, so bot, e fo per guarnizo de rauba, e per autras causas que hac en parcelas, que monta : . . . . III s.
Soma XVII s. e I d. t., que deu mudat avant a LI carta.

6. Me P. de Moncasti, notari de Montalba, real, deu per resta de I comte el libre de B, a CXIII cartas, e fo per I comte fag e per sera que hac per I son cozi de Corbario (2) : . . . . X s. I d.

[1345]   ANNO DNI M° CCC° XLV.

Item deu per I ychirop que ordenec Me P. de Mortel, a XVIII de may per na Chapota : . . . . III s.
Item per II tortises de II lh. cascu que hac a XXII de junh. T. Bernat de Verno : . . . . II s.
Item deu per IIII tortises de II lh. cascu, que hac a XXIIII de

---

(1) La confrérie du Vrai Cœur de Dieu. Ce vocable paraît singulier à cette époque, et nous avions d'abord traduit par Corps de Dieu. Mais en présence de la persistance avec laquelle Bonis écrit cor, tandis qu'il met toujours cors lorsqu'il s'agit d'une sépulture, par exemple : far onor al cors, nous nous demandons s'il n'y a pas lieu de traduire par cœur, malgré l'anachronisme qui semble exister ici. Il y a là peut-être un jalon pour des recherches intéressantes.

(2) Que hac per I son cozi de Corbario; IIII. : qu'il reçut par l'entremise d'un [homme], son cousin, de Corbarieu. C'est une forme encore en usage dans le patois.

dezembre, l'escut per XXIII s. l'an XLVI (1346), que monta : . . .
. . . . XVIII s. VIII d. t.
E avem ne vaisela de peutre (1). Finat fo.

[1344] F° XIII.

SOMMAIRE : 1. Forgeron; sépulture. — 2. Forgeron; maladie. — 3. Archidiacre de Valenciennes; maladie. — 4. Bourgeois; maladie. — 5. Notaire de l'évêque; sépulture. — 6. Chapelain; rentes de l'église Saint-Jacques; sépulture; cierge pascal.

1. P. R. de Benaven, faure de Montalba, deu per resta de l comte el libre de B, n. . . . . cartas, e fo per resta de la fornitura de sa sor e per autras cauzas, que monta : . . . . »»
E nos a lu quens bailec : . . . . (»»)

2. R. Brugual, faure de Montalba, deu per resta de l comte el libre de B, a CXIII cartas, e fo per las cauzas de la malautia de si e de sa molher, e per autras cauzas, que monta : . . . . . . »»

3. M° Bertran de Cardalhac, arsediague de Valenchinas, bot de M° de Montalba (2), deu per I comte el libre de B, a CXIII cartas, e fo per las cauzas de sa malautia quelh tramezem a Monflorit, que seguec M° de Montalba a Guac (3), que ordenec M° P. de Martel, que monta a XVI s. VIII d. l'escut : . . . . II lh.
Comtat e finat fo quant afinem nostre comte am M° de Braca, son fraire (4), lo VI dia de setembre l'an M° CCC LXI (1361).

(1) Vaisselle d'étain.
(2) Bertrand de Cardaillac, fils de Bertrand et de Ermengarde de Lautrec, fut archidiacre de Valenciennes et devint, en 1359, évêque de Montauban, quatre ans après la mort de son oncle Guillaume Ier de Cardaillac.
(3) Le voyage de l'évêque de Montauban et de son neveu, dont il est ici question et qui avait le sud-est de la France pour but, puisque Montfleury est dans l'Isère et Gap dans les Basses-Alpes, nous montre un côté curieux de la vie de nos pères. C'est l'envoi à une pareille distance de remèdes fait par Bonis, moyennant une somme de 2 livres tournoises équivalant à 100 francs environ de notre monnaie. Ces messages, dont nous avons de nombreux exemples, étaient portés par des hommes à pied qui parcouraient ainsi de très grandes étapes.
(4) Jean de Cardaillac, archevêque de Braga en Portugal, neveu de l'évêque de Montauban, devint ensuite patriarche d'Alexandrie et administrateur du diocèse de Toulouse. Ce fut un des prélats les plus remarquables du siècle.

4. *R. Molinier, borgues de Montalba, bot de M° Bernat Molinier,* deu per i comte el libre de B, a cxiiii cartas, e fo per las cauzas de la malautia de si e de sa molher, lascals cauzas nos mandec a paguar M° B. Molinier, en prezensia del sen P. de Guordo, e del sen Bernat de Forabosc, que monta : . . . . ii lh. xix s. x d. t.

Mudat avant a xxv cartas el comte de M° B. Molinier, quens mandec a paguar.

5. *M° P. Talhandier, notari de M° de Montalba,* deu per resta de i comte el libre de B, a cxiiii cartas, e fo per lo fornimen de son genre ; fag comte am lu, que monta : . . . . . . iiii s. v d.

E nos a lu quens bailec : . . . . (iiii s. i d.)

6. *M° Huc Trobat, capela de S. Estefe de Tesco* (1), *que esta am M° Bernat Molinier,* deu per i comte el libre de B, a cxiiii cartas, que monta : . . . . i lh. iii s.

Item deu per restas dels arendamens de S. Jacme, en aisi com se comte el manoal de B, que monta lviii s. x d. t., que monto de bona moneda : . . . . i lh.

Item deu per i comte enreires a vii cartas e nom de M° Gr. Esperandio, e d'en P. Capela, faure, e fo per lo fornimen de sa bob, molher que fo de P. Capela, loqual nos mandec a paguar : i lh.

[1345] Anno Dni m° ccc° xlv.

Item deu per i comte el manoal de D, a vii^{xx} xviii cartas, e fo per lo fornimen de sa dona maire, que pres M° Miquel Mersier capela, en P. Chapot, a xviii de may, que monta : . . . . i^a lh.

E nos a lu per i comte el revers del manoal de D, a iiii cartas, que monta : . . . . (xlviiii s. iii d. m^a) (2)

E may a lu per i comte el revers del manoal de D, a viii cartas, que monta : . . . . (xxiiii s. vii d. m^a)

Resto xxv s. viii d. t. que deu, comte fag a xxiiii d'abril l'an xlv (1345).

E nos a lu per sa part del siri pascal de S. Jacme l'an xlv (1345) : . . . . (iii s. t.)

---

(1) La collégiale Saint-Étienne de Tescou était située dans un des quartiers de Montauban, dit de Sapiac, au confluent du Tarn et du Tescou.
(2) Cette abbréviation m^a désigne les deniers morlaas, d'ailleurs fort peu en usage à Montauban, comme on le verra par la suite.

El may a lu quens bailee Mc Johan del Pueg per lu; l'escut per xxiii s.: . . . . (xxv s.)

[1344] F° XIII.

SOMMAIRE: 1. Damoiseau de Montech (Tarn-et-Garonne); sépulture; sucre rosat; grenade; poivre; safran; citation; défaut; sucre; amidon; amandes. — 2. Damoiseau de Saint-Nauphary (canton de Villebrumier, Tarn-et-Garonne). — 3. Marchand; maladie; toile; accouchements. — 4. Damoiseau, seigneur de Corbarieu, près Montauban; cierges; papier. — 5. Sergent de l'évêque; maladie; sépulture; exécutoire; livre des dépôts de Bonis. — 6. Aumônier du Moustier. — 7. Report de comptes.

1. [. . . . .] *de S. Andrio, donzel de Montucy,* deu per resta de i comte el libre de B, a cxiiii cartas, e fo per resta de la fornitura de sa maire, fag comte am lu a xx. . . . . l'an xlv (1345), que monta : . . . . ja lh. iiii d. t.

[1345] ANNO DNI M° CCC° XLV.

Mudat avant a. . . . cartas sobre lo senhe Jorda.

Item deu per i cartairo sucre rozat e per ia milgrana que hac a iii de may, az ops de so fraire que no era besas, que monta (1) : . . . . ii s. t.

Item deu per mega lh. pebre e per mega onsa safra, que hac a iii d'aost : . . . . iii s. viii d. t.

Item deu per ia sitasio e per la defauta.

Item deu per resta de sucre e d'amido e d'amelhas que pres a v de setembre l'an xlvi (1346) : . . . . i s. t.

Finat fo am lu, exseptat los xxii lh. xvi s., que deu lo sen Jorda, so fraire.

2. *Azemar de Gaujac, donzel de S. Laufari,* deu per i comte el libre de B, a cxiiii cartas, que monta : . . . . . . ii s. vii d. t.

3. *Lo senhen Bertran Ferier, mercadier de Montalba,* deu per i comte el libre de B, a cxv cartas, e fo per las cauzas de la malautia de la dona sa molher, que ordenec Mc Felip Sudre. T. Johan de la Peira, pelisier, en Bernat Ferier, sabatier, que monta : . . . . iiii lh. iiii s. ii d. t.

---

(1) « *Que no era besas.* » Nous ignorons la signification de cette phrase.

E nos a lu per LIII aunas e I palm tela a II s. II d. l'auna, que n'aguem a III de genier. T. en R. de Pazern, en Arn. de Vairac, que monta : . . . . (CXIII s. t.)

Item deu que fo bailar a M⁶ Felip Sudre per los treballs que avia fag a la dona sa molher (1) : . . . . I lh. XIII s. t.

4. *Lo senhen Iluc de Rocafort, donzel, senhor de Corbario,* deu I comte el libre de B, a CXV cartas, e fo per IIII tortises de II lh. cascu e per I papier IIII mas que hac. T. Guilhem de Calazy, so percuraire, en R. Rotlan de Corbario e M⁶ Felip Sudre, que monta : . . . . I lh. II s. t.

5. *Bertran Faure, sirven de M° l'avesque de Montalba,* deu per resta de I comte el libre de B, a CXVI cartas, e fo per las cauzas de la malautia de si e de sa molher, que ordenec M⁶ Felip Sudre, e per lo fornimen de so sogre e de sa sogra que monta : . . . . . .
. . . . I lh. XVII s. II d.

E nos a lu quens mandec M° Pelfort de Belfort, obrier del Mostier, per l'acsecusio (2) que avia facha a Rodes contra M° Bertran de Puegselsi : . . . . II lh. XVIII s.

Mudat el libre vermelh dels depozit, el comte de la obra (3), a XXV cartas.

6. *M° Guiraut de Nozieiras, almoinier del mostier de Montalb,* deu per resta de I comte el libre de B, a CXVI cartas, que monta : . . . . XV s. II d. t.

7. *Durant Delpueg, que esta al bari del Mostier,* deu per I comte el libre de B, a CXVI cartas, fag comte am lu. T. B. Tumbarel, faure : . . . . XVI s. VII d.

---

(1) *Treballs,* signifie à la fois : actes judiciaires, et littéralement : travaux. Comme Philippe Sudre était légiste et médecin, il semble donc que dans ce cas il s'agit d'un accouchement.

(2) *Acsecutio,* exécution d'un jugement ; saisie.

(3) Le livre vermeil des dépôts, qui se trouvait relié avec le livre C de Bonis — celui que nous publions d'abord, — était celui dans lequel notre marchand inscrivait les comptes des clients qui lui confiaient des sommes importantes, et les liquidations de successions dont il était chargé. — L'œuvre du Mostier : dans toutes les églises, dès leur fondation, il y eut *l'œuvre* et *l'ouvrier,* c'est-à-dire une caisse, et un administrateur chargé de la recette et de la dépense des offrandes destinées à la construction, à l'entretien ou à la réparation de l'édifice. L'œuvre a été remplacée de nos jours par la fabrique.

E nos a lu quens bailec a vii de julh l'an xlv (1345) : . . . . .
. . . . (viii s. t.)
E may a lu quens bailec a xv de setembre : .   (vii s. vii d. t.)
Soma 1ª lh. ii s. Vera est.

[1344]   Fº XIIII.

SOMMAIRE : 1. Seigneur de Corbarieu; garniture de robe; citation. — 2. Licencié en lois; maladie; cierges; messe. — 3. Bourgeois; maladie; avoine; anneaux d'or avec saphirs pour une Minorite. — 4. Chapelain de Graulet (Tarn); prêt. — 5. Bourgeois; épices. — 6. Bourgeois; garniture de robe; noces; boîte de pignolat et gingibrat; fiançailles.

1. *Lo senhen Tardio de Corbario, de las Boyguas, donzel, senher de Corbario*, deu el libre de B, a cxviii cartas, e fo per guarnizo de raubas quelh tramezem per Bertran del Colombier, son escudier, e per Johan Greleu, so masip, am sa letra, que monta, l'escut per xvi s. viii d. : . . . . »»

Item per 1ª sitasio en dezembre l'an xlvi (1346). Mudat e finat am lu a vii de novembre l'an xlvii (1347) : . . . . »»

2. *Mº Johan de Cardailhac, bot de Mº de Montalba, lisensiat en leys* (1), deu per i comte el libre de B, a cxviii cartas, e fo per las cauzas de sa malautia que hac a Vilamur (2), quelh ordenec Mº Felip Sudre, que monta, l'escut per xvi s. viii d. : .   i lh. xii s.

[1346]   ANNO DNI Mº CCCº XLVI.

Finat fo am lu lo tot, exseptat i escut e meg d'aur que deu a xxiii d'aost l'an xlv (1345).

Item deu per i comte el manoal de E, a xliª carta, e fo per las cauzas de sa malautia, quelh ordenec Mº Paul Rustanh, a ii d'aost a Montalba; comtat am son clerc, l'escut per xviii s. : . . .   i lh.

Item deu per xxiiii lh. sera en viii tortises, que hac a xxviii de junh l'an xlvii (1347), per dire mesa a Mº R. Planacasanha. T. Mº W. Cabirol : . . . . »»

---

(1) Jean de Cardaillac, fils de Bertrand et d'Ermengarde de Lautrec, neveu de l'évêque de Montauban, Guillaume Iᵉʳ, et frère du seigneur de Bioule.
(2) Hugues de Cardaillac, frère de Jean, était marié avec Isabeau de la Vie, fille du seigneur de Villemur, Pierre de la Vie, et de la sœur du pape Jean XXII.

Paguet las torchas. Resta viii l. . . . . E avem ne . . . .

3. *Lo senken P. R. Folcaut, borgues de Montalba*, deu per resta de i comte el libre de B, a vi^{xx} cartas, e fo per las cauzas de la malautia de la dona, sa molher, que ordenec Me Felip Sudre, e per autras cauzas que hac. T. en P. de Forabosc, que monta : . . . . iii lh. iii s. t.

E nos a lu per ii sestiers sivada quens bailec en sa boria : . . . . (xxxii sestiers.)

E may a lu quens bailec Johan Gaurando, lo jove, per lu a v de genier l'an xlv (1340), l'escut per xvi s. viii d. t. : . (xx s. t.)

Item deu per ii anels d'aur am safirs que hac l'an xlvi (1346), per donar a sa boda de la Barta, que entrec menoreta (1) a Montalba. T. n'Arnaut de Vairac, l'escut per xxiii s. : . . . . . xiii s. Resta i escut e cart que deu. Mudat avant a vi^{xx} iii cartas.

4. *M^o R. Bresola, capela de Graolhet, en Albeges*, deu per i comte el libre de B, a vi^{xx} cartas, e fo per comtans quelh aviam prestat, fag comte am lu, de que n'avem i escrig de sa ma el manual de D, a lxii cartas, que monta, l'escut per xvi s. viii d. t. : . . . . i^a lh. vi s.

E nos a lu quens bailec en Bernat de Vitrac per lu : (xvii s. t.)

5. *Felip Segui, borgues de Montalba, filh que fo del senhe Felip Segui*, deu per i comte el libre de B, a vi^{xx} cartas, e fo per espesias e per autras cauzas que pres quant pres sa molher, que monta : . . . . ii lh. viii s. t.

Mudat avant a xxxi carta, el comte d'en Arnaut Segui, so fraire.

6. *Lo senken Bon Toxet de Vaquaresas, borgues de Montalba*, deu per i comte el libre de B, a vi^{xx} cartas, e fo per guarnizo de rauba que fe quant Felip Segui fo nobi. T. Me P. Chiralba, que la fe, que monta : . . . . viii s. vi d. t.

Item deu que restec a paguar de ii brostias de pinhonhat e gingibrat, que hac a xv de genier, que avia fermat marit (2) a sa

---

(1) Cette coutume d'offrir une bague à une fille entrant en religion se retrouve plusieurs fois dans ce livre.
(2) *Fermat marit*, litt., confirmé mari. C'est ainsi qu'on désignait les fiançailles.

filha ma Sebelia. T. lo seu Tozet de Tozet (1), l'escut per XVI s.
VIII d. : . . . . III s.
Soma XI s. VI d. de que deu. Madat avant a LVIII cartas.

———

[1311]   F° XIV v°.

SOMMAIRE : 1. Boucher; sépulture; viande; poisson; citation; viande. — 2. Bourgeois; denrées; cierges; anniversaire; froment; toile prime blanche. — 3. Damoiseau; viguier de Montauban; garniture de robe; maladie; péage; clameurs; location d'un roussin. — 4. Marchand; épices; cire; garniture de robes; maladie; bourses avec et sans bourset; cierges; location d'un drap de brocart d'or; sedas; fil vermeil; cotte hardie; cierges; sépulture; chrêmeau brodé; cierge; électuaire; piment; garniture de robes. — 5. Cultivateur; médecine; fer; faulx. — 6. Fermier de la forêt de Pommiers; le Ramier du roi; garniture de robe; fourniture; bois à brûler; anneau d'or avec saphir; toile blanche; noces: bois à brûler; dragée fine.

1. [Esteve Dur]an, mazelier de Montalba, que esta a la
parieira de Parias (2), deu per resta de I comte el libre de B, a
VI×× cartas, e fo per los fornimens de sa sogra e de son paire; fag
comte am lu a XII de genier, que monta : . . II lh. XIX s. VII d.

E nos a lu per I comte el revers del manoal de D, a V cartas, e
fo per carn e per peys; fag comte am lu a XVII de may l'an XLV
(1345) : . . . . (XXVII s. V d. t.)
Resto XXXII s. II d. t. que deu, comte fag am lu lo dia desus.
Item per I^a sitasio : . . . . III d.
E nos a lu per I comte el revers del manoal de D, a XII cartas,
per carn que n'aguem : . . . . (V s. t.)

---

(1) Voir sur la famille Tozet la note 3 de la page 31. — *Tozet*, qui signifie *petit enfant*, est devenu un prénom à Montauban au quatorzième siècle, ainsi qu'on peut s'en assurer par plusieurs exemples : Bon Tozet de Vacheresses; Tozet de Tozet; Tozet Guase. A la page suivante, nous trouvons Aussac d'Aussac; plus loin, Antejac d'Antejac; ce qui prouve que souvent le nom patronymique devenait nom de baptême. — Tozet de Tozet joua un rôle important dans les guerres anglaises. Il fut accusé d'extorsion et autres crimes, et obtint, le 16 mars 1337 (1338), des lettres de rémission du Gallois de la Baume et du sire d'Erquery, lieutenants du Roi, en faveur de ce qu'il avait pris part aux guerres de Gascogne et autres, et des services de ses amis. Ces lettres furent confirmées par le roi de Bohême. (*Hist. de Lang.*, t. X, c. 828.)

(2) La rue de Parias, aujourd'hui rue Léon de Maleville, ci-devant rue Cour de Toulouse.

2. *Lo senhen Ausao d'Ausac, borgues de Montalba*, deu per resta de i comte el libre de B, a vi^xx i^a carta, e fo per diversas dinadas que hac en parselas; fug comte am lu a xvi de mars. T. lo sen Johan Tozet, lo gros, e Gualhart de Cuordo, que monta : . . . . i^a lh. xv s. v d. t.

[1345]   Anno Dni m° ccc° xlv.

Item deu per viii tortises de ii lh. e meja a xii d. la lh., e per lo loguier de i drap d'aur x s. t., e per x s. comtans que baillem a xxiii d'aost per far onor a l'anuoal del senho n'Ot Ebral, son conhat. T. lo sen Gualhart de Cuordo, el M^e de sos efans (1), que monta : . . . . ii lh. xvi s. viii d. t.

E nos a lu per ii sestiers e emina fromen quens bailec lo dit desus, a xxiv s. lo sestier (2) : . . . . iii l. t.

Item deu per iii aunas tela prima blanca que hac iiii de setembre : . . . . iii s. vi d. t.

Resto xxv s. vi d. que deu. Mudat el manoal de D, a ii^c xvii cartas.

3. *Lo senhen Guilhem d'Olvi, donzel, viguier de Montalba* (3), deu per i comte el libre de B, a vi^xx i^a carta, e fo per sera e per guarnizo de rauba, e per las cauzas de la malautia de so masip que leva lo pezatge per Tondut (4), que ordenec Me W. de Verfuelh, que monta per tot : . . . . i^a lh. vii d. t.

E nos a lu quelh mandem per Tomas de las Guarignas, per iii clamos quelh devin per M° W. Cabirol, e per M° Pelfort de Belfort, e per Bertomio Bonis, e per Me R. de la Molinaria : . . . . (xiii s. iiii d. t.)

Item deu per iii dias que menec nostro rossi a Tolosa als prioniers (5). T. P. Sandrica : . . . . vii s. vi d. t.

---

(1) *Lo maestre de sos efans*, le précepteur. Chaque famille bourgeoise en avait un, clerc ou laïque.

(2) *L'emine* équivalait au demi-setier, soit 108 l. 11 c.

(3) Par suite du paréage entre le roi de France, successeur des comtes de Toulouse dans la seigneurie de Montauban, et l'Évêque, il y avait deux viguiers. Guillaume d'Olvi, ou mieux d'Alby, était viguier royal.

(4) *Lo pesatge*, le droit sur le poids public.

(5) Cette location de chevaux pour conduire des prisonniers à Toulouse prouve que Bonis ne négligeait aucune occasion de gagner de l'argent, et que les branches de commerce qu'il exploitait étaient aussi nombreuses que variées.

4. *Lo senhen Arnaut Masip, mercadier de Montalba*, deu per 1 comte el libre de B, a vi^xx 1^a carta, e fo per espesias e per sera e per guarnizo de rauba, que hac en parselas, que monta : . . . .
. . . . 1^a lh. v s. v d. t.

Item deu per 1 comte el manoal de D, a 11e viii cartas, e fo per las cauzas de la malautia de la dona sa molher, que ordenee Me P. de Martel a xxi d'ochoire l'an xlv (1345), que monta : . .
. . . . xiii s. x d. t.

E nos a lu per vii dotzenas borsaut, las iii am borsaut, e las iii ses borsaut (1) : . . . . (cxiiii s. t.)

Item deu per viii tortises de ii lh. e mega cascu, a ii s. la lh., e per lo loguier de 1 drap d'aur siselatonat (2) xxi s., que hac a xii de gener. T. n'Arnaut de Limo, que monta : . . ii lh. x s. t.

Item deu per iii ochaus e meg sedas, e per 1 cart fil vermelh, que pres la dona per 1^a cotardia de la dona : . . . ii s. iii d. t.

Item deu per iiii tortises de meg cartairo cascu, que pres dona mager per lo forniment de 1^a femna : . . . . 1 s.

Item deu per 1^a cremeleira broidada, e per 1 tortis de meg carto, que hac a xx de gener : . . . . 1 s.

Item deu per 1 comte el manoal de D, a 11^e xxxi carta, e fo per 1 lectoari e per 1 pimen, e per guarnizo de rauba (3), que hac per la dona sa molher a xii de gener, que ordenee Me P. de Martel, que monta : . . . . 1 lh. iii s. vii d.

Item deu per autre comte el manoal de D, a 1^e xli carta, que monta : . . . . 1 lh. iii s. vii d.

Resto xxv s. x d. que deu. Comte fug a x d'abril.

5. *Bernat Feral de la bastida d'Albiars*, deu per resta de 1 comte el libre de B, a vi^xx 1^a carta, e fo per cauzas de medesina quelh ordenee Me P. de la Alicia, de Cairac, que monta : . . iiii s. t.

---

(1) *Borsaut*. Ce sont probablement des bourses, mais il faut remarquer l'indication : avec ou sans *borsaut*. Ailleurs on trouve *borset* (petite bourse). N'était-ce pas des bourses ayant un compartiment pour mettre les pièces d'or et d'argent ?

(2) *Siselatonat*, de *siselato*, siglaton, brocard d'or.

(3) En lisant cet article on est porté à se demander si par cette indication : *garnizo de rauba*, qui se trouve mêlée à un électuaire ordonné par un médecin, on ne désignait pas un remède. Plusieurs exemples de ce genre nous laissent fort perplexe à cet égard.

E nos a lu per i fer e dalhs que n'aguem.

6. M° R. de Montaurl, arendaire de la forest del senhe de Pomiers, al Ramier del Rey (1), deu per i comte el libro de B, a VI^{xx} II cartas, e fo per guarnizo de rauba e per lo fornimen de esun. T. W. de la Borla, sartre, en P. Guarnier, que monta : . . .
. . . . VII s. II d. t.

Item deu el comte methels, que restee a paguar de I^a vanada (2) de lenha, quens mandee a paguar per lo senho de Pomiers : . . . .
. . . . IIe LX pilas de lenha.

Item deu per I anel d'aur am safir VII s. t., e per VI aunas tela blanca a XII d. l'auna, que hac a XXII de julh, que avia virada molher (3), sor d'en Bernat Delpy. T. Bernat Seguler (4), en Ar. de Valrae : . . . . XIII s.

Item deu que costero de talhar las IIII^{xx} X pilas de lenha que aguem premieramen, e IIII^{xx} X que laisem al Ramier, que pres el, e VII^{xx} X pilas que n'aguem en nost. T. P. Simo, en P. de S. Marti :
. . . . XXV s. e X d. t.

E nos a lu per VII^{xx} X pilas de lenha que n'aguem en nost.

Item deu per I^a drigieta fina que hac a XXVIII d'nost. T. so masip, que monta : . . . . II s.

Soma XLI s. VIII d. t. . . . . XLII s. III d. t.

---

(1) Le comte de Pomiers possédait une partie de la grande forêt du Ramier, située aux portes de Montauban, à l'est, et qui avait fait partie du domaine des comtes de Toulouse. La charte de fondation de Montauban donne aux habitants de la nouvelle bastide le droit d'aller prendre du bois dans cette forêt pour leur usage, sous certaines réserves.

(2) La *vanade* et la *pile* de bois à brûler étaient des mesures assez arbitraires, puisqu'elles variaient en cube selon les quartiers. Encore de nos jours chaque localité coupe le bois de longueur différente.

(3) *Virar molher*, litt. prendre femme.

(4) Bernard Seguier. La famille du grand chancelier était au quatorzième siècle établie à Montauban. Elle possédait une maison à deux pas du logeis de Bonis, rue de la Faurie. Cette maison a conservé son portail et plusieurs parties du quinzième siècle.

[1311]   f° XV.

SOMMAIRE: 1. Licencié en lois; carnier d'or brodé; les Frères Mineurs héritiers. — 2. Médecin; garniture de robe; onguent; gingembre; sépulture; amandes; sucre. — 3. Frère de Bonis; acomptes divers; cotte hardie; escarcelle; courroies; garnitures; drap burel; manteau; cotte hardie. — 4. Pâtissier (faiseur de pâtés); sépulture; table foraine sur la place publique; clergés; sépulture. — 5. Fourniture de cendal pour chaperon de femme. — 6. Barbier; sépulture; garniture de robe. — 7. Onguent.

1. M⁰ Jacme de Azemar, licenciat en leys de Montalba, deu per resta de 1 comte el libre de B, a VI^xx II cartas, e fo per resta de 1 carnier d'aur broidat (1) que hac. T. M⁰ R., son clerc e la dona, sa sogra, que monta: . . . . VIII s.

Mudat el manoal de C, el revers, a 1ª carta, el comte de P. Dosel, guardia dels fr. menors, que so cretiers de lu.

2. M⁰ Peire Delsprat, metge de Montalba, deu per 1 comte el libre de B, a VI^xx II cartas, e fo per guarniso de rauba e per 1 enguent (2) que hac. T. Bernat Molinier, de Lauzerta: . . VIIII s.

Item deu per 1ª onsa de gingibre quelh tramezem per so filh lo jove, e per so masip a XII d'aost. T. B. Molinier.

Item deu per 1 comte el manoal de D, a VIII^xx VIII cartas, e fo per lo fornimen d'en Bertran de Clairac, donzel, que hac a III d'aost e per mellas, e per sucre, que avia pres per la methels. T. Bido, so masip, e Bernat Molinier, e B. de Verno, que monta: . . . . l^a XIII s. I d.

Aquestas somas desus nos autreiee als fr. menors, en la claustra, a VI de setembre l'an XLVI, en prezensia d'en Bertomio de Bavaires, alias Delmas, e d'en Bertomio Combas.

Soma L s. t., l'escut per XVIII s. VI d., comtat ain lu a IX de setembre.

E nos a lu que bailec lo dia desus XV s. VI d. en I flori.
Resto XXXIIII s. T. W de Nauzieras.

3. Guiraut Bonis, mo fraire (3), deu per 1 comte el libre de B, a VI^xx III cartas: . . . . »»

(1) Un carnier brodé d'or. Les Arabes partirent encore de fils d'or les gibecières qu'ils pendent à l'arçon de leurs selles.
(2) Voir la note 3 de la page 55.
(3) Il semblerait résulter de ce compte que Gérard Bonis n'était pas associé de son frère. Divers passages du livre prouvent cependant que Gérard avait

Item deu per comtans que pres a xviii de julh :... ii s. x d.
Item deu per comtans que pres a xi d'aost :........ iii s.
Item deu per comtans que pres a ix d'ochoire o per guarnizo de
raubas................................... viii s.
Item deu que fo baillar an W. Bramaire, per x palms o mey
rosel per i³ cotardia :..................... xxiii s. vii d.
Item deu per i³ escrasela blanca o per i sobre seng que pres a
xii de dezembre :.......................... vi s.
Item deu per comtans que pres a xii de dezembre :... iiii s.
Item deu per comtans que pres a xxvii de fevrier :... i s.
Item deu per comtans que pres a xiii d'abril o per guarnizo :...
.... v s.
Item deu per comtans que pres a xxi de julh en ii vet : x s.
Item deu que paguem an B. de Lauzerant per iii canas de
burel, e per guarnizo, o per comtans que pres a xxiiii d'ochoire de
que fo mantel o cotardia :................... xviii s.
Item deu per comtans que pres, o per guarnizo de rauba a v de
dezembre :................................. ii s.
Item deu per i comte el manoal de E, a cxviii cartas, e fo per
comtans que pres a vi de fevrier :............. vii s. i d.
Item deu per i comte el manoal de E, a vii^{xx} xiiii cartas, e fo
per comtans que pres a xxx d'abril :........... xviii s.
Item deu que pres comtans en ii vet a x d'ochoire :... xv s.
Item deu que pres en parselas a viii de mars de bona moneda :
.... xviii s. v d.
Finat fo am lu a xxxiiii de fevrier l'an xlviii (1349). T.
fraire W. Bonis.

4. *Bertomio Drolhas, pastisier de Montalba,* deu per resta de
i comte el libre de B, a vi^{xx} iii cartas, e fo per diversas cauzas que
hac. T. M° Blanxs :......................... iii s. vi d.
Item deu per la fornitura de i efan que hac a xvii d'abril l'an
xlvi (1346), que monta :.................... ii s. viii d.

---

dans la maison des fonctions importantes, telles que la direction des manipulations pharmaceutiques, et on le trouve mêlé à la plupart des transactions de son frère. C'est pourquoi nous avons cru devoir maintenir le titre « livre de comptes des frères Bonis, » qui avait été donné par M. Devals à ce manuscrit.

Item deu per lo loguier de 1ª taula foraidana de la plassa (1)
III s. per cadan, e pres la, a XVII de gener l'an XLVIII (1349) :
. . . . »»

Item deu per III tortices de I cartairo cascu o per I cartairo
doblos (2) que hac a III de novembre l'an XLVI (1346) per lo
fornimen de I efan seu. T. Tozet (Tusa) : . . . . II s. IIII d.

Finat fo am lu a XIX de fevrier.

5. Lo senhe P. Vidal de Montalba, que esta a la carieira de
Mostier, deu per I comte el libre de B, a VI^{xx} III cartas, e fo per la
folradura de sendat (3) del capairo de la dona : . . . II s. III d.

E nos a lu quens baileo : . . . . (II s. III d.)

6. Me Guiraut Esperandio, barbier de Montalba, deu per I comte
el libre de B, a V^{xx} III cartas, e fo per lo fornimen de I efan e per
guarnizo de rauba que hac : . . . . VIII s. e I d.

Finat fo am lu a XV d'aost.

7. R. Clarel, que esta am lo senhe Johan Clergue, de Montalba,
deu per I comte el manoal de B, a LXX cartas, e fo per enguens
que hac a XII de setembre, per so fraire : . . . . . IIII s. II d.

———

[1314] F° XV v°.

SOMMAIRE : 1. Notaire de l'official; sépulture; électuaire restaurant; cierges;
anniversaire. — 2. Infirmier du Moustier; sucre; amendes; julep; sirop; grenade;
médecine. — 3. Sépulture. — 4. Savetier; joyaux; citation; cierges. — 5. Habitant
d'Escatalens (canton de Montech, Tarn-et-Garonne); épices. — 6. Habitant de
Valarieu; sépulture; citation.

1. Me Guilhem Bru, notari de M^e l'ofesial de Montalba, deu per
resta de I comte el libre de B, a VI^{xx} III cartas, e fo per los forni-

---

(1) Le marché se tenait sur la place publique, entourée comme aujourd'hui
de galeries couvertes. La location des bancs et étalages était un revenu pour les
consuls et pour certaines familles. Les tables foraines étaient celles qu'on
établissait sur la place et non sous les couverts.

(2) *Doblos* : on appelait ainsi des chandelles ou cierges de cire.

(3) *Folradura de sendat*, garniture de cendal. Le mot fourrure est ici
détourné de son sens habituel.

mens de son paire o de sa sogra, e de so sogre. T. R. Delenth, sabatier, que monta : . . . . Iª lh. vi s. vii d. t.

Item deu per i lectuari restauran que ordenee Mª P. de Ralastenxs per la dona, sa molher, a xxvi d'abril l'an xlv (1345), que monta : . . . . vi s.

E nos a lu quens bailee a iii de may : . . . . (xvi s. viii d.)
E may a lu quens bailee a xi de julh : . . . . (x s. t.)

Item deu per deu tortises de iª lh. cascu, que hac per far l'annoal des sobredis a xx de setembre : . . . . iiii s.

Finat fo am lu a vii de fevrier l'an xlv (1346).

2. *Mº P. Delrieu, efermier* (1) *del mostier de Montalba*, deu per i comte el libre de B, a vi^{xx} iiii cartas, e fo per sucre e per amellus, per Mº Bertran, lo Guase (2), que monta :   i s. v d. t.

[1346]   ANNO DNI Mº CCCº XLV.

Item deu per i julep, e per i yehirop, e per iª milgrana, que ordenee Mª P. de Martel a v de may, azop de Mº Huc Carit, que monta : . . . . xv s.

Item deu per iª medesina que ordenee Mª P. de Martel, azops de Guamot, a xiii de may : . . . . ii s. vi d. t.

E nos a lu quens bailee a xviiii de julh : . . (xviii s. xi d.)

3. *P. Joncquieiras, de Montalba, filh que fo d'en Durant Joncquieiras*, deu per resta de i comte el libre de B, a vi^{xx} iiii cartas, e fo per lo fornimen del susdig Durant, que hac. T. en P. Delbosc, de Montalba, que monta : . . . . Iª lh. xv s. iii d. t.

E nos a lu quens bailee a vi de junh : . . . . (x s. t.)
E may a lu quens bailee a xxviii de junh :   (xxv s. iiii d. t.)

4. *Bernat Barieira, sabatier de Montalba*, deu per resta de i comte el libre de B, a vi^{xx} iiii cartas, e fo per resta de las jucias (3) de sa molher, que hac. T. Mº Gualhart Rog, notari, e Bernat Tumbarel, son conhat, que monta : .   ii lh. vii s. x d. t.

E nos a lu quens bailee a viii de junh en ii vet : . . . .
. . . . (xxviii s. v d. t.)

(1) *Efermier*, infirmier.
(2) *Lo Guase*, le Gascon.
(3) *Jucias*, joyaux de mariage.

E mai a lu quens bailec a xxiiii de julh : . . . . . . (vi s. t.)
Item per 1ª sitaslo.
E nos a lu per i tortis que pezava ii lh. meg cart que n'aguem
a xv d. la lh. : . . . . (ii s. viii d. t.)
Fiuat fo am lu a viii d'abril l'an xlv (1345).

5. *Estere Daunac, dels Catalenxs* (1), deu per i comte el libre
de B, a vi^{xx} v cartas, e fo per espesias, e per sucre, e per autras
causas queth tramezem per Durant Turen, am sa' letra, que
monta : . . . . v s. i d. t.
E nos a lu quens bailec a xiii de may : . . . . . (v s. i d. t.)

6. *R. de Paolhac, filh d'en Johan de Paolhac, de Corbario*, deu
per i comte el libro de B, a vi^{xx} v cartas, e fo per la fornitura del
sudit Johan, fug comte am lu. T. Guilhem de Frontonh, de
Corbario, e Me W. de Verfuelh, que monta : . . . 1ª lh. v s. t.
Item deu per 1ª sitaslo, que auec a Caors, e per autra a Corbario : . . . . iii s. iii d.
Soma xxviii s. iii d. t., comte fug lu a xxx de setembre, l'escut
per xvi s. iiii d. t., jurat a paguar a Martro que ven. T. P. de
Valtenerguas, en Durant Gautier. E nos a lu quens bailec a v de
novembre : . . . . (xxiiii s. ix s. t.)
Resto iii s. vi d. que deu.

[1344]   F^o XVI.

SOMMAIRE : 1. Savant en droit; loyer d'un drap d'or; cierges; sépulture. — 2. Marchand; garniture de robes; épices. — 3. Bourgeois; sépulture; garnitures de
robe; épices. — 4. Tailleur. — 5. Doreur. — 6. Maladie. — 7. Vigneron; sépulture;
citation.

1. *Me Guilhem Paya, savi en dreg de Montalba*, deu per
i comte el libro de B, a vi^{xx} v cartas, e fo per lo loguier de i drap
d'aur e per iiii tortises de lh. e mega cascu, que hac per far onor
al cors d'en Johan de Paolhac, de Corbario. T. P. de Castilho, son
coulat, e Me J^o Brolhe : . . . . 1ª lh.
Fiuat fo am lu a xiii de fevrier.

(1) *Les Catalenes*, Escatalens, canton de Montech (Tarn-et-Garonne).

2. *Lo senhen Huc del Biro, mercadier de Montalba,* deu per
i comte el libre de B, a vi^{xx} v cartas, e fo per guarnizo de raulo,
e per espesias, e per autras cauzas que hac quant pres sa molher.
T. P. del Biro, so fraire, en W. del Biro, son oncle, que monta : .
. . . . i^a lh. xiiii s.

E nos a lu quens baileo a vii de junh : . . . . (i^a lh. xiiii s.)

3. *Lo senhen R. Leuthier, borgues de Montalba, que esta a la
Fauria,* deu per i comte el libre de B, a vi^{xx} cartas, e fo per lo
fornimen de i efan e per guarnizo de i capairo de la dona sa
molher, que monta : . . . . vi s. vi d.

Item deu que nos mandec a paguar per los senhors cossols
de Montalba, en aisi coma se comte avant a xxii cartas, que
monta (1) : . . . . xvii s. v d.

E nos a lu per v carticiras fromen que n'aguem a vii de setembre
a xviii s. : . . . . (xxiii s. ix d.)

4. *Me Peire de S. Maurizi, sartre de Montalba,* deu per resta de
i comte el libre de B, a vi^{xx} v cartas, que monta, fag comte am
lu. T. En W. de S. Vises : . . . . viiii s. vi d.

5. *La dona de Daurelier, molher de Me Peire Arnaut, lo daurelier, nostre vesi,* deu per i comte el libre de B, a vi^{xx} vi cartas, e
fo per alcunas cauzas que hac per na Marqueza sa filha, molher
d'en Jacmes Vidal de Borel, que monta : . . . . . vi s. viii d.

6. *P. Delbosc de Montalba, fraire de fr. Tomas Delbosc,* deu per
i comte el libre de B, a vi^{xx} vi cartas, e fo per las cauzas de la
malautia de la dona sa molher, que ordenec Me P. de Martel. T. F.
Tomas Delbosc, que monta : . . . . i^a lh. xv s.
Mudat.

7. *Parizot, vinhairier de M^o Arnaut Leuthier, borgues de Montalba,* deu per i comte el libre de B, a vi^{xx} vi cartas, e fo per lo
fornimen de so fraire. T. Gr. Leuthier, que o pres am lu, que
monta : . . . . »

---

(1) Il s'agissait d'une dépense de torches et d'épices employées par les cos-
suls pour les affaires de la ville. Lautier était cette année receveur (*quistador*)
des tailles municipales. (Voir f° 22.)

Item per 1ª sitasio.

E nos a lu quens bailee a 1 d'ochoire : . . . . (IIII s. t.)

[1311]   Fº XVI vº.

SOMMAIRE : 1. Oficial de Montauban ; jugement ; hangar ; clerges ; sépulture ; drap de brocart d'or ; clerges ; feuilles de sapin pour sépulture ; corde lardière ; soie verte de Lucques ; cordon pour un chapeau de feutre. — 2. Bourgeois ; garniture de robes ; amandes ; maladie ; sucre ; amandes ; toile ; clerges ; petits clerges ; sépulture. — 3. Majordome de Hugues de Cardaillac, seigneur de Bioule (Tarn-et-Garonne) ; drap d'or ; cire ; sépulture ; seigneurs de Bach (Lot) ; fonte de la cire ; clerges ; feuilles de sapin, corde lardière ; sucre en pain ; grenade ; sucre rosat ; cabas ; voyage à Agen vers le comte d'Armagnac ; dragée fine ; coriandre confit ; harengs. — 4. Procureur ; escarcelle bien garnie. — 5. Ecuyer ; bourses de velours. — 6. Marchand ; maladie ; froment.

1. Mº *Wilhem Cabirol, ofesial de Mº de Montalba,* deu per resta de 1 comte el libre de B, a vi^{xx} vi cartas, et fo per diversas cauzas de lascals 1 a 1 *item* de XIIII lh., de que n'avem 1 jutgat al sagel de Montalba d'en Tomas de las Guariguas (1).

Item deu que paguem al senhe P. Carbonel per lo cart loguier de la fenil que te[n] a Campanhas (2) : . . . .   I lh.

E nos a lu per Tomas de las Guariguas : . . . . . . (IIII lh.)

Item deu per IIII tortises de II lh. cascu quelh tramezem per Mº Nicolau, son capela, a xv de julh, per fa onor al cors de Mº P. Sclarier, a XXII d. la lh. : . . . .   XIII s. VIII d. t.

Item per 1 drap d'aur sisclatonat e per x tortises de III lh. cascu e per II canas fuelha d'avet (3) e per 1ª lardieira (4) que hac a XXIII d'aost, per far honor a l'annoal del senhe Ot. Ebral de Castelnau de Montmiralh (5). T. n'Ausac d'Ausac, que monta : . . . .   VIII lh. VI s. VI d.

(1) *Item,* un article. — *Jutgat,* jugement du viguier de Montauban.
(2) *Fenil,* grenier à foin. — *Campanhas,* le faubourg de Campagnes, aujourd'hui Lacapelle.
(3) *Fuelha d'aret* ou *d'abet,* feuilles de sapin. Cette coutume de fournir des feuilles de sapin ou d'autre feuillage pour les sépultures est souvent mentionnée dans ce livre.
(4) *Lardieira,* plus loin, *corda lardieira.* C'est la corde qui servait à attacher les diverses fournitures. On voit que Bonis n'oubliait pas de compter les emballages.
(5) *Annoal,* anniversaire. — Castelnau de Montmiral (Tarn).

Item deu per III ochaus seda vert luqueza (1), que fe bailar a Jolivet, a XXVIII d'aost, per far I cordo a I capel de feutre.

Per tot aquest comte nos a volgut comtar mas XII lh. t.

Mudat el manoal de D, a II° cartas.

2. *Guiraut Leuthier iove, de Montalba, filh del senhen Guiraut*, deu per resta de I comte el libre de B, a VI^{xx} VI cartas, e fo per guarnizo de rauba que monta : . . . . III s. X d. t.

[1345]   ANNO DNI M° CCC° XLV.

Item deu per mega lh. mellas, que pres el per sa filha a XXV de may, que era fort malauta :. . . . . IIII d. t.

Item deu per I comte el manoal de D, a II° VIII cartas, e fo per sucre, e per amellas, per sa filha, que hac a XXI d'ochoire l'an XLV (1345), que monta : . . . . III s. VIII d. t.

Item deu per VI palms tela, e per IIII tortises de I d. cascu, e per XII de doblos menut (2) per ardre a l'osdal, que pres lo senhe de Bracono per lo fornimen de I^a filha, a XX de may l'an XLVI (1346), l'escut per XVIII s. : . . . . V s. I d.

Finat fo am lu : paguat a XXVII de fevrier.

3. *M° Johan de Moscardo, mager dome de M° de Cardalhac* (3), deu per I comte el libre de B, a XI^{xx} VI cartas, e fo per I drap d'aur, e per sera, e per autras cauzas que hac : lo drap e la sera per far onor al cors d'en W. Bonafos, senher de Bag (4) que monta : . . .
. . . .   V lh. V d. t.

E nos a lu el comte metheis quens bailec el e M° de Cardalhac per far obrar LV lh. e mega sera.

E may a lu quens bailec Bertran de la Pozaca a XXVIII de may . . . . (XXXVIII l. e mega sera.)

Item el deu a nos per XXX tortises que pezavo IIII^{xx} XVI l., quelh tramezem a Biole a VII de junh l'an LXV (1345) e per II canas de

---

(1) *Seda vert Luqueza*, soie verte de Lucques. L'Italie envoyait beaucoup de soie en France, et celle de Lucques était très estimée.

(2) On voit, par cette citation, que les *Doubles* étaient destinées à l'usage journalier, comme nos bougies actuelles. (Voir note 2, p. 59.)

(3) Jean de Mouscardon, majordome de Hugues de Cardaillac, était originaire de Puylaroque.

(4) W. de Bonnafous, seigneur de Bach (canton de Lalbenque, Lot). Les Cardaillac étaient aussi seigneurs de Bach.

fuelha, e per 1ª corda lardieira xxii d. t. e per las obraduras de la
sera desus dicha, que monta : . . . .   i lh. xi s. vi d.

Item deu per 1ª lh. sucre pa, e per 1ª milgrana, e per meg carto
sucre rozat, e per i cabas quelh tramezem per Rigal, escudier de
M° Ar. de Planha Casanha, am letra de M° de Cardalhac (1), a
xxviii de junh, que volia anar a Agen a M° d'Armanhac : . . . .
. . . .   viii s. vi d.

Soma vi lh. x s. v d. t. que deu. Mudat avant a lxviii cartas.
Item deu per 1ª drigieia fina, e per 1ª lh. coriandre cofit, e per
xii d. que paguem per arcuxs, quelh tramezem a Biole am letra de
M° a ii de dezembre, que madona de Mercuer i era (2) : . .   xvi s.

4. *Bernat Aubric, percuraire d'en Guilhem Gireais, de Montalba*,
deu per i comte el libre de B, a vi^{xx} vi cartas, e fo per 1ª escrascla
ben guarnida que hac. T. Bernat de Verno, que monta : . . . . . .
. . . .   iii s. vi d.

5. *Vezia, escudier d'en V. Aramio, de Montalba*, deu per resta de
l comte el libre de B, a vi^{xx} vii cartas, e fo per iii borsas de velut
que hac : . . . .   v s. t.

6. *Lo sen Arnaut de Pazern, mercadier de Montalba*, deu per
l comte el libre de B, a vi^{xx} vii cartas, e fo per las cauzas de sa
malautia, quelh ordonec M° W. de Rabastenes. T. lo sen R. de
Pazern, so fraire : . . . .   1ª lh. ii s. iii d.
E nos a lu per i sest. fromen que aguem a xix d'aost : . . . . .
. . . .   (xxii s. t.)

(1) Hugues de Cardaillac, chevalier, seigneur de Bioule, fut un des Quercinois qui jouèrent un rôle important pendant la guerre de Cent ans. C'est à lui
qu'on doit tout le système de défense du Quercy en 1345-46 contre les Anglais.
C'est lui également qui, le premier en France, fabriqua des canons pour la
défense de Cambray, en 1339. Le 29 juin 1345, il allait rejoindre le comte
d'Armagnac à Agen pour reprendre les hostilités. Nous avons retracé ailleurs
la vie militaire de ce capitaine trop injustement oublié.
(2) La dame de Mercués, près Cahors.

[1344]   F° XVII.

SOMMAIRE: 1. Notaire royal; joyaux; citation; vin du Fossat. — 2. Religieuse Minorite; diapenidium. — 3. Seigneur de Montbeton (canton de Montech, Tarn-et-Garonne); agneau; toile blanche; fils soyeux; sedas; dragée fine; sucre en pain; toile verte; sedas; noix; cendal vert fil vermeil; sedas; robe de mêlé. — 4. Marchand; maladie; loyer d'un drap d'or; sépulture. — 5. Bourgeois; maladie; médecines; garniture de robe; verger; hangar.

1. M° *Tozet Delpot, notari real de Montalba,* deu per resta de I comte el libre de B, a vi^xx vii cartas, e fo per las juicias e per autras cauzas que hac quant pres sa molher, filha d'en Huc Durant. Fag comte am lu. T. Durant Delpot, en P., sos fraires, que monta: . . . . I lh. viii s.

Item deu per I° sitasio.

E nos a lu per viii barils de vi de Fosat, que n'aguem a xx d'ochoire, a xxiiii s. lo mueg (1): . . . . (xii s. t.)

2. *Sor Maria de Pena, menoreta del coven de Montalba,* deu per resta de I comte el libre de B, a vi^xx vii cartas, fag comte am liey, de que n'a I escrig de ma ma. T. M° Bernat Verzena, en W. Mores de Monmurat, que monta: . . . . II lh. X s. vi s.

[1345]   ANNO DNI M° CCC° XLV.

Item deu per meg lh. diapenidiom (2), quelh tramezem als Cases (3) per Guaridel, so masip, a II de setembre: . . . III s.

E nos a liey quens bailec a x de feurier: . . . . . . (L s. t.)
Mudat el libre manoal de D, n° XLIIII cartas.

3. *M° Gualhart Grimoart, cavalier, senher de Monbeto,* deu per resta de I comte el libre de B, a vi^xx vii cartas, e fo per diversas cauzas quelh tramen per P. Elias, e per sas letras, que monta per tot: . . . . III l. XII s. e I d.

E nos a lu quens bailec a B. de Verno, a Monbeto, a vii de de novembre, e IIII fevrier, I anhel: . . . . . (LXVIII s. vii d.)

---

(1) *Mueg,* muid, mesure de liquides qui valait 6 barils.
(2) *Diapenidiom,* pénide, espèce de sucre d'orge.
(3) *Als Cases,* Aux Chênes. C'était une propriété appartenant au couvent des Minorites; peut-être même était-ce le couvent primitif, situé au dehors de la ville, et où les sœurs se rendaient lorsque le pays était calme.

[1345]   Asso Dsi n° ccc° xlv.

Item deu per II aunas tela blanca, e per II onsas fil sedenc, e per XVI ochaus sedas, quelh tramezem per Constanti Barossa, sartre, am sa letra, a VIIII de dezembre, que monta per tot, l'escut a XVI s. VIII d. t. : . . . . XV s.

Item deu per I^a drigicia fina que fezem per Madona, que orde-nec Me P. de Martel a XX de setembre, que es escricha el manoal de E, a LXV cartas (1), que monta, l'escut per XVIII s. : . .   IIII s.

Item deu per meg cart sucre pa, que pres Huc Delpueg, clerc, a XXVI de setembre, e per P. R. so filh ; . . . . IX d. t.

Item deu per VI aunas tela vert, e per XII ochaus sedas que bailem am sa letra a Me P. Chiralba, a XXVII de novembre, e per guarnir las raubas dels efans, e de II escudiers, e de II donzelas ; l'escut per XXII s. ; . . . . XXIII s.

Item deu per II palms sendat vert, e per II onsas fil vermelh, e per III ochaus sedas que bailem a Me W. Bru, a VI de dezembre, per la sua rauba del mesclat del tros de M^o Huc, so fraire (2) : . . . . VII s. X d. t.

Soma que monta per tot, l'escut per XXXII s. IIII lb. XVIII s. VI d. t. Mudat avant a XXIIII cartas.

4. *Lo senhen P. de Forabosc, mercadier de Montalba*, deu per resta de I comte el libre de B, a VI^{xx} VII cartas, fag comte am lu a II de may l'an XLV (1345), que monta : . . . . . .   XII escut d'aur.

E nos a lu quens bailec en VIII floris a X de junh. T. n'Ar. de Vairac : . . . . (VI escut.)

Item deu per I comte el libre del manoal blanc de D, a VII^{xx} XII cartas, e fo per III escut e meg de comtans, e per las cauzas de la malautia de dona mager, que ordenec Me W. de Vuerfuelh a III de may, que monta per tot : . . . . V escut e meg.

Item deu per comtans quelh prestem a XXI de junh : . . . . IIII escut d'aur.

---

(1) Par cet article on voit que les dragées fines ou grosses étaient préparées d'après une ordonnance de médecin, et que l'apothicaire se conformait au règlement qui lui prescrivait de transcrire cette ordonnance sur ses livres.

(2) *La rauba del mesclat del tros de Me Huc*, la robe de drap mêlé pareille à celle de son frère Hugues. Le drap mêlé venait de Flandres, comme on le verra plus loin. Le mot *tros* signifie morceau.

Item deu per lo loguier de i drap d'aur x s., e per viii tortises de ii lh. cascu, que hac a viii de julh per far onor al cors de M° Bernat Molinie, que monta : . . . . ii escut et v...

Item deu per i comte el manoal de D, a viii^{xx} iii cartas, e fo per lo fornimen de la dona sa maire, e per autras cauzas que hac a v d'aost, que pres en Guasbert de Puegpeiro, e M° Gr., son capela; l'escut per xvi s. viii d., que monta : . . . vi lh. viii s.

Resto comtat a escut xxv escut e i s. viii d., que deu de que n'a i escrig.

Mudat avant a xxxviii cartas.

5. *Lo senhen P. de Guordo, borgues de Montalba,* deu per i comte el libre de B, a vi^{xx} vii cartas, fag comte am lu de l s., e per las cauzas de la malautia de la dona e de Joana, lo demoran, que monta per tot : . . . . iii lh. viii s.

Item deu per i comte el manoal de D, a viii^{xx} xvii cartas, e fo per cauzas de medesinas, que ordenee M° P. de Martel a xviii de julh, per Joanet, so filh : . . . . ix s.

Item deu per guarnizo de rauba que pres el a viii d'aost : . . . . vi s. x d.

Soma iiii lh. iii s. t., que deu; comte fag am lu a xviii d'aost.

E nos a lu per i verdier e per ii fenils quen comprem a Campanhas, a xix d'aost, e M° Esteve Durant feu carta : . . . . (xxviii lh. t.)

Item deu que fe bailar al senhe Gualhart de Guordo, so fraire. a xx d'aost : . . . . xxiiii lh.

Soma : xvi s. xi d. Vera est.

[1344] F° XVII v°.

SOMMAIRE : 1. Moine de Saint-Théodard; garniture de robe; bourse brodée bien garnie; soie noire; vin. — 2. Notaire; garniture de robe; roussin bai; sceau; cire. — 3. Seigneurs de la Mothe; à comptes; *diapendium* (pendule); eaux médicinales; cendal vermelh; suaire; citation; écritures; comparutions; citation plguelat; visites; sedas; cendal; toile; fil soyeux; robes de livrée; plates; florin George. — 4. Dame de Cardaillac; taffetas vert ample; garde-corps; soie verte et noire.

1. *M° Huc Desparasola, monge del mostier de Montalba,* deu per i comte el libre de B, a vi^{xx} viii cartas, e fo per sera e per

guarnizo de rauba e per autras cauzas que hac en parselas. T. B. Martí, e B. de Fosenxs, que monta : . . . . . . VI s. II d. t.

[1315] ANNO DNI M° CCC° XLV.

Item deu per I° borsa broidada, ben guarnida (1), que hac a XXIII de may. T. lo camarier : . . . . V s.

Item deu per I ochau seda negra, que hac per guarnir I" marguas (2), a X de junh : . . . . IX d. t.

E nos a lu per I tonel, fust e vi, que pres del camarier per so vestiari (3) : . . . . (XL s.)

Item deu quelh baliem a VI de novembre : . . XXVIII s. I d. t.

2. *M° R. Bramaire, notari de M° de Montalba,* deu per I comte el libre de B, a VI^xx VIII cartas, e fo per guarnizo de raubas e per autras cauzas que hac en parselas, que monta : . II lh. II s. V d.

E nos a lu per I rossi baiart am lobadura (4), que n'aguem a XI de junh : . . . . (IX lh. t.)

Item deu que fe bailar an P. Colombaire, quelh devia per lo sagel de l'an XLIIII (1349) a XIX de julh : . . . . . . III lh. X s.

Item deu per I° lh. sera, que pres dona mager a XXVI d'aost, que monta : . . . . I s. X d.

Item deu per comtans quelh bailem a I de setembre.

3. *M° Bernat de la Mota, filh que fo de M° W. Bernat, donzel, senher de la Mota,* deu per resta de I comte el libre de B, a VI^xx VIII cartas, fag comte am Bertran Carbonel, son escudier, de que n'ac I escrig de las parselas que avia prezas, tro a XXI de dezembre l'an XLIII, que monta : . . . . . . XII lh. XIIII s. X d.

[1315] ANNO DNI M° CCC° XLV.

Item deu per mega lh. diapenidiom, e per meg cart penis, e per

---

(1) *Borsa broidada, ben garnida.* Le luxe des bourses était très grand à cette époque. Il y en avait de brodées d'or, et d'or ciselé.

(2) I" *marguas.* Les manches étaient ordinairement postiches et rattachées au garde-corps ou au corset par des lacets.

(3) D'après ce compte on voit que les moines payaient leurs vêtements, et dans ce cas particulier le palement se fait en nature : un tonneau de vin.

(4) *Lobadura,* est-ce le louage dudit roussin ? Nous n'avons pu traduire autrement ce mot.

1ª aigua quelh ordenec Mº P. de Martel a x de setembre per sos ops, que pres Bertran Carbonel, son escudier : . . . . III s. XI d.

Item deu per I auna sendat vermelh, que pres Bertran Carbonel, son escudier, per suzari a l'efan a XVIII de setembre : . . . . III s. t.

Item deu per 1ª sitasio e per las escripturas de las comparasios que fo Mº Huc Guarnier : . . . . VI s.

Lo dia de la sitasio nos conoc lo deute en tal covens de paguar, l'escut per XVI s. VIII d. t. T. lo sen Arnaut Beraut, el sen Arnaut de Limo e B. de Verno e Guiraut Bonis. (1)

Item deu per I cartairo pinhonat en roc, quelh tramezem a XIIII de mars per lo bot d'en Gr. Ribieira, que avia estranhatge (2).

Item deu per XVI ochaus sedas, e per IIII palms sendat e per V palms tela e per II onsas e I cart fil sedenc per guarnir las raubas de la lieuvrieia (3), a XIII de julh, a paguar a S. Johan Batista, que pres Bertran Carbonel : . . . . I jorgi d'aur.

E avem ne 1ª platas per lo jorgi, e per V s. t. que deu a Johan de Veran. Redem las platas a Bertran Carbonel.

E nos a lu que bailec R. Marsilhac, de Cos, a XVI d'ochoire l'escut per XXVI d. t . . . . (XL s.)

E may que bailec R. Marsilhac la vespra de Martro, a XXI s.: . . . . (X s. t.)

E may que bailec en R. Marsilhac a XVIII de novembre, a XXI s.: . . . . (XXV s. t.)

E may que bailec R. de Marsilhac a XXX de dezembre e a XXII de genier, a XXIII s.: . . . . (XLV s.)

E may que bailec en R. de Marsilhac a XXX de mars, escut a XXVII s. : . . . . (X s. t.)

Resto XI escut d'aur que deu. Mudat avant a IIII^{xx} XII cartas.

---

(1) Trad. : Le jour de la citation, il nous reconnut la dette et convint de la payer au change de 16 s. 8 d. l'écu.

(2) Jean, duc de Normandie, fils de Philippe VI, vint à Montauban au mois de mars 1340 n. st. Nous trouverons plusieurs traces de ce voyage dont Froissart et Dom Vaissette font mention. La suite du duc fut logée chez des particuliers. Aussi à cette date relève-t-on dans divers comptes de bourgeois cette note caractéristique : *que avia estranhatge*, qui avait des étrangers chez lui.

(3) Robes de livrée.

1. *Mª Dona de Cardalhac, maire de M° de Cardalhac* (1), deu per i comte el libre de B, a vi^xx viii cartas, e fo per diversas cauzas que preiro sos escudiers, en Guiraut Guariguas e Me R., son capela, que monta : . . . .   xii lh. xv s. ii d. t.

[1315]   Anno Dni m° ccc° xlv.

Item deu i comte el libre manoal de D, a vii^xx xv cartas, e fo per ii aunas e meg palm tafata vert amplo per folrar i guarcors a l'auna (2) de las filhas, e per sedas e per autras causas que hac a xi de may, que monta : . . . .   i^a lh. xi s. i d. t.

Item deu per i ochan seda vert e negra, que pres M° R. a ix de junh.

Soma xiiii lh. x s. ix d. que deu, comte fag am M° R., de que n'ac i escrig de ma ma.

E nos a liey, quens bailec a xi de junh, M° R., son capela :
. . . .   (vi lh. t.)

E may a liey, quens bailec lo senhe Guilhem del Casanh per liey, a vii d'aost : . . . .   (viii lh. x s. t.)

———

[1344]   F° XVIII.

Sommaire : 1. Notaire; joyaux. — 2. Toile; éperons. — 3. Trésorier de l'évêque. — 4. Seigneurs de Cos; anniversaire; jugement. — 5. Frère Prêcheur; épices. — 6. Bourgeois; futaine de couleur; toile blanche; coton en rame (ouate); corset; soies; fil soyeux et blanc; amandes; soie verte; garniture de robes; chrémeau; chandelle; garniture de robe; chaperon, épices.

1. *Me Bertran Biart, notari de M° de Montalba, que esta am Me P. de Parlier*, deu per resta 'do i comte el libro de B, a vi^xx viii cartas, e fo per juteias e per espesias que hac i .   vi s.

Mudat avant a xxi cartas, el comte de Me P. de Parlier, quens o mandet.

2. *Marty Delforn, que esta am lo sen Ratier de la Mota*, deu per i comte el libro de B, a vi^xx viii cartas, e fo per iii aunas tela, e per i par esperos, que hac : . . . .   v s. vi d.

(1) Ermengardo de Lautrec, veuve de Bertrand V de Cardaillac, belle-sœur de l'évêque de Montauban.
(2) *Juna*, l'aînée.

Mudat avant a xxiiii cartas, el comte del senhe Ratier de la Mota, so M⁶.

3. M⁶ Johan Yvern, texaurier de M⁰ de Montalba, deu per i comte el libre de B, a vi^xx viii cartas, e fo per diversas cauzas que hae, fag comte am lu a la vespra de Pascas : xviii s. e i d. t.

4. Lo senhen Antegae d'Antegae, donzel, senher de Cos otr'Acaire, deu per resta de i comte el libre de B, a vi^xx viii cartas, e fo per diversas cauzas, e per los tortises de l'annoal que fo de M⁰ Ozil d'Antegae. T. en W. Bernat de Lauzeraut, e P. R. Besieira, l'escri per xv s., a paguar lo tot la xv zena (1) de Pentacosta : . . . . i lh. ii s. vii d.

E avem ne ii jutgat de mager soma, que fo M⁶ Huc Guarnier notari.

E nos a lu quens bailee Johan Cozenier, per lu, a xiiii de may: . . . . (vi s. t.)

E may a lu quens bailee Johan Cozenier, per lu, a xxi de may: . . . . (viii s. t.)

E may a lu quens bailee le sasdig Johan Cozenier, a xxi de junh : . . . . (iii s. t.)

Mudat.

5. Fraire Jacme Danis, f. prezicador del covent de Montalba, deu per i comte el libre de B, a vi^xx viii cartas, e fo per espesias e per comtans quelh prestem, que monta : . . . . vii s. v d.

E avem ne i Doctrinal (2).

6. Lo senhen P. R. de Forabose, borgues de Montalba, deu per i comte el libre de B, a vi^xx viii cartas, e fo per diversas cauzas que hae en parselus, que monta : . . . . iiii lh. iii s.

Item deu per i comte el libre manoal de D, a vii^xx xvi cartas, que monta : . . . . i^a lh.

Item deu per iii aunas fustani de colors, e per iii aunas tela blanca, e per mega lh. cotomapus, que hae a xxvi de julh, per far i corset a sos ops, que monta : . . . . xiii s.

(1) xv zen i, quinzalne.
(2) On voit par cette mise en gage d'un « Doctrinal, » que les livres avaient à cette époque une grande valeur : 7 sous 5 deniers représentent environ 18 francs de notre monnaie.

Item per III ochaus sedas, e per I° ousa fil sedenc e blanc, que hac per guarnir lo corset : . . . . II s.

Soma VII escut III s. III d. t. que deu ; fag comte am lu a XXVI de julh l'an XLV (1345).

Item deu per I° lh. mellas, e per I ochau seda vert, que hac a VIII d'aost : . . . . I s. VI d.

Item deu per I comte el manoal de D, a VIIII^{xx} XII cartas, e fo per guarnizo de raubas, que hac a XXIIII d'aost, que monta : . . . . II s. VI d.

Resto III escut e meg e XXI d. t., que deu ; mudat avant a LII cartas.

Item deu per la tersa part de so que donero al cors de M° B. Molinier : . . . . XIII s. I d.

Item deu per I comte el manoal de D, a II° XII cartas, e fo per guarnizo de rauba del pres de la dona, e per autras cauzas que n'ac a XXVII d'ochoire : . . . . VI s. V d.

Soma VIII escut e XI s. II d. t., que deu.

Item deu per I° cremiera e per I° candela de meg cartairo a XIX de novembre : . . . . III s.

Item deu per la guarnizo de sa rauba e per I capairo a la dona, e per espesias que hac a XI de dezembre. . . . . . . XV s. I d. t.

E nos a lu quens bailec a XIX de gener : . . . . . . (VI escut.)

Soma : XIX s. e I d. Vera est.

[1314] F° XVIII v°.

SOMMAIRE : 1. Savant en droit, viguier de l'évêque ; clerges ; revit ; diatieron (diascordium ?) — 2. Changeur ; dragée fine ; futaine de Olivet ; toile ; ouate ; fil ; selas ; jube. — 3. Marchand de Bioule ; joyaux. — 4. Seigneur de Bressols (Tarn-et-Garonne) ; cire ; garniture de robe ; drap d'or ; clerges ; sépulture ; revit ; citation. — 5. Abbesse des religieuses Minorites de Montauban ; cire ; létuque confite ; manus Christi ; calice en gage ; manitave ; onguent ; emplâtre ; pomme d'ambre ; drap ; calice ; blé ; misture (blé mêlé) ; sirop ; médecine ; diantos ; onguent. — 6. Procureur de l'évêque ; garniture de robes ; voile de lin de Paris ; joyaux ; sedas ; toile ; fil ; manteau ; monnaies ; poivre gingembre et safran ; achat d'une vigne.

1. M° P. Bexs, savi en drey, viguier de M° de Montalba, deu per I comte el libre de B, a VI^{xx} VIIII cartas e fo per resta de tortises, que pres Benecho, per lo revit de so sogre : . . . . III s. t.

Item deu per II tortises de II lh. cascu e per mega lh. diasi-
cron que hac a IX d'aost e a XII de setembre, e per far revit de
sa sogra, que monta : . . . . XIIII s.

E nos a lu per I escut quens trames lo dia desus : . . . .
. . . . (XVI s. VIII d. t.)

Resto VIII s. quelh devem.

2. *Guillem de Guordo, cambiaire de Montalba*, deu per I comte
el libre de B, a VI^{xx} IX cartas, e fo per diversas cauzas que hac en
parselas : . . . . XII s. VI d.

Item deu per I^a drigicia fina quelh fezem, ops de la dona sa
molher, e conte se el manoal de D, a VIII^{xx} e a I^a carta, que hac a
XXI de may, que monta : . . . . III s. e I d.

Item deu per III aunas e I palm fustani de Givat (1) XI s., e
per III aunas I palm tela a XII d. l'auna, e per I^a lh. cotomapus
XX d., e per VI d. de fil per cozer, III ochaus sedas, que hac a VI de
setembre, per far I jupo (2). T. M° B. Mauri, sartre, que monta : .
. . . . XVIII s. IX d.

Soma II escut e XXII d. t., comte fag am lu lo dia desus; paguet
I escut; paguet V s. VI d. t.

3. *Lo senhe P. de Bailes, mercadier de Biole*, deu per resta de
I comte el libre de B, a LXXXXVIIII cartas, e fo per resta de juicias
e d'autras cauzas, fag comte am lu : . . . . X s.

Finat fo am lu a XXX de junh l'an XLVII (1347), e bailec
XX s. t.

4. *Lo senhe P. R. de Montaut, donzel, senher de Bresols*, deu per
I comte el libre de B, a LXXXX cartas, e fo per sera e per guarnizo
de raubas que hac en parselas. T. M° W. Bru, sartre, que monta :
. . . . II lh. XIIII s. VII d. t.

Item deu per lo loguier de I drap d'aur, e per VIII tortises de
II lh., que hac per far onor al cors de M° B. Molinie (3) : . . . .
. . . . I lh. XIX s. IIII d.

(1) Futaine de Givet.
(2) *Jupo*, sorte de surcot qu'on nommait *jube* et *gipon* en français.
(3) La famille des Molinier, qui avait la seigneurie de Saint-Nauphay
(Tarn-et-Garonne), comptait parmi ses membres des chevaliers qui ont pris
part aux guerres anglaises. Les funérailles de Bertrand Molinier furent particulièrement solennelles, comme le prouvent diverses fournitures de drap d'or.

Item deu per x tortises que pezavo xix lh. e mega, que pres B. Segui per far revit del susdig Mº P. R. a iii de novembre : . . . . i lh. xix s.

Soma vi l. xiii s. vi d., comte fag am lo senhe n'Ot (1), so fraire, a i de dezembre l'an xlv (1345). T. R. de Lartigua.

E nos a lu quens bailee en R. de Lartigua per lu lo dia desus : . . . . (xli s. iii d.)

Item per iª sitasio a xix de fevrier (1346) : . . . . . . x d. t.

E nos a lu quens bailee a xxvi de mars l'an xlvi (1346) : . . . . (xxxviii s. t.)

Finat fo am lu a ix de genier.

Resto iii escut d'aur e iiii groses d'argen que deu, comte fag am lu a xxvi de may l'an xlvi (1346). T. Mᵉ Felip Sudre, e B. de Verno, e Guiraut Bonis.

5. *Madona la Abadesa de las Menoretas de Montalba*, deu per i comte el libre de B, a vi ͯ ͯ x cartas, e nom de Mᵉ B. Verzenu, e fo per v lh. sera, e per ii lh. festuxs, e manus christi (2) que hac per tot : . . . . iª lh. iiii s. t.

E avem ue i calis (3). Redem lhi ii calis a xx d'aost, l'an xlv (1345).

Item deu per iª lh. sera d'esta tera (4) que hac a x de junh : . . . . ii s. t.

Item deu per i lavamen (5) e per i enguen, e per i emplastre, e per iª poma d'ambra (6), quelh ordenec Mᵉ Bernat d'Antocha, a

---

(1) *N'Ot*, pour *en Oto*. Ce préfixe *en*, ou sa contraction *n*, finissait par se lier au nom, de façon à former un nouveau vocable. *En Oto*, *n'Ot*, *n'Otet*, diminutif *Notet*. La famille Séguier avait un de ses membres qui portait ce dernier prénom.

(2) Le *Manus christi*, écrit dans le manuscrit : *manus Xρi*, était une sorte de nougat au sucre, selon Ducange : « *massa saccharo condita.* » Nous pensons qu'il s'agit d'un nougat aux pignons, dont la mode s'est conservée dans nos pays ; le terme *manus christi* provient, selon nous, de ce que, suivant une vieille tradition populaire, on trouve dans l'amande du pin pignon un germe affectant la forme d'une main à cinq doigts, qu'on appelle *la main de Jésus*.

(3) Cette mise en gage de vases sacrés par une religieuse n'est pas un fait isolé ; on en trouvera plus loin d'autres exemples.

(4) *Sera d'esta tera*, cire de cette terre, du pays.

(5) *Lavamen*, manluve.

(6) La pomme d'ambre était très employée en médecine.

ix de junh, que avia mal en la ma, que monto : . . . . . .
. . . . xx s. iiii d. t.

Item deu per comtans que fe bailar an R. Foguasier de S. Antoni (1), quelh deviem per drap : . . . . . iiii lh. viii d. t.

E avem ne i autre calis.

Item deu per x sest. de fromen, e per iiii sest. de mestura, que lugro, am carta facha per Me Degers, en que s'obliguec lo seu Ar. Lheutier, el sen Matio de la Pozaca : . . . . xviii lh.

E nos a licy quens bailec en P. Vinas, de Montalba, per licy a xx d'aost : . . . . (vii lh. t.)

Item deu per i ychirop, e per ia medesina, e per i quart diantos (2), quelh ordenec Me W. de Verfueth, a xviiii de setembre : . . . . xi s. vi d.

Item deu per i enguens, quelh ordenec Mo R. lo Lombart, a iii de genier : . . . . vi s.

6. *Guilhem Raols, percuraire de Mo de Montalba*, deu per i comte el libre de B, a vi^{xx} x cartas, e fo per guarnizo de rauba, e per i volet de li de Paris, per tot : . . . . xiii s. vi d.

Item deu per i comte el manoal de D, a viii^{xx} xii cartas, e fo per juelas e per autras cauzas, que hac per P. Raols, so fraire, a v de julh. T. Guiraut Bonis, comte fag am lu : . . . .
. . . . iii escut e meg e iii s.

E nos a lu quens bailec a viii de novembre : . . . . (xx s. t.)

E may a lu quens bailec a i de dezembre : . . . (xii s. vi d.)

E may quens bailec a vii de fevrier : . . . . (xx s. t.)

Item deu per ii ochaus sedas, e per iii cart tela, e per i cart fil, que hac a xvii de fevrier per i mautel : . . . . ii s. t.

E may a lu per comtans quens bailec en dobles negres (3) : . .
. . . . (xxx s.)

Item deu per iii onsas pebre e gingibre, e per meg cart safra, que pres so masip a xv d'ochoire : . . . . i s. viii d.

---

(1) Saint-Antonin de Rouergue (Tarn-et-Garonne) était un centre renommé pour la fabrication de draps. M. de Mila a publié les statuts des drapiers de Saint-Antonin dans le *Bulletin Archéologique de Tarn-et-Garonne*.

(2) *Diantos*, médecine, de *anthos*, fleur.

(3) Les doubles tournois noirs, monnaie créée par Philippe VI.

Item deu per i comte avant a xxviiii cartas, e nom de Me Jóhan Penart, e fo per resta de comtans queus mandec a paguar per lu quant ne comprada i^a vinha en Campanhas, tras lo bari : . . . . . .
. . . . xiii s. vii d. t.

Resta i escut que deu. — Mudat avant a lxxxi cartas.

[1344]   F^o XVIIII.

Sommaire : 1. Chanoine sacriste de la collégiale Saint-Étienne de Montauban; tasse d'argent en gage; reconnaissance scellée; vente du gage. — 2. Savant en droit, procureur de l'évèque; denrées; sceau armorié; apozème; électuaire laxatif; roussin bai; toile bourgeoise pour coiffes; ruban; sedas pour chaperon; toile blanche; fil de pastel; fil vermeil; sedas; cendal, toile, fil blanc, pour cotte-hardie et robe. — 3. Prieur de Campredon, commune de Montastruc, canton de La Française (Tarn-et-Garonne); fil de pastel; prêt; maladie; drap bleu foncé; solo pour faire des œillets à un corset; escarcelle courroie de cuir rembourrée; garniture de robe; cendal indi; sedas; manteau; robe; flacon d'argent; bassin d'argent; dragée fine; toile blanche; fil; fourrures; drap; fourrure d'une cotte-hardie de drap rosel; solo pour fourrer un chaperon; toile bleue; fil blanc et vermeil; robe; jambières doubles; courroie de faix; fil enluminé; futaine blanche; gipon; sedas pour chaperon; fourrures de chaperon.

1. *M^o Gualhart Delport, canorgue e sagresta de S. Estefe de Montalba*, deu per i comte el libre de B, a cxxx cartas, comte fag am lu per totas cauzas, que monta : . . . .   iiii lh. vii s.

E avem ne i^a tassa e i escrig de sa ma, sagelat de so sagel (1). E vendem la tassa, lacal pezava i marc, de que n'aguem : lx s. t.

2. *Me Johan Melzio, savi en dreg, percuraire de M^o de Montalba*, deu per i comte el libre de B, a cxx cartas, e fo per diversas dinaadas que pres el e lu dona, sa molher, e sa companha, am entresenhas de so sagel, que monta : . . . . viii lh. vii s. iii d.

Item deu per i^a apozima e per i lectuari laxatio, quelh ordenec Me Felip Sudre a xxvi d'aost, azops de lu, que monta :   xviii s.

E nos a lu per i rossi de pel bayart que n'aguem a i de setembre. T. Me Felip Sudre, e Me Johan Mensis, e Huguet, so masip, e M^o P., monge : . . . .   (xi lh. t.)

---

(1) Les reconnaissances de dette se faisaient non seulement par acte devant notaire mais encore par témoins. Dans le compte actuel et le suivant, la dette est constatée par un écrit scellé d'un sceau armorié.

Item deu per 1ª auna tela borgeza que pres la dona a vIII d'ochoire per far cofus : . . . . II s. vI d. t.

Item per vega gaugada (1) e per sedas, que pres la dona sa molher a x d'ochoire per guarnir I capairo. T. B. Molinier e Marty Cacharel, sartre, que monta : . . . . IIII s. e I d.

Item deu per 1ª auna tela blauca, e per II onsas fil de pastel, que pres la sirventa a xvI d'ochoire : . . . . I s. vIII d.

Item deu per III cart fil vermelh e per III ochaus sedas meg e meg (2), e per II palms sendat, e per I palm tela, e per mega onsa fil blanc, que fe bailar a Mº P. Chiralba, a xxIIII d'ochoire, per guarnir cotardias a si e a sa molher, e rauba a son bot, que monta : Resto vI d. quelh devem. Mudat avant a xIIII [carta].

3. *Mº Pelfort de Belfort, prior de Camredon* (3), deu per resta de I comte el libre de B, a cxxxI cartas, comtat e rebatut tot quant nos a bailat, en nisi coma se comte el comte don part aquest, que monta (4) : . . . . vIIII lh. I s. v d.

Item deu per comtans que fe bailar a Felip, lo tenchurier, per fils de pastel (5) que n'ac : . . . . x s. t.

E nos a lu quens bailec P. Ananio, per la resta dels vI escut que fe prestar a la dona d'Ananio, sa maire : (xxxIII s. IIII d.)

Item deu per I comte el manoal de D, a cLIIII cartas, e fo per diversas cauzas que hac : . . . . xvI s. vIII d.

Item deu per comtans que fe bailar a Mº W. de Verfuelh, metge, per lo servizi de sa malautia en I fl. de florenza : . xII s. vI d.

Item deu que fe bailar al seu Bertran Austore per IIII aunas pers encre (6) per rauba, a la boda d'Albafuelha, que maridero dona Grias, sa boda : . . . . II lh. vIII s.

---

(1) *Vega gaugada* : lisez, *reta gaugada*, ruban gaufré.
(2) *Meg e meg*, demi à demi, c'est-à-dire de deux couleurs.
(3) Pilfort de Belfort, moine du moustier de Saint-Théodard, fut prieur de Saint-Pierre Campredon (1322), prieur mage de Saint-Théodard (1318), abbé d'Islebarbe (1352), abbé du Mas-d'Azil (1355), et décéda en 1369.
(4) Trad. : Ainsi qu'il est compté dans le compte qui précède.
(5) *Fil de pastel*, fils teints avec le pastel, plante tinctoriale, nommée aussi *Guesde* au moyen âge, et qui était cultivée particulièrement dans le Lauragais. Elle donnait une sorte de bleu.
(6) *Pers encre*, bleu foncé (?).

Item deu per i comte el manoal de D, a clxiii cartas, que monta : . . . . i" lh. viii s. ix d.

Item deu per i autre comte el manoal de D, a clxxi cartas, que monta : . . . . xi s. ii d.

Item deu per i autre comte el manoal de D, a clxxviii cartas, que monta : . . . . viii s.

Item deu per i autre comte el manoal de D, a clxvi cartas, que monta : . . . . i" lh.

Item deu per i ochau seda per far celhet a i corset (1), a xxvi d'aost : . . . . iiii s.

Item deu per i" escrasela e per i seug de cuer folrat, que fe bailar an Olivier Beral, so bot, a xxx de setembre : . . . vii s.

Item deu per i comte el manoal de D, a ii" ii cartas, e fo per guarnizo de rauba, e per autras cauzas, que monta : . . . . xi s.

Item deu per i palm e meg sendat endi (2) e per v ochans e meg sedas per guarnir so manto e la rauba de Perot, son bot, a vii de novembre, que monta : . . . . v s.

Item deu per i" pechieira d'argen e per ii grazals (3) d'argen que pezavo xii marxs e v esterlis (4) a lxviii s. lo marc, que hac a vii de novembre. T. M° Gualhart de la Tor, e Bertran de la Pozaca : . . . . xl lh. xviii d.

E nos a lu quens bailec a viii de novembre en xxx escut : . . . . (xxv lh. t.)

E may a lu quens bailec en B. Seguier, mercadier, per lu a xvi de novembre l'an xlv (1345) : . . . . (xiii lh. vii s. vi d.)

Item deu per i" drigicia fina quelh fezem, coma aquela de M° de Cardaillac, lo dia dessus : . . . . . . ? . . . . viii s. vi d.

Item deu per iii palms tela blanca e per mega onsa fil e per iii s. vi d. de que costero i" folraduras (5) per P. de Belfort, so bot : . . . . iiii s. viii d.

---

(1) Les *corsets* étaient lacés. On appelait ainsi un habit à manches larges, serré à la taille.

(2) *Sendat endi*, cendal indi, bleu d'indigo.

(3) *Pechieira*, bouteille ; on trouve plus loin la confirmation de cette traduction ; *grazals*, grésales, grands bassins, syn. de *graal*.

(4) *Esterlis*, sterling, nom d'une monnaie de compte qui est prise ici pour la subdivision du marc, et qui valait un peu moins de 5 deniers.

(5) *Folradura* signifie ici *fourrure* ; il désigne aussi parfois les doublures ouatées des vêtements.

Item deu que paguem per vi aunas e mes drap per Guilho, so masip, x s. x d., e per xvi s. viii d. que paguem an Gauselin Catala per folrar i^a cotardia de toset, e per i ochau seda per folrar i capairo : . . . . xxviii s. iii d.

E may a lu que bailee a Matio de Malfavar a xviii de novembre, en xii escut : . . . . (x lh. t.)

Item deu per i palm e meg tela blanca e per iii cart fil blanc e per mega onsa de vermelh per la rauba de Guilho : . . 1 s. i d.

Item que bailem per i cambals dobles e per i coreg de faisa a xxvi de novembre : . . . . iii s.

Item deu per ii ochaus sedas e per mega onsa fil enluminat, e per meg palm fustani blanc a xxx de novembre per adobar i jupo : . . . . ii s. i d.

Item deu per ii ochaus sedas per cozer e folrar i capairo lo dia dessus : . . . . i s. vi d.

Item deu que fe bailar an Gauselin Catala per i^a folraduras de i capairo lo dia dessus : . . . . xii s. vii d.

Resto x lh. xiiii s. ix n., que fo xii escut e xiii s. e ix d. t. que deu. Mudat avant a xlviii.

Soma xxvii s. x d. Vera est.

[1344]   F^o XVIIII v^o.

SOMMAIRE : 1. Seigneurs de Saint-Urcisse (Tarn); piment : — 2. Seigneur d'Almont près Realville (Tarn-et-Garonne); médecine. — 3. Épices; garniture de robe; coussin de plume, épée et bouclier mis en gage. — 4. Procureur d'un bourgeois de Bruniquel (Tarn-et-Garonne); soie noire; denrées; emplâtre en forme d'écusson; onguent; herbes; bain; fil de pastel simple. — 5. Bourgeois de Montauban: clystère. — 6. Chapelain de Montauban; cierge; confrérie des Neuf Chœurs d'Anges de Saint-Jacques; chandelles rondes; petits cierges; fête de Saint-Michel: toile; fil vert; cendal pour robe. — 7. Tailleur; médecines.

1. *Lo senhen Johan Aguassa, donzel, senher de S. Sorsizi*, deu per i comte el libre de B, a xi cartas, e fo per pimentas (1) e per

---

(1) *Pimentas*, piments. On appelait ainsi des préparations épicées qui servaient de condiment aux mets servis dans les repas. On trouvera plus loin la composition de ces piments, qui étaient fort goûtés de nos pères. On disait aussi *pimen*.

autras cauzas, quelh tramezem per Bertran Dorna de S. Soraizi, que monta per tot : . . . . X s. t.
Item deu per 1ª sitasio.
Mudat.

2. *Le senhen W. d'Antryac, filh d'en Bertran, donzel, senher d'Almo, sobre Realcila* (1), deu per 1 comte el libre de B, a cxxxi cartas, e fo per cauzas de medesina que ordonec Mˢ P. de la Ulieia, per so paire; fag comte am lu, que monta : . . . . XV s.
Mudat el comte de son paire.

3. *P. R. Besieira, de Mont-alba,* deu per 1 comte enreires el libre de B, a cxxxi cartas, e fo per espesias, e per garnizo de rauba, e per comtans quelh prestem en parselas : . . . . XVIII s. II d. t.
E avem ne 1 coisi de pluma, e 1 espaza, e 1 bloquier.
Item deu per comtans quelh prestem a III d'aost. T. Bernat de Verno : . . . . I s.
Item deu per comtans quelh prestem a X de fevrier l'an XLV (1346) : . . . . I s.

4. *Esteve Guazanha, percuraire del senhe P. de Palhars, de Brancquel,* deu per resta de 1 comte el libre de B, a cxxxi cartas, abatut e comtat tot so quem avia bailat per nos al sen Esteve Alaman, jove, de Toloza, que monta : . . . . XXII s. V d.
Resto VI s. IIII d. que deu. Mudat avant a XLIIII.

[1345]   ANNO DNI Mº CCCº XLV.

Item deu per 1 ochau seda negra que pres el metheis a XIII de may : . . . . IX d. t.
E nos a lu quelh mandem per Felip, lo tenchurier, que lhi devia Mˢ Pelfort de Belfort : . . . . (X s. t.).
Resto X s. t. que deu : fag comte am lu a IIII de junh l'an XLV (1345).
Item deu per 1 comte el manoal de D, a VIIIˣˣ VIII cartas, e nom d'en P. de Palhars, e fo per diversas dinnadas que pres el el (2)

---

(1) La seignourie d'Almont était située près de Réalville. En 1259, Gaillard d'Antéjac reconnut à Alphonse, comte de Poitiers et de Toulouse, ce qu'il possédait à Almont.

(2) *El, el,* lisez *el e lo :* que prit lui et le seigneur.....

sen P. de Palhars, en P. Folras a xxv de junh, que monta : . . .
. . . . ı^a lh. iiii s. iiii d. t.

Item deu per i emplastro fag coma escut (1), e per i enguen, e per erbas, e per i banh (2) que pres en P. Folras a vi d'aost per [lo] senhe mager de Palhars, que monta : . . . . viii s.

E may a lu quelh mandem per Felip, lo tenchurier, per xxvii lh. fil de pastel semle (3), que n'aguem a xi de ochoire a xvi d. la lh., que monta : . . . . (xxxvi s. t.)

5. *Franses de Biole, fil del senhen Franses, borgues de Montalba,* deu per i comte el libre de B, a cxxxi cartas, que monta : . . . .
. . . . vi s. viii d. t.

Item deu per i cristeri que ordenec Me Felip Sudre, per sen paire a vi de genier l'an xlviii (1348), a xxxvi s. l'escut : x s.

6. *Me Johan del Pueg, capela de Montalba, que sole estar a l'ostal de Razeire* (4), deu per resta de i comte el libre de B, a cxxxi cartas, e fo per tortises que hac en parselas : vi s. v d. t.

Item deu per resta de i comte el manoal de D, a viii^{xx} iiii cartas, e fo per las seras e per autras cauzas que hac per la cofrairia dels ix Cors d'Angels de S. Jacme, que monta : . xxx s. e i d.

Item deu per ii candelas de mega lh. cascuna redondas que ha per los Angels a xii de setembre : . . . . ii s.

Item deu per i^a lh. filholas (5) que pres a xxvii de setembre per la festa de S. Miquel : . . . . ii s.

Item deu per i palm e i cart tela, e per i palm sargua, e per i cart fil vert, e per iii ochaus e meg seda vert, e per meg palm sendat, que avia pres a v d'aost per guarnir sa rauba : v s. x d. t.

Soma xlv s. x d. que deu. — Mudat avant a xlii cartas.

7. *Johan Delrieu, sartre de Montalba, que cos am Me B. Mauri.*

---

(1) Un emplâtre en forme d'écusson; d'autres fois les emplâtres avaient la forme d'une croix. (Voir, dans l'Introduction, le chapitre des médecins et pharmaciens.)
(2) C'était probablement une préparation pharmaceutique destinée à u bain, puisqu'on l'envoyait à Bruniquel.
(3) Voir la note 6 de la page 78.
(4) *Que sole estar,* qui reste d'ordinaire. Sans doute un précepteur.
(5) *Filholas,* cierges qui empruntaient ce nom à la cérémonie du baptême, à laquelle on les employait. *Filhol,* filleul.

deu per resta de 1 comte el libre de B, a cxxxi cartas, e fo per resta de c... as de medesinas quelh ordenec Me Felip Sudre, que monta : . . . . viii s. t.

E nos a lu quens bailec en iii vet : . . . . (viii s. t.)

[1314] f° XX.

SOMMAIRE : 1. Seigneurs de Corbarieu; marchandises; monitoire; excommunication; clerges; selas de couleurs. — 2. Damoiseau de Corbarieu; maladie; citations. — 3. Juge ordinaire de Montauban; épices; voyage; selas; cendal; garnache d'été; toile bleue; jupon de maille; fil soyeux pour poser une manche de corset; garniture de robe; soie; toile; fil soyeux; jupon. — 4. Marchand de Caussade (Tarn-et-Garonne); denrées. — 5. Damoiseau de Montech (Tarn-et-Garonne); drap d'Alep; clerges; tasse dorée; sceau; excommunication; absolution. — 6. Habitant de Bressols; fourniture; citation; défaut; excommunication.

1. *Lo senhen P. Ananio, donzel, senher de Corbario*, deu per 1 comte el libre de B, a cxxxi cartas, e fo per diversas mercadarias quelh tramezem per sa companhia, e per Bertran, comte fag am son escudier. T. Me P. de Martel, en Ratier de Monpezat : . . . . 1ª lh. xviii s. x d.

Item deu per 1ª amonesio e per l'escumenge, que fo fag contra sa maire per vi escut, que devia. . . . . v s.

Item deu per ii tortises cascu, de 1ª lh. e mega, e per 1 ochau selas de colors que hac a xxiiii d'aost, per dire mesa de so senhe paire, que monta : . . . . vi s.

Soma iii escut e ii d. t. que deu, comte fag am lu lo dia desus. Mudat avant a xxxiii cartas.

2. *Lo senhe Guilhem de Guozias, donzel de Corbario*, deu per 1 comte el libre de B, a cxxxii cartas, e fo per las causas de la malautia de sa cophada, que ordenec Me P. de Martel a xxx de dezembre. T. W. Lheutier, son conhat, en W. de la Quarieira : . . . . 1ª lh. iiii s. vii d.

Item per ii sitasios.

E nos a lu quens bailec J° d'Artiguleiras en ii vet : (xvi s. t.)

E nos a lu que bailec a xxi de novembre l'an xlvii (1347), a xxxiii s. l'escut : . . . . (viii s. t.)

3. M° Robert Guainart, jutge ordenari de Montalba, deu per i comte el libre de B, a vɪˣˣ xɪɪ cartas e fo per resta d'espesias que hac quant s'en anec en son pays : . . . . ɪɪ s. ɪɪɪɪ d. t.

Item deu per ɪ ochau sedas, e per ɪ palm sendat, que pres M° W. Bru, sartre, a x de junh l'an xʟᴠ (1345), per guarnir ɪ guanac d'estio (1) : . . . . ɪɪ s. ɪɪ d. t.

Item per ɪɪɪ palms tela blaua, que pres Gr., so masip, a xxɪɪɪ de junh per guarnir ɪ° faudas de malha (2) : . . . . ɪ s.

Item deu per ɪɪɪ cart fil sedenc per ponher ɪ marguot de corset (3), que pres Gr. a xxvɪɪɪ de mars : . . . . vɪ d. t.

Item deu per guarnizo de rauba, e fo per ɪ ochau seda, e per ɪ palm tela, e per mega onsa fil sedenc (4), que pres Gr., so masip, a ɪɪɪ de julh per ɪ jupo : . . . . ɪ s. vɪɪɪ d. t.

Finat fo am M° P. Varo a xxɪɪ d'ochoire l'an xʟᴠ (1345).

4. P. de la Brossa, mercadier de Causada, deu per resta de ɪ comte el libre de B, a cxxxɪɪ cartas, e fo per dinnadas que hac. T. B. de Verno et Gr. Bonis, l'escut a xvɪ s. vɪɪɪ d. t. : . . . . ɪ lh. x s. ɪɪ d.

E nos a lu que bailie a Ar. Davis a xɪ de junh : . . . (xv s.)

E may a lu que bailie a Bernat de Verno, a Causada, a vɪɪ de novembre : . . . . (x s.)

E may a lu que bailie : . . . . (v s. ɪɪ d.)

5. R. de Bresols, donzel de Montueg, deu per ɪ comte el libre de B, a cxxxɪɪ cartas, e fo per ɪ drap d'Alcest (5), e per vɪ torties que hac a vɪɪɪ de gener, a paguar dins ɪɪɪ semanas, que monta am ɪɪ' sitasios que a agudas : . . . . ɪɪ lh. v s.

E avem ne ɪ° tassa daurada. Redem la tassa an Jacme de Bar-

---

(1) *Guanac d'estio*, garnache d'été, vêtement en forme de manteau relevé sur les bras.
(2) *Faudas de malha*, litt. : cuissards de maille ; c'était exactement le jupe de mailles.
(3) *Margot de corset*, petite manche de corset.
(4) Ici, *guarnizo de rauba* ne peut être détourné du sens de garniture de robe, puisque le marchand donne le détail. (Voir la note 3 de la p. 65.)
(5) *Drap d'Alcest* ; nous traduisons par drap d'Alep et non d'Alais, parce que dans d'autres cas on trouve *seda d'Alest*. Or, au quatorzième siècle les étoffes de soie venaient de l'Orient ou de l'Italie, et nous ne croyons pas que les villes de Languedoc aient fabriqué de la soie à cette époque.

bota, escudier, a i de fevrier l'an xlv (1345). E Mᵉ P. Ar., dauretlier, e dona Felipa, sa molher; avem entresenhas.

Item deu per i escumenge que nos degs de Mᵒ Johan de Diopantala, e del susdig R. de Bresols: . . . . i s.

E nos a lu quens bailec Mᵒ Jᵒ de Diopantala a xxiii de novembre: . . . . (xvii s. t.)

Item deu per la absolvesto que bailem au Jacme de Barbota, escudier del senhe de Diopantala.

E nos a lu quens bailec Jacme de Barbota a i de fevrier l'an xlv (1345): . . . . (xxxii s. t.)

6. *Guiraut de Portel, de Bresols,* deu per i comte el libre de B, a cxxxii cartas, e fo per lo fornimen de la dona de Bresols, molher de Mᵉ Aulric, e per autras cauzas, que monta: . . . iᵃ lh. xiii s.

Item deu per iᵃ sitasio, e per la defauta, e per i escumenge.

Finat fo am lu.

─────

[1344]   Fᵒ XX vᵒ.

Sᴏᴍᴍᴀɪʀᴇ: 1. Marchand de Montauban; vin. — 2. Tailleur; garniture de robe; épices; toile blanche; garniture de robe; sedas; blé pour semence; garniture de robe; plats de petite dimension; garniture de robe. — 3. Domestique; seigneurs de Cos; doublet de lin. — 4. Bourgeois de Montauban; denrées; amandes; maladie; médicaments pour mal au bras; anneau; cotisation pour un repas; fil vermeil; cendal; sedas; manteau; jupon; soubreveste. — 5. Habitant de la Salvetat de Majuze; joyaux; jugement; monitoires; excommunication; procès; tasses d'argent; tasses dorées; règlement de comptes.

1. *Lo senhen Matio Guari, mercadier de Montalba,* deu per i comte el libre de B, a cxxxii cartas, que monta: xi lh. x s. vi d.

Item deu a nos en sa sala vii tonels de vi, que n'ac i tonel en l'os Segui, e fo mes en son comte.

E nos a lhu quens bailec lo Mᵉ a xxiiii de may: (ii lh. x s. t.)

E may a lu per v tonels de vi quens bailec los deniers la dona sa molher.

Resta i tonel, de que pres los deniers la dona sa molher.

Mudat el libre dels deposit.

2. *Mᵉ P. Chiralba, sartre de Montalba,* deu per i comte el libre de B, a cxxxii cartas, e fo per guarnizo de rauba e per espesias que hac per P. Chanaven, que monta: . . . . viiii s. i d. t.

[1345] Anno Dni m° ccc° xlv.

Item deu per II aunas e mega tela blanca que hac a x d'aost: . . . . II s. vi d.

Item deu per guarnizo de rauba que hac a viii d'ochoire : . . . . III s. e i d. t.

Item deu per iii ochaus sedas que pres a xxviii d'ochoire : . . . . II s. IIII d. t.

Item deu quelh prestem per semenar sa tera, que pres M° Huc Chiralba (paguet lo fromen) : . . . . i sest. fromen.

Item quens mandee a paguar per B., masip seu, que cos am lu, per cauzas de medesinas que hac: . . . . VIII s. vi d.

Item per i comte el manoal de D, a II° xxviii cartas, e fo per guarnizo de raubas : . . . . XII s. e IIII^m t.

Item deu per comtans que fe bailar a Marti Chanaven, sartre, a xviii de genier : . . . . v s.

Item deu per i^a platas de mega proa (1) que hac a xi de fevrier. T. M° E. so paire, Marti Chanaven, l'escut per xvi s. viii d. : . . . . III lh. v s. t.

Item deu per guarnizo de rauba que hac a xv de fevrier.

Soma vi escut e meg d'aur e viii d. t. que deu, comte fug am lu a xv de may. Mudat avant a liii cartas.

3. *Guilhem Johan, masip d'en Gualhart de Cos, donzel, senher de Cos otr'Araire*, deu per resta de i comte el libre de B, a cxxxii cartas, e fo per i doble de li que hac a x de genier, a paguar a Nostra Dona de fevrier (2) : . . . . III s. t.

E nos a lu que bailec a xv de dezembre l'an xlviii (1349) : . . . . (III s.)

4. *Bertran de la Pozaca, borgues de Montalba*, deu per i comte

----

(1) *Platas de mega proa*, plates de demi grandeur. Les armures de plates, qui commençaient alors à être d'un usage général et remplaçaient peu à peu la maille, étaient composées de plaques d'acier rivées et placées comme les écailles de poissons. Il y en avait de grandes pour les harnais de chevaux et de demi grandeur. Nous ne saurons traduire autrement le mot *proa*.

(2) N.-D. de février. Le calendrier de l'obituaire du chapitre de Montauban indique la date du 2 février pour la fête de la « Purification de la bienheureuse Marie ».

el libre de B, a cxxxii cartas, e fo per diversas dinnadas que hac en parcelas, que monta : . . . .   i lh. viii d. t.

Item deu per i cartairo amellas que pres la sirventa a iii de junh, que sa molher era malauta : . . . .   ii d. t.

Item deu i^a lh. aragnon, e marsiaton, e grepa, e dialte, e oli benezeg (1), que hac per onher son bras a xviii d'ochoire : . . . .
. . . .   iiii s. t.

E nos a lu que prezem del sen Johan de la Pozaca per i anel que avia pres; v s. vi d., e per v s. que avia bailat per i talh d'un dinar que s[e] devia far e anc no s[e] fo (2) : . .   (x s. vi d. t.)

Resto iiii s. iiii d. t. que deu, comte fag am lu a xxviii d'ochoire l'an xlv (1345).

Item deu per i cart fil vermelh e per i palm sendat, e per ii ochaus sedas que fe bailar a Me R. B. Mauri, a xvii de novembre per i mantel de sa molher : . . . .   ii s. viii d. t.

Item deu per comtans que fe bailar a Duro, lo sartre, quelh avia fag i jupo e i^a sobreviesta : . . . .   iiii s.

S ma xxi s. que deu. Mudat avant a lxxxiii cartas.

5. *Lo senhen Johan Rananiers, alias Tornier, de la Salcetat,* deu per resta de i comte el libre de B, a cxxxii cartas, e fo per jucias que hac per sa sor, molher de R. de Paolhac, de Corbario, e per autras jucias per sa conhada, molher d'en P. Rananiers, so fraire, e per autras cauzas, que monta : .   xxv lh. vi s. iiii d. t.

E Me Huc Guarnier, notari de M^o l'ofesial, feu jutgat, l'escut per xvi s. viii d.

Item deu el comte metheis per ii amonesios, e per ii escumen- ges, e per ii greuges, que monta : . . . .

E nos quens bailec lo sen P., so fraire, a iiii de junh, en ix escut : . . . .   (vii lh. x s.)

Item deu per ii greuges, e per iii greuges may.

---

(1) Curieuse liste de médicaments : *aragnon*, extrait de prunello; *marsiaton*, onguent martiatum, encore en usage au commencement de ce siècle ; *grepa*, médicament inconnu ; *dialthée*, onguent composé avec le mucilage de guimauve; *oli benezeg*, huile de Saint-Benoit.

(2) *Per i talh d'un dinar que se devia far e anc no se fe*, pour l'écot d'un dîner qui se devait faire et qui ne se fit jamais. 12 francs environ de notre monnaie.

E may a lu quens mandec lo sen Arman Azemar, per lu, de xxiii d'ochoire a la xvzena de Martro, estan quidamen tot (1), lo dia de que nos bailec iii tasas d'argen e so tan es que no aga, paguat xv dins apres Martro, que vendem las tasas, sestot si. T. lo susdit J° Ramaniers e so fraire, en Ar. de Guordo, que monta xii d. de lesquet per (2) : . . . . x lh. t.

Redem las iii tasas desus al sen Arman Acmar, lo disable apres Nadal l'an xlv (1345). T. lo sen Arn. de Guordo, per lascals iii tasas desus nos bailec ii tasas dauradas. Redem lhi las ii tasas dauradas a viii de mars l'an xlv (1346). T. R. Duran, de Montalba, el susdig J° Ramaniers.

A xxvii de may l'an xlvi (1346), lo quitem de las sentensias, en tal condesio que nos deu paguar la mitat de so que deu a S. Johan, e l'autra mitat a S. Miquel, sino que sia en l'estamen desus. T. n'Arman Acmar (3).

Resto viii lh. e las despesas que deu. Mudat avant a lxxviii cartas.

[1344] F° XXI.

SOMMAIRE: 1. Bourgeois de Caussade; sépulture; citation. — 2. Sergent royal de Montauban; flacon d'argent; citation. — 3. Damoiseau de Montauban; anneaux d'or; fil soyeux vermeil; viande; cierges; chrèmeau brodé pour baptême; bénitier; sépulture. — 4. Clerc; cierges; noce. — 5. Boucher; joyaux. — 6. Charpentier; la descente du Tescou; joyaux; feuillage; grand cabas; cendal; fil; sedas; robe; chandelle; épices; fruits. — 7. Bourgeois de Montauban; denrées; blé.

1. *Lo senhen Bernat de Lalo, borgues de Causada,* deu per i comte el libre de B, a vi^{xx} xiii cartas, e fo per lo resta del fornimen del senhe de Puegberal, de Causada, e per 1ª sitasio : fag

(1) xvzena, quinzaine. — *Estant quidamen tot*, à solder.
(2) On trouve dans cet article les coutumes relatives au prêt sur gage. On doit payer du 23 octobre à la quinzaine de Toussaint, 15 novembre; un gage est donné, et si on n'a pas payé dans le délai, le gage est vendu aussitôt. Toutefois cette clause ne s'exécutait pas à la lettre, puisque le règlement dura cette fois près de deux ans. — Ces trois derniers mots : *de l'esquet per,* sont incompréhensibles, à moins qu'on ne lise : xii d. *de l'escut.*
(3) La fin de ce compte montre que les conditions n'étant pas remplies on en fit de nouvelles. Bonis déchargea son client des sentences prononcées contre lui, à condition de payer moitié à Saint-Jean et moitié à Saint-Michel, sinon les condamnations auraient leur plein effet.

comte am M° Guilhem de la Riba, capela, que monta : . . . .
. . . . xxiii s. vi d. t.
E nos a lu quens bailec a iiii de julh : . . . . (xxiii s.)

2. *Guilhem Sans, sirven real de Montalba*, deu per resta de
i comte el libre de B, a cxxxiii cartas, e fo per i frachis d'argen
que hac (1). T. P. Folras, en B. de Senhors, que monta : . . . . . .
. . . . vi s. viii d.
Item per 1ª sitasio.
E nos a lu quens bailec a xxv de setembre : . . . . . (iiii s.)

3. *Lo senhe Arman Axemar, donzel de Montalba*, deu per resta
de i comte el libre de B, a cxxxiii cartas, e fo per vi anels d'aur
que hac a xix de genier. T. Arnaut de Guordo : . . vi s. vi d. t.
Item deu per 1ª onsa fil sedenc vermelh que pres M° Huc del
Solier, a xviii de setembre : . . . . viii d. t.
Item deu quens mandec a paguar per en Johan Rananiers, aisi
coma se comte en son comte d'en J° : . . . . xii escut.
Finat fo am lu en car e *garfe* (2).
E nos a lu quens bailec en ii vet : . . . . (vii escut.)
Item deu per i tortises de 1ª lh. e per 1ª cremiciera broidada, que
hac a viii de dezembre, per far i filhol : . . . . ii s. x d. t.
Item deu quens mandec a paguar per J° de la Roca, so bordier,
per la fornitura de sa maire, que hac a xv de dezembre (3) : . . .
. . . . viii s.
E may a lu quens bailec a viii de mars : . . . . v escut xi s.
Resto v s. t. que deu, part los viii s. de son guazalha ; comte a
viii de mars.

4. *R. de Pachim, clerc, que esta am M° Bernat Molinie, cavalier
de Montalba*, deu per i comte el libre de B, a cxiii cartas, e fo per
i tortis de iii lh. que hac a xix de genier, per donar a 1ª nobia. T.
B. de Verno, a paguar dins viii dias, que monta : . . . vi s. t.

(1) *Frachis* : nous n'avons pu trouver exactement ce mot dans les lexiques.
Nous croyons cependant qu'il vient de l'espagnol *flasco* ou *frasco*, flacon. On
sait en effet qu'au moyen âge les femmes portaient ordinairement des flacons
d'argent dans leur aumônière.
(2) *Garfe*, lisez probablement *garbe* pour *carbe*, chanvre (??).
(3) *Bordier*, métayer, colon partiaire. On voit dans ce compte que *bordier* et
gazailler étaient synonymes.

E nos a lu quens bailec a xxi d'aost : . . . . (vi s. t.)

5. *Johan Alimon, mazelier de Montalba*, deu per resta de i comte el libre de B, a cxxxiii cartas, e fo per las juicias que hac per sa molher, o per autras cauzas; fag comte am lu a xxii d'abril l'an xlv (1345), que monta : . . . . iiii lh. ix s. iiii d.

E nos a lu quens bailec a xiii de junh : . . . . . (xxx s. t.)

E may a lu quens bailec per Simo, per lu, a xii de setembre : . . . . (xxxii s. viii d.)

Finat fo per comtans que bailec per lu P. Simo.

6. *Pons Guillabert, fustier de Montalba*, que esta a la davalada de Tesco (1), deu per resta de i comte el libre de B, a cxxxiii cartas, e fo per la juicias de sa molher, que hac a xx de genier. T. J° de Barzac e Bernat Matoyer, de Montalba, que monta : . xv s.

E nos a lu per v cauas de fuelha que n'aguem, tro a xv de junh (2) : . . . . ii s. vi d.

E mai a lu quens bailec a xvii de junh : . . . . vi s.

Item deu per i cabas gros viii d., e per vii cart sendat, e per iii cart fil, e per iii ochaus e meg sedas, que hac a xii de setembre per guarnir la rauba de sa conhada. T. M° P. Lalyr.

Item deu Pons Guilabert per iª candela de meg carto, e per espesias, e per frucha que hac a xxx de genier : . . . viii d. t.

Finat fo am lu per tot quant nos lh'aviam degut tro a i de junh l'an xlvi (1346).

7. *Lo senhen Guilhem de S. Vises, borgues de Montalba*, deu per resta de i comte el libre de B, a cxxxiii cartas, e fo per diversas dinandas que hac en parselas, que monta : . . . . . . ii lh. vi s.

E nos a lu per ii s. t. fromen que n'aguem a xiii d'aost l'an xlv (1345) : . . . . xlvi s. t.

Soma : ii s. viii d. Vera est.

(1) La descente de Tescou, aujourd'hui côte de Saplac ou des Carmes.
(2) Ce charpentier fournissait à Bonis le feuillage qu'il revendait à ses clients pour les sépultures.

[1314] F° XXI v°.

SOMMAIRE : 1. Tailleur; épices; garniture de robe; futaine de Givet; veste d'été. — 2. Charpentier; fil de pastel; épices; cierges; fil enluminé; toile; ouate; vaisselle vinaire; lessivier; cuvier. — 3. Changeur; report de compte. — 4. Bourgeois de Montauban; épices; cire; maladie. — 5. Frère Mineur; sceau. — 6. Marchand; sépulture; drap frisé pour chausses.

1. *M° Guilhem Bru, sartre de Montalba*, deu per I comte el libre de B, a CXXXIII cartas, e fo per II s. quens mandec per Johan Barau, e per espesias que hac a XXVII de genier : . II s. VI d. t.

[1315] ANNO DNI M° CCC° XLV.

Item deu per guarnizo de rauba que hac a XV de junh quelh bailec Guiraut Bonis : . . . . II s. VI d. t.

Soma V s. t. que deu, comte fag am lu lo dia desus. — Finat fo am lu a X d'ochoire.

Item deu per II aunas e I palm fustani de Givat (1), que hac a X d'aost per far vestet d'estiu per sos ops. T. la dona, sa molher, e Gr. Bonis : . . . . V s. VI d. t.

2. *Guiraut Guilabert, carpentier de Montalba*, deu per I comte el libre de B, a CXXXIII cartas, e fo per fil de pastel, e per espesias, e per I tortis de I° lh., que hac a XXVIII de genier, que monta : . . . . VII s. II d. t.

Item deu per I° onsa fil enlumenat (2) e per I palm tela, e per II lh. e mega cotomapus que hac a XV d'ochoire : . . V s. I d. t.

E nos a lu per adobar nostra fusta e I buguadier, e I cubat tro a XVIII d'ochoire l'an XLV (1345), per tot : . . . . . (XXVIII s.)

Resto XVI s. t. quelh devem, comte fag am lu lo dia desus.

Item deu quelh bailem a XXIIII d'ochoire : . . . . . (XVI s. t.)

3. *Lo senhen Arnaut de Vairac, cambiaire de Montalba*, deu per resta de I comte el libre de B, a LXXXIII cartas, e fo per comtans, e per autras cauzas que hac a I de fevrier, que monta : . . . . I° lh. VI s. VI d. t.

E nos a lu quens bailec a XXVIIII de junh : . . (XXVI s. VI d.)

---

(1) *Futaine de Givet*. La Flandre était renommée pour ces sortes d'étoffes.
(2) *Fil enlumenat*, fil de diverses couleurs.

4. *Lo senhen Bertran de Castilho, borgues de Montalba*, deu per 1 comte el libre de B, a vi^{xx} xiiii cartas, e fo per espesias, e per sera que hac en parselas a i de fevrier : . . . . viii s. vi d.

Item deu per i comte el manoal de D, a vii^{xx} xiiii cartas, e fo per las cauzas de la malautia de la filha, e per sa malautia de lu, que ordenec Me P. de Martel e Mr Esteve a x de may : . . . .
. . . . xiiii s. v d.

Item deu per mega lh. sera que pres Po[n]set per las filhas, que anero a S. Johan del Mas (1) a xxiiii de junh : . . . xi d.

Final fo am Pons d'Engilbaut a xii de novembre.

5. *Fraire Arnaut de Varaire, fr. menor del coven de Montalba*, deu per i comte el libre de B, a cxxxiii cartas, e fo per comtans e per autras cauzas quelh tramezem per so masip, am entresenhas de son sagel, que monta : . . . . vi s. viii d. t.

E nos a lu quens bailec f. Johan Bruguieira a xi de fevrier : .
. . . . (vi s. t.)

6. *Lo senhe Arnaut de Lauzeraut, mercadier de Montalba*, deu per resta de i comte el manoal de B, a cxxxiii cartas, e fo per los fornimens de sa molher e de sa filha, e per autras cauzas, que monta per tot : . . . . iiii lh. iii s. i d. t.

E nos a lu per xv palms drap gaugat (2) que n'aguem per causas, a tot[s] a xiii s. la cana, que monta : . (xxvi s. iii d. t.)

Resto lvi s. x d. t.

Soma : lvi s. x d. t. Vera est.

---

(1) Saint-Jean-du-Mas, le Mas-Grenier, abbaye de Bénédictins, située près de Verdun (Tarn-et-Garonne), sur la rive gauche de la Garonne.

(2) *Gaugat*, gaufré, frisé.

[1314]   Fº XXII.

SOMMAIRE : 1. Prieur mage du Moustier de Montauban; denrées; laine; agneaux; dîme; blé; sedas; toile; fil blanc; goncle; feuillage; épices pour faire l'encre; chandelles de suif; sucre rozat et violat; coule de serge; chandelles; cire en roc; cierges; robe; drap blanquet; couverture; sedas de Lucques; planches et fermoirs pour relier un psautier; fourrures de chaperon; chair de lapin. — 2. Cire; cierges; sépulture. — 3. Notaire royal; maladie. — 4. Les consuls de Montauban; cierges; épices; collecteur.

1. Mº *Folc de Belfort*, prior mager del mostier de *Montalba* (1), deu per I comte el libre de B, a VI^{xx} XIIII cartas, e fo per dinandas, e per comtans, la mager partida, que monta, tornat a escut, enaisi coma o prendia : . . . . X escut XIII s. X d. t.

E nos a lu quens bailec per Riguot, de la Salvetat, per la lana de *Canguiza* (2) IIII lh. VI s., e Elena de Lacosta, per XXI anhels que hac del deime: CV s., en Berguonho en II vet, que pres del blat que vendec a Canguiza a XII de junh : XVIII lh. III s. IIII d.; per tot : . . . . (XXVIII lh. XV s. IIII d.)

Item deu el a nos que se bailar lo dia desus, que portec a Mº de Belmon, que bailec G. Bonis : . . . . XX lh.

Item deu per II ochaus e meg sedas, e per I palm tela e I per mega ousa fil blanc per VI s. t., que se bailar a Mº P. Grifols, e fo per I^a gnonela a Bernat de Fosenxs a XXVIII de julh : . . . .

Item deu per comtans que se bailar a Mº Huc Carit, a XXI de julh, que bailec a Mº W. de Belfort : . . . . XX lh.

Item deu per comtans que se bailar a Pos Guilabert, fustier, a XXX de julh, per fuelha que hac. T. Mº Huc Carit, que o se bailar : . . . . II lh. X s.

Item deu per I comte el manoal de D, a VIII^{xx} XVII cartas, e fo per comtans e per autras cauzas, que monta : . I lh. III s. VIII d.

Item deu per I autre comte el manoal de D, a VIII^{xx} XII cartas, que monta : . . . . XIII s. IX d.

(1) Foulques de Belfort fut le premier prieur mage du moustier de Saint-Théodard, lorsqu'en 1317 Jean XXII sécularisa l'abbaye et fonda l'évêché de Montauban. Il mourut en 1348.
(2) Le prieuré de Canguise, commune de Saint-Nauphary (Tarn-et-Garonne), dépendait de l'abbaye de Saint-Théodard; c'était le prieur mage qui en était titulaire d'après l'ordonnance de Guillaume de Cardaillac, évêque de Montauban, en date du 23 octobre 1332.

Item deu per espesias per far tencha (1), que fe bailar a Curicho, l'escriva : . . . . I s. x d.

Item deu per pa e per i ͣ lh. candelas de seu, que tramezem a Camguiza a xiii de setembre : . . . . iii s. viii d.

Resto xxx escut vi s. iiii d. t., que so xxv lh. vi s. viii d., que deu, comte fag a xx de setembre l'an xlv (1345).

Item deu per mega lh. sucre rozat e viculat, que trames al Puey de la Roca (2) per sa sor a xxx de setembre : . . . . . . iii s. t.

Item deu per i ͣ coguola de sargua, que fe bailar a M ͣ Vidal Beraut, monga, xxvii s. t., e per ii s. vi d. t., que fe bailar a M° Guilhem Bru, sartre, per far i ͣ coguola, e per x s. vi d. t. contans, quelh fe bailar per lo vestiari quelh devin a xxvi d'ochoire, que monta per tot : . . . . ii lh.

Item deu que fe bailar a la dona de Lhauzu, candeliciru, per candelas que n'avia agudas tro a ix de novembre : . . x s. v d.

Item deu per ii lh. sera en roc, e per tortis de i lh. cascu que douce a S. Patocle, a Ginibricieras (3) a xii de novembre : viii s.

Item que costec la rauba de M° Ozil, xxxvii s. vi d. e per iii palms blanquet, per si lxviii s. iii d., e per iii aunas xviii s., que monta : . . . . viii lh. xiii s. ix d.

E nos a lu quens bailec lo dia de S. Marti : . . . (xx lh. t.)

E mai a lu quens bailec M° Bertran Segui a xxiii de novembre: . . . . (xxviii lh. xv s.)

Item deu quelh bailem a xxiiii de novembre : . . . . . x lh.

Item deu per i ͣ beana e per i ochaus sedas luqzas, e per xii d. per las post, e per saradors per liar i *sauteri* (4), a xxx de novembre : . . . . iii s. vi d.

Item deu que fe bailar au Gauselin Catala per i ͣ folraduras de capairo lo dia desus : . . . . xvi s. viii d.

(1) *Tencha*, teinture, encre.
(2) Le seigneur de Puy la Roque (Tarn-et-Garonne) était Guillaume de Belfort, seigneur de Belmont et de Lalbenque, neveu du prieur mage.
(3) L'église de Genebrières, canton de Monclar (Tarn-et-Garonne), était sous le vocable de sainte Quitterie. La citation de Bonis montre que saint Patocle y recevait un culte particulier.
(4) *Sedas luqzas* : la soie et le sedas de Lucques étaient fort renommés au quatorzième siècle. — Ce détail de fournitures pour relier un psautier : *sedas*, planches et fermoir, est intéressant à relever.

Item deu que costec 1ª carn de conilh que comprec Mondo a IIII
de dezembre (1) : . . . . I s. IIII d. t.

2. *Durant Gautier, que esta am Mº de Montalba,* deu per I comte
el libre de B, a CXXXIIII cartas, e fo per sera e per autras cauzas,
que hac a VIII de fevrier, que monta l'escut per XVI s. VIII d. t., :
. . . . X s. II d. t.

Item deu per III tortises de 1ª lh. cascu, e per 1ª de mega lh.,
que hac per lo forniment de 1ª femna de Campanhas a XXV de may
l'an XLVI (1346), l'escut per XVIII s. T. Gauzido, que o pres : . . .
. . . . VII s.

E nos a lu, que bailec : . . . . (VII s. t.)
Mudat avant a CXVI cartas.

3. *Mº P. Escarpit, notari real de Montalba,* deu per I comte el
libre de B, a CXXXIIII cartas, e fo per las cauzas de la malautia de
sa molher, que ordenec Mº W. de Rabastenxs a VIII de fevrier, e
per autras cauzas que hac apres, que monta. T. Mº Huc Capela : .
. . . . XVIII s. II d. t.

E nos a lu quens bailec a XXVIII d'ochoire : . . . . . X s. t.
Resto VII s. II d. que deu. Mudat avant a LIIII cartas.

4. *Los senhors cosols de Montalba,* devo per I comte el libre de B,
a CXXXIIII cartas, e fo per tortises, e per espesias, e per autras
cauzas que hacgro (2), fag comte am lo sen P de Guordo : . . . .
. . . . XVII s. VI d.

Aquesta soma desus nos mandec a paguar lo sen Lhautier,
quistador.

Mudat enreires a XVI cartas, el comte del sen R. Lhautier.

(1) La chair d'un lapin (*conil*) coûta 1 s. 4 d., soit 3 fr. 20 de notre monnaie. Ce prix paraîtrait excessif si l'on ne savait que dans certains endroits la chasse au lapin était défendue sévèrement.

(2) *Que hacgro,* qu'ils eurent.

[1314] F° XXII v°.

SOMMAIRE: 1. Marchand; anneaux d'or. — 2. Savant en droit; garniture de robe; tasses dorées en gage; garniture de robe; drap mêlé; soies; cendal; cotte hardie; manteau; chaperon; robe. — 3. Fétuque et manus Christi; massepain; malade. — 4. Travailleurs de terre; maladie. — 5. Savetier; garniture de robe. — 6. Damoiseau; peaux écarlates; huile. — 7. Frère Mineur; papier lombard.

1. *Huc Andral, mercadier de Montalba*, deu per resto de I comte el libre de B, a CXXXIIII cartas, e fo per II anels d'aur e per autras cauzas, que hac a XII de febrier : . . . .   VIIII s. IIII d. t.

E nos a lu quens bailee en II vet, am III s. quelh mandem per f. P. Chorsa, a XXVII de junh : . . . .   v s. III d. t.

E may a lu quens bailee a XVII de setembre.

Resto II s. t. que deu. Mudat avant a XXXVIIII cartas.

2. *Mᵉ Esteve Ros, savi en drey de Montalba*, deu per I comte el libre de B, a CXXXIIII cartas, e fo per guarnizo de rauba e per VIII lh. I s. VIII d. comtans, quel prestem a XIII d'abril per far sas vinhas. T. P. Forestier, son cozi, que monta per tot : . . . .
. . . .   VIII lh. XII s. VII d. t.

E avem ne II tasas dauradas en comanda. Redem lhi II tasas dauradas a XV de junh. E nos a lu quens bailee en P. Forestier a XV de junh, escms am lu : . . . .   (XIII lh. I s. VIII d.

Item deu per guarnizo de rauba, que pres en P. Forestier e Mᵉ P. Chiralba, a VIII d'aost per guarnir las raubas del mesclat dels efans (1) : . . . .   I s. IX d.

Item deu per IIII ochaus sedas e per II palms sendat, que li bailar a Mᵉ P. Chiralba, a XXVI de ochoire, per guarnir Iª cotardia e I mantel a sos ops, que monta : . . . .   v s. II d. t.

Soma XVIIII s. VIII d. t. comte fag am lo lo dia desus. T. Mᵉ P. Chiralba, e so bot de Mᵉ Esteve.

Item deu per comtans quelh prestem a XXI de novembre, per paguar lo sirven que era vengut per lo maestre. T. P. Forestier : . . . .   IIII s. t.

Item deu per la guarnizo de I capairo e de la rauba de la dona sa molher que pres Mᵉ P. Chiralba : . . . .   III s. III d. t. mᵉ.

(1) Les robes de drap mêlé des enfants.

Item que deu de resta i escut e meg en ii s. t., comtat am lu a xiii de dezembre l'an xlv (1345). T. lo senhe Ar. Lhautier e Monet, so m[aestro].

Finat fo am lu a xxvi de genier l'an xlvi (1347).

3. *Johan Faure, de Causada*, deu per i comte el libre de B, a cxxiiii cartas, e fo per mega lh. festuxs e manus christi, e per i masapa que hac a xiii de fevrier. T. M⁰ Benezeg Faure, son oncle : . . . . iii s. viii d. t.

4. *Johan de Reynas, afanier de Montalba, que esta al bari del Mestier*, deu per resta de i comte el libre de B, a cxxxiiii cartas, e fo per las cauzas de sa malautia, quelh ordence M⁰ W. de Verfuelh a xv de fevrier, que monta : . . . . iii s. ii d. t.

E nos a lu quens bailee a ii d'aost : . . . . (ii s. vi d.)

Resto xx d. que deu.

5. *Durant de Montelhs, sabatier de Montalba*, deu per i comte el libre de B, a cxxxv cartas, e fo per guarnizo de rauba que hac a xv de fevrier, per Gr. Segui, de Bresols, a paguar dins iii dias, que monta : . . . . ii s. vii d. t.

Mudat.

6. *Lo senhen Bertran de Guordo, donzel, bot de M⁰ de Montalba* (1), deu per i comte el libre de B, a cxxxv cartas, e fo per ii pels escarlatadas, e per i lh. e mega oli, que hac a xv de fevrier. T. M⁰ P. dels Prat (2), en Johan Bersier, que monta : . . . . vii s. vi d. t.

7. *Fraire Estere Faure, f. menor de Montalba*, deu per i comte el libre de B, a cxxxv cartas, e fo per i ma de papier lombart que hac a xvii de fevrier : . . . . i s.

E nos a lu que bailec R. Blanchart : . . . . (i s.)

Soma iii s. viii d. Vera est.

---

(1) Bertrand de Gourdon avait épousé Soubirane, fille de Bertrand IV de Cabhillac et d'Alix de Peyre ; c'était donc le beau-frère et non le neveu de l'évêque de Montauban.

(2) P. des Prés, de la famille des seigneurs de Montpezat.

[1344]   Fº XXIII.

SOMMAIRE: 1. Notaire royal; anneau d'or avec saphir; écritures. — 2. Frère Prêcheur; dragée; soie; maladie; brassart de plates; revendeur; drapier. — 3. Bourgeoise; maladie; fourniture; exécuteurs testamentaires; cazal. — 4. Damoiseau; drap d'or de siglaton; cierges; sépulture; prêt pour la guerre; taxe; escarcelle; courroie. — 5. Bourgeoise; toile pour chemises d'enfant. — 6. Religieux; maladie.

1. M⁶ Gualhart Roy, notari real de Montalba, deu per I comte el libre de B, a cxxxv cartas, e fo per I anel d'aur am safir, que hac a xvii de fevrier, a paguar dins viii dias, que monta : . . . . .
. . . . vi s. vi d.

Finat fo am lu a xxiii d'ochoire per escripturas quelh devian per Tomas de las Guariguas.

2. Fraire Tomas Delbose, f. prezicador de Montalba, deu per I comte el libre de B, a cxxxv cartas, e fo per Iª drigicia, e per meg ochau seda, que hac a xviiii de fevrier : . . . . . . I s. vi d.

Item deu per I comte enreires a xvi cartas, e nom d'en P. Delboxs, so fraire, per las cauzas de la malautia de sa molher, lascals el nos mandec a paguar. T. f. Bertomio de la Boria : . . .
. . . . xxxv s. v d.

E nos a lu quens bailec a maio lor (1), en iii escut, a xxii de genier : . . . . (L s. t.)

E may a lu quens bailec a xxii de genier :   (xix s. viii d. t.)

Item deu per I brasalot platonat (2) que n'ac per en P., so fraire, a xxii de genier : . . . . xvi s. viii d.

Item deu que se bailar a Johan de S. Mari, revendeire, a vi de fevrier : . . . . xxxiiii s.

Item deu que se bailar au P. Adelh, drapier, a xiii de fevrier :.
. . . . xviii s.

E nos a lu quens bailec en Iª [vetz] : . . . . (xiii s. vi d. t.)

Resto xxi s. v d. que deu. Mudat el manoal   IIᶜ xxxxi cartas.

3. La dona de Durant, molher que fo d'en Bertomio Duran, que esta en la Barbaria, a Montalba (3), deu per I comte el libre de B.

---

(1) *A maio lor*, à leur maison.
(2) *Brasalot platonat*, brassard garni de plates.
(3) Voir la note de la page 33.

a cxxxv cartas, e fo per las cauzas de sa malautia, e per so fornimen que hac, fag comte am M° Johan Filhol, capela, e am M° P. Arnaut Daurelier, e am M° Esteve Duran, sos exsecutors, que monta : . . . . III lh. VII s. III d.

E nos a liey quens bailec M° Esteve Duran e M° P. Daurelier, a xxx de junh : . . . . (II lh. X s. t.)

Resto XVII s. III d. que deu, loscals nos mandec a paguar mos conhat per I cazal (1) que comprero.

Finat fo am lor.

4. *Lo senhe Bos de Tauriac, donzel, que esta am M° senher de Montalba*, deu per I comte el libre de B, a cxxxv cartas, e fo per la resta de I drap d'aur sisclato (2), e per XII tortises, e per autras cauzas que hac per lo fornimen, far onor al cors, per Buovais, al cors de M° Arnaut-Johan de Vilamur. T. M° Fort, notari de Buovais, que monta : . . . . III lh. III s. II d.

Item deu per comtans quelh prestem a VIII de setembre, que anava a la guera (3). T. R. Vifranc.

E avem ne I^a tassa am I ca degot (4). Redem la tassa a R. Vifranc. T. M° Gualhart de Cardalhac (5) e M° Bertran de Cauzac : . . . . II escut d'aur.

Item deu per I^a escrascla e per I sobresenh (6) de cuer, que pres R. Vifranc sobre la tassa; escut per XVI s. VIII d. t. : . . . . VIIII s. t.

Finat am R. Vifranc dels II escut e VIIII s.

5. *La dona de la Sera, molher del sen Guiraut de la Sera, borgues de Montalba*, deu per I comte el libre de B, a cxxxv cartas, e fo

---

(1) *Uzal*, petite maison rurale.
(2) *Drap d'or sisclato* ; le siglaton était un brocart d'or. On trouve aussi dans le même sens *sisclatonat*.
(3) *Que anava a la guera*. Bos de Tauriac suivit probablement le duc de Normandie dans les pérégrinations à travers le Quercy. Ce prince était en effet à Montauban le 7 ou le 8 septembre.
(4) *Una tassa am I ca degot*, une tasse avec un chien dessous. C'était probablement une tasse émaillée, sur laquelle était représentée un chien.
(5) Gaillard de Cardaillac était fils de Bertrand V et d'Ermengarde de Lautrec ; il appartenait à l'ordre des Frères Prêcheurs.
(6) *Seng*, courroie ; *sobre seng de cuer* ne peut être qu'une autre courroie qui se plaçait sur la première.

per x aunas tela que hac per camins als efans, que trames a Monpeslier a xxiiii de fevrier (1). T. Dona de Mauri : ix s. ii d.

6. *Madona Ramonda de Guordo, monga d'Albafuelha,* deu per i comte el libre de B, a cxxxv cartas, e fo per las cauzas de sa malautia, que ordenec M° P. de Monlanart, a xxiiii de fevrier, que pres senhe P. de Guordo, que monta : . . . xviii s. ii d. t.

Soma ii lh. iii s. ii d. Vera est.

[1344] F° XXIII v°.

SOMMAIRE : 1. Chapelain de la collégiale Saint-Étienne; tasse d'argent; la dîme de Camguise, prieuré de l'abbaye de Saint-Théodard. — 2. Moine; garniture de robe: gants de chevreau. — 3. Damoiseau; denrées. — 4. Marchand; garniture de robe: cierges; messe; cierges; ruban de soie noire; garniture de robe; brunette. — 5. Bourgeois; roussin gris; le Landit; futaine de Givet; écus à la couronne; écus aux léopards; doublet de lin de Paris; bourse fine de soie; ceinture émaillée d'argent; bourses d'or ciselé; ceinturon garni de laiton; serge noire. — 6. Tailleur: fourniture.

1. *M° P. Tamizier, capela de S. Estefe, de Montalba,* deu per resta de i comte el libre de B, a vi^{xx} xv cartas, e fo per i^a tassa d'argen quelh aportem de Toloza, que donec a M° Fole de Belfort, per lo deime de Camguiza, que avia agut l'an desus. T. R. del Capmas, que monta : . . . . viii s. t. .

E nos a lu quens bailec a x de setembre : . . . . . (viii s. t.)

2. *M° Ratier d'Audoy, monge del mostier de Montalba,* deu per i comte el libre de B, a vi^{xx} xv cartas, e fo per guarnizo de rauba, e per autras cauzas que hac a : . . . . viii s. iii d. t.

Item deu per i par guans de cabrit que hac a ii de junh l'an xlv (1345) : . . . . x d. t.

E nos a lu que bailec : . . . . (ix s. i d.)

3. *Lo senhe P. de la Peraireda, donzel de Montalba* (2), deu per

---

(1) Dix aunes de toile pour faire des chemises à des enfants, et qu'on envoie à Montpellier. Cette citation, jointe aux nombreuses ventes du même genre, prouve que les chemises étaient d'un usage général au quatorzième siècle.

(2) Pierre de la Peraireda était seigneur de Flaugnac (Lot), et, comme la plupart des familles nobles du Quercy, il avait droit de bourgeoisie à Montauban. Un des membres de cette famille, dont le nom a été souvent défiguré, fut

comte el libre de B, a vi^{xx} xv cartas, e fo per diversas dimadas que pres el, e la dona sa molher, e M° B. son capela, a i de mars, que monta : . . . . iii lh. iiii s. iiii d. t.

E nos a lu quens bailec M° Bernat a xi de junh : . . . .
. . . . (iii lh. iiii s. iiii d.)

4. *P. de Caisac, mercadier de Montalba,* deu per i comte el libre de B, a vi^{xx} xv cartas, e fo per guarnizo de raubas a si e a sa molher, que hac a iii de mars. T. M° Huc del Solier, sartre, que monta : . . . . vii s. ii.i d.

Item per i tortis de ii lh. quelh tramezem per sa sirvienta, a xxi d'aost, per far dire mesa an Esteve Bruguieira, son conhat : .
. . . . (iii s. t.)

Item per ii tortises de mega lh. cascu, e per ii palms veta de seda negra que pres sa sirventa a xxvi d'aost : ii s. iiii d. t.

Item deu per guarnizo de rauba que hac el metheis a xi de novembre : . . . . i s. ix d. t.

E nos a lu per v aunas e vi palms bruneta que n'aguem per M° [lo] Prior e per M° P. Pazern : . . . . (vi lh. x s. iiii d. t.)

Item deu quelh bailem comtans : . . . . cxv s. e i d.

5. *Lo sen Bernat de Razeire, borgues de Montalba,* deu per i comte el libre de B, a vi^{xx} xvi cartas, e fo per i rossi liar (1), e per autras cauzas que hac a iii de mars. T. R. de Pazern, e Matfo Guari, e M° B. Faure, notari, feu carta del rossi, a paguar al Landi, que monta per tot, l'escut per xvi s. viii d. t. : xxi lh. vi viii d.

Item per iiii aunas e i palm fustanis de Givat, que pres la dona sa molher a xxx de junh : . . . . xiii s.

E nos a lu que bailec per nos al senhe Bertran Austorg, en vi coronas, e en xv leos (2), que monta : . . . . . . (xix lh. x s.)

---

administrateur perpétuel du diocèse de Montauban en 1361-1368. L'abbé Daux croit avec Baluze qu'il s'appelait du Pouget et était neveu du cardinal Bertrand du Pouget; d'autres historiens le nomment exactement de Peyrarède. Nous penchons pour cette dernière opinion, avec d'autant plus de raison qu'on trouvera plus loin, dans un compte de Bonis, que P. de la Peyrarède était cousin des du Pouget.

(1) *Liar,* gris.
(2) Les *couronnes* et les *léopards:* deux monnaies d'or ayant cours à cette époque, la première française, la seconde anglaise.

Item deu per I doble de li de Paris, e per I^a borsa fina de seda, e per I^a sentura esmallada d'argen, e per II borsas d'aur talhat, e per I senturet guarnit de lato, que hac a x d'aost per donar a Realvila, que monta aquitat de III s. IIII d. per lh. (1) : . . . .
. . . . II lh. xv s. x d. t.

E may a lu per I^a pesa sargua negra que n'aguem : (II lh. x s.)

E may a lu quens bailec lo M^e d'en Guiraut Duran a xxi de novembre : . . . . (XVIII s. t.)

E may a lu que deviam an Guiraut Duran, que aviam pres de M° P. de Pazern : . . . . (XII s. t.)

Resto xII s. vi d. d. que deu.

6. *La molher que fo de Me B. Boyer, sartre, que esta a l'osdal de Vilamur, al cairefore de la Fauria,* deu per I comte el libre de B, a vi^{xx} xvi cartas, e fo per lo fornimen del susdig Me Bernat, que hac a II de mars : . . . . IIII s. e I d. t.

[1344] F° XXIIII.

SOMMAIRE : 1. Bourgeois; denrées; règlement; cendal; toile; sedas pour garniture; cotte-hardie; manches; loyer de draps d'or diaprés; sépulture de B. Molinier, chevalier; médecin; amandes; gruau d'avoine; sucre en pain; amandes; amidon: sucre en pain; grenade; tisane; sirop; tisane; sucre rosat; fiole; médecins; momie: miel rosat, cire, huile d'olives; toile; fil, pavillon. — 2. Évêque de Montauban: denrées; reconnaissance; pénide, gomme adragante; torches; sépulture; pénide: safran; macis; sucre; confiture; hosties dorées; anis confit. — 3. Damoiseau; garnitures de robes partyes; robes de deuil; reconnaissance; la caisse; clerges; lit: maladie; clerge; maladie; fil d'or de Chypre; sépulture; clerges; messe.

1. *Lo senhen Johan Clergue, borgues de Montalba,* deu per I comte el libre de B, a vi^{xx} xvi cartas, e fo per diversas dinnadas que pres el, e Me Guiraut, son oncle : . . . . vII lh. xII s. IIII d. t.

[1345] ANNO DNI M° CCC° LXV.

Item deu per I comte el manoal de D, a vII^{xx} vi cartas, e fo per diversas dinnadas que pres el, e M^e Gr., son oncle, a xx d'abril, l'escut per xv s., que monta : . . . . III lh. v s. vII d.

---

(1) Cet article est remarquable par la valeur et la richesse des objets vendus probablement pour faire un hommage. — De plus, on y remarque la mention d'une espèce d'escompte ou d'intérêt de 3 s. 4 d. par livre; mention rare dans ce livre de commerce. — Nous traduisons d'*aur talhat* par d'or ciselé. C'était peut-être aussi une bourse en filigrane d'or.

Soma per tot: xviii escut d'aur e meg, que deu, comte fag am lu a i de junh. T. W. de las Farguas, molinier, e Bernat de Verno.

Item deu per ii palms i cart sendat, e per i palm tela, e per v ochaus sedas, que fe bailar a M° B. Mauri, a xvii de julh, per guarnir sa cortardia, e ii pars de marguas, que monta : . . . . vi s. vi d.

Item deu per xvi tortises, que pezavo xxxii lh., e per lo loguier de ii draps d'aur diaspret, que hae a xvii de julh, per far onor el e M° Guiraut, son oncle, al cors de M° B. Molinier (1) : . . . . iiii lh. ix s.

Item deu per cauzas de medesina per Matio, que pres M° Esteve a xviii de julh : . . . . iiii s. ix d. t.

Item deu per ia lh. mellas e per ia lh. e mega avenat e per i cart sucre pa, que pres M° Gr. a iiii d'aost : . . . . . . ii s. iiii d. t.

Item per amellas e per amido, e per sucre pa, e per ia milgrana, e per ia tizana que hae a v d'aost per Clemens, son bot, que era malautes : . . . . iiii s. viii d.

Item per i ychirop, e per ia tizana, e per mega lh. sucre rozat, e per ia ambola (2) que hae a vi d'aost per M° Gr., son oncle, que ordenee M° P. de Martel : . . . . x s. viii d.

Item deu per cauzas medesinals, que fe bailar M° Guiraut a Matio, son bot, a xviii d'aost, que pres M° Esteve, lo surgia (3) : . . . . iiii s. x d. t.

Item deu per mega ousa momia, e per i cart mel rozat, e per meg cart sera, e per iii cart oly d'olivas, que pres M° Esteve a xxviii d'aost, azops de Martio, son bot : . . . . ii s. vi d. t.

Item deu per v palms tela, e per iii cart de fil, que pres Matio, son bot, per i pavel (4) a xxxi d'aost : . . . . i s. vi d.

Soma per tot xxi lh. x s., l'escut per xvi s. viii d., comte fag am lu e am M° Gr. son oncle, a ii de septembre.

Mudat avant a xxxv cartas.

---

(1) Les draps d'or diaprés étaient des draps de brocart à fleurs retroussés de fils d'or et qui venaient d'Italie. — B. Molinier, seigneur de Saint-Nauphary.
(2) *Ambola :* ampoule, fiole.
(3) *Surgia,* chirurgien.
(4) *Pavel,* pavillon, enseigne, bannière.

2. *M° L'avesque de Montalba* (1), deu per 1 comte el libre de B, a VI ˣˣ XVI cartas, e fo per diversas dinaadas que pres n'Anstore Folco, comte fag am lu a XII d'abril, en prezensia de M° Johan Yvern; e avem ne 1 cartel de sa ma: .... x lh. III d. t.

Item deu per II onsa penis e diagraguam, e per IIII tortises de 1ª lh. cascu, per la fornitura de Johan de Limotgas, oelher (2), a XIII d'abril: .... VIII s. v d. t.

Item deu per 1 cartairo penis, que pres Guilho, lo cambrier, per Mª de Santa Livrada a XVIII de may: .... 1 s. III d. t.

Item deu per mega lh. gingibre, per 1ª onsa safra, e per mega onsa masis, e per 1ª lh. sucre e per IIII lh. cofimens, ostias dauradas, e anis cofit, que pres n'Anstore a VI de junh : 1ª lh. XIIII s. II d. t.

E nos a lu quens bailec n'Anstore a x de junh : .... (XI lh. XIIII s. v d.)

Resto x s. I d. t. que deu.

E may a lu quens bailec R. Delfau a XIIII de junh: .... (IX s. e II d. t.)

Mudat los xv d. el comte de M° de Montalba, el manoal.

3. *Lo senhen Ratier de la Mota, donzel, filh que fo de M° W. Bernat de la Mota*, deu per la guarnizo de las raubas partidas, que fe quant laisec la rauba del dol (3), que pres lo sen Izarn de Tauriac. T. Mˢ P. Chiralba, sartre, que monta per tot en aisi coma so comte en 1 cartel que es en la caisa de la taula : XVII s. III d.

E nos a lu quens bailec Bertomio Combas, tondeire, per lu : .. .. (XI s. III d. t.)

Item deu per 1 comte eureires a XVIII cartas, e nom de Marti Delforn, so masip, que monta : .... v s. VI d.

Item deu per resta de II tortises de IIII lh., que pres Marti Delforn, lo ser que M° Bernat Molinie fo yelit de vida, que fo a VI de julh (4), que monta : .... IIII s. VIII d.

(1) Guillaume Iᵉʳ de Cardaillac, évêque de Montauban.
(2) Exemple de charité de l'évêque Guillaume de Cardaillac, qui paie les remèdes et fait enterrer un malheureux berger à ses frais. Les noms de remèdes sont traduits au sommaire. Nous traduisons quelquefois par à peu près, mais du mieux possible.
(3) Les robes mi-parties. C'était alors la mode de s'habiller de deux ou plusieurs couleurs; les robes de deuil étaient noires.
(4) Dans le compte précédent il est question de la sépulture de B. Molinier.

[1346] Anno Dni m° ccc° xlvi.

Finat fo am lu en iii sest. emina fromen, que n'aguem a iii de dezembre l'an xlvii (1347), a xviii s. la carta, per la ma de lu e de n'Izarn de Tauriac.

Item deu per i comte el manoal de E, a xxx cartas, e fo per las cauzas de la malautia de Madona, e de la filha, e de W. B. de Cos, que ordenec M° Paul Rustanh e M° P. Martel a v de julh, l'escut per xviii s., comte fag am n'Izarn de Tauriac : . . .   iii lh. i s.

Item deu per i tortis de ii lh., que pres M° Bertran, lo capela, a iii d'ochoire, l'escut per xx s. t. : . . . .   iiii s. viii d. t.

Item deu per i tortis el manoal de C, a vii^{xx} ii cartas, e fo per las cauzas de la malautia d'en W. Bernat, son cozi, que ordenec M° P. de Martel a viii d'abril l'an xlvi (1346), l'escut per xxviii s. : . . . .   xxiiii s. i d. t.

Item deu per i comte el manoal de E, a vii^{xx} xv cartas, e fo per i ousa [fil] d'aur de Chipre (1), e per lo fornimen de Jacme Guase, e per autras cauzas, l'escut per xxviii s. : .   i escut e x s. vii d.

Item deu per i tortis de ii lh., que pres lo capela, a xxv de junh, per dire mesa al senhe de Castelferrus (2) : . . . .   vi s. viii d.

Item deu per i comte el manoal de E, a ii^c iii cartas, per la malautia de madona : . . . .   xxxviii s. x d.

Item deu el manoal de E, a ii^c v cartas.

―――――

[1344] F° XXIIII v°.

Sommaire : 1. Bourgeois de Montauban; denrées; gingembre; poivre; girofle; safran; sedas; toilo verte; manteaux. — 2. Sacristain du château de Bioule; épices; reconnaissance. — 3. Bourgeois de Montauban; piment; miel; amandes; boîte d'onguent; amandes; sucre; maladie; chrémeau brodé; cierge pour baptême; selle; futaine de Givet; coton; sedas; gipon; chandelle; chrémeaux. — 4. Damoiseau de la bastide d'Albias près Montauban; réseaux de soie; dragées fines; réseaux de soie de Lyon. — 5. Seigneur de Montbeton près Montauban; denrées; maladie; futaine à carreaux blancs et noirs; maladie.

1. *Gualhart de Guordo, borgues de Montalba,* deu per i comte el

chevalier, seigneur de Saint-Nauphari, qui eut lieu le 7 juillet : dans celui-ci on voit qu'il était mort le 6 juillet 1315.
(1) Chypre avait la spécialité du filage de l'or.
(2) Castelferrus, canton de Saint-Nicolas (Tarn-et-Garonne).

libre de B, a vi^{xx} xvi cartas, e fo per diversas dinaudas que hae en parselas a x de dezembre, que monta : . . . . i lh. xiii s. ix d.

Item deu per mega lh. gingibre, e pebre, e per i ochau girofle, e per mega onsa safra, que pres a xxvii de julh : . . v s. viii d.

E nos a lu quelh mandem a paguar a xxv d'aost per lo senhen P. de Guordo, so fraire : . . . . (xxiiii lh. t.

Item deu per comtans quelh bailem lo dia desus. T. n'Arnaut de Vairae : . . . . x lh.

Item deu per i ochau e meg sedas, e per meg palm tela vert, que hae a xxiii d'aost, per guarnir i manto : . . . . i s. v d.

Item deu per comtans que fe bailar an Johan Vidal, a xxiii. T. lo seu P. Esteve, jove : . . . . v s.

Item deu per comtans quens mandec a paguar per M° P. de Crifols, a xxviii d'aost : . . . . xii s.

Item deu per comtans quelh bailem la dia desus. T. en Matio Guari. En B. de Mauriac.

2. *Lo senhen Bernat, sagresta del castel de Biole*, deu per i comte el libre de B, a vi^{xx} xvi cartas, e fo per espesias quelh tramezem per R. Compinn, am entresenhas cosi avia paguat so que nos devia (1), que monta : . . . . iii s. ii d. t.

E nos a lu quens bailec a vii d'abril : . . . . . (iii s. ii d. t.)

3. *Lo senhen P. de Verdu, borgues de Montalba*, deu per resta de i comte el libre de B, a vi^{xx} xvi cartas, e fo per diversas cauzas que hag, fag comte am lu a xxviii d'abril l'an xlv (1346), que monta : . . . . vi escut d'aur.

Item deu per i° pimentas, e per i° lh. mel, e per mega lh. mellas, que hae a xxxi d'abril : . . . . ii s. viii d. t.

Item deu per i° brostia d'enguens, e per mega lh. mellas, e per xx d. que bailem a F. Marti, a x de junh : . . . . . . iii s. vi d.

Item deu per comtans quelh prestem a xxii de junh, per deportar am Gualhart de Guordo : . . . . v s.

Item deu per amellas, e per sucre, e per autras cauzas, que pres per la filha que era malauta a xii de julh : . . . . v s. iii d.

Item deu per i° cremieira broidada e per i tortis de i carto, que hae a xxi de julh per far i filhol : . . . . i s. ix d.

(1) Avec déclaration signée, qu'il avait payé ce qu'il nous devait.

Item deu per comtans que bailem an Patino per 1ª selas, a F. Marti, so fraire : . . . . I s. x d.

Item deu per III aunas fustani de Givat e mega lh. meg cart coto, e per 1ª onsa e mega fil, e per III ochaus sedas que hac per far 1 jupo a III de setembre, e per II candelas de meg carto et per II cremiciras que hac a XXIIII de setembre : . . . . . XIII s. VII d.

Soma VIII escut e I gros d'argen que deu. Mudat avant a XLII cartas.

4. *Lo senhen Guilhem de Ricet, donzel de la Bastida d'Albiars*, deu per 1 comte el libre de B, a VI^{xx} XVI cartas, e fo per 1 comte fag am lu, e per autras cauzas quelh tramezem per sos escrigs, tro a VI de junh l'an XLV (1345), que monta : . VIII escut e XXII d.

E nos a lu per II rezols de seda quens tornec (1) : . . . . V s. t.

Item deu per 1ª drigicia fina : III s. t. VI d. t., e per II rezols de Lheo de seda : VI s.; que pres a XII d'aost que monta : . . . . XIII s. VI d.

Finat fo am lu a IIII de novembre.

5. *M^o Gualhart Grimoart, cavalier, senher de Monbeto*, deu per resta de I comte enreires, a XVII cartas, de diversas monedas, l'escut per XXXII s. : . . . . III lh. XVIII s. VI d.

Item deu per I comte el manoal de E, a VII^{xx} VI cartas, e fo per diversas dinaudas que pres W., so filh, e P. de Montgualhart, a XX d'abril e a XIII de junh, l'escut per XXII s. : . . . XVI s. I d.

Item deu per 1 autre comte el manoal de E, a VIII^{xx} VIII cartas, e fo per la malautia de P. R., so filh, a XIII de junh, l'escut per XXXII s. : . . . . X s. IX d.

Item deu per XII aunas e mega fustanis escacat, e blanc, e negre, quelh tramezem per M^o W. Bru, sartre, a Monbeto, a XIII de junh, l'escut per XXXII s. : comte fag am lu a IIII s. l'auna : . . . . II lh. X s.

Item deu per 1 autre comte el manoal de E, a II^c VIII cartas, e fo per las cauzas de la malautia de la monga, a XII de julh, l'escut per XXXII s. : . . . . IIII s. VII d.

(1) Qu'il rendit.

Soma per tot viii lh. xviii s. iii d.; comtat a xvii de julh; e avem i escrig de las parselas, l'escut per xxxii s.

Mudat avant a iiii^{xx} iii cartas, el comte de M° Huc, so fraire.

[1344]   F° XXV.

SOMMAIRE : 1. Habitant de Corbarieu; garniture de robes; tondeur. — 2. Bourgeois de Montauban; denrées; anneaux d'or avec saphirs; torches; revit; chrémeau brodés; cierges pour baptême; canelle; girofle. — 3. Seigneur de Villebrunier (Tarn-et-Garonne); maladie. — 4. Aïeule; garniture de robe; épices; petit cierge pour l'autel de Sainte-Marguerite; chandelle; chrémeau luyauté pour baptême; clerc; bassine. — 5. Seigneur de Saint-Nauphary; denrées; change; voile de soie d'Allemagne; clerc; danse; soubreveste pour jouter; chapeau de feutre; ceinture de soie émaillée de Montpellier; maladie.

1. *Bernat de Campeira, de Corbario*, deu per i comto el libre de B, a vi^{xx} xviii cartos, e fo per guanizo de rauba que hac viii de mars. T. Bertomio Combas, retondeire : . . . . iii s.

E nos a lu que bailec.

2. *Lo senhen Guiraut del Valat, borgues de Montalba*, deu per resta de i comte el libre de B, a vi^{xx} xvii cartas, e fo per diversas dimandas que hac en parselas, que monta : . . . . . . xvi s. ii d.

Item deu per ii anels d'aur am safirs, que hac a xxvii de setembre, per donar a la nobia de la Sera (1) : ' . . . . viii s.

E nos a lu per i dels anels desus que n'aguem el comte de P. de Verdu : . . . . (iiii s.)

Item deu per i tortis de ii lh. meg carto, que pres sa sirventa a xxvii d'ochoire per far revit de son combat, que monta : . . . . .
. . . . iii s. ix d.

Item per i^a cremieira broidada, e per i tortis de i carto que pres n'Izombart a xviii de novembre per far i filhol an W. de Chorda, que monta : . . . . i s. vi d.

Item deu per i tortis de i^a lh. e per mega lh. canela e per i^a onsa girofle, que hac a xxviii de genier, que n'Izombart fo nobi : . .
. . . . x s. l.

Resto xxxv s. v d. que deu, l'escut per xvi s. viii d.

---

(1) *A la nobia de La Sera*, à la fille de G. de La Serre, qui se mariait.

E nos a lu quens bailee a IIII de julh: . . . . (XVIII. s. t.)
Resto XVII s. V d. t. que deu. Mudat avant a XVII cartas.

3. M° Pos Grimoart, cavalier, senher de Vilabrumier, deu per
i comte el libre de B, a VI·xx XVII cartas, e fo per cauzas quelh
edence M° P. de Martel, a x de mars, quelh tramezem per
W. Catala, am sa letra, que el era enraumasat (1), que monta : .
. . . . X s. IX d. t.
Mudat.

4. La dona de Berno, avida d'en Matio Guari, de Montalba, deu
per i comte el libre de B, a VI·xx XVI cartas, e fo per guarnizo de
rauba, e per espesias, que hac en parselas a XII de mars. T. sa
crventa, que monta : . . . . V s. IX d. m·s t. (2).
Item per mega lh. alholas que hac a XVIII de junh per Santa-
Marguarida : . . . . I s.
Item per 1ª caudela de meg carto, e per 1ª cremieira canolada
que hac a XXI de setembre, per 1 alhol : . . . . VII d. t.
Item deu per I tortis de 1ª lh. e mega, quelh tramezem per lo
M° de Guari, per ufrir a M° Miquel Moto, a VIII de gener : . . . .
. . . . III s. e III d. t.
Soma X s. IIII d. que deu, comte fag am lley, a IIII de mars.
T. la dona molher d'en Matio Guari : . . . .
Item a degut el libre de B, a CXIII cartas, de que n'aguem
e'lasina. Mudat am la fornitura.

5° M° Bernat Molinie, cavalier, de Montalba, senher de S. Lau-
sici, deu per i comte el libre de B, a VI·xx XVII cartas, e fo per
diversas dinnadas que hac en partidas, que monta somat azes-
cat (3) : . . . . VIII escut e X d. t.
Item per II velet de seda d'Alamanha de pasa gran forma (4) :
XVIII s., e per II tortises de III lh. cascu, que pres la dona de
Eole, azops de sas filhas, els tortises per balar de sers a XX de

---

(1) *Enraumasat*, enrhumé.
(2) *M·s* dolt signifier *maille* et non *Morlàas*, comme il a été dit plus haut,
p. 48, note 2.
(3) *Somat azescut*, totalisé au change de l'écu.
(4) *De pasa gran forma*, plus que grand.

abril, que sos filhs preiro molher, que monta l'escout per xv s. (1) :
.... II l.

Item per VIII aunas tela blaua, per far sobreviestas per justar, e per I capel de feutre, que pres en Guiraut, so filh, a XXI de may; per tot : .... XII s. II d.

Item deu per sentura de seda esmalhada de Monpeslier que pres en Gr., a XX s. de may : .... V s.

Item deu per I comte enreires a XII cartas e nom d'en R. Molinie, quens mandee a paguar per lu. T. lo senhe P. de Cuorb, el senho B. de Foraboxs : .... III lh. XVIII s. VI d.

Item per I comte el libro manoal de D, a VIII^{xx} XI cartas, e fo per las causas de sa malautia que ordence Me P. de Martel a XI de junh, que pres M° Huc Trobat : .... I lh. XV s. X d. t.

Soma XVI lh. VII s. IIII d. m°.

E nos a lu per X sest. fromen a XX s. lo sest., e per VIII sest. emina mestura, a XV s. lo sest., que n'aguem a II de novembre l'an XLV (1345) : .... (XVI lh. VII s. VI d.)

[1344] F° XXV v°.

SOMMAIRE : 1. Notaire de l'évêque; garniture de robe; papier; fil vermeil; toile bleue; cendal; sedas; robe de clerc; toile verte; fil soyeux pour garnir un garnache; papier lombard et catalan; sépulture; papier; fil vert; cendal; soie pour robe. — 2. Damoiseau; sépulture; jugement. — 3. Seigneur de Lepan (Lot); torches; épices; chapeau de feutre; poivre; safran; cierges; fête Épiphanie. — 4. Veuve; clerge; sépulture; clerge. — 5. Notaire; garniture de robe. — 6. Chapelain de Saint-Étienne du Tescou; soie verte.

1. Me P. de Parlier, notari de M° de Montalba, deu per resta de I comte el libro de B, a VI^{xx} XVI cartas, e fo per guarnizo de rauba, e per papier, que pres Me Bertran, son disiple, en parcelas, que monta : .... XV s. IIII d. m°.

Item deu per I^a onsa fil vermelh, e per I palm tela blaua, e per I palm e meg sendat, e per III ochaus sedas, que pres Me P. de S. Maurizi, per guarnir la rauba de son clerc, a XV de julh : .... IIII s. X d.

---

(1) Dans cet article, il est question d'un bal donné par Molinier, à l'occasion des noces de ses fils, et auquel assistèrent Ermengarde de Lautrec, dame de Bioule, et ses filles.

Item per ii palms tela vert, e per i cart fil sedenc que pres lo masip per folrar lo gunnag : . . . . x d.

Item deu per i papler fug de ii mas e per ii mas papler lombart e catala (1), que pres Me Bertran a xii de setembre : iiii s. i d.

Item deu per i comte el manoal de D, a ii^e i^a carta, e fo per lo fornimen de Me Bertran Biart, a xxviii de setembre : . . . .
. . . . i lb. xiii s. viii d. t.

Item deu per i comte enreires a xviii cartas, e nom de Me Bertran Biart, que monta : . . . . vi s. vi d.

Item deu per v mas papler lombart e catala, que pres Me R. Blanc a viii d'ochoire, e ne i escrig : . . . . iiii s. o i d.

Item deu per i^a onsa fil vert, e per i palm e meg sendat, e per un oehaus sedas que pres Me P. de S. Maurizi a xii d'ochoire per guarnir sa rauba, quells trames so fr[air]e, que monta : . . . . . .
. . . . v s. iiii d. t.

Soma iii lb. x s. v d. que deu. Mudat avant a xLii cartas.

2. *Lo senhen Bertran Anstorg, donzel, que demora am M° Pons d'Auti, e M° R. Delbruelh, capela de S. Estefe de Montalba, en Bernat Brusca d'Olr'Arairo, devo per i comte el libre de B, a vi^xx xvii cartas, e fo per resta de la fornitura d'en Izarn d'Auty, donzel, que lagro a paguar a S. Johan Batista que ven, e Me Pons Rigaut, notari de M° l'ofesial, feu futgat a paguar al dia desus, que monta :* . . . . xviii escut e xi s. vi d.

E nos a lu quens ballec a xxii de junh : . . . . . (vi escut.)
E mai a lu quens ballec a xxviii d'abril : . . . . . (ii escut.)
E mai a lu quens ballec a xxviii d'abril : . . . . . (ii escut.)
E may a lu quens ballec M° R. Delbruelh per lu a xxvi d'ochoire : . . . . viii escut xi s. vi d.

3. *Lo senhen P. de Belfort, donzel, senher de Lespara* (2), deu per i comte el libre de B, a vi^xx xvii cartas, e fo per i tortis de ii L, e per espesias, que hac a xv de mars. T. Gr. Bertran, e P., so fih, que monta :* . . . . v s. x d. t.

---

(1) Voir la note 1 de la p. 19. Le papier catalan était sans doute de la même dimension et du même poids que le papier dit *espagnol*, qui avait 14 pouces 1 ligne sur 11 pouces 6 lignes et pesait 9 livres la rame.

(2) *Lespirre*, petite seigneurie près de Lalbenque et de Belfort (Lot).

Item deu per ii capel de feutre, que pres a xi de novembre, :..
.... iii s.

Item deu per x onsas pimentas xii s., e per mega lh. pebre, e per mega onsa safra, e per i tortis de ii lh., quelh tramezem per en Sicart, so filh, monge, am so escrig, que es en la caisa, a xvii de dezembro l'an xlvi (1346), l'escut per xxiii s., a paguar a Tanfania (1). T. M° Etier Bernat, monge : .... xxi s. v d.

4. *La dona de Bruguieira, maire d'en Esteve e d'en P. R. Bruguieira*, deu per i tortis de i lh., quelh tramezem per Joan, molher d'Arnaut Pelisier, a xvi de mars : .... ii s.

Item deu per i comte el libre manoal de D, a viii^{xx} vii cartas, e so per lo forniment d'en Esteve Bruguieira, so filh, que pres Johan de Montures e P. Regina. T. en P. de Foraboxs, a xxi de junh, que monta. Mudat : .... vi escut iii s. x d. t.

Item deu per i tortis de ii lh., que pres en Pe R. Bruguieira, so filh, a xxviii d'ochoire : .... iiii s.

E nos a liey quens mandec en P. R., so filh, ii escut ; en P. de Verdu autra ii escut : .... (iiii escut.)

5. *Me Constanti de Riom, notari de Montalba*, deu per i comte el libre de B, a vi^{xx} xvii cartas, e so per la garnizo de la rauba de si e de son fraire, a xvii de mars : .... v s. ix d. t.

E nos a lu quens bailec : .... (v s. ix d. t.)

6. *M° Huc de Nabelgas, capela de S. Estefe de Montalba*, deu per i comte el libre de B, a vi^{xx} xvii cartas, e so per iii ochaus seda vert, e per i^a pessa ruban, que hac a xvii de mars. T. lo bot de M° P. de Bordas : .... ii s. vi d.

Soma xxx s. iii d. Vera est.

(1) *Tanfania*, l'Épiphanie.

F° XXVI.

[1311]

SOMMAIRE: 1. Habitant de Bressols; cierges; nouveau prêtre; cierges ronds; confrérie de Saint-Jacques; garniture de robes; fil blanc, toile, soies, pour robe. — 2. Habitant de Bressols; cierges, nouveau prêtre; fourniture. — 3. Savetier; fourniture; pension; doubles cierges de cire; vieille cire; chandelles rondes; cendal noir; soie; toile. — 4. Habitant de Corbarieu; cierge pascal. — 5. Habitant de Corbarieu; denrées. — 6. Moine de Saint-Théodard; doublet de lin de Paris. — 7. Notaire; garniture de robes; fil vermeil; toile verte, soies pour gonelle; le gardien des Frères-Mineurs.

1. *Bernat Segui, de Bresols,* deu per i comte el libre de B., a u" xviii cartas, e fo per i tortis de i" lh., quelh tramezem per son genre a xix de mars, per ufrir a i capela : . . . . . . i s. x d.

Item deu per iiii siris redons (1), que pezavo vi lh., quelh tramezem per na Bernada de Cluari, de Bresols, a xxiii de julh, per la cofraria de S. Jacme (2) : . . . . xi s. ix d.

E nos a lu que bailec Guiraut, so filh, a viii d'ochoire : . . . . . .
. . . . (x s. l.)

Item deu per guarnizo de rauba, quelh aviam trameza per Daran de Montelhs a xv de fevrier. . . . . ii s. viii d.

Item deu per i" onsa fil blanc, e per i palm e meg tela, e per iii chaus sedas, que pres Guiraut Segui, so filh, per guarnir i" rauba a so filh, a xxii d'ochoire : . . . . »»

Item deu quens mandec a paguar a xxvi d'ochoire per Guiraut de Portel dins viii dias.

Soma viiii s. iiii d., que deu, comte fag am Guiraut, so filh, a xvii d'ochoire :

Mudat avant a xliiii cartas.

2. *R. Bergant, de Bresols,* deu per i comte el libre de B., a u" xviii cartas, e fo per ii tortises de i" lh. cascu, que hac per ufrir a i capela noel, a xix de mars, e per xxii d. que devia de resta del fornimen de sa molher, que monta: . . . . . x s. vi d.

---

(1) *Siris redons.* Ce sont évidemment des cierges ronds. Nous trouvons plus loin *siri pasqual*, cierge pascal. — Il est curieux de remarquer la multiplicité des termes employés par Bonis pour désigner les cierges: torchas, tortis, siris, cirots, cera en obra, doblas, candelas, etc. (Voir l'Introduction).

(2) Les confréries ou associations de secours mutuels étaient fort nombreuses à cette époque, même dans les petites localités.

3. *Bernat del Fromental, filh que fo d'en R. del Fromental, sabatier de Montalba*, deu per resta de I comte el libre de B, a VI^{xx} XVIII cartas, e fo per lo fornimen de sa molher, e per la despesa de III mes e meg que sa avia facha Arnaut, so fraire; comte fag am lu a VII de junh. T. en Bertomio Delmas, sabatier, en P. de Malbert, que monta : . . . . VI lh. VI s. V d.

E nos a lu quens bailec sa maire a XI de junh. T. en P. de Malbert : . . . . (I s. t.)

Item deu per I lh. doblos de sera, que pres la dona, sa maire, a II de junh : . . . . II s.

E may a lu per I^a sera velha que n'aguem lo dia desus : . . . . (I s. IIII d.

E may a lu per I^a candela de mega lh. redonda, que pres la dona, sa maire, a XXIII de junh : . . . . I s.

E may a lu quens bailec a IIII d'ochoire : . . . . . . (XXV s. t.) Resto LIII s. I d. t.

E may quens bailec a VIII de novembre : . . . . (XX s. t.)

Item deu per I palm e meg sendat negre, e per V cart seda, e per meg palm tela que pres sa maire a XV de novembre : . . . . II s. VIII d. t.

Soma quens bailec Me G. Jo. . . . per lu : . . . . . . (XX s. t.)

Resto XVII s. IIII d. t. de bona moneda. Paguet la dona, l'escat per XXV s. IIII d. t.

4. *Esteve dels Claus, de Corbario*, deu que restec a pagar de I comte el libre de B, a VI^{xx} XVIII cartas, e fo per la resta del siti pasqual, quelh fezem a XXI de mars, fag comte am lu, que monta: . . . . VIII s.

Item deu per I^a sitasio.

E nos a lu quens bailec Bertran Rotlan a XXX de setembre : . . . . (V s. t.)

5. *R. Rotlan, de Corbario, jove*, deu per I comte el libre de B, a VI^{xx} XVIII cartas, e fo per resta de dinaadas que hac a XXI de de mars. T. Bernat de Verno e Gr. Bonis : . . . . XIIII s.

E nos a lu quens bailec : . . . . (XIIII s.)

6. *M^o Emeric de Lauzeraut, monge del mostier de Montalba*, deu per I comte el libre de B, a VI^{xx} XVIII cartas, e fo per I doble de

li de Paris que hac per na Guilhalma Amlarda, e per autras cauzas; fag comte am lu a III de junh l'an XLV (1345), que monta: . . . . I lh. II s.

Aquesta soma nos mandec a paguar la sobredicha Guilhalma Amlarda a VI d'aost l'an XLVI (1346). T. M° P. Chiralba, sartre.

?. M° P. de la Faya, notari de Montalba, deu per I comte el libre de B, a VI^{xx} XVIII cartas, e fo per guarnizo de la rauba de sos efans e de I capela, a XXIII de mars, que monta : VI s. IIII d. t.

Item deu per mega onsa fil vermelh, e per I cart tela vert e per I cchau e meg sedas que fe bailar a M° P. Chiralba, a XXVIII de julh per guarnir I° guonela : . . . . I s. XI d.

Soma VIII s. III d., que valo, l'escut per XX s. VI d. : X s. I d. (1).

E nos a lu quelh mandem per drap que n'ac lo custodi dels f. menors, a XIII d'ochoire, l'escut per XX s. VI d. : . . IX s. III d.

Soma LVII s. I d. Vera est.

[1344]   F° XXVI v°.

SOMMAIRE : 1. Charpentier; drap d'or; cierges; cire. — 2. Frère Prêcheur; denrées; épices; confitures; cire; amandes; blé; cire; denrées; blé; safran; merlan; bourses de velours; blé; cierges; chandelles; drap d'or; cendal; vieille cire ouvrée; draps d'or dlapés revendus; poivre; safran; noces; flacon d'argent; anneaux d'argent; réseau jaune de soie; gants; louage d'un roussin; le vicomte de Monclar.

1. M° P. de Valteneryas, carpentier de Corbario, deu per I comte el libre de B, a VI^{xx} XVIII cartas, e fo per I drap d'aur, e per V tortises, e per mega lh. sera, que hac a XXIII de mars per far onor al cors de sa filha, molher que fo d'en Arnaut del Fromental (2). T. C. de Malbert, en Rausiac, sabatier, l'escut per XV s. : . . . . II lh. V s. VII d.

E nos a lu per comtans quens bailec a XV de julh :   (XXX s. t.)
E mai a lu per comtans que bailec : . . . . .   (XV s. VII d. t.)

2. Fraire Bertomio de la Boria, percuraire dels f. predicadors

---

(1) Exemple de l'opération que nécessitaient les variations des monnaies.
(2) L'usage d'envoyer ou d'apporter des draps d'or aux sépultures était si général, qu'on voit ici un charpentier de village s'y conformer.

de Montalba, deu per resta de i comte el libre de B, a vi^{xx} xviii cartas, e fo per comtans e per diversas dinaadas que hac per lo covent, tro a xxiii de may, que monta : . . . vii escut xi s. iiii d.

Item deu per resta de i comte el manoal de D, a viii^{xx} x cartas, e fo per espesias, e per cofimens, e per sera, e per amellas, e per sucre, e per autras cauzas, que pres en parselas per lo capitol a xxx de junh l'an xlv (1345), que monta : . . . . xxv lh. viii s.

Item deu el comte metheis quelh prestem : v carticiras de fromen.

E nos a lu per sera, e per autras dinaadas quens redec, que monto : . . . . (cxx s. i d. t.)

Resto xxvi lh., xi d., de que contam xxxi escut e iii s. iiii d. t., fag comte am lu a xxvii de julh e v carticiras de fromen. T. F. Bertran Chatgier, e f. P. dels Fole[o].

Item deu per mega onsa safra que hac a v d'aost : viii d. t.

Item deu per comtaus que fe bailar an P. Esteve, jove, de Montalba, per merlus que hac a x d'aost : . . . iii lh. i s. iii d.

Item deu quens mandec a paguar per la dona de la Faga, per resta de ii borsas de velut que hac : . . . . i s. i d. t.

E nos a lu quens bailec a xxvi d'ochoire : (v cartas fromen)

Item deu per iiii tortises de i* lh. e mega e per mega lh. candelas de sera, e per ii onsas enses (1), que hac per la fornitura. . . . . de Verlhac. T. F. Tomas Delbosc : . . . . xiii s. ix d.

E may lu per las iii part de i drap d'aur quens bailec lo prior (2), abatut xv d. que fe bailar als senhors monges del mostier a xvii de novembre per i sendat : . . . . (ii lh. iii s. ix d.)

E may a lu per xxvi lh. sera en obra alucada, que n'aguem a xviii de novembre a xvii d. : . . . . (xxxvi s. x d. t.)

Item deu quelh tramezem per f. Johan de Causada a xviiii de novembre : . . . . xxxvi s. x d. t.

E may a lu per iii draps d'aur diaspret que nos bailec M° lo prior (2) a ii de dezembre : . . . . (xxi* lh. t.)

De la cal soma que nos a bailada, M° lo prior a i escrig de nos.

Item deu per mega lh. pebre, e per i* onsa safra, quelh trame-

---

(1) *Enses* pour *ensens*, encens.
(2) Les moines revendaient les draps d'or offerts à l'occasion des funérailles.

zem a Verlhac (1) per Johan, so masip, a i de fevrier, que sa boda prendia marit : . . . . iiii s. t.

Item deu per i frachis d'argen o per ii anels d'argen, e per i rezol gruec de seda (2), que hac a iiii de fevrier, a paguar de se (3). T. so fraire, e f. Bertran Chatgier en P. Delbosc ; . . . . iii escut d'aur e iii s. viii d.

Item deu per ii pars de guans que hac a ii de fevrier ; i s. ii d.

Resto iiii escut d'aur e xxii s. ix d. t., l'escut per xvi viii d. t., que deu f. Bertomio de la Boria.

E nos a lu que bailec f. W. Chatgyer a xxviii de novembre l'an xlvi (1346) : . . . . i escut.

Item deu per viii dias que mence nostre rossi a Figac per las besonhas de Mº lo vescomte de Monclar (4), l'escut per xxiiii s. T. Jacme Cabanas que l[o] seguia, a iii s. per dia : . . xxiiii s. t.

Resto iiii escut d'aur que deu, comte fag am lu a xxi de mars l'an xlvi (1346.)

E nos a lu que bailec a xxi de julh l'an xlvi (1346) : . . . . (iiii escut.)

[1344]   Fº XXVII.

SOMMAIRE : 1. Savetier; taffetas vert, large, ruban de soie de Lucques, soie, pour garnir un chaperon; savates. — 2. Moine de Saint-Théodard; drap; clochettes, plates; gros tournois, escarcelles; infirmier du Moustier. — 3. Sergent de l'évêque; blé mêlé; monnaie; vigne; toile; cierges; sépulture; vendanges. — 4. Le chapitre du Moustier; épices; monnaies; sépulture; donat; épices; brunette noire; tondeur; fourrure; garniture de robe; couvre-chef doublé de lin de Paris; savates; patins; cierges; revit; blé; épices; le sous-viguier de Cahors.

1. *Bernat Ferier, sabatier de Montalba*, deu per i comte el libre de B, a vi^{xx} xviii cartas, e fo per i palm tafata vert ample, e per

---

(1) Verlhac-Tescou, canton de Villebrumier (Tarn-et-Garonne).
(2) *Gruec*, jaune. Ne serait-ce pas là l'étymologie du mot *grège* ? Les soies grèges, dont Montauban a la spécialité, sont en effet tissées avec de la soie jaune.
(3) *A paguar de se*, à payer par lui (?)
(4) Arnaud, vicomte de Monclar, était le neveu de l'évêque de Montauban ; il avait épousé Decane, fille de Bertrand V et d'Ermengarde de Lautrec. Il était beau-frère d'Hugues de Cardaillac, seigneur de Bioule, et prit part avec lui aux guerres contre les Anglais.

II aunas veta de seda luqueza, o per I ochau seda, que hac a XXIII de mars per folrar e guarnir I capairo a sa molher : . . . . V s.

E nos a lu per II pars sabatas que n'aguem en II vet, per Matio de Malfavar : . . . . V s. t.

2. M° Siquart de Belfort, monge del Mostier de Montalba (1), deu per I comte el libre de B. a VI^{xx} XVIII cartas, e fo per comtans que paguem per lu an B, Seguier, per III aunas de drap que hac a XXIII de mars. T. Gr. Bertran, l'escut per XV s. :   II escut e II s. t.

E avem ne II chilo de sas armas e I^a platas, redem lhi I^a platas e II chilhos (2).

E nos a lu que bailec P. Bertran, per lu, a XXIIII d'ochoire: . . . . (VIII s. IIII d.)

Resto VIIII s. VIII d., lo gros (3) per XV d., comte fag am lu a XII de may l'an XLVI (1346) am XX s. que nos deu bailar per lu M° Etier Bernat, dins VIII dias, loscals XX s. t. nos bailec.

Item deu, l'escut per XVIII s., per II escraselas que hac per donar a so fraire lo canonge, a XXI de junh. T. M° P. Delrieu, e fermier del Mostier : . . . . X s.

Finat fo am lu a XX de novembre, l'an XLVI (1346), exseptat XIII s. que deu, l'escut per XXII s. T. M° Etier e M° Vidal.

Mudat avant a . . . . .

3. R. Bessa, sirven de M° de Montalba, deu per I comte el libre de B, a VI^{xx} XVIII cartas, e fo per I comte que devia de diversas monedas, e per I sest. de mestura: fag comte am lu a V d'abril l'an XLV (1345), tornat a bona moneda. T. W. Raols, e M° P. Chiralba, sartre, e Matio de Malfavar, e Guiraut Bonis, que monta : . . . . I^a lh. XVIII s.

E nos a lu quens bailec a III de dezembre, de deniers que pres d'en Gauselin Catala, per I^a vinha quelh vendec : . .   (XV s. t.)

Item deu per II aunas tela, et per III tortises de meg cart

(1) Neveu du prieur mage de Saint-Théodard.
(2) Chilho, pour esquillo, clochette. L'usage de clochettes armoriées pour le service divin s'est perpétué pendant plusieurs siècles. (Voir les articles publiés à ce sujet dans le Bulletin archéologique de Tarn-et-Garonne sous ce titre: Clochettes d'église.)
(3) Les gros tournois, monnaie d'argent, ainsi appelés parce qu'ils étaient frappés à Tours; on y lisait la légende Turonus civis.

cascuna e per II de III^ma (1) que hac a xx de novembre per lo forniment de I efan, l'an XLVI (1346), l'escut per XXI s.: III s. VII d.

E nos a lu per pa que n'aguem e[n] vendemias l'an XLVII: . . .
. . . . (VIII s. t.)

4. *Lo Quapitol del Mostier de Montalbu* deu per resta de I comte
el libre de B, a VI^xx XVIIII cartas, e fo per espesias e per autras
causas que pres Me Huc Carit, e so masip, que monta *tornat a
escut* (2) : . . . . XV escut XI s. III d. t.

Item deu per I comte el manoal de D, a VIIII^xx II cartas, e fo per
la fornitura d'en Robi Botalo, lor donat (3), que monta : . . . . . .
. . . . III escut e V s. e I d.

Item per I comte el manoal de D, a VIIII^xx V cartas, e fo per
espesias que hac en parselas : . . . . VIII s. VII d.

Item deu que costero IIII canas e III palms bruneta negra a
XV s., la cana, e per las tondeduras (4), a XVIII d., e per I^a folradu-
ras X s. e per la guarnizo de la rauba II s. VIII d., e per I cubriecap
doble de li de Paris XXV s. (5), e per sabatas e patis V s., e per
I tortis de lh. e meg III s., que fe bailar M° lo prior e M° Huc
Carit, per vestir la molher d'en Robi, quant fo lo revit del susdig
Robi, que monta per tot (6) : . . . . VI escut XII s. IX d.

E nos a lu per X sest. fromen quens bailee P. Cairias a XII de
setembre, a XVIII s. lo sest, que monta : . . . . . . (VIII lh. t.)

Item deu per I comte el manoal de D, a VIIII^xx XI cartas, e fo per
espesias e per autras causas que monta : . . . . XV s.

Item deu per I autre comte el manoal de D, a II° I^a carta, e fo
per espesias, e per autras causas : . . . . VII s.

---

(1) *Per II [tortises] de III^ma*, probablement de 3 onces.
(2) *Tornat a escut*, ramené à la valeur de l'écu.
(3) Les *donats* étaient des personnes qui se *donnaient* dans un couvent, y habitaient jusqu'à leur mort, et léguaient ordinairement une partie de leurs biens à la communauté.
(4) Il est à remarquer que les étoffes de laine étaient vendues sans être tondues ni apprêtées; cette opération était faite par les soins et aux frais de l'acheteur.
(5) On voit, par cet article, que les couvre-chefs et les doublets étaient une seule et même partie de vêtement.
(6) Cet article est intéressant au point de vue des mœurs : le donat étant mort, le couvent fait habiller de deuil sa veuve, et célèbre des messes pour le repos de son âme.

Item deu per i comte el manoal de D, a II^c III cartas, e so per espesias e per autras causas : . . . . XI s. II d. t.

Item deu que restee a paguar de XIII lh., que lor prestem a paguar Colb[er]t (1), sot-viguier de Caors, que venc sobre el capitol, de lascals XIII lh. bailee en P. Cairas XII lh., e restee que degro : . . . . XX s.

Resto XVI lh. V s. VII d. t., que valo XIX escut e meg e VII d. t. que deu ; mudat avant a LIIII cartas.

Somm XVIII s. VII d. : vera est.

[1344]   F° XXVII v°.

SOMMAIRE : 1. Marchand de Montauban; denrées; drap moucheté vermell per robe; drap bleu foncé pour robe de religieuse, et pour chausses; le Landit; couronnes et léopards (monnaies); épices; garniture de robe; épices; brassard de plates; gantelet, harnais de cuir blanc pour un palefroi; toile; bourses. — 2. Misito; patenôtre et livre relié en vert mis en gage; sucre en pain ; escarcelle ; sieg. — 3. Pelletier; parchemins; joyaux; garnitures de robes; poulain; fourrures. — 4. Molne, prieur de Villemade; maladie; prieur de Saint-Marcel; maladie; thé ; ouate; fil pour brayes et gipon. — 5. Chevalier de Corbaricu; denrées; anneau d'argent.

1. *Lo Senhen Bertran Anstore, mercadier de Montalba*, deu per resta de i comte el libre de B, a VI^{xx} XVIII cartas, e so per resta de dinandas que devin : . . . . I lh. II s.

E nos a lii quelh mandem per VI aunas guotal (2) vermelh, per rauba al M° mager del cor del Mostier (3) LXXVIII s. e per III aunas pers encre per rauba a la monga d'Albasuelha, boda de M° Pelfort, XLVIII s., e per VI palms e meg del pers metheis per causas a M° Folc, XIX s. VI d., que monta per tot : . . . . (VII lh. V s. VI d.)

Item deu el a nos que pres per nos a Landi del sen B. Razeire, que nos devia en VI coronas e en XV leos, que monta :

Item deu per i comte el manoal de D, a VIII^{xx} e I^a carta, e so

---

(1) Colbert, sous-viguier de Cahors, avait sans doute une créance de 13 livres à recouvrer sur le chapitre : Bonis prêta la somme.
(2) *Guotal*, moucheté.
(3) Le grand maître du chœur était probablement le grand chantre.

per espesias, o per guarnizo de rauba que huc en parselas, e per espesias : . . . . XII s. IX d.

Item per lo guarnimen del bras de plata de fer, e per I guantelet, e per I arnes blanc de cuer per son palafre (1), quelh aportem de Toloza, a IX de setembre; per tot : . . . . II lh. IIII s.

E nos a lu per XI aunas tela a II s., e per XLI aunas a XXII d., m° e per XLII aunas a XXII d., e per II°¹¹ borsaut, XL s. avictural. Item per la victura de las telas, per tot (2) : . . . . . (XV l. t.)

Final fo am lu per tot quant lhi avem degut per nos, ni per nos, ni per autres, ni el a nos, tro a XIX de septembre l'an M° CCC° XLV (1345) (3).

2. *Sor Sezelia de Pelissier, menoreta de Montalba*, deu per I comte el libre de B, a VI^{xx} XIX cartas, fag comte am liey de que n'a I escrig de las parselas, exseptat de IIII s. t., que pres apres, que monta per tot : . . . . I° lh. v s. x d.

E avem ne I pateros e I libre cubert de vert (4). Redem lhi lo tot.

Item deu per I carto sucre pa, e per I° escrascla, que huc : . . . . I s. VIII d.

E nos a liey quens bailec a XVI de genier : . . . (VII s. t.)

Resto XX s. VI d. que deu, comte fag am liey, lo dia desus; pagnam l'escut per XVI VIII d. T. so disiple de Tozet e sor Brengnieira de Guarsias, e Matio de Malfavar.

Item deu per I ychirop quelh ordenec M° Felip Sudre, per sor Sezelia, l'an XLVII (1345), a XXI de may, a XXXII s. l'escut. Final fo am sor Maria de Pena, abadessa, a XXII de fevrier l'an XLVIII : (1319).

---

(1) On voit que les simples marchands ne dédaignaient pas de s'armer, dans ces temps si troublés, pour pourvoir à leur défense.

(2) Il s'agit d'une fourniture de 40 aunes de toile à 2 s.; 41 aunes à 22 deniers taille; 42 aunes à 22 deniers tournois; 2 douzaines de bourses valant 40 s. En traduisant le mot *avictural* par *voiture*, on doit comprendre que la vente des marchandises comme les bourses comprenait le port, tandis que les toiles, prises en quantité, étaient vendues port en sus.

(3) Exemple de quittance générale pour solde.

(4) *Pateros*, chapelet ou patenostre. Le livre couvert de vert était sans doute un livre de prières. On remarquera que c'était là des gages moraux autant et plus que des nantissements.

3. *Gauselin Catala*, pelisier de Montalba, deu per resta de I comte el libre de B, a VI^{xx} XVIII cartas, fug comte am lu a VII d'abril, l'an XLV (1345). T. P. de Malbert, que monta : . . . .
. . . . VIII s. IX d.

E nos a lu, quelh mandem per F. Felip Clavel, per II pels de parguamens a XXIII de junh : . . . . (XVI d. t.)

Item deu per I comte el manoal de D, a VIII^{xx} XIIII cartas, e fo per las julelas d'en P., so filh, e per guarnizo de raubas, e per autras cauzas, que hac a III de setembre, que pres sa molher; comte fug am lu a XII de setembre, que monta l'escut per XVI s. VIII d. t. : . . . . VI lb. VII s. X d.

E nos a lu per I poly ses senhal (1) que n'aguem a IX d'ochoire : . . . . (LX s. t.)

E may a lu per I^{a} folraduras a na Sezelia (2), per I^{a} cotada VII s. VI d, e per autras a Me Pelfort, XVI s. VIII d. t. que monta : . . . . (XXVIII s. II d.)

Resto XLVII s. I d. t. que deu. Mudat avant a XLV cartas.

4. *Me P. R. de la Bestor*, monge, prior de Vilamada (3), per I comte el libre de B, a VI^{xx} XVIII cartas, e fo per las cauzas de l' malautia que hac Me P. de Pazern, lescals el nos mandec a paguar. T. Me R. Arnaut, prior de S. Marsel (4), que monta : . .
. . . . X s.

Item deu per I comte el manoal de D, a VIII^{xx} V cartas, e fo per las cauzas quelh ordenec Me Esteve, lo surgia, e lo Lombart, a VII d'aost que avia mal el membre (5). . . . . XI s. III d. t.

Item deu per IIII aunas tela, e per IIII onsa coto mapus, e per I cart fil que hac a VII de julh l'an XLVI, per braguas, e per adobar I jupo. T. Me W., sartre, l'escut per XVIII s. t. : . . . . »

Mudat avant a IIII^{xx} XVIII cartas.

(1) Un poulain sans marque particulière.
(2) *Na Sezelia* était la femme de Barthélemy ; elle est nommée très rarement dans les comptes.
(3) *Vilamada, Ilamada*, désignent toujours le village de Villemade dont il est souvent question dans ce livre.
(4) L'abbaye de Saint-Marcel, près Réalville, canton de Caussade.
(5) *Surgia*, chirurgien. — Lo lombart, autre médecin. — On voit, par cet article, quelle précision mettait notre marchand dans la tenue de ses comptes.

5. *M° Bertran Ananio, cavalier de Corbario*, deu per 1 comte el libre de B, a VI⁽ˣˣ⁾ XIX cartas, e fo per diversas dinandas que hac, comte fag am lu a 1 de dezembre. T. R. Arquier, de Montalba, en P. de Moncuquet, de Montamat, e M° de Guaribau, de Corbario, que monta per tot : . . . . C lb. XIII s. VIII d.

Item deu, a XL s. l'escut, que restec a pagar de 11 uncls d'argen quelh tramezem per sa sirventa am sa letra a XII de gener l'an XLVII (1318). T. Guiraut Bonis : . . . . III s. IIII d.

[1311]   F° XXVIII.

SOMMAIRE : 1. Bourgeois dentées; bonne monnaie; vaisselle vinaire; louage d'un roussin; électuaire réconfortant; valeur du florin. — 2. Vicomtes de Monclar (Tarn-et-Garonne); vieilles monnaies; jugement, excommunication; absolution; cierges; revit; clerges; poulies pour la tête; sépulture; tasse unie; pain distribué aux pauvres. — 3. Bourgeois dentées; fil vermeil; taffetas vert ample; cendal vert; sedas; sole blanche pour garnir cloche et chaperon; chandelles rondes; sole noire pour un bliaut; contariées; sedas; cendal pour robe; anneaux d'or avec pile de Compiègne; gingembre, poivre, canelle, girofle, cubèbe, noix de Chypre (?), muscade, galanga, zédoaire, poivre long pour faire un piment, auquel on ajoute encore un surcroît de gingembre, canelle, girofle, poivre long; pignons; dragéant; chandelle; gingembre, canelle, poivre long, galangua, girofle, noix de Chypre et miel pour faire un piment; seigle.

1. *Lo senhen Pons Pelat, borgues de Montalba*, deu per 1 comte el libre de B, a VI⁽ˣˣ⁾ XVIIII cartas, e fo per diversas dinandas, que hac en diversas monedas, que huc per la dona sa molher ; fag comte am lu, tornat a bona moneda. T. lo sen Johan Pelat, so fraire : . . . . III lb. X s. VI d.

Item deu per XX fust de tonels de castanh nuos (1), que hac a pagar a Nostra Dona de meg-aost, escms a la demoran desus (2). T. en P. de Foraboxs : . . . . X lb.

E nos a lu quens mandec per lo sen P. de Foraboxs : (X lb. t.)

Item deu per III dias que menec nostre rossi a Toloza : . . . . VII s. VI d.

Item deu per 1 lectoari confortatien, que fezem per la dona sa

---

(1) Des tonneaux de châtaignier neufs.
(2) *Escms a la demoran desus*, c'est-à-dire que lorsque les tonneaux seront pesés à la mi-août, le compte restera tel qu'il était avant.

molher a xxi de junh, comte fag am lley, lo flori per xiii s. : ...
.... xiiii s.

E nos a lley que baillec la dona, sa molher, a xi d'ochoire : ...
.... (xiiii s.)

Mudat avant a lxxiiii [cartas].

2. *M° Bertran de Monclar, rescomte de Monclar, filh que fo de M° Olivier de Monclar* (1), deu per i comte el libro de B, a vi^{xx} xviiii cartas, o fo per i comte velh de diversas monedas, tornat a bona moneda, comte fag am lu. T. M° Arnaut de Monclar, son oncle, que monta per tot, l'escut per xvi s. viii d. :
.... viii lh. vi s. ix d. t.

E M° W. Biart, notari de M° l'ofesial, avem i jutgat de xviii lh. de febla moneda.

Item deu per las despensas que es escumengat per nos tro a partisipans (2). Redem lhi la apsolvesio : ....
.... i lh. xiii s. iii d. t.

Item deu per vi tortises que pezavo xi lh. o mega, que pres madona sa maire o lu methels a vi d'ochoire de novembre l'an xlv (1345) per far revit als fraires menors de Montalba : .....
.... i lh. ii s.

Soma xii lh. ii s. t. que deu, l'escut per xvi s. viii d. t., comte fag am lu a xii de novembre, a paguar a Nadal que ven, en prezensia de Madona sa maire, e de M^a sa molher, e de Cualhart de Peirelha, e de B. de Verno, e no ne i escrig de nostra ma. Mudat avant a iiii^{xx} cartas.

Item deu per xii tortises que pezavo xxii lh. a ii s. la lh., e per i polveras quelh fezem per lo cap, iii s., que hac a xxv de julh per far onor al cors de son cozi (3), filh de M° Ar., a paguar a

---

(1) La vicomté de Monclar était partagée entre Bertrand et Arnand sa oncle. Bertrand fut chargé, comme on le verra plus tard, de défendre la ville de Montauban, en 1352, contre les incursions des routiers.

(2) « Excommunié jusqu'aux l'articipants ». C'était un terme assigné dont nous n'avons pas la signification.

(3) Ces poudres pour la tête, mêlées à des fournitures pour sépulture, montrent la diversité des branches de commerce des frères Bonis. Dans ce cas il est probable que les poudres n'avaient pas la destination indiquée, qui s'applique seulement aux cierges.

Nostra-Dona de setembre, l'escut per XVIII s. T. son capela : . . .
. . . . II lb. VII d. t.

E avem no I° lassa plana. Final fo am lu e am M⁂ sa maire ; de
li lassa abatem las II lb. VII s. que ero escrighas, a XVII de
dezembre l'an XLVI (1316). T. P. Bermon, en Gualhart de
Peirelha : . . . .

Item deu per comtans quelh prestem a M° lo dia desus per
pagar en pa que donec a la almonia : . . . . X s.

3. *La dona Anstorgua de Guastaut, molher del senhe R. Guastaut, borgues de Montalba,* deu per resta de i comte el libre de B,
a VI°° XVIIII cartas, e fo per restas de dimandas que hac en
prezelas, fag comte am Franses de Biole, que monta : . . . .
. . . . XIIII s. V d.

Item deu per I° ousa fil vermelh quelh tramezem per M° Esteve
Arnaut, a XXII de Junh : . . . . VIII d.

E nos a Hey quens ballec R., son escudier, a XXIIII de Julh : . .
. . . . (IIII s. t.)

Item deu per meg palm tafata vert ample, e per II palms sendat
vert, e per IIII ochaus e meg sedas, e per I ochau seda blanca,
quelh tramezem per Franses de Biole a XXII de Julh, per guarnir
I clocha e I capairo, que monta : . . . . VIII s. IIII d.

Item deu per II candelas redondas de mega lb. cascuna que pres
R., son cozi, a II de Julh : . . . . I s. X d.

Item deu per III ochaus seda negra que pres n'Arnauda la
cozendieira, e la sirventa, per guarnir I blizaut (1), a XI de Julh :
. . . . II s. IIII d.

E may a Hey quens ballec son capela a XVI d'nost : (III s. VI d.)
Resto XX s. t. que deu, comte fag am M° Esteve, a XXII d'nost.
E nos a Hey quens ballec R., son escudier, en II vet : (VII s. t.)
E may que ballec sa sirventa a XVIII de setembre : . . . .
. . . . III s. VI d. t.

Item deu per III ochaus et meg sedas, e per I palm sendat vert,

---

(1) *Cozendieira,* couturière. — *Blizaut,* le bliaut était démodé à cette
époque ; on ne le trouve mentionné que deux fois dans ce livre, et pour des
sépultures. C'était une sorte de blouse ; nos paysans ont conservé le vêtement et
son nom : *biauda.*

que pres R., son escudier, lo dia desus per guarnir la rauba quel[?] trames lo prior de S. Esperit, son cozi (1) : . . . . III s. IX d. t.

Item deu per II anels am perla de Complenha (2), que hac a XXIII de setembre, per donar a la novia de la Sera, l'escut per XVI s. VIII d. : . . . . »»

Item deu per mega onsa gingibre, e per mega onsa de pebre, e per mega onsa de canela, e per mega onsa de girofle, mega onsa de cubebas, e per mega onsa de not-ycherca, e per mega onsa de muscada, e per mega onsa de guarengual, e per mega onsa de sitoal, e per mega onsa de pebre lone que hac a X d'ochoire. T. la molher d'en Esteve de Forabose lo jove, que monta per tot (3) : . . . . XIII s.

Item deu per I onsa gingibre, e per mega onsa de canela, e per I cart girofle, e per I cart pebre lone que fo mesclar am las especias desus per far piment, a XII d'ochoire, que monta : . III s. I d. t.

Item per la mitat de la premieira recepta desus de las especias, que pres sa sirventa, a XVIII d'ochoire, que monta : . VI s. VI d.

Soma II lh. VI s. I d.

Item deu per I recepta coma la darleira desus, e per mega lh. pinhos e per I cremeira, e per I candela, que pres sa sirventa e Carbonet, a IIII de novembre, que monta : . . . . VIII s. I d.

Item deu per I onsa gingibre, e per III cart canela, e per I cart pebre lone, e per I cart guarengual, e per I ochau girofle, e per I ochau not ycherca, e per mega onsa mel, que pres la sirventa, per far piment, a XV de novembre : . . . . III s.

E nos a lley per I sest seguel que n'aguem : . . . . (XVIII s.)

E nos a lley quens bailec M° Esteve a IIII de mars : . . . . (XXVI s.)

(1) *S. Esperit*, Pons-Saint-Esprit (Hérault).
(2) Laborde, dans son savant *Glossaire des Émaux du Louvre*, nous dit que les perles de Complègne étaient ainsi appelées parce qu'on les achetait dans cette ville à l'époque des foires; il est à regretter que le prix de celles vendues par Bonis ne soit pas porté.
(3) Cette recette pour faire le piment est la plus complète que renferme le livre; il y entrait dix épices, par demi-once, et on la complétait par un succédané des quatre épices ordinaires. Nous avons traduit *not ycherca* par noix de Chypre, et *sitoal* par zédoaire, que les anciens livres de recettes appelaient *citouart*. Plus loin, dans le même compte, il y a un piment moins compliqué.

Resto XXIIII s. t. que deu comte fag a IIII de mars. Paguet a XVIII d'abril XLVI s.

Resto VIII s. que deu. Paguet VIII s.

[1315]   F° XXVIII v°.

M CCC XLV.

SOMMAIRE: 1. Notaire de Cos, près Montauban; demi-drap d'or; cire ouvrée; sépulture; neuvaine; tasse d'argent. — 2. Boucher; sépulture. — 3. Boucher; couvre-chef de lin de Paris; faible monnaie; fourniture; vieux cierges; chandelles de cire pour la cérémonie de l'extrême-onction; sucre en pains; amandes; amidon; orge; réglisse; d'anton; sépulture; malade. — 4. Bourgeois de Montauban; joyaux; épingalles; cire; médecine; sirop; électuaire. — 5. Pelletier, maladie; sépulture.

1. M° Johan Barba, notari de Cos, deu per I drap d'aur meganel, e per V lh. sera en obra, part IIII lh. quen paguet, que hac per M° Jorda de Cos, per far onor al cor d'en Yzarn d'Autl, a XXX de mars, per la novena; a pagar dins I mes, que monta: . . . . III escut e V s.

E avem ne I° tassa d'argen. Redem lhal.

E nos a lu quens bailec a V de novembre: .   (III escut e V s.)

2. Los eretiers d'en Johan Uautler, mazelier, que estan al bari de Posal, devo per lo fornimen del susdig Johan, en aisi com se comte el manoal de D, a VI^XX XXIII cartas, que pres Johan Barau, son cunhat, que monta, l'escut per XV s. t. . . . . XVII s. t.

E nos a lu que bailec Johan, so filh, a IIII d'ochoire: (V s. VI d.)

3. Lo senhe Pons Uulhalmo, mazelier de Montalba, deu per SI V s. t., e per la dona de Manta, per la fornitura o per autras causas: XXIII s. VI d. t.; comte fag am lu o am so bot de tot quant avem agut a far am lor, ni els am nos, exceptat I cuebricap de li de Paris que hac la dona, sa molher, el tems de febla moneda, a I d'abril, que monta: . . . . XXVIII s. VI d. t.

E nos a lu que bailec en P. de Malbert, en II vet, per la dona de Manta: . . . . (XVI s. t.)

Item per I comte el manoal de D, a VII^XX XVII cartas, e fo per lo fornimen de sa sogra, que hac a XVI de may, que monta: . . . . . .

Item de P. de Malbert per I tortis alucat, que pezava II lh. e meg cart, e per I lh. candelas de sera, per enollar la dona sa molher e per III onsas sucre pa que hac a xv de may (*) : . . . . VI s. I d.

Item deu per la malautia d'Esteve, per mellas, e per amido, e per ordi, e per recalesia que hac a XVII de may (*) : . . . . II s.

Item deu per I lh. I cartairo diantos que hac en parselas a XXIIII de junh : . . . . V s. VI d.

E may a luc que bailec per los V s. dessus, e per los V s. degos, e XIII, s. per la fornitura de sa sogra, am VII s. qu'ey comtans quelh devia B. de Verno, per si a II de setembre : . (XXIIII s.)

Resto XXIII s. IX d. que deu per la fornitura de sa sogra.

Mudat avant a XI cartas.

Item deu P. de Malbert per las cauzas de sa malautia que hac a IIII d'aost (*).

E may que bailec en P. de Malbert (*) : . . . . . (XII s. VI.)

4. *Bernat de la Faga, de Montalba*, deu per I comte el manoal de D, a VII^{xx} XVIII cartas, e fo per juleius, e per autras cauzas que hac a IIII d'abril que M° Pons, son bot, avia fermada molher. T. n'Izarn Ebrart, que monta per tot : . . . . III lh. XI s. VI d.

E nos a lu per XIII lh. e I cart sera enteira (1) que n'aguem a XVIII d. : . . . . (XIX s. m^s.)

E may a lu quens bailec en I fl. a XXV d'aost : (XII s. VI d.)

Item deu per I yehirop, e per I^a medesina, quelh ordonec M° Felip Sudre a VIII de setembre a sos ops. — Tot aiso desus es de bona moneda : . . . . XI s. V. m.

Item deu per I yehirop, e per I lectoari quelh ordonec M° Felip Sudre, a XVIII de mars, ops de Franses, son bot, l'an XLVI (1342) : . . . . XXV s.

Finat am en Bernat de la Faga, de tot exceptat so que se apartem a son bot, M° Pons de la Faga.

5. *Bernat Castanh, pelissier de Montalba*, deu per I comte el manoal de D, a VII^{xx} cartas, e fo per las cauzas de sa malautia e

---

(*) Les 4 articles marqués d'un * ont été insérés à tort par Bonis dans le livre du boucher Guillaumon, alors qu'ils regardent P. de Malbert, aussi boucher. Dans le manuscrit ils sont effacés d'un trait.

(1) *Sera enteira*, cire neuve, par opposition à *sera obrada*, cire ouvrée.

per las cauzas de so fornimen, que pres Arnaut Guase, pelissier, e Me Johan Penart, notari, a vi d'abril, que monta per tot : . . . .
. . . . iii lh. xvii s. v. d.
E nos a lu quem balleo sa maire a xi de may :   (ii lh. x s. t.)
E nos a lu quem balleo Bernat de la Barta per lu : .   (x s. t.)
E mai a Hoy que balleo sa dona maire : . . . .   (x s.)
E may que ballee Ar. Guase : . . . .   (v s. t.)

[1345]   XXVIIII.

SOMMAIRE : 1. Molne de Saint-Théodard; fil vermell; cendal; sedas pour garnache et manches; serge noire, ruban de sole noire, sole noire pour coule; fil; tolle; sole pour garnir une cotte hardie de ferlin. — 2. Notaire de l'official; fourniture; monitoires; jugement de la cour de l'official; monitoire; excommunication; — 3. Savetier; fonte d'un cierge; petits cierges; pièces de cuir pour savates. — 4. Savetier; parchemins; oripeaux; savates. — 5. Coutier; anneaux d'or avec saphir, volle de sole d'Alep; drap roset. — 6. Prieur du cloître de Saint-Théodard; garniture de robe; sole; tolle; sole noire; amandes; oxerat; futaine de Olivet; cierge; sole; tolle pour cotte hardie.

1. Me *Bernat de Malhac, monge del Mostier de Montalba,* deu per mega onsa fil vermelh, o per iii cart cendat, o per ii ochaus sedas, que pres el a ix d'abril per guarnir i guanag (1), o ii pars de marguas. T. Me P. Chiralba o R. del Capmas : . . . . .   ii s. viii d.

Item deu per resta de xi aunas sargua negra, o per iii aunas vela de seda negra, o per ii ochaus seda negra, que hac a xxvi d'abril per far coguola a sos ops. T. Me Niel de Lauzerant, e R. Malrinahac, o Me Johan Delpueg, capela, que monta : . . . .
. . . .   ii escut d'aur.

Item deu per iª onsa fil, o per meg palm tela, o per i ochau seda, que fo ballar a Me P. Chiralba, a xxvii de setembre, per guarnir iª cotardia de ferly (2), que monta : . . . .   i s. iii d. t.

---

(1) Le garnache était une sorte de manteau ou de vêtement ample, avec ou sans manches et fort gracieux.

(2) *Ferly.* Le ferlin était une étoffe de laine qu'on tirait d'Angleterre. C'était aussi le nom d'une ancienne monnaie valant le quart d'un denier.

A propos de ce mot, ne pourrait-on y trouver l'explication de *fifrelin,* très employée dans le Midi, avec le sens d'un objet de très mince valeur. « Tu n'auras pas un fifrelin, » dit-on communément. Ne serait-ce pas dans le sens de *fin ferlin ?*

2. *Mo Johan Penart, notari de Mo l'ofesial de Montalba*, deu per 1 comte el manoal de B, a vii^xx iii cartas, e fo per lo fornimen de n'Arnaut Penart, son fraire, e per autras cauzas que hac el metheys, en Johan Baudoy, trolhier, a viii d'abril, l'escut per xv s.: . . . . iii lh. ii s. v d.

Item deu per i comte enreires a ii cartas, e nom de si e d'en P. Raines, so sogre, que monta: . . . . xii s.

Item deu per a xxvi de setembre: . . . . i s. iiii d.

Soma lxxv s. ix d., que deu i comte fag am lu a vi d'ochoire l'an xlv (1345), e Me Huc Guarnier, notari, feu jugat a la cort de Mo l'ofesial, a paguar a la festa de Martro que ve[n].

Item per i* moneslo a xxii de novembre: . . . . . iii s. iii d.

Item per autra moneslo, e per l'escumenge en dezembre l'an lxvi (1346), e fo absot.

Soma cv s. vii d., l'escut per xxiii s., loscals nos maudec a paguar per lu W. Raols.

E nos a lu que bailec W. Raols en iiii escut : (iiii lh. xii s.)

Resto xiii s. vii d., que deu W. Raols. Mudat e[n] so comte a xviiii cartas.

3. *P. de la Roca, sabatier de Montalba*, deu per las fazeduras, e per lo mermo de i siri quel fezem per la cofrairia de S. Antoni, que era romput (1), e per mega lh. filholas que hac a xiii d'abril, que monta per tot : . . . . iii s. vi d.

Finat fo am lu per comtans e per i petases de sabatos que n'aguem (2).

4. *Johan Rey, sabatier de Montalba*, deu per restas de parges, e d'aurpels que hac en parcelas; comte fag am lu a xiiii d'abril, que monta : . . . . iii s. v d.

E nos a lu per i par sabatas a Sebota (3) que n'aguem : (i s. t.)

---

(1) Il s'agit d'un clergo qui, s'étant rompu, dut être refait, et comme, dans la refonte, il y eut déperdition de substance (*merme*, diminution), Bonis en tient compte.

(2) Les savetiers vendaient des savates ou souliers; ils vendaient aussi des pièces de cuir pour les réparer (*petases*). Les réparations étaient faites par les *regrouillés* ou raccommodeurs.

(3) *Sebota* était la fille de Barthélemy Bonis; elle épousa un des membres d'une famille de la bourgeoisie de Brunîquel, les Raygasse.

E may a lu que bailec : . . . . (II s. v d.)

5. *Costanti Barossa, cordier de Montalba*, deu quens mandec a pagnar a S. Johan-Batista que ve[n], lo senhe Bernat de la Mota, e fo per IIII anels d'aur am safirs, e per II velet de seda d'Alest que hac la dona sa molher a xv d'abril. T. lo sen W. Engilhaut, en Bertran Carbouel, son escudier, que monta per tot : . . . . II lh. VII s.

E nos a lu quens bailec a xxIIII de julh : . . . . (xx s. t.)
E may a lu quens bailec a IIII de julh : . . . . (x s. t.)
E may a lu quens bailec a xvIII d'aost : . . . . (x s. t.)
E may a lu quens bailec : . . . . (v s. t.)

E mai a lu quelh maudem per en Johan Pelat, a xxI de setembre, per xIII palms rozet, que avia agut de lu M° Huc Carit.

Item deu el a nos quelh bailem a xxIII de setembre : . . . . I lh. XVI s. VI d.

6. *M° Etier Bernat, prior claustrier de Montalba*, deu per I comte el manoal de D, a LIIII cartas, e fo per guarnizo de rauba, e per autras cauzas; comte fag am lu a xxIIII de gener, que monta : . . . . III s. IX d.

Item deu per II ochaus e meg seda, e per I cart tela que hac a xvI de gener l'an XLV (1345) : . . . . I s. VII d.

Soma VI s. IIII d., que deu; comte fag am lu lo dia desus. T. M° Emeric Pous.

Item deu per I ochau seda negra que hac a xx de mars. T. M° Bertran de Savinhac, e Guamot : . . . . IX d.

Item deu per II lh. melhas, e per I° opsiacra (1), que ordenec M° P. de Martel, per son bot lo jove, a xvIII de julh, l'escut per XVIII s. : . . . . VIII s.

Item deu per v aunas e meg fustani de Givat, que pres son bot, e B. Marti a vIII d'aost : . . . . XVIII s. III d. t.

Item deu per I tortis de lh. e mega que hac a vII d'ochoire, per ufrir a f. Bo Tozet de Vaquarcssas : . . . . III s. IX d.

___

(1) *Opsiacra*, oxycrat, boisson acidulée, antiscorbutique, connue depuis les Romains. C'est de l'eau vinaigrée édulcorée par un peu de miel.

Item per 1 ochau seda e per meg palm tela que pres a xiii d'ochoire per 1ª cotardia a so bot.

[1345] F° XXVIIII v°.

SOMMAIRE : 1. Pelletier; fourniture; acomptes; fourrures de lapins; — 2. Bourgeois de Montauban; voile de soie d'Alep; gingembre; anneaux d'or; denrées; épices; garniture de robes; gingembre; poivre; couvre-chef de lin de Paris; maladie; toile; sedas pour cotte hardie; fil vermeil; cendal; sedas pour manteau; toile; sedas pour chaperons; cotte hardie et manteau; cendal; ruban de soie pour chaperon; garniture de robe. — 3. Moine de Saint-Théodard; serge noire; soie; ruban de soie noire pour coule et garniture de manches; ceinture garnie d'argent émaillé. — 4. Habitant de Montauban; cierges; cire; encens pour sépulture. — 5. Médecin; denrées.

1. *Arnaut Guasc, pelisier de Montalba*, deu per 1 comte el manoal de D, a vii^{xx} iiii cartas, e fo per lo fornimen de sa maire, e per autras cauzas que hac a xvi d'abril, l'escut per xv s., que monta per tot : . . . . ii lh. xi s. vii d.

E nos a lu quens bailec a xviii de setembre : . . . (xx s. t.)

E may que bailec a xx d'ochoire : . . . . (x s. t.)

E may quens bailec en R. Arquier per lu : . . . . . . (vi s.)

E may que bailec a xxiiii de novembre : . . . . (v s.)

E may quelh mandem per f. Bertomio de la Boria, l'escut per xxviii s. : . . . . (ix s.)

E may que bailec Me Jacme lo Breto, per lu, l'escut per xxv s.: . . . . (vii s. vi d.)

Finat fo am lu per folraduras de conils.

Per 1ª folraduras a B. de Verno : . . . . x s.

Item deu per iiii tortises x lh. doblos que hac a xiii de may : . . . . xii s. x d.

Item deu que mandec a paguar per W. de la Guorssa : xvii s.

2. *Lo senhen Pos Segui, borgues de Montalba*, deu per 1 comte el libre de B, a cxviii cartas; fag comte am lu per totas cauzas tro a xviii d'abril. T. n'Arnaut de Vairac : . . . . . . xvi escut vi s.

Item per 1 volet de seda d'Alest, quel tramezem per lo M^e a xx d'abril, azops de sa molher : . . . . iiii s. vi d.

Item deu per meg cartairo giugibre, que pres lo M^e, a vi de may, que monta : . . . . i s.

E nos a lu per 1 anel d'aur quens tornec : . . . . (xxx s.)

Item deu per 1 comte el manoal de D, a vii^{xx} xviiii cartas, e fo per diversas dinaadas que hac sa companha a xxii de may : . . . . , . xv s. i d.

Item deu per 1 comte el manoal de D, a viii^{xx} viiii cartas, e fo per espesias, e per guarnizo de rauba que hac en parselas, que monta : . . . . xv s. v d.

E nos a lu quens bailec a xx d'aost : . . . . (xii escut.)

Item deu per meg carto gingibre, e per meg carto pebre que pres lo dia desus : . . . . ii s. t.

Item deu per 1 comte el manoal de D, a ii^c xi cartas, e fo per 1 cuebricap de li de Paris, e per las cauzas de la malautia de sa molher, e per autras cauzas que hac a xxvi d'ochoire : . . . . xxxviii s. vii d.

Resto vi lh. v s. vii d. que deu, l'escut per xvi s. viii d.

Item deu per 1 palm e meg tela, e per iiii ochaus sedas per guarnir ii cotardias al filh e al M^e, a v de novembre, que monta : . . . . iii s. viii d.

Item deu per mega onsa fil vermelh, e per 1 palm sendat, e per ii ochaus sedas, lo dia desus, per 1 mantel : . . . . . . iii s. i d.

Item deu per 1 palm tela, e per 1 ochaus sedas, per ii capairos a la dona, e per 1^a cotardia e mantel a la filha e a so filh, e per 1 cart sendat, e per v palms e meg veta de seda, e per meg ochau sedas per autre capairo, a viii de novembre, que monta per tot : . . . . vi s. iiii d.

Item deu per guarnizo de rauba que hac a xxii de novembre : . . . . iiii s.

E may a lu quens bailec P. de Malbert, per lu : . . . (vii lh.)

3. *Guamot, monge del mostier de Montalba*, deu per 1 comte el manoal de D, a.vii^{xx} v cartas, e fo per viiii aunas e mega sargua negra, e per ii ochaus seda, e per xiii palms veta de seda negra, per coguola a son ops, e per la guarnizo de ii pars de marguas que hac a xviii d'abril. T. M^o Huc Carit, l'escut per xv s., monta : . . . . iii escut.

E avem ne 1^a sencha guarnida d'argen esmalada. — Redem lhi 1^a sencha guarnida d'argen.

E nos a lu quens bailec per Cairias, per lo capitol, a XII d'ochoire : . . . . (III escut.)

4. *Johan Jacme, de Montalba, que esta al bari de Fosat*, deu per IIII tortises de mega lh. cascu, e per I carto sera, e per III d. d'ensens que hac a XX d'abril, per lo fornimen d'en Durant Mersier, de Verlhac, a paguar dins VIII dias, que monta : . . . . IIII s. VIIII d.

E nos a lu quens bailec a XX de julh : . . . . . (IIII s. IX d.)

5. *M⁵ Johan lo Lombart, surgia de Montalba*, deu per diversas dinandas que hac en diversas vet, a XX d'abril, que monta. T. B. Molinier e Bernat de Verno : . . . . IIII s.

[1345]   F° XXX.

SOMMAIRE : 1. Bourgeois; clystère; clerges; drap d'or diapré; sépulture; loyer d'un drap d'or; clerges; maladie; doublet de lin de Paris; toile d'Allemagne large; réseaux; réseaux avec couvre-chef d'Allemagne. — 2. Habitant de Nègrepelisse; sirop; amandes; sucre en pain; peulde; grenade; clystère; médecine; un prêtre médecin. — 3. Damoiseau de Villebrumier (Tarn-et-Garonne); électuaire; sirop; onguents; sac de fleurs; sucre rozat; grenade; ménétrier; lettre scellée. — 4. Garde-malade; voile de lin de Paris; bourset de Normandie; ceinture d'Amiens. — 5. Frère Carme; clerges; sépulture d'un prêtre donat; denrées; prêt; cire; vin; maladie; sedas pour pointes; guimauve.

1. *Lo senhen Arnaut Lheutier, borgues de Montalba*, deu per I comte el manoal de D, a VII^{xx} VI cartus, comte fag am lu per tot quant sa a degut per si, ni nos a lu, tro a X de may l'an XLV (1345). T. en P. R. de Montaut, son conhat, e Guiraut Lheutier : . . . . XIII lh.

Item deu per la decoxsio de I cristeri, e per lo donar per sos ops (1), a XXI [s. l'escut] : . . . . X s.

E nos a lu quens bailec R. Esparvier, so masip, a VIII de junh : . . . . (XI lh. XVII s.)

Item deu per VIII tortises de III lh. cascu, e per I drap d'aur

---

(1) Curieux détails qui rappellent la comédie de Molière. « Pour la décoction « d'un clystère, et pour le donner à lui-même, 10 sols », soit environ 21 francs de notre monnaie. On verra plus loin que l'un des deux frères Bonis accomplissait parfois cette opération.

diaspinet (1), que hac per far onor als cors de M° Bernat Molinier, a vii de julh, que monta : . . . . ii lh. iiii s.

Item deu per lo loguier de i drap d'aur x s., e per xiii tortises de ii lh. cascu, que nos mandec a paguar per en P. R. de Montaut, so conhat, lo dia desus. T. Guiraut Lheutier jove : . . . .
. . . . i lh. xix s. iiii d.

Item deu per las cauzas de la malautia de sa filha, que ordenec M° W. de Verfuelh, a vii de setembre : . . . . v s. vi d.

Item deu per i doble de li de Paris per las filhas xii s., e per i volet d'Alamanha pasa lare (2) xi s., e per ii rezols per las filhas iiii s., e per i rezol am lo cuebricap d'Alamanha per la dona iii s., que hac la dona a xxvii d'ochoire : . . . . i lh. x s.

Resto v lh. xii s. vi d. que deu. Mudat avant a L cartas.

2. *Bernat de Calms, de Negrapelissa,* deu per i ychirop, e per i° lh. mellas, e per i cartairo e meg sucre pa e penis, e per i° milgrana que ordenec M° P. de Martel, a xx d'abril, azops de Johan Deimier, so bot. T. Johan de las Fons, e Johan Deimier, filh de n'Uc de Negrapelissa, que monta per tot, comte fag am lor : . . .
. . . . xi s.

E nos a lu que bailec M° P. de Grifols, per lu, loscals lh'aviam mandat per B. de Fosenxs : . . . . (vi s. t.)

Item deu per la decoxsio de i cristeri, e per i° medesina que ordenec lo rector de Monricos (3), a xxviii de julh, quelh tramezem per B. Molinier, am so masip, a Negrapelissa, que monta : .
. . . . vii s.

E may a lu que bailec M° P. de Grifols, quelh mandem per en Gualhart de Gordo : . . . . (xii s.)

Item deu que bailem a M° P. de Grifols a xiii de setembre : . . .
. . . . viii s.

Resto vii s. que deu : paguet per lu en Durant Delpot : . . . .
. . . . (vii s.)

3. *Lo senhen P. Vifranc, donzel de Vilabrumier,* deu per i lec-

---

(1) *Diaspinet,* lisez *diaspret,* diapré, c'est-à-dire brodé de plusieurs couleurs.
(2) *Pasa lare,* plus que large, c'est-à-dire très large.
(3) Le recteur de Montricoux (canton de Négrepelisse, Tarn-et-Garonne) exerçait la médecine comme plusieurs de ses confrères.

toari, e per 1 yshirop, e per 1 enguens, e per 1 sac de flors, e d'autras cauzas, e per 1 cartairo sucre rozat, e per 1ª milgrana que ordenec Mº W. Baret, a xxii d'abril, per Madona de Vilabrumier, quelh tramezem per Johan Barau, menestrier, am sa letra sagelada, que monta per tot : . . . . 1ª lh. viii s. viii d.

Item deu per 1 comte enrcires a xxv cartas, e nom Mº de Vilabrumier : . . . . x s. ix d.

Mudat el manoal de B, a viii^{xx} xii cartas.

4. *Guirauda, surcisial* (1) *de la dona, molher que fo d'en Bertomio Durant, que esta a Fosat, molher que es de 1 barbier* (2), deu per 1 volet de li de Paris, e per 1 borsaut de Normandia am borset, e per 1ª sentura d'Amiens que hac a xxiii d'abril, que pres so marit. T. Dona de Daurelier : . . . . viii s.

E nos a liey quens bailec P. de Daurelier, per liey : . . . . . .
. . . . (iiii s. mª t.)

5. *Fraire Guiraut Ychier, f. del Carme de Montalba*, deu per xii tortises de 1ª lh. e mega cascu, que hac a xxv d'abril, per lo fornimen de 1 capela de Montueg, lor donat, que monta : . . . . .
. . . . 1ª lh. xiii s.

Item deu per 1 comte el manoal de D, a viii^{xx} cartas, e fo per diversas dinnadas que hac : . . . . vii s. iiii d.

E nos a lu quelh mandem per f. W. Bonis, per 1 escut e x s. quelh i avia prestat : . . . . (xxvi s. viii d.)

Item deu quelh bailem comtans a xix de julh : xviiii s. iiii d.

E nos a lu per sera quens bailec f. Sans, e f. Guiraut, que monta : . . . . (ix s.)

E mai per sera quens bailec f. Emeric de Laval, en sera : . . .
. . . . (vi s. iii mª.)

Resto xvii s. x d. mª, que deu, loscals deu paguar lo coven per los tortises desus.

Item deu may lo coven per lo vi de 1 tonel que hagro de nos, e

---

(1) *Surcisial*, c'est encore le nom qui désigne les femmes qui soignent les accouchées.

(2) Bonis ne sachant pas le nom de famille de sa cliente accumule les renseignements : garde-malade de la veuve de B. Durant, qui habite au quartier de Fossat ; femme d'un barbier.

per may 1 baril a x d'aost. T. f. Johan de Foissac, prior, e f. Emeric de Laval, e f. W. Bonis, que monta : . . . . IIII lh. v s.

Item deu may per 1 comte e1 manoal de D, a VIIIxx v cartas, e fo per las cauzas de la malautia de f. Johan de Foissac, prior, e de f. W. Bonis, sot-prior : . . . . I lh. x d.

Item deu per II ochaus I cart sedas, per far ponchas (1), e meg cart dialte, a XVII de setembre, e per f. Johan de Foisac : . . . . II s. II d.

Resto VI lh. v s. IX d. que deu. Mudat avant a XI cartas.

[1345]   F° XXX v°.

SOMMAIRE : 1. Seigneurs de Cos; drap d'or de Venise; cierges; drap d'or; cierges; règlement de compte; cierges. — 2. Pontonnier; le port de Loubéjac (canton de Lafrançaise, Tarn-et-Garonne); drap d'or; cierges; anniversaire; cierges. — 3. Habitants de la rue du Moustier; cire en roc; couverture armoriée. — 4. Aumônier de Saint-Théodard; clystère. — 5. Marchand; maladie; électuaire; remèdes; maladie; prêt d'argent; drap d'or; cierges; fiançailles; hâche.

1. *Lo senhen Pons de Cos, donzel, senher de Cos Otr'Avairo*, deu per resta de tot quant nos a degut tro a XXVIII d'abril, e per 1 drap d'aur de Venezia, e per IIII tortises de lh. e mega cascu que hac a XXVIII d'abril, e M° Huc Guarnier feu jutgat, l'escut per XV s. : . . . . III escut e meg e VI d.

Item deu per 1 drap d'aur, e per v tortises de 1ª lh. cascu, que hac a XIII de junh, l'escut per XVI s. VIII d., e M° Huc Guarnier, feu jutgat a paguar lo tot a nostra volontat : . . . . 1ª lh. xv s.

Item deu per 1 tortis de III lh. e meg cart, que se bailar a M° Emeric, so filh, a v d'ost, per ufrir a M° Guiraut de Labriguia, d'Otr'Avairo, part 1 escag (2) que nos bailec : . . . . V s.

E nos a lu quens bailec lo dia desus : . . . . (XXIII s.)

E may per IIII tortises que pezavo IIII lh. e 1 cart, a xx d. la lh., quens bailec : . . . . (VI s. e III d.)

Finat fo am lu a XII d'ochoire l'an XLV (1345).

2. *Siguart Delcrit, que esta al port de Loynagac* (3), deu que

---

(1) *Ponchas :* pointes; au milieu du quatorzième siècle les ornements les plus en vogue pour les vêtements étaient les dentelures à pointes de scie.

(2) *Escay ou escat*, morceau; c'était aussi une mesure agraire.

(3) Le port de Loubéjac, sur l'Aveyron, à 7 kilomètres de Montauban.

restec a paguar de i drap d'aur e de viii tortises de ii lh. cascu, que hac a xxviii d'abril per far l'annoal de M° Ozil d'Antegac, a paguar lo disabde apres, que monta, comte fag am lu : . . .   vi s.

Item deu per iiii tortises de lh. e mega que hac a xiii de julh l'an xlvi (1346) per la dona, molher que fo de M° Ozil d'Antegac, que donec a la novena del cors d'en Jorda de Cos, a paguar lo tot dins viii dias, estan quidamem. T. Bernat d'Antegac, el sen Bertran Anstorc, de Montalba : . . . .   xi s.

Finat fo am lu a xx de julh.

3. *La dona de Valriac, maire de Bertran, que esta a la cariera del Mostier*, deu per vi lh. sera en roc que hac a xxviii d'abril, a paguar a S. Johan Batista que ve[n], la sera, o : . . . . . .   xii s.

E avem ne i^a vanoa senhalada ; redem lhial (1).

E nos a liey quens bailec en ii vet : . . . .   (ix s.)

E may a liey quens bailec : . . . .   (iii s.)

4. *M° l'Almonier del Mostier, bot de M° Gr. de Noziciras*, deu per la decoxsio de i cristeri e per lo donar, que ordenec M° P. de Martel, a xxxi d'abril : . . . .   x s.

[1345]   Anno Dni m° ccc xlv.

Item deu per i comte el manoal de D, a ii^c xl cartas, e fo per las cauzas de sa malautia, quelh ordenec M° P. de Martel, e M° B. Calvet, a xvii de fevrier, que monta, l'escut per xv s. e viii d. : .
. . . .   xiii s. ii d.

Mudat avant a cv cartas.

5. *En Bernat Brunet, mercadier de Montalba*, deu per resta de i comte el manoal de D, a vii^{xx} e xi cartas, e fo per las cauzas de la malautia de sa molher, que ordenec Me Felip Sudre, e per autras cauzas, que monta per tot : . . . .   v lh. xiii s. x d.

Item deu per i lectoari que ordenec M° Felip Sudre, a i d'aost, per sa molher : . . . .   v s. vi d.

E nos a lu quens bailec sen Pons Guilhalmo a xviii d'octoire : . . . .   (ii lh. t.)

(1) *Vanoa senhalada*, couverture armoriée ; le mot *banne* est resté dans le langage populaire pour désigner la housse du lit. — *Redem lhial* : nous la lui rendimes.

Item deu per i comto el manoal de D, a ii° xlviii cartas, e fo per diversas dinandas que hac, per i* malautia que hac la dona sa molher, que ordenec M° Felip Sudre, a xiii de mars : . . . . iii lh. iiii s. e i d. t.

Item deu per i comto el manoal de E, a l cartas, e fo per las cauzas que ordenec M° Paul Rustanh, per la dona sa molher, e per iii escut de comtans, e per i drap d'aur, e per vi tortises, e per autras dinandas que hac a iiii de junh, l'escut per xviii s., que monta : . . . . xvi lh. xvii s.

E nos a lu que bailec en P. R. Delerit per lu, a xxiii de setembre, l'escut per xx s. (1) : . . . . (xl s. t.)

E may a lu que bailec Sicart Delerit per P. R. a vi d'ochoire, l'escut per xx s. : . . . . (xl s. t.)

E mai a lu que bailec Sicart Delerit per P. R. a xiii d'ochoire : . . . . (xx s. t.)

E may a lu que bailec en Sicart Delerit per en P. R. a xxi d'ochoire : . . . . (xl s. t.)

E may a lu que bailec en P. R. a xi de novembre, l'escut per xxi s. : . . . . , (l s. t.)

Item deu per i comto el manoal de E, a iiii^{xx} v cartas, e fo per diversas dinandas que pres a i de novembre, quant Joanha, sa filha, fermet marit, l'escut per xxi s. : . . . . xxxiii s. x d. t.

E may a lu que bailec en P. R., e Sicart, per lu, a xii de gener, l'escut per xxiii s. : . . . . (xx s. t.)

E may a lu que bailec Uc Maurel a xviii de fevrier, l'escut per xxiiii s. : . . . . (lxviiii s. t.)

Item deu per comtans que pres, a paguar i* piguassa : iiii s.
Finat fo aiso lu xiii de mars l'an xlvi.

(1) Cet article et les suivants sont évidemment la suite du compte n° 2 ci-dessus.

[1345] F° XXXI.

SOMMAIRE: 1. Sacriste de Saint-Théodard; funérailles; toile verte; soie noire; fil soyeux; cire; drap d'or; sépulture; cendal; prêt; drap d'or avec prêtres brodés; garniture de robes; gingembre; poivre; safran; girofle; accouchée. — 2. Chapelain de Gaillac; écrivain; prêt pour recouvrer un bréviaire mis en gage. — 3. Marchand; clergé; éperons à 6 pointes; anneau d'or avec perle; piments; clergé; — 4. Bourgeois; maladie; hosties dorées; — 5. Pelletier; garniture de robe et de cote hardie; hermines fines; prêt; cendal vermeil et noir pour sépulture; sépulture; fourrures noires; peaux de lapin.

1. *M° Niel de Lauzeraul, sagresta del mostier de Montalba*, deu per i comte el manoal de D, a vii^{xx} xii cartas, e fo per las cauzas de M° W. P., son capela, que pres Guiraut Torena, a v de may, que monta : . . . . XII s. I d.

Item deu per vi tortises de lh. e mega cascu que hac a vii de julh, per far onor al cors de M° W. Molinie.

Item deu per vi palms tela vert, e per I ochau seda negra, e per I cart fil sedeno que fe bailar a M° Bertran de Seguenvila, a viii d'aost, que monta : . . . . III s.

E nos a lu per sa part de la sera, e dels drap, [ex]septat los ii de l'osdal, que foro a la sepultura de M° W. Molinie, e per ii sendat, tro a xi d'aost : . . . . (LXIII s. X d. m°.)

Item deu per comtans quelh bailem, e per I drap d'aur am capelas (1), que hac lo dia dessus : . . . . II lh. IIII s. IIII d.

Resto XII s. I d. per las cauzas de M° P., son capela, fag comte a xi d'aost.

Item deu per I comte el manoal de D, a ii^c viii cartas, e fo per guarnizo de raubas, que fe bailar a M° P. Chiralha, a xvii d'ochoire, per las raubas de sa conhada, e de sos bot, que monta : . . . . VIII s. e I d.

Item per I cartairo gingibre, e per autre de pebre, e per mega onsa e per I cart girofle, que hac a xx de fevrier per trametre a sa conhada que jazia d'effan (2), per tot : . . . . V s.

E hos a lu quens bailec M° P. de Monlauart, a xxviii d'abril l'an XLVI (1346) : . . . . X s. I d. t.

(1) Sur ce drap d'or devait être brodée une procession de prêtres, ainsi qu'on en voit sur les tombeaux de ce temps.

(2) Envoi d'épices à une accouchée. Litt., qui était couchée [pour cause] d'enfant.

Resto xv s. e i d. t. que deu. Mudat avant a lx cartas.

2. M° *Guilhem Arquier, capela, que demora a Gualhac*, deu per comtans que bailem per lu a M° Arnaut del Cambo, escriva, a vii de may. T. en Durant Guavalda, que monta : . . . . . x s.
E nos a lu quens bailee en Durant Guavalda : . (i s. vi d. t.)
E may a lu quens bailee en Durant a i d'aost : (iii s. vi d. t.)
Item deu per comtans que prestem a so fraire a vi d'aost per cobrar un brevari : . . . . ii s.
E may a lu quens mandec en R. de la Castra, e fo mes en so comte : . . . . (v s.)
Resto ii s. t.

3. *Lo senhe Bernat de S. Vinsens, mercadier de Montalba*, deu per la mitat de i tortis de i° lh., que pres dona d'Engilbaut, e per i par d'esperos am vi ponchas que hac a xi de may : . . . .
. . . . ii s. viii d. t.
Item deu per i anel d'aur am perla que hac a xxviii de genier, per donar a na Sebelia de Vaquaresas, sa boda, l'escut per xvi s. viii d. t. T. en W. Engilbaut, son bot, que monta : . . . . x s.
Soma xiiii s. t., que deu, comte fug am lu lo dia dessus. T. M° Felip Sudre.
Item deu per i° pimentas que pres el metheis a vi d'abril l'an xlv (1345), que monta : . . . . i s. iiii d. t.
Item deu per i tortis de ii lh. e meg carto que hac a xxiiii d'abril. T. so bot de Theisendier : . . . . iiii s. iii d.
(Soma xviii s. iii d., finat fo am lo senhe W. de S. Vinsens, a xiii de julh l'an xlvii (1347).

4. *Lo senhe R. Gaustaut, borgues de Montalba*, deu per i comte el manoal de D, a vii^{xx} xvii cartas, e fo per las cauzas de la malautia de la dona sa molher, que ordenec M° P. de Martel a xvii de may. T. R. de Poma, son escudier, que monta : . . . . . .
. . . . xi s. ii d. t.
Item deu per i cartairo ostias dauradas (1), que pres lo capela a vii de setembre : . . . . i s. vi d. t.

---

(1) Les hosties dorées étaient une friandise, un gâteau, assez cher d'ailleurs, puisqu'elles coûtaient environ 18 francs la livre.

Item deu per meg cartairo ostias dauradas que pres lo capela a x de setembro : . . . . ix d.

Finat fo am lu a xvi de setembre.

5. *Johan de Veran, pelisier de Montalba*, deu per guarnizo de rauba que se fe bailar au P. R., so fraire, per guarnir ii cotardias a si e a so cozi de Corbarieu, que monta : . . . . vi s. vi d.

Item deu per ii ermiuis fis, que hac de nos, que costero a Toloza (1) : . . . . xiiii s. f.

Item deu per comtans quelh bailem, may que nolh deviam, en i escut per sor Brenguieira de Guarsias, que monta : ii s. viii d. t.

Item deu per vi aunas sendat vermelh e negre que hac a xvii de may per lo fornimen de sa avida, de Corbario, que monta : . . . . xxiiii s.

E nos a lu per comtans quens bailee : . . . (xvi s. viii d. t.)

E may a lu quens bailee a xviiii d'aost : . . (xvi s. viii d. t.)

Item deu per i tortis de i* lh. que hac a xxii d'aost : i s. x d.

Item deu per iiii tortises que pezavo vi lh. e i carto, que hac per far onor al cors d'en Gualhart Verau, a xxvi d'aost : . . . . x s. vii d. t.

E nos a lu per i* folraduras negras, quelh mandem per la molher d'en Roby : . . . . (x s. f.)

Finat fo am lu a xxi de setembre, exseptat las pels dels conilhs que nos deu.

[1345] F° XXXI v°.

SOMMAIRE : 1. Les Belfort, seigneurs de Belmont et Lalbenque; ornements; tortis et épices pour festin de fôtes; cotte hardie; manteaux; fourrures. — 2. Boulanger; épices. — 3. Bourgeois; harnais de cuir noir; faix; roussin bai; futaine blanche échiquetée; fil vermeil et blanc pour cotte hardie; misture (blé mêlé); cire; chandelles de cire; escarcelle avec controlet; cierge; chapeau de feutre; anneau d'or avec perle; garniture de robe; fiançailles.

1. *M° Guilhem de Belfort, cavalier, senher de Belmon et de Lalbenca, en Quersi*, deu per resta dels paramens, e de tortises, e

(1) On remarquera par la suite que Bonis rapporte souvent de ses voyages à Toulouse et ailleurs des marchandises pour ses confrères Montalbanais.

d'espesias que hac per en Ratier, so filh, quant tenc taula per justar a Montalba, a xviii de may (1). T. M° Gualhart de la Tor, e n'Uc de Merlanas, son escudier, que monta : . . . xv s. vi d.

Item deu per comtans que fo bailar Ratier, so filh, a M° W. Bru, sartre, a vi d'ochoire, per far 1ª cotardia e ii mantels, e per pagar lo pelisier, am entresenhas de so sagel. T. Servia, en Olivier Beral, son genre, a redre dins viii dins : .   i real d'aur.

E nos a lu que bailec comtans : . . . .   (xv s. vi d.)

2. *Huc de Lacosta, pestor que esta al bari del Mostier*, deu per i comte el manoal de D, a vii^{xx} xviii cartas, e fo per espesias e per autras cauzas que hac a xviii de may. T. B. de Verno : . . . .
. . . . iiii s. iii d.

E nos a lu queus bailec a xi de setembre : . . .   (iiii s. iii d.)

3. *Arnaut Segui, borgues de Montalba, filh que fo del senhen Felip Segui*, deu per i urnes de cuer negre, e per 1ª faisa (2) que hac a xviii de may, per guarnir so rossi bayart. T. Bernat de Verno quelh o bailec : . . . . viiii s.

Mudat avant a li carta.

Item deu per vii aunas e i palm fustani blanc escacat, e per 1ª onsa fil vermelh e blanc que hac a ix de junh per far 1ª cotardia a sos ops. T. M° P. Chiralba, sartre, que monta : . . xv s. ii d.

Item deu per i comte enreires a xiiii cartas, e nom d'en Felip Segui, so fraire, que monta : . . . . ii lh. viii s. ii d.

E nos a lu per ii sest. mestura que n'aguem a xxx d'aost, a xiii s. lo sest. : . . . . (xxvi s.)

Item deu per 1ª lh. sera, que pres lo senhor de Beraut, a xxvii d'ochoire per candelas a sa conhada : . . . . ii s. ii d.

Item deu per resta de 1ª escrascla, e de i sobresenh que hac a viii de novembre : . . . . iii s. iii d.

Item deu per i comte el manoal de D, a ii^c xxi carta, e fo per i tortis de iii lh., e per i capel de feutre, e per i anel d'aur am

---

(1) Voir pour les Belfort notre notice sur trois prélats de cette maison. Ratier de Belfort fut un capitaine fameux, en même tems qu'un négociateur habile. C'est à ses intrigues que Montauban dut de rentrer dans le giron de la France, en 1369. Il est vrai que certain procès qu'il eut en Parlement révéla contre lui de nombreux méfaits.

(2) *Faisa*, faix. C'était probablement un porte-manteau.

perla, e per guarnizo de rauba que hac a xxv de novembre, que avia fermada molher, que monta. T. B. de S. Visens, son oncle : . . . . ɪ lh. ɪɪɪɪ s. vɪɪɪ d. t.

Item deu quens mandec a paguar per son guazalha, per resta de ɪ tortis, a vɪɪ de genier : . . . . ɪ s. vɪɪɪ d.

Item deu que restec a paguar de ɪɪɪ escrasclas, e de sobresengs que hac : . . . . ɪx s.

Resto v escut e ɪɪ groses d'argen que deu, comte fag a xɪx de genier. T. en W. Engilbaut jove.

4. *Lo senhe Arnaut de la Pozaca, borgues de Montalba*, deu per ɪ ochau seda vert per cozer ɪ capairo a sos ops vetat (1) per Forssa, e per ɪ palm sendat, e per ɪɪ ochaus sedas per guarnir ɪɪ capaires a las donas que hac a xvɪɪɪ de may e a xɪɪɪ de junh per tot : . . . . ɪɪɪ s. v d. t.

Item deu per ɪɪɪ ochaus sedas, e per ɪɪɪ cart sendat, e per ɪ cart fil vert que hac a xv d'aost per guarnir ɪ guanac de sarga verta la dona : . . . . ɪɪ s. v d.

Item deu per ochau seda negra que pres Me Bernat Mauri a xxɪɪɪ d'aost : . . . . ɪɪɪ s. mᵃ.

Soma vɪ s. ɪɪ d. mᵃ t. que deu. Mudat avant a ɪɪɪɪˣˣ xɪɪɪɪ cartas.

5. *Mᵒ P. R. de Domengier, companh* (2) *de Mᵒ de Montalba*, deu per ɪᵃ regnas vermelhas, e per ɪ borsaut de Normaudia, e per ɪᵃ sentura d'Amicus, e per ɪ anel d'argent que hac per so masip a xxvɪɪɪ de may, a xɪɪɪɪ de junh, per tot : . . . . v s.

Item deu per ɪ capel de feutre negre, e per ɪᵃ bridam ɪɪ canelas (3), que pres Mᵒ Gr., so fraire, a xxvɪɪ d'aost. T. Mᵒ P., monge, que monta : . . . . ɪɪɪ s.

Item deu per guarnizo de ɪ guaracors de vermelh que pres Mᵒ Guiraut a xxvɪɪ d'aost : . . . . vɪɪ d. mᵃ t.

E nos a lu que bailec Mᵒ Gr. a la boria, a v de setembre : . . . . (ɪɪɪ s. t.)

(1) *Vetat*, bordé. On voit par cette citation que *reta* signifie bien ruban pour bordure.
(2) *Companh*, litt. compagnon, ou plutôt écuyer.
(3) *Canelas*. Ce mot a plusieurs sens : canelle, épice ; canelle, robinet. Toutefois il se pourrait qu'il signifiât ici des ornements pour la bride.

Item deu per III cart fil vermelh, e per I palm tela, e per II ochaus sedas que pres M° Guiraut a III de genier per sa rauba
e la livricia de M° de Montalba. T. M° B. Mauri : . .   III s. II d.

E may a lu que bailec M° Guiraut a XXV de fevrier : . . . . . .
. . . .   (III s. II d. t.)

Item deu per I capel de feutre que pres M° Guiraut a XXIIII de
novembre l'an XLVI (1346) : . . . .   II s.

Soma XX s. Vera est.

[1345] F° XXXII.

SOMMAIRE: 1. Le faubourg de Campagnes ou Lacapelle; joyaux de mariée; froment; blé mêlé. — 2. Minorite; cendal indi et doré; sedas; oripeau pour parements d'autel; drap roset; cire du pays; frontaux brodés apportés d'Avignon; doublet de lin de Paris; gants; dentelle fine de soie pour les frontaux; livres de chant; dragée fine; poivre; gingembre; safran; girofle; teinture de fil en bleu; cire; dragée fine; savates; message; patins; grenades; dragée fine; gingembre; figues; raisins; cire en roc; fruits; drap bleu pour manches et chausses; chandelles; pénide; dragée fine; gingembre; poivre; safran; moine; harengs; fromages; toile écrue pour chemises.

1. *Bernat de n'Uc, que esta al bari de Campanhas,* deu per resta de I comte el manoal de D, a VII^{xx} XIX cartas, e fo per resta de juicias, e d'autras cauzas que hac a XXIII de may, qu'en Johan d'Augols pres sa molher, a paguar de se, que monta : . . . .
. . . .   III lh. I s. VII d.

E nos a lu per I sest., fromen que n'aguem a III d'aost (1) : . .
. . . .   (XX s. t.)

E nos a lu per I sest., I carticira mestura que n'aguem a XIX d'aost : . . . .   (XX s. t.)

2. *Madona sor Brenguieira de Guarsias, menoreta de Montalba,* deu per VII palms sendat endi, e aurnol (2), e per V ochaus I cart

---

(1) Quand nous avons basé le calcul du pouvoir de l'argent sur les journées d'ouvriers, nous sommes arrivé à trouver comme résultat : le denier équivalant à environ 20 centimes de notre monnaie; Viollet le Duc et A. Monteil étaient arrivés au même chiffre. On voit par le prix du blé porté dans ce compte que notre calcul est une bonne moyenne. Un setier de blé représente 216 l. 22 c. à 20 s., ou 240 deniers à 20 c., soit 48 francs; ce qui porte l'hectolitre de blé à 22 francs environ.

(2) *Aurnol,* nous traduisons par *doré,* à cause du radical *aur* (?)

sedas, e per 1 nurpel que pres la dona de Cos, a xxIIII de may, per far paramens d'autar, que monta per tot : . . . . . xII s. II d. t.

Item deu per comtans que fe bailar an Tolza Maychela, per vi aunas e 1 palm roset que hac a vII de junh. T. n'Arnaut de Vairac : . . . . IIII lh. xIII s. IX d.

Item deu per 1ª lh. 1 cartairo sera d'esta tera que hac en II vet a x de junh : . . . . II s. vI d.

Item deu per II frontals broidat, quelh aportem d'Avinho : . . . . 1 lh. x s.

Item deu per comtans xx s., e per 1 doble de li de Paris, e per 1 par de guans IX s. vI d. que hac a xxv de julh, que anec als Cases, per tot : . . . . 1 lh. IX s. vI d.

Item deu que costero xvIII palms fimbria fina de seda per guarnir los frontals desus : . . . . xv s.

Item deu per comtans que fe bailar Mº B. a Mº Olivier per far sarar los libres del can que tramcs als Cases (1) : . . . . xxv s.

Item deu per 1ª drigicia fina III s. vI d., e per 1 carto pebre e gingibre, e per 1 ochau safra que pres sor Agnes a xxvI d'aost : . . . . v s. IX d.

Item deu per mega libra gingibre e per mega ousa girofle quelh tramezem als Cases, per Nadalet, a II de setembre : . . . xIII s.

Item deu que bailem a na Joana per tenher mega lh. fil blau : . . . . vI d.

Item deu per comtans que bailem a sor Agnes, que pres Mº B. a vII de dezembre : . . . . vI s.

Item deu per 1 cartairo sera que pres Mº Bernat a xIII de setembre : . . . . vI d. t.

Item deu per 1 lh. sera, quel tramezem als Cases, e per x s. t., que fe bailar a la dona de Cos a xxvII de setembre, per tot : . . . . xII s.

Item deu per 1ª autra drigicia fina coma la desus III s. vI d., e per vI s. comtans, que bailem a sor Agnes a xxI d'ochoire, que pres Mº B. Verzéna : . . . . IX s. vI d.

---

(1) Voir la note 3 de la p. 66. Pendant la saison chaude, les religieuses allaient sans doute s'établir dans leur domaine des Chênes, puisqu'elles y faisaient transporter leurs livres de chant. — *Sarar*, litt. serrer, mettre dans une caisse.

Item deu per comtans que bailem per 1ᵃˢ sabatas a sor Agnes
II s., e per v s. que bailem a Mº B. Verzena, per I mesatge que
trames als Cases, a v de novembre : . . . . VII s.

Item deu per comtans quelh tramezem per Mº B. Verzena, a
xx de novembre : . . . . VI s.

Item deu que costero II pars de patises, e II milgranas quelh
tramezem als Cases, a XXIIII de novembre : . . . . IX s.

Item deu per 1ᵃ drigicia fina e per 1ᵃ ousa gingibre, que pres
sor Agnes, a XII de dezembre, que ance quere ela als Cases :
. . . . II s. VI d.

Item deu per II lh. figuas e razins, que hac a XIII de dezembre :
. . . . VIIII d. t.

Item deu per 1ᵃ lh. sera en roc, e per 1ᵃ lh. frucha, e per IIII s.,
que costec 1ᵃ auna blau per marguas e cauzas a Nabura a XVI de
dezembre : . . . . VI s. IIII d.

Item deu per comtans quelh tramezem per Mº Bernat Verzena,
la vespra de Nadal : . . . . X s.

Item deu per comtans quel tramezem per Mº Bernat Verzena,
a III de genier : . . . . V s.

Item per III candelas de I carto cascuna que avia pres a
Sᵗᵃ Catarina, e per I cart penis : . . . . II s. III d.

Item deu per comtans XXX s., e per 1ᵃ drigicia fina VII s., e per
mega lh. gingibre, III s. VI d., e per I carto pebre XVI d., e per
mega ousa safra VI d., quelh tramezem per Nabara, a XI de
genier : . . . . II lh. II s. IIII d.

Item deu per I comte el manoal de D, a IIᶜ XXXV cartas, e fo
per diversas dinnadas que hac, e per comtans que paguem per
merlus, e per arenxs, e per fromatges : . . . . XII s. VIII d.

Item deu per I autre comte el manoal de D, a IIᶜ XLII cartas, e
fo per diversas cauzas, e per comtans per comprar tela crua, per
far camias, que monta : . . . . X s. III d.

Item deu per I autre comte el manoal de D, a IIᶜ XLIIII cartas,
e fo per diversas cauzas que hac : . . . . III lh. IIII s. VIII d.

Item deu per I autre comte el manoal de D, a IIᶜ LXVIIII cartas,
que monta : . . . . III lh. II s. IIII d.

Soma XXIIII lh. XI s. III d. t. que deu. Mudat el libre vermelh

dels depozit, a xvii cartas, comte fug am liey a xix de may l'an
xlvi. T. sor Agnes de Brando.

[1345]   F° XXXII v°.

SOMMAIRE : 1. Chapelain des Minorites; poivre; amandes; garniture d'un gard-
corps pour un prêtre; soie verte; toile verte; garniture de robe; cendal vert;
soie; bordure pour une mante; loyer; ouate pour une housse; gingembre; safran;
garniture de gonelle; maladie; prêt de blé. — 2. Savetier; garniture de
robe; joyaux. — 3. Bourgeois; apozèmes; doubles de cire; chapeau brodé;
amandes; gingembre; morceaux de vieille cire; drap d'or taurin (?) ave-
gans; sucre en pain; pignolat; denrées; garniture de robes; denrées; toile. —
4. Hôtelier; avoine; huile d'olives; amandes; avoine. — 5. Ecuyer de l'Evêque;
futaine peluchée; toile blanche; fil blanc; soies; tailleur; gonelle; garnache d'été;
llanos; grenade; sucre rosat; maladie; plates; réaux; change d'une barbute;
gingembre; canelle; girofle; fleur de canelle; électuaire laxatif; plates disjointes.

1. M° Bernat de Verzena, capela de las Menoretas, deu per
1ª onsa pebre, e per 1ª lh. mellas, e per la guarnizo de 1 guaracors
de 1 capela que hac en 11 vet a xxv de may : . . . . . iii s. iii d.

Item deu per ii ochaus e meg seda vert e per 1 palm tela vert
que pres a xviii de julh per guarnir sa rauba. T. Bernat Molinier,
que monta : . . . . ii s. v d.

Item deu per iii cart sendat ve[r]t e per 1 ochau e meg seda,
e per iii aunas vela per guarnir 1ª manta, e per vi s. t., que fe
bailar a f. Matio Bonome a xix d'aost : . . . . . viii s. ii d. t.

Item deu quens mandec a paguar per P. Simo, la vespra de
Martro : . . . . v s.

Item deu quens mandec a paguar per R. Molinier, de Montalba,
a xii de genier l'an xlv (1345), quelh devia per lo loguier de
l'osdal en que esta : . . . . x s.

Item per ii lh. cotomapus per metre a 1ª vanoa iii s. iii d., e
per ii onsas gingibre, e per 1 cart safra i s. iiii d., e per xvi d. de
guarnizo, per 1ª guonela que hac a iii de may. T. Gr. Bonis : vi s.

Item deu per i comte el manoal de E, a vii^xx xi cartas, e fo per
las cauzas de sa malautia, quelh ordenec M° W. de Rabastenx a
xxvi d'abril l'an xlvii (1347) a xxviii s. l'escut : xxxii s. vii d. t.

Item deu quelh prestem de nostre granier a xx de dezembre,
l'an xlvii (1347). T. Guilho, nostre clerc : . 1ª cartieira fromen.

Item deu, l'escut per xx s., quelh prestem a xxv de fevrier.
T. Tozet Clause e B. Molinier : . . . . v s.

2. *Jacme de la Roqua, sabatier de Montalba*, deu per resta de
l comte el manoal blanc de D, a viii^{xx} i^a carta, e fo per guarnizo
de rauba, e per julclas que hac per sa molher a xxx de may.
T. n'Arnaut de la Rochela, sabatier, que monta, comte fag am lu :
. . . . vi s. t.
E nos a lu quens bailec : . . . . (vi s. t.)

3. *Lo senhen R. Bertran, borgues de Montalba*, deu per l^a opozima quelh ordenec Me Felip Sudre per sos ops a i de junh, que
monta : . . . . xiii s.
Item deu per mega lh. doblos de sera, que pres el metheis a x
de junh : . . . . i s. t.
Item deu per l^a cremielra broldada, e per l tortis de l cartairo
que hac a xiii de julh per far l filhol : . . . . i s. vi d.
Item deu per l^a lh. melhas e per mega onsa gingibre que pres
l'escuzlier de M° lo jutge a vi de julh : . . . . i s.
E nos a lu per ii lh. e mega e meg cart sera en troses alucat (1)
quens bailec :
E may a lu per l drap d'aur tauri am Agnus (2) que avia agut
de nos : . . . . (v floris a xiii s. la pessa.)
Item deu per ii onsas e mega sucre pa que pres lo M^e a xxvi de
julh, que el era malautes : . . . . x d. t.
Item deu per l cartairo e meg pinhonat que hac a xviii de
dezembre : . . . . i s. t.
Item deu per l comte el manoal de D, a ii^c xxxiiii cartas, e fo
per diversas dimandas que hac : . . . . i f. e v s. v d. t.
Item deu per l autre comte el manoal de D, a ii^c xlviiii cartas,
e fo per guarnizo de rauba, e per autras dimandas, que hac a xvi
de mars : . . . . xii s. v d. t.
Item deu per l autre comte el manoal de D, a ii^c lxiii cartas, e

---

(1) *Sera en troses alucat*, litt. : bouts de cierges ayant déjà été allumés.
(2) *Drap d'aur tauri am Agnus* : il s'agit probablement d'un drap brodé de
figures symboliques, d'*Agnus*. — *Tauri* est plus difficile à expliquer. Est-ce une
couleur brune, ou bien faut-il y voir le taureau, en souvenir de saint Marc?

fo per guarnizo de rauba, e per autras cauzas que hac a xv d'abril:
. . . .   XIIII s. e mal.

Resto v s. v d. t. que deu, abatut los v floris. Mudat avant a
LVIII cartas.

4. P. Folras, ostalier de Montalba, deu per I razas (1) sivada
que hac en parselas. T. Gr. Bonls, e Bernat de Verno, e Calhau, a
vi de junh : . . . .   XI d. t.

Item deu per II lh. oli d'olivas que hac per en Peire de Palhars:
. . . .   I s. III d. t.

E nos a lu que paguet per nos en amellas que comprem : . . . .
. . . .   (xv d.)

Item deu per comtans quelh bailem a xviii de setembre : . . . .
. . . .   IIII s.

E nos a lu per sivada de I rossi del senhe de Villabrumier : . .
. . . .   (I s. IIII d. t.)

5. Mº Bertrand de Cauzac, companh de Mº de Montalba, deu
per v aunas e III palms fustani pelut a xxi d. l'auna, e per II aunas
e III palms tela blanca, e per III cart fil blanc, e per II ochaus sedas
que fe bailar a Mº P. Chiralba, sartre, per far Iª guonela a sos ops,
e I guanac d'estio a Taudo, son bot, a VIII de junh, que monta per
tot : . . . .   xvi s. v d. t.

Item deu per Iª tisana, e per Iª milgrana, e per I cartairo sucre
rozat quel tramezem per Taudo, son bot, a Castelflurit (2), que el
era malautes, a x de junh : . . . .   IIII s.

Item deu per Iª platas lx s. t., e per II reals que paguem per lu
per los cambis de Iª barbuda (3) que hac a III de gener. T. R. de
Pazern, e Bertran de la Pozaca, que monta : . . . . .   IIII lh. x s.

E nos a lu quens bailec lo dia desus : . . . .   (L s. t.)

Item deu per vi onsas gingibre, e per III onsas canela, e per
Iª onsa girofle, e per mega onsa flor de canela, en I sac, e per I
lectoari laxatio xix s., quelh fezem a vii de fevrier, quelh ordenec
Mº B. Calvet : . . . .   I lh. x s.

---

(1) La rase, mesure pour les grains, valait 27 litres 4 c. à Montauban.
(2) *Castelflurit* ou *Montflorit* : Montfloury. (Voir la note 3 de la p. 47.)
(3) *Barbuda*, barbute, sorte de casque qui remplaçait le heaume trop lourd.

E nos a lu per i° platas dizazegudas (1) quens tornec que
vendem : . . . . (xLv s. t.)

Finit fo am lu en Salvi, a IIII de julh l'an xLVI (1346).

[1345]   I° XXXIII.

SOMMAIRE: 1. Hôtelier; épices; vieux clerge. — 2. Seigneur de Flaugnac (Lot);
sendat; toile verte; ruban de Rouen; toile; sedas; toile verte; fil vermeil; fil bleu;
sendat vert; sedas; robe longue de camelin; manches; doublet de lin de Paris très
grand; anneau d'or avec grenat; chandelles; chrémeau brûlé; baptême; clerge;
électuaire restaurant; toile verte; fil vermeil; garnache; gingembre; safran;
cotillon; anis confit; massepain; toile blanche; grepa (1); sendat; toile pour chaperon; housses cordouanées pour couvrir une selle; clerge; cire; toile; chandelles;
baptême; toile noire et verte; toile; fil; manches; blessure; clerge; onguent;
denrées. — 3. Marchand; latte-feuilles; grange; drap mêlé pour chausses apprêté.
— 4. Cousin de l'Évêque; garniture de robe.

1. *Guilhem del Biro, ostalier de Montalba*, deu per i comte el
manoal de D, a VIIIxx cartas, e fo per espesias, e per i tortis alucat
que hac a xi de junh, per tot : . . . . v s. ix d.

E nos a lu quens bailec a xxvIII d'aost : . . . (II s. ix d. t.)

E may a lu que bailec : . . . . (III s.)

2. *Lo senhen P. de la Peraireda, donzel, senher de Flaunhac* (2),
deu per II palms tela blanca, e per III cart sendat, e per III ochaus
e meg seda vert, e per II pesas ruban de Roam que pres Mº B. de
Fultrag, son capela, a xi de junh, per guarnir sa rauba de i pers
a Mº B. . . . . v s. vIII d.

Item deu per III ochaus e meg sedas, e per v palms tela vert, e
per Iª onsa mega fil vermelh e per meg de blau, e per III palms
sendat vert, e per v ochaus e meg sedas que pres Mº B. Mauri a
xxvIII de julh, per guarnir iª rauba longua de i cameli a la
dona (3), e iª rauba a lu, e II pars de marguas, que monta per
tot : . . . . xIII s. e i d. t.

(1) *Dizazegudas*, disjointes. C'était probablement une armure faussée. Cet
achat et ces ventes d'armures nous prouvent que le *companh* était un écuyer,
une sorte de garde du corps qui accompagnait l'évêque dans ses tournées. Guillaume de Cardaillac en avait deux, B. de Cauzac et P. de Domengier.
(2) Voir la note 2 de la p. 100.
(3) *Rauba longa de i cameli a la dona*, robe longue de camelin pour la dame.
Le signe i prouve sans doute qu'elle était d'une seule couleur, contrairement à
la mode du temps. Le *camelin* était une étoffe dans laquelle entrait le poil du
chameau.

Item deu per i doblo de ii de Paris de pasa gran forma, e per i anel d'aur am granat, e per i" candela de mega lh., e per i" cremelra broldada que fe baflar a la dona, sa molher, a xxviii de junh, per far i filhol. T. M° B. de Fultrag, e la dona de Proome annada, e dona de Plantavlnha, que monta : . . . . ii lh.

Item deu per i tortls de ii lh. e mega que pres M° Bernat de Fultrag, a xi d'aost : . . . . iiii s. vii d. t.

Item deu per i autre tortls de lh. e mega que pres M° B. per ufrir a M° G. de Lolbrlgna : . . . . ii s. ix d. t.

Item deu per i lectuari restauran que ordenec M° W. de Rabastenxs a xx d'aost, per man de la dona, per dig del M°, nzops d'Arnaut Fornler, que monta (1). Paguet (vi s.) : . . . . vi s.

Item deu per iii cart tela vert, e per i cart lll vermelh que hac a xxviiii d'aost per i" guanacha (2) : . . . . v d.

Item deu per i cartraro gingibre, e per mega onsa safra que pres M° Bernat a i de septembre : . . . . iii s.

Item deu per mega lh. corlandre, e anls collt, e per i masapa que pres M° Bernat, a vi de setembre : . . . . iii s.

Item deu per v palms tela blanca, e per meg carto grepa que pres M° B., a xiiii de setembre : . . . . i s. ix d.

Item deu per meg palm sendat, e per i ochau seda per guarnir i capairo a la dona, del tros de la rauba que pres M° B. Mauri, a xvi d'ochoire, que monta : . . . . i s. iiii d. t.

Item deu per ii beanas cordonnadas que avia prezas lo seu P. a xxv de setembre per cubrir i" sela : . . . . iiii s. viii d.

Item deu per un tortis de i" lh. que pres M° a xxii d'ochoire : . . . . ii s.

Item per mega lh. sera, que pres M° Bernat, la vespra de Martro : . . . . i s.

Item de per vi palms tela e per v candelas de meg carto cascuna, que pres M° B. per lo fornimen d'un filhol a i de novembre, que monta : . . . . ii s. ix d.

---

(1) Quel luxe de détails : « Pour un électuaire ordonné par M⸱ de Rabastens. « remis en la main de la dame, sur le dit du précepteur, et destiné à Arnaut « Fournier. » Cet article a été effacé par Bonis parce qu'il avait été inscrit par erreur dans ce compte.

(2) *Guanache, guanae, garnache*.

Item deu per i ochau seda negra et vert, e per i palm tela, e per i ochau fil que pres M° B., per i" marguas d'en P. de la Chotieira : . . . . i s. ii d. m°.

Item deu per cauzas per i" plagua a so masip a iiii de novembre : . . . . i s. iiii d.

Soma iiii lh. viii s. iiii d. que deu.

E nos a lu quens baillec a xii de novembre : . . . . (lx s. t.)

Resto xxviii s. que deu, comto fag am lu lo dia desus.

Item deu per deu tortises que pezavo v lh. e mey cart que hac per afrir a M° Durant del Bosquet, capela, a xii de novembre : . . . . X s. iii d.

Item per las cauzas de i enguen que pres M° P. de Lhentier, a xv de novembre per so masip : . . . . ii s. iii d.

Item deu per i comte el manoal de C, a ii° xviii cartas, e fo per diversas dinnadas que hac a xx novembre, que monta : . . . . xi s. v d.

Soma de resta iii escut e ii s. t. que deu. Mudat avant a xlvi cartas.

3. *Bernat Seguier, mercadier de Montalba*, deu per resta de i comte el manoal de D, a viii^{xx} vi cartas, e fo per resta de comtans o d'autras cauzas, que monta : . . . . xiii s. i d.

E nos a lu per ii° latas que n'aguem per las fenils (1), a xviii de setembre : . . . . (vi s. t.)

E may a lu per i ters de drap mesclat per cauzas a mi mollat e baisat (2).

4. *M° Gualhart de Cardalhac, cozi germa de M° de Montalba* (3), deu per i comte el libre manoal de D, a viii^{xx} vi cartas, e fo per guarnizo de rauba que hac en parcelas a xvii de junh : v s. v d.

Soma v s. v d. Vera est.

(1) *Lata*. Dans le Quercy on fait les toitures avec des chevrons, sur lesquels on place des lattes de châtaigner, qu'on recouvre avec des tuiles courbes dites *canal*. — *Fenil*, grenier ou hangar à foin.
(2) Voir la note 4 de la p. 119.
(3) La généalogie de la famille de Cardaillac (1654) fait de Gaillard un frère de l'évêque, ainsi que nous l'avons dit p. 99. D'après Bonis ce n'était qu'un cousin.

[1345] F° XXXIII v°.

SOMMAIRE: 1. Seigneur de Corbario; drap d'or d'après clergé; sépulture du vicomte de Lautrec; jugement de l'official; roussin bai; jugement; futaine blanche et peluchée; toile; fil blanc; fil vert; ouate pour gipon; capuchon de mailles; hommes d'armes; monitoire; procès; absolutions; conventions pour paiement; futaine peluchée; salas de Lucques; toile verte; amandes; aublon; sucre en pain; absolutions; médecine. — 2. Coutelier; denrées; garniture de robe; savons; épices; garnitures de robe; boîte de pignolat. — 3. Damoiseau; futaine de Givet; fil vert; toile pour soubreveste. — 4. Changeur; sépulture. — 5. Travailleur de terre; vignerons; chrémeau; clergé; froment; clergé; sépulture.

1. Lo senher Peire Ananio, donzel, senher de Corbario, deu per 1 comte enretros a xx cartas, fag comte am lu a xxiiii d'aost, que monta: . . . . iii escut d'aur e ii d. t.

Item deu per 1 drap d'aur diasprat, e per vi tortisas de ii lh. casen, e per xxi d. t., comtans que hac a xxvi d'aost per far onor al cors de M° Amalric, vescomte, senher d'Ambres (1), que monta: . . . . viii escut d'aur e ii d. t.

Soma per tot xi escut d'aur que deu, e M° R. Bramaire feu jutgat en la cort de M° l'ofesial, a paguar a S. Miquel de setembre que ve[n]. T. senhe Pos Pelat, Bertomio Combas.

Item deu may per 1 rossi bayart am tot visis aparens o no aparens (2), que hac a iii de setembre, e M° W. de la Boria feu jutgat a la cort de M° l'ofesial, a paguar a la festa de Martro que ven, que monta: . . . . xviii escut d'aur.

Item deu per v aunas fustani blanc pelut a ii s. l'auna, e per iiii aunas e meg tela a xii d. l'auna, e per onsa e mega fil blanc, e per 1ª onsa fil vert, e per mega lh. cotonapus que se bailar a M° W. Bru, a xix de setembre, per far 1 jupo a sos ops. T. son escudier, que monta, comte fag am lu: . . . . i escut et ii d. t.

Item deu per 1 guolar de malha guarnit, quelh prestem quant trames iii omes d'armas a M° Pons de Guordo, a xxi de setembre (3). Tornec lo guolar: . . . .

(1) Amalric III, vicomte de Lautrec, seigneur d'Ambres, fut tué probablement au siège de Bergerac, qui se rendit le 24 août 1345; un acte cité par l'*Histoire de Languedoc* (t. IX, p. 517) accorde des lettres de sauvegarde à son fils et à sa veuve pour les services rendus par lui et son fils dans les guerres.

(2) Un cheval avec tous ses vices apparents ou non apparents; ce qui prouve qu'il y avait une loi sur les vices rédhibitoires.

(3) Cet envoi d'hommes d'armes à P. de Gourdon coïncide avec l'époque de

Item per 1° monesto que hac a III de novembre :   VI s. IIII d. t.
Item per III grenges apres : . . . . IIII s.
E nos a lu quens ballec a VIII de fevrier e dem lhi apsolvesto en
tal condesto que so no avia pagnat lo resta que demora, dins lo
meg careme, que fos en l'estamen que era : . . . . XII escut.
E may a lu quens ballec a XXX de mars que hac absolvesto per
entier : . . . . VI escut.
E promes a pagnar tot lo demoran dins la festa de Pantacosta.
Item deu per II palms fustani pelut quelh tramezem am sa letra
a XXXI de mars : . . . .   I s. t.
Item deu per IIII ochans sedas luegzas, los II ochans e meg, e
per I palm tela vert, e per mega lh. mellas, e per I carto amido, e
per mega onsa sucre pa que hac a VIII de junh l'an XLVI (1346) : .
. . . . IIII s. IX d.
Devem lhi apsolvesto, e deu aver pagnat estan quitamen a
S. Andreu. Resto XIII escut e XIII s. t.
Item deu per I comte el manoal de E, a LVIIII cartas, e so per
cauzas de medesina per la dona, sa molher, que ordenec M° P. de
Martel a VI de setembre : . . . .   VI s. VI d.
Item deu per I° monesto en aost, l'an XLVII (1347) : . . . .
. . . . VI s. VIII d.
Item per l'escumenge.
Mudat avant a C cartas.

2. M° *Guilhem Alasenxs, cotelier de Montalba*, deu per resta de
I comte el manoal de D, a VIII^xx VII cartas, e so per diversas
dimandas que hac a XVII de junh, que monta : . . .   IIII s. III d.
Item deu per guarnizo de rauba que pres sa molher a VII de
setembre : . . . . I s. V d. m° t.
Item deu per sabo, e per espesias que hac : . . . . . . I s. II d.
E nos a lu que ballec B. de Verno, per lu : . . (IIII s. VIII d.)
Item deu per guarnizo de rauba que pres sa molher a XIII de
junh l'an XLVI (1346) : . . . . I s. VII d.
Item deu per I° brostia pinhonat que hac a XXI de fevrier l'an
XLVI (1347).

---

la bataille d'Auberoche, dans laquelle un grand nombre de chevaliers du Quercy
furent tués ou faits prisonniers.

3. *Lo senhen P. d'Antegac, fil de Bertran d'Antegac, donzel, d'Otr'Arairo*, deu per III aunas fustani de Givat, o per mega onsa III vert, o per meg palm tela que hac a XXV de Junh per far sobreviesta. T. M⁰ P. de S. Maurizi, a paguar dins XV dias, que monta:
.... VIIII s. VI d.
E nos a lu que baltee lo dia desus: .... (IIII s. t.)

4. *Johan Guart, cambiaire de Montalba*, deu per I comte el manoal de D, a VIII^xx VIII cartas, e fo per lo fornimen de I efan, que pres Guiraut de la Rochela, a XXV de Junh t. . . IIII s. X d. t.

5. *Guilhem Molas, afanier, que esta al bart de Fosat, nostre cinhairier* (1), deu per comtans quelh prestem en II vet a XXVIII de Junh, e per I^a cremieira e per I^a candela. T. B. de Verno : . . . .
.... IIII s. VI d. t.

Item deu per mega carta fromen que hac a VI de Junh l'an XLVI (1346) : .... V s. III d.

Item deu per IIII tortis de meg cart que pres sa molher a XVI d'abril, per lo fornimen de so paire : ...... I s. VIII d.

Item per comtans quelh prestem, a XXXI s. l'escut, a XIII de may, l'an XLVII (1347) : .... XVIII s.
Donem lhi tot per amor de Dio (2).

. . . . . .

[1345] F⁰ XXXIIII.

SOMMAIRE : 1. La damo de Bioule; denrées; confitures; anis confit; maladie; denrées. — 2. Chanoine de Saint-Étienne de Sapiac, savant en droit; drap d'or drapé; sépulture; monitoire; sépulture; toile blanche; chemises, braies. — 3. Marchand de Corbarieu; denrées; safran. — 4. Femme d'un notaire; apozème; électuaire laxatif; flacon en gage; pessaire; électuaire.

1. *Madona de Cardalhac* (3), maire de M⁰ de Cardalhac, deu per I comte el manoal de D, a VIII^xx X cartas, e fo per diversas dinadas

---

(1) On a beaucoup discuté sur la valeur de ce mot *afanier*. Certains le traduisaient par logeur; s'appuyant sur le mot *affenage* donné dans le Midi à des écuries banales. Bonis lève ici nos doutes en accollant le mot *afanier* à *cinhairier*, ouvrier de terre et vigneron.

(2) « Nous lui donnâmes tout cela pour l'amour de Dieu. » Charitable manière de régler le compte d'un pauvre hère.

(3) Ermengarde de Lautrec, veuve de Bertrand V, mère de Hugues de Cardaillac, seigneur de Bioule. Après la mort de son mari, survenue en 1325.

e per costmens que pres M° R., son capela a xxviii de junh, que monta : . . . . ii lh. x s.

Item deu per i autre comte el manoal de D, a viiii^{xx} cartas, e fo per 1ª lh. o mega auls cost, e per las cauzas de la malautia de la una de las filhas (1), que ordenec M° W. de Verfuelh : . . . . 1ª lh. 1 s. 1 d.

Item deu per i autre comte el manoal de D, a viiii^{xx} viii cartas, e fo per diversas cauzas : . . . . xi s. ii d.

Item deu per i autre comte el manoal desus, a viiii^{xx} x cartas, e fo per diversas dinaadas : . . . . i lh. vi s. i d.

Item deu per i autre comte el manoal desus, a ii^c 1ª carta, e fo per diversas dinaadas : . . . . xii s. v d.

Item deu per i autre comte el manoal de D, a ii^c viii cartas, e fo per diversas dinaadas que hac : . . . . xiiii s. i d.

Item deu per i autre comte el manoal de D, a ii^c xix cartas, e fo per diversas dinaadas que pres sa companha (2) a xviii de novembre, que monta : . . . . xiii s. iii d.

Item deu per i autre comte el manoal de D, a ii^c xxiiii cartas, e fo per diversas dinaadas que preiro sa companha, a vii de dezembre, que monta : . . . . 1ª lh.

Item deu per i autre comte el manoal de D, a ii^c xxx cartas, e fo per diversas dinaadas : . . . . vii s. vii d.

Item deu per i autre comte el manoal de D, a ii^c xliiii cartas, e fo per diversas dinaadas que hac : . . . . . . 1ª lh. vii s. viii d.

Soma viiii lh. xiii s. t. que deu ; comte fag am M° R. a viii de mars l'an xlv (1340), l'escut per xvi s. viii d. t.

Item deu, l'escut per xviii s. t., per i comte el manoal de D, a ii^c xlvii cartas, e fo per dinaadas : . . . . . ii lh. iiii s. t. vi d.

Item deu per i autre comte el manoal desus, a ii^c lii cartas e fo per dinaadas que hac : . . . . iii lh. i s. ii d. t.

elle réclama à son fils, suivant l'usage, sa dot qui s'élevait à 1,000 livres, plus le droit d'augment et les legs que lui avait faits son mari. Cette affaire donna lieu à un procès qui dura plusieurs années. D'après ce compte, il semblerait qu'elle s'était établie à Montauban, où son beau-frère était évêque.

(1) Ermengarde de Lautrec avait quatre filles : Éléonore, femme d'André de Balos ; Philippe, femme de Guillaume Amalvin, seigneur de Lusech ; Cécile, femme de Benoit de Jean, seigneur de Salviac ; Decane, religieuse de Vielmur.

(2) *Companha*, suivante, caméristè.

Item deu per 1 autre comte el manoal desus, a II° LVII cartas, e fo per dinnadas que hac : . . . . XVII s. X d.

Item deu per 1 autre comte el manoal desus, a II° LXII cartas, e fo per dinnadas que hac : . . . . XVIII s. IX d.

Item deu per 1 autre comte el manoal desus, a II° LXVIII cartas, e fo per dinnadas que hac : . . . . XIII s. VII d.

Item deu per 1 autre comte el manoal de E, a II cartas, e fo per dinnadas que hac : . . . . VIII s. III d.

Soma VIII lh., l'escut per XVIII s., comte fag am M° R. lo dimars davant l'Ascensio.

Item deu per autre comte el manoal de E, a VII cartas, e fo per dinnadas que hac : . . . . XVI s. XI d.

Soma XVIII lh. X s., comte fag a sinc de junh.

Item per lo creys de las VIII lh. XIIII s. desus : XIIII s. VIII d.

Soma per tot XVIII lh. V s. VI d.

E nos a lu quens bailero lo dia desus en Guiraut e M° R. : . . . . (XVII lh. IX s.)

Resto II escut d'aur que deu, comte fag am lor lo dia desus. Finat fo a XV de junh l'an XLVI (1346).

2. *M° Gualhart Delport, canorgue de S. Estefe de Montalba, e M° P. Arnaut Bastier, savi en dreg, jove, de Montalba*, devo per resta de 1 comte el manoal de D, a VIII^xx XI cartas, e fo per 1 drap d'aur diaspinet, e per LIIII lh. sera en obra que hagro a XXVIII de junh per lo fornimen de la molher d'en Arnaut de Mares, donzel, d'Otr'Avairo. T. lo sen Ar. de la Pozaca, e Ar. de Vairac, e B. de Verno, e B. Molinier, a paguar en son escudier, l'escut per XVI s. VIII d. : . . . . V lh. II s. II d.

Item devo per 1ª monesio : . . . . I s. IIII d.

E nos a lu quens bailec per Chareto, a II d'ochoire : . . (II lh.)

E may que bailec na Guilhalma dels Cams per lu : . . . (I lh.)

Item deu per 1ª lh. sera e per XVIII d. que restec a paguar de XII aunas tela blanca que pres la dona de Mares, maire d'en Ar., a VI d'abril l'an XLVI (1346). T. la molher de M° Johan de la Plana : . . . . III s. VI d.

Item deu lo sen Arnaut de Mares per IIII aunas tela blanca que hac a XIIII de may, l'an XLVI (1346), lo gros per XX d., per far camia e braguas. T. Pos de Capairo, so masip : . . IIII s. VIII d.

3. *Bertran Rotlan, filh d'en R. Rotlan, mercadier de Corbario*, deu per restas de dinadas que hac a II de julh, de que n'avem i escrig de sa ma el manoal de D, a VIII^{xx} XII cartas : . . . . XII s.

Item deu per I onsa safra quelh tramezem per lo sartre de Corbarieu, a XXVI de setembre : . . . . I s.

E nos a lu quens bailec : . . . . (I s.)

E may a lu quens bailec : . . . . (XII s.)

4. *La dona molher de M° Guilhem Ros, notari de Montalba*, deu per I opozima, e per I lectuari laxatiu quelh ordenec M° Felip Sudre, a II de julh, que monta : . . . . »»

E avem no I frachis en comanda. (M° W. Ros deu enreires a X cartas.)

Item deu per I pesari, e per I lectoari quelh ordenec M° Felip Sudre, a XIII de julh, e a XVII de julh, que monta : . . . . »»

Redem lo frachis a M° W. Ros, a XXVIIII de julh l'an XLVIII (1348). Testimonis : R. de Pazern, en Botozet de Vaquaresas; e paguet so que devia.

[1345]   F° XXXIIII v°.

SOMMAIRE : 1. Chambrier de l'Evêque; fil vermeil; toile verte; sedas; cendal pour garnache d'été et fourrer le corset. — 2. Seigneurs des Barthes, près Montauban; demi drap d'or; cierges; sépulture; citation. — 3. Consuls de Saint-Nauphary pour l'année 1345; sépulture de B. Molinier; jugement; monitoire; demi drap d'or; cierge; marchand d'oies; florins Georges. — 4. Notaire royal; sépulture; cierge pour nouveau prêtre; bonne monnaie. — 5. Marchand; épices; julep; maladie; gingembre; canelle; safran. — 6. Serrurier; joyaux; flacon; maladie; sépulture.

1. *Guilhonet, cambrier de M° de Montalba*, deu per III cart fil vermelh, e per V palms tela vert, e per II ochaus e meg sedas, e per I cart sendat que hac a VI de julh per guarnir I guarnag d'estiu, e per folrar lo cors, que monta. T. Guiraut Bonis quelh a bailec : . . . . IIII s. IIII d.

2. *Lo senhen Vidal Grimoart, donzel, senher de las Bartas*, deu per I drap d'aur meganel e per VI tortises de II lb. cascu que hac a VIII de julh per far onor al cors de M° Bernat Molinier, cavalier

de Montalba. T. e flansa : lo sen P. R. de Foraboxs, son conhat, a paguar do se, que monta : . . . . III lh. VII s.

E nos a lu que bailec comtans : . . . . (XXII s. VI d. t.)

Resto II lh. IIII s. VI d. que deu, a paguar dins IX dias : . . . . I s. VIII d.

Item deu per I^a sitasio.

E may a lu quens bailec lo sen B., so filh, a XIIII de novembre : . . . . (XXXV s. II d. t.)

Resto XI s. que deu. — Paguet.

3. *Pos Calvet, en Bertomio Lengles, en B. Faure, en R. de Theisonieiras, en Johan dels Cazals, en Ar. Ferau, en W. Lizier, en Johan del Poget, en P. de Theisonieiras, cosols de Saint-Laujari*, devo per I drap d'aur e per VIII tortises que hagro a XIII de julh per far onor al cors de M° Bernat Molinier, cavalier de Montalba (1); e M° Huc Guarnier, notari de M° l'ofesial, feu jutgat a paguar a S. Johan que ven, que monta, l'escut per XVI s. VIII d. : . . . . IIII lh. II s.

E nos a lu per comtans que bailec Johan Caratier, a XXVII d'aost : . . . . (II lh.)

Item devo per I^a monesio : . . . . III s. VIII d.

E nos a lor quens bailec lo sen R. de Gaugac, en Pos Calvet : . . . . (x s. t.)

E may a lor quens bailero : . . . . (x s. t.)

E may a lor queus bailero a xx de novembre : . . . (x s. t.)

Item devo per I drap d'aur meganel, e per VIII tortises de lh. e mega que hagro a XXVII de novembre, per far onor al cors de M° Bertran Aguassa, e avem ne I^a letra : . . . . III lh.

E may a lor que bailec Johan Baratier, ocatier (2), a XXII de fevrier.

E may que bailec M° R. Belafava en I jorgi, en I flori, a I de julh : . . . . (XXXIIII s. t.)

---

(1) Les consuls de Saint-Nauphary apportent un drap d'or à la sépulture de B. Molinier, chevalier, seigneur de Saint-Nauphary ; quelques jours après ils en offrent un demi pour la sépulture du seigneur de Saint-Urcisse (Tarn). Cette coutume est constante au quatorzième siècle.

(2) *Ocatier*, lisez *aucatier*, marchand d'oies.

E may que bailec n'Azemar de Gaugac, a xxxiii l'escut : . . .
. . . . (xx s. t.)
E may quens bailec n'Ar. Ferau a xxv d'abril l'an : (i escut.)

5. *Bernat de Senairolas, notari real de Montalba, en P. Regina, de Montalba*, devos per i comte el manoal de D., a viii^{xx} xiiii cartas, e fo per lo fornimen de la dona d'Evolopat, molher que fo del senhe W. Evolopat, que hagro a x de julh, que monta : . . . .
. . . . iii lh. x s. ii d. t.

E nas a lu quens bailec M° P. Bexs a vi de novembre : . . . . .
. . . . (xxv s. t.)
E may a lu quens bailec M° P. Bexs a viii de fevrier : . . . . . .
. . . . (xx s. t.)

Item deu M° P. Bexs per i tortis de ii lh., que fe bailar a P. Evolopat, so cunhat, a xiiii de julh, per ufrir a i capela noel a Negrapelisa : . . . . iiii s.

E may a lu que bailec M° P. Bexs a ii de fevrier l'an xlvi (1347), l'escut per xxiiii s. : . . . . x s. t.

Resto xx s. que deu de bona moneda, que deu. Mudat avant a iii^{xx} iii cartas.

6. *Lo senhen Huc del Biro, mercadier de Montalba*, deu per i comte el manoal de D, a viii^{xx} xvi cartas, e fo per espesias, e per i julhep, e per autras cauzas que hac a xvi de julh, que la dona sa molher era malauta. T. M° de Martel, quell ordenec : . . . .
. . . . xv s. v d. t.

Item deu per comtans quens mandec a paguar per f. P. Guorsa, fraire menor, a vi de setembre. T. En Durant del Cluzel, en W. de Guordo, a paguar a Martro que ven : . . . . i lh. xix s.

Item deu per i carto gingibre, e per i^a onsa canela, e per iii ochaus safra que hac lo dia desus : . . . . iii s. ix d. t.

Soma per tot : iii escut d'aur e meg ; comte fag am lu en prezensia dels susdigs, lo dia desus.

E nos a lu quens bailec a xx de fevrier : . . . .
. . . . (i escut e iii s. iiii d. t.)
Finat fo am lu a i de julh l'an xlvi (1346).

7. *P. Arman, savalier de Montalba, que esta costa M° Esteve Ros, en la Fauria*, deu per i^a juicias, e per i frachis que hac per sa

molher, e per la malautia, e per lo fornimen de son bot; comte fag am lu a XVI de julh, l'escut per XVI s. VIII d. t. T. M⁵ Miquel, lo faure : . . . . IIII lh. VIII s.

E nos a lu que bailec en II vet, a XV e a XXI d'aost :   (II lh. t.)

E may a lu que bailec a IIII de septembre, en II vet : . . . . . .
. . . . (XXVIII s. t.)

E may a lu quens bailec a XXVII d'ochoire : . . .   (XX s. t.)

F° XXXV.

SOMMAIRE : 1. L'Évêque de Montauban; denrées; majordome; toile verte; ouate; fil soyeux et blanc pour gipons; doubles et chandelles de cire; toile verte; fil vert; manches de gipon; savates; zédoaire (épice); doubles et chandelle; cierges; vieille cire; toile; fil vermeil; soie pour garnir des manches; emplâtre; poudres médicinales; étamine pour collets; cierges; drap d'or diapré; planches; cordes; fournitures pour la sépulture d'Amalric, vicomte de Lautrec, le 26 août 1345; grenade; tisane; diamargaritum; maladie; amandes; électuaire; électuaire restaurant; sucre en pain et rozat; sandragon pour les faucons; cendal indi; soie indie pour chaperon; poudres médicinales; thérébentine; cierges; planche; sépulture de B. Agasse, seigneur de Saint-Urcisse (Tarn); toile blanche; cierges; cendal; sépulture; cierges; bois à brûler; denrées; règlement; tonneaux de vin de Fossat; casse médicinale; riz; amidon; raisins et figues; dragée fine; confrérie du Vrai Cœur de Dieu; cire vieille; vin donné à la suite du duc de Normandie

1. M⁵ L'Avesque de Montalba (1), deu per dinandas que pres n'Anstore Folco, so magerdome, comte fag am lu, a XI de julh, que monta : . . . . IIII lh. III s. VI d.

Item deu per XI palms tela blanca, e per III palms tela vert, e per mega lh. coto mapus, e per I^a onsa fil sedenc e blanc que pres n'Anstore, per far adobar II jupos, que monta : . . . IIII s. X d.

Item deu per IIII lh. doblos e caudelas de sera, que pres Guilhonet, lo cambrier, a XXVIII de julh : . . . . VII s. e IIII d.

Item deu per II palms tela vert e per mega onsa fil vert, que pres lo P. Ponchier per I^a marguas far jupo, que monta : .   I s.

Item deu per comtans que pres per I [par] sabatos : . . . . . .
. . . . I s. VIII d. t.

Item deu per I cartairo sitoal que pres a XXI de julh, que monta : . . . . III s.

(1) Guillaume Ier de Cardaillac (1317-1355).

Item deu per xvi s. doblos, e candela, e per iiii tortises que pezavo xx lh. que pres n'Anstore a xxxi de julh, a xxii d. la lh., que monta : . . . . iii lh. vi s.

E nos a lu per xi lh. e mega sera velha alucada, que digs quelh devian de velh : . . . . (xiii s. vii d.)

Item deu per i palm tela e per mega onsa fil vermelh, e per ii ochaus seda per guarnir ii pars de marguas a sos ops, que pres en ii vet : . . . . ii s. ii d.

Item deu per i emplastre, e per iª polveras, e per autras cauzas que ordenec Mº P. de Lauthier, uzop de Guinet, que esta a Madona de Sᵗᵃ Livrada, que monta per tot : . . . . xii s. ii d. t.

Item deu per ix palms estamenha per iii coladors, que pres n'Anstore a xx d'aost : . . . . i s. x d.

Item deu per xvi tortises que pezavo lvii lh. e mega, a xii d. la lh., e per i drap d'aur diaspret vi lh., e per ii post e per cordas xx d., que pres n'Anstore a xxvi d'aost, que Mᵐ portec a Lavaur de Tolza, per far onor al cors de Mº Amalric, vescomte de Lhautrec (1), que monta : . . . . xi lh. vii s. i d.

Item deu per iª milgrana e per iª tisana que hac a ii de setembre, ops d'en Pons de Cauzac : . . . . iii s.

Resto xx lh. que deu; comte fag am n'Anstore a iii de setembre, l'escut per xvi s. viii d. T. lo sen P. Ananio, donzel de Corbario.

Item deu per ii lh. diamarguaritom (2), que fezem per Mº, a vii de setembre : . . . . iª lh. iiii s.

Item deu per i comte el manoal de D, a viiiˣˣ xv cartas, e fo per las cauzas que fo bailar am sa letra per la malautia de Mº de Vilabrumier, que monta viii lh. xi s. i d. que fo : . . . .
. . . . x escut iiii s. e v d.

Item deu per i autre comte el manoal desus, a viiiˣˣ xiiii cartas, e fo per vi lh. mellas e per i lectoari que ordenec Mº B. Calvet per Mº, a xi de setembre, e per autras cauzas, que monta : . . . . .
. . . . i escut iiii d.

Item deu per i autre comte el manoal de D, a iiᶜ iiii cartas, e

---

(1) Voir la note 1 de la page 161.
(2) *Diamargaritom*, diapalme, médicament.

fo per i lectoari restauran, e per i lh. sucre pa e rozat, e per autras cauzas que pres Johan Despinet, e Mº B. Calvet, e ii vet, per Mº de Vilabrumier, que monta : . . . . . i escut xvi s. e viii d.

Item deu per mega onsa sang de drago (1), que pres Esteve Becha, per los falcos, a xxv d'ochoire : . . . . i s.

Item deu per ii palms e meg sendat endi, e per i ochau seda endia, que pres Gualhart, lo cambrier, a xiii de novembre, per i capairo a Mº: . . . . iii s. vi d.

Item deu per iᵃ polveras, e per i cart trebentina, que tramezen per Mº de Vilabrumier a ii de novembre, que pres Tomas, so masip, que monta : . . . . iii s.

Item deu per xii tortises cascu de iii lh., a xxii d. la lh., e per iᵃ post (2) vi d. que hac per far onor al cors de Mº Bertran Aguassa (3), que monta : . . . . iii lh. vi s. vi d.

Item deu per vi aunas tela blanca, e per x tortises de iᵃ lh. e mega, e per iiii de i carto, e per ii de mega lh. cascu, e per iii aunas sendat, e per iii s. vi d. que bailee per lo fornimen d'en R. de S. Presso : . . . . ii lh. vi d.

E nos a lu quens bailee lo sen Johan de la Pozaca, per las torchas desus : . . . . (iii lh. vi s. vi d.)

Item deu per comtans que bailem per lu per iᵃ vanhada de lenha, part autra que bailee lo senhe Johan de la Pozaca al senhe Arnaut Lheutier, lo cart dia de Nadal l'an xlv (1345) : . . . . viii escut x s.

E nos a lu quens bailee lo senhe Johan de la Pozaza a iiii de genier (1346) : . . . . (viii lh.)

Item deu per i comte el manoal de D, a iiᶜ xxviii cartas, e fo per diversas dinandas que hagro en parselas : . i lh. xii s. iii d.

Item per autre comte el manoal desus, a iiᶜ xxviii cartas, e fo per diversas dinandas, que monta : . . . . v lh. i s.

Item deu quens mandee per Bos de Tauriac, xxii s. viii d. e x s. per l'escriva Chorico, lo dia desus : . . . . . i lh. xiii s. viii d.

Resto xxx lh. xii s., escut a xvi s. viii d., comte fag am n'Anstore a vi de fevrier, exseptat xii lh., per aco de Mº de

(1) *Sang de drago*, sandragon, drogue employée pour la chasse au faucon.
(2) *Post*, planche pour faire une caisse.
(3) La famille Agasse possédait la seigneurie de Saint-Urcisse (Tarn).

Vilabrumier, e d'en R. de S. Presso ii lh. vi d., e v s. vi d. per resta de las torchas de M° Bertran Aguassa.

E nos a lu quens bailec lo senhen Johan de la Pozaca a xxi de fevrier, per xiii tonels de vi que aguen a Fosat, a xxx s. lo tonel, a Johan La Grua, escut per xvii s. : . . . . (xviii lh. x s.)

Item deu per casia fistula (1), que pres Gualhart, lo cambrier, a viii de fevrier per M° : . . . . ii s. viii d.

Item deu per xvi lh. ris e amido, e per xl lh. iii cart razins e figuas que pres n'Austore a ii de mars : . . . i lh. ii s. viii d.

Item deu per i^a drigicia fina per M°, e per vii lh. drigicia fina per la companhia que pres n'Austore a vi de mars, que monta : . . . . i lh. iiii s.

Item per i lh. sera que donec al siris del Veray Cor de Dio al Mostier (2) : . . . . ii s.

E may a lu per lvi lh. e mega sera alucada que aguem del senhe Johan de la Pozaca a x de may, a xvi d. la lh., l'escut a xviii s. : . . . . (iii lh. xv s. iiii d.)

Item deu per i tonel dels xiii desus, que fe beure M° de Cardailhac a la companhia de M. J° de Fransa, e per lo cortigy dels xii tonels que ero cort viii barils e vi cart (3). T. J. La Grua e W. Raols : . . . . ii lh. v s. vi d.

E nos a lu que nos bailec lo senhe Johan de la Pozaca, per resta de i comte el revers del manoal de E, a ii cartas, l'escut per xx s. vi d. : . . . . (xl s.)

E may a lu que nos fe bailar lo susdig Johan a la taula (4) d'en W. de Vairac, a xi d'ochoire : . . . . (xxi lh. xvi s.)

---

(1) *Casia fistula* : c'est la casse médicinale.
(2) Don de ciro au luminaire de la confrérie du Vrai Cœur de Dieu du Moustier.
(3) Cet article présente un certain intérêt. Le duc de Normandie était à Montauban en mars de l'année 1340. L'évêque offre des dragées à la suite du prince; et Hugues de Cardaillac, neveu de l'évêque, fait boire 12 tonneaux de vin à ces mêmes compagnons du fils de Philippe VI. On trouvera dans le livre plusieurs autres mentions relatives à cette visite princière. — *Cortigy* signifie la *diminution* qui s'était produite dans les tonneaux.
(4) *A la taula*, par le ministère de...

[1345]   Fº XXXV vº.

SOMMAIRE : 1. Marchand de Négrepelisse; denrées; barbier. — 2. Bourgeois; les revenus du prieuré de Saint-Jacques. — 3. Valet de chambre de l'Évêque; chausses; commère; soie noire; cire. — 4. Commandeur de l'ordre de Saint-Jean de Jérusalem; futaine; cire; confitures; blé. — 5. Moine de Saint-Théodard; valeur du florin. — 6. Habitant de Villebrumier; soie noire; toile; fil blanc; cierges; encens; messes.

1. *Johan Valengo, mercadier de Negrapelissa*, deu per restas de dinnadas que hac a XVIII de julh, comte fag am lu e Mº Gr. Esperandio, barbier, que monta : . . . . XIII s.

E nos a lu quens bailec a VIII d'ochoire : . . . . . . (XIII s.)

2. *Lo senhen Johan Clergue, borgues de Montalba*, deu per I comte enreires a XXIIII cartas, comte fag am lu e am Mº Guiraut de Clergue, son oncle, a I de setembre : . . . . XXI lh. XV s.

Item deu per comtans quelh bailem a VI de setembre. T. Mº B. Verzena : . . . . V lh. XV s.

E nos a lu per la mitat del priorat de S. Jacme (1), que comprem, esems am Mº Johan Delpueg, capela, meg e meg, de lo dia desus ; e Mº Ar. de Salas feu carta : . . . . (XXVII lh. X s.)

3. *Gualhart, cambrier de Mº de Montalba*, deu per comtans quelh prestem a XVIII de julh, per comprar Iª causas que donec a Iª comaire sua (2), que monta : . . . . IIII s.

E nos a lu quens bailec a XXII de genier : . . . (II s. VI d. t.)

Item per meg ochau seda negra, que hac lo dia dessus : . . . .

Finat fo am lu per sera.

4. *Mº R. de la Guarda, cavalier de l'orde de S. Johan de Geruzalem, comandaire de Monricos, e de Molhac, e de S. Hugno, e de Limoza* (3), deu per I comte el manoal de D, a VIIIxx XVIII cartas,

(1) Bonis achète la moitié des revenus du prieuré de Saint-Jacques de Montauban, moyennant la somme de 27 l. 10 s.

(2) Un règlement des consuls de Montauban limitait la valeur des cadeaux faits par le parrain à l'accouchée. (Voir, à l'Introduction, le chapitre des baptêmes.)

(3) R. de la Garde fut un des premiers commandeurs de Montricoux de l'ordre de Saint-Jean de Jérusalem. Le Roi leur avait donné cette terre en 1318. Montricoux est situé dans le canton de Négrepelisse ; Mouillac, dans celui de Caylus ; Saint-Hugnes, dans celui de Montpezat ; Limosa nous est inconnu.

e fo per fustanis, e per sera, e per cofimens, e per autras cauzas que fo bailar an P. Salva, e a Guasbert de Valentre, a xviii de julh. T. M° W. Paya, en Jacme de Bracono, els efans de Castilho, a paguar en estio en blat, que monta, l'escut per xvi s. viii d. : . . . . iiii lh. ix s. ix d.

E nos a lu quens bailec so masip a xx de genier, l'escut per xxiii s., e avem i escrig de nos, cossi (1) avia paguat iiii lh. t.

5. M° *Sicart de Belfort, monge del mostier de Montalba*, deu per resta de i comte enreires a xxvii cartas, comte fag am lu a xx de novembre l'an xlvi (1346). T. M° Etier Bernat e M° Vidal Bernat, l'escut per xxii s. : . . . . xiii s.

Item deu per comtans que fo bailar al senhe W. de S. Vinsens i flori, local nos aviam de lu per v s. t., quelh aviam prestat desus. E deu los v s. a xxv s. lo flori : . . . . x s. Finat fo am lu.

6. *Arnaut Demaire, de Vilabrumier*, deu per i ochau e meg seda negra, e per i palm tela, e per iª onsa e mega fil blanc, que hac a xxiii de julh : . . . . ii s. e mª t.

[1346]   ANNO DNI M° CCC° XLVI.

Item deu per resta de iiii tortises de lh. e mega cascu, e per iª lh. sera, e per i cartairo ensens quelh tramezem per i masip, per dire mesas a xxviiii de julh, l'escut per xviii s. t. : . . . iiii s. t.

Soma v s. e mª. Vera est.

(1345)   F° XXXVI.

SOMMAIRE : 1. Bourgeois; bains; toile verte; fil enluminé et vert, pour fourrer une chasuble. — 2. Notaire royal; anneau d'or avec grosse perle pour étrennes; fabricant d'épées. — 3. Marchand; fourniture; sépulture; clergé; messe. — 4. Marchand; garniture de robes; cendal; sedas pour chaperon; manche de maille; gantelet de fer; cendal; sedas; manches; voile de soie d'Allemagne large; chrémeau; chandelle pour baptême; épices; morue. — 5. Frère Mineur; habit; entonnoir; teinture de fil en bleu; selle; règlement; traité mis en gage. — 6. Infirmier de Saint-Théodard; ceinture de soie émaillée de Montpellier; gant; maladie; amandes; sucre en pain; maladie.

1. M° *Miquel Moto, fraire de M° Guilhem Moto, de Montalba, que esta als banks*, deu per vi aunas tela vert a xv d. l'auna, e per

---

(1) *Cossi*, comme.

II onsas e III cart fil enlumenat e vert, que fe bailar an R. Arquier, a XXVI de julh, per folrar I^a cazubla a sos ops, que monta : . . . . VIIII s. IIII d.

E nos a lu que bailec M° W. Moto : . . . . . (IX s. IIII d. t.)

2. *M° R. de la Molinairia, notari real de Montalba*, que sole estar am M° Jacmes Azemar, deu per I anel d'aur am perla grossa que hac a XXVIII de julh, per estrenar sa molher. T. n'Esteve de Bordas, espazier, a paguar desse : . . . . I flori d'aur bo.

E nos a lu que bailec : . . . . (I flori.)

3. *Lo senhen P. Regina, mercadier de Montalba*, deu per resta de I comte el manoal de D, a VIIII^xx IIII cartas, e fo per lo fornimen de la dona de Bruguieiras, sa sor, que hac a VI d'aost. T. lo sen R. de Pazern, son conhat, que monta : . . . III lh. XIII s. IX d.

Item deu per comtans quelh prestem a VI d'ochoire : . I^a lh.

Item deu per I comte el manoal de D, a II^c v cartas, e fo per lo fornimen de so filh, que hac a VIII d'ochoire. T. W. Raols, que monta : . . . . I^a lh. VII s. X d. t.

Item deu per I tortis de I^a lh. que pres so filh a XXVII d'ochoire, que la dona fe dire mesa per lo filh de Finot : . . . . II s.

Soma V lh. III s. VII d. que deu, loscals nos mandec a paguar M° Johan Delpueg, capela : . . . . II s.

E nos a lu quens bailec M° Johan : . . (VI lh. III s. VII d. t.)

4. *Lo senhen R. de Pazern, mercadier de Montalba*, deu per I comte el manoal de D, a VIIII^xx v cartas, e fo per comtans, e per guarnizo de rauba que hac a VII d'aost : . . . I^a lh. XIIII s. VI d.

Item deu per comtans que fe bailar an P. Regina a VI d'ochoire : . . . . I^a lh.

Item deu per meg palms sendat, e per I ochaus e meg sedas per I capairo a la dona, sa molher, a XXXI d'ochoire, e al Cabal (1) : . . . . I s. VIII d.

Item deu per I^a marguas de malha, e per I guantelet de fer que hac a XIII de dezembre : . . . . II lh. XVIIII e IIII d.

Item deu per I palm sendat, e per ochaus sedas que hac per I^a marguas a la dona a XVII de dezembre : . . . . . II s. VII d.

(1) C'est probablement le nom ou le surnom d'un messager.

Item per i volet de seda d'Alamanha pasa lare, que hac la dona sa molher a xviiii de dezembre, per Cabal : . . . . x s.

Item deu per i^a cremieira, e per i^a candela de i carto que hac per lo filhol del sen P. de Guordo : . . . . i s. iiii d.

Item deu pres per nos de la cominal per las espesias cofidas (1) : . . . . xxi s.

Item per comtans que pres a iii de genier : . . . . vi s.

E nos a lu per xviii merlus que n'aguem : . . . . . (xviii s.)

Mudat el libre dels depozit, en son comte a xxvi cartas.

5. *Fraire Felip Clavel, f. menor del coven de Montalba,* deu per resta de i comte el manoal blanc de D, a viiii^{xx} vi cartas, e fo per comtans quelh prestem, comte fag am lu a viii d'aost, que monta : . . . . xi s. iii d. t.

Item deu que fe bailar a Esteve Dardenat, per far i abit a viii d'ochoire : . . . . iii s.

Item deu que fe bailar per i argudel, e per tener mega lh. fil en blau, que hac a xv d'ochoire : . . . . vii d. t.

Item deu per comtans quelh prestem a xx d'ochoire : . . i s.

E nos a lu quens bailec a xxviii d'ochoire : . . (v s. v d. t.)

Item deu que fe bailar per i^a sela lo dia desus : . . . . iiii s.

Resto xiiii s. v d. que deu.

Item deu F. Felip Clavel, que fe bailar an P. de Foraboxs a xxvi de fevrier : . . . . x s.

E nos a lu que bailec en i gros d'argen a Gr. Bonis : (i s. iii d.)

Resto xxiii s. ii d. que deu, l'escut per xvi s. viii d.

E nos a lu per i tractat (2) que n'aguem a xxx de junh l'an xlviii (1348), a xxiii d. l'escut : . . . . x s. t.

6. *M^o P. Delriu, monge, efermier del Mostier de Montalba,* deu per i comte el manoal de D, a viiii^{xx} vi cartas, e fo per i^a sentura de seda esmalhada de Monspeslier, e per i guant, e per las cauzas de la malautia de M^o P. de Pazern, que ordenec M^o P. de Martel, que monta : . . . . xviii s. e viii d.

---

(1) *Cominal,* communauté, pour la ville de Montauban, dont Pazern devait être consul, et cette dépense se rattache à quelque réception de personnage.

(2) Ce *traité* était probablement quelque livre religieux.

Item deu per iª lh. mellas e per iª onsa sucre pa que pres Penot a xi de setembre, que P. Delrieu fo malaute : . . . . ɪ s. ɪ d. t.

Finat fo am lu a ɪ d'ochoire l'an xlv (1345).

Soma xɪɪɪ s. t. ɪɪ d. — Vera est.

[1345] Fº XXXVI vº.

Sommaire : 1. Bourgeois; cierges pour l'extrême-onction; sépulture; cahier; avoine; sépulture d'un enfant; cierges pour messe; charge de vendange. — 2. Marchand; électuaire; anis confit; épices; garniture de robes. — 3. Cultivateur; cierges. — 4. Carme; toile d'Autun; fil enluminé; toile blanche; fil. — 5. Surnom; cierge; roussin gris vendu pour une charge de bois; monitoire; prieur des Frères Prêcheurs; tasses prêtées; bois; maladie. — 6. Habitant de Montauban; tonneaux de vin, fût et vin (logé). — 7. Habitant de Nègrepelisse; poivre; gingimbre; safran; dragée fine; sac de fleurs et de gommes; sucre rozat; grenade; domestique; épices.

1. *Lo senhen Bernat Esquivat, borgues de Montalba*, deu per ɪ tortis de ɪ cart, e per vɪɪ de meg cart, e per ɪɪɪɪ de ɪɪ d. cascu, que pres Mᶜ P. Laguana, en Guasbert de Puegpeiro, a x d'aost per enoliar sa dona maire, que monta : . . . . ɪɪɪ s. ɪ d. t.

Item deu per lo fornimen de la dona sa maire, que pres Mᶜ P. Laguana a xxɪɪɪɪ de setembre, l'an xlvɪ (1346), local fornimen es escrig en ɪ cazern, comtat los ɪɪɪ s. t. ɪ d. desus, comte fag am lu a xxx d'ochoire. T. Mº P. Talhandie, l'escut per xx s. vɪ d. t. : . . . . ɪɪɪ lh. vɪɪ s.

E nos a lu per ɪ sest. sivada que n'aguem a ɪɪ de genier, l'escut per xxɪɪɪ s. t. : . . . . (x l. vɪɪɪ s. t.)

Resta xvɪɪɪɪ s. t. que deu, escut per xx s. vɪ d. t.

Item deu per ɪ comte el manoal de E, a nº xvɪ cartas, e fo per lo fornimen de ɪ efan, e per ɪɪɪ tortises de ɪɪɪ lh. e mega, per dire mesa au B. de S. Vises e a dona mager, que pres Huc de S. Marti a xxvɪɪɪɪ de julh, e a xxɪɪɪ s. l'escut, que monta : . . . xvɪɪɪ s.

Finat fo am lo senhor P. R. Folcaut, per ɪɪɪ saumadas (1) de vendemia que fo preza de ɪª vinha de l'efan d'Esquivat, de Cavario, que cugavo vendemiar ɪª vinha de W. Raols (2).

---

(1) *Saumada*, charge d'une ânesse, *saumo*.
(2) Il s'agit ici de trois charges de vendange que Foucaut avait fait cueillir dans une vigne du fils d'Esquivat, croyant vendanger dans la terre de W. Raoul. — *Cugavo*, croyaient.

2. *Lo senhe Arnaut de Verdu, mercadier de Montalba,* deu per I lectoari, e per meg cart anis cofit, que ordenec M° W. de Rabastenxs a xiii d'aost, per sa molher, que monta : ..... iiii s. e viii d. t.

Item deu per I comte el manoal de D, a ii° viii cartas, e fo per espesias, e per guarnizo de rauba, e per autras cauzas que hac a xviii d'ochoire, que monta : . . . . i lh. vi s.

E nos a lu quens bailec : . . . . (xxx s. ix d. t.)

3. *Guilhem Rigual, d'Otr'Avairo,* deu per ii tortises que pezavo iii lh. e mega que hac a xii d'aost per ufrir a M° Guiraut Laubriguia, a paguar dins viii dias : . . . . vi s. v d. t.

Finat fo am lu a xvi de dezembre l'an xlvi (1346).

4. *Fraire Emeric de Laval, f. del Carme de Montalba,* deu per i^a auna tela d'Austu, e per i cart fil enlumenat, e per i palm tela blanc, e per i^a onsa fil que hac en ii vet, a xv d'aost, que monta : . . . . ii s. vi d.

E nos a lu quens bailec : . . . . (ii s. vi d.)

5. *Johan Cordoanier, per autre nom : de la Potaria, de Montalba,* deu per i tortis de i^a lh. que hac a xvii d'aost : . . . . . . ii s.

Item deu per i rossi liar que hac, e M° Arnaut de Salas feu jutgat, a paguar a S. Johan, renduda a nostre fenilgua (1) : . . . . i^a vanada de lenha.

Item deu per i^a monesio a xxvi de setembre : . . . . . . »»

Item deu quens mandec a paguar per lo prior dels Prezicadors, per resta de ii tasas quelh prestero. T. f. Tomas Delbosc (mudat avant a cxvii carta) : . . . . xiiii s. t.

E nos a lu quens bailec a v de novembre, per la len[h]a, en ii escut : . . . . (xxxiii s. iii d.)

E may a lu quens bailec lo senhe W. Engilbaut, per lu, la vespra de Nadal : . . . . (xii s. t.)

E may a lu quens bailec lo senhor d'Engilbaut, a xxvi de genier : . . . . (viii s. t.)

E may a lu per meg cartairo de vanada de lenha que n'aguem a v de junh l'an xlvi (1346).

(1) *Fenilgua, fenil,* grenier à foin.

Item deu per I comte el manoal de E, a v cartas, e fo per las cauzas de sa malautia, quelh ordence M° Paul Rustanh, e M° W. de Rabastenxs, a xviiii de may, l'escut per xviii s. T. lo senhe R. Delpi, en Durant Gautier, que monta : . . . . xxxiii s. x d.

E nos a lu que bailec a xviii d'aost : meg cartairo de vanada de lenha.

6. *P. Girvais, de Montalba,* deu per resta de IIII tonels de vi, fust e vi, que hac de nos e de M° Guiraut Esperandio, a paguar a nostra dona de setembre, e ses perdia M° Guiraut deu estar en la mitat (1), que monta : . . . . xiii s. t.

7. *Lo senhen Johan de Rivet, de Negrapelissa,* deu per resta de mega lh. pebre e gingibre ; e per I° onsa safra, e per I° lh. drigicia fina, que hac a xviii d'aost. T. B. de Verno : . . . . v s. t.

Item deu per I sac de flors e de guomas, e per I sucre rozat, e per I° milgrana que ordence M° P. de Martel, per sa molher, a xvii d'ochoire, quelh portec Huguet Dermet, so masip : . . x s.

Item deu que restec a paguar de espesias que hac a xvi de novembre. T. Gr. Boñis : . . . . IIII s.

E nos a lu que bailec lo senhen Johan Dermier, a xxiii de setembre l'an xlvi (1346), a xxxiii s. l'escut : . . . (xviii s.)

[1345] F° XXXVII.

SOMMAIRE : 1. Frère Mineur ; drap roset ; habit religieux ; bréviaire en gage : selles ; construction du cloître ; gants forts de Londres pour les maçons. — 2. Procureur de la Collégiale Saint-Étienne du Tescou ; toiles pour faire des aubes ; clergé ; épices chrêmeau ; chandelle ; toile ; compte arriéré ; vaisselle d'argent. — 3. Recteur de Merlat et de Beauvais (Tarn) ; bourse de soie ; toile d'Autun. — 4. Bourgeois ; brassard et armure de cuir noir ; futaine de Givet, toile blanche, ouate, fil vermeil, toile verte, sedas pour faire un gipon ; électuaire ; sirop ; sucre rozat ; pommes de grenade ; cendal, sedas pour chaperon ; louage d'un roussin gris pour les vendanges ; pressoir à vendange ; fil vermeil, toile, sedas pour cottes hardies ; garniture de robe ; bois à brûler, toile de soie d'Allemagne ; futaine noire et blanche pour soubreveste ; soie.

1. *Fraire Bertran Carbonel, f. menor de Montalba,* deu comte fag am lu per totas cauzas, tro a xvii d'aost, que monta : . . . . xiiii s. x d.

(1) Vente de compte à demi profits et perte.

Item deu per comtans que fo bailar a M° W. de Selgues, per iiii canas roset que hac per i abit a f. Matio Carbonel : . iiii lh.

E avem ne i breviari en comanda.

E nos a lu quens bailec a xxiii de setembre : . (ii lh. xiii s.)

Item deu per comtans que fo bailar per ii pars de selas a xxv de setembre am so grafi (1) : . . . . x s.

Item deu que fo bailar a xxvi de setembre per las manobras de la claustra (2), que pres Blanco : . . . . v s.

Item deu per iiii pars de guans fort de Lhondret que hac per los masoniers (3), a xxx de septembre : . . . . ii s. iiii d.

E nos a lu quens bailec a v de novembre : . . (liii s. ii d.)

2. *M° R. Delbruelh, capela, percuraire de S. Estefe de Montalba*, deu per i comte el manoal de D, a viiii^{xx} viiii cartas, e fo per tela que hac per far albas a S. Estefe, e per autras cauzas que hac a xviii d'aost, que monta : . . . . ii lh. vii s. vii d.

Item deu per i tortis de i^a lh. que pres a xxvi de setembre : ii s.

Item deu per espesias, e per i^a cremieira, e per i^a candela que hac a viii d'ochoire : . . . . i s. ii d.

Item deu quelh bailem comtans a x d'ochoire. T. Bertran de Salviac : . . . . iiii escut

Item deu per vi aunas tela, e xii d., que hac a xi d'ochoire : vi s.

Item deu quens mandec per comte enreires, que devia en Bertran Anstorc el metheis, a xxv cartas, que monta : . . . . viii escut xi s. vi d.

Item deu quelh bailem a xxvi d'ochoire : . . . . xv s. iiii d.

E nos a lu quelh mandem per M° Po[n]s d'Auty, per vaisela que naguem per xxiii escut : . . . . . . (xviiii lh. iii s. iiii d.)

(1) *ii pars de selas... am so grafi.* Deux paires de selles... avec son poinçon, sa marque.

(2) Le couvent des Frères Mineurs ou Cordeliers était construit sur l'emplacement qu'occupe celui des Dames Ursulines, en dehors du fossé de la ville, près la porte de Campagnes ou Lacapelle. Le terrain leur avait été donné par le bourgeois Amiel et par le vicomte de Monclar, vers 1275. Quoique le couvent eût été bâti à cette époque, des difficultés surgirent entre le couvent et l'abbaye et durèrent jusqu'au mois d'avril 1318. Toutefois on voit par cet article que le cloître fut construit en septembre 1345.

(3) Des gants forts de Loudres pour les maçons. On est amené à se demander si ce n'était pas là une sorte de cadeau fait, après l'achèvement de l'œuvre, aux maçons qui avaient travaillé.

Resto c s. t. quelh devem, l'escut per xvi s. viii d., comte fag am lu a xxvi d'ochoire.

Item den quelh bailem may lo dia desus en vi escut : . c s. t.

3. M° P. de Bordas, rector de Merlat e de Buorais (1), deu per resta de 1ª borsa de seda, e per 1ª auna de tela d'Austu, que hac a xx d'aost, que monta per tot : . . . . iiii s. viii d.

E nos a lu quens bailec a iiii de mars : . . . . (iiii s. viii d.)

4. Lo senhen W. de S. Vinsens, borgues de Montalba, deu per totz comtes que aga agut entre nos e lu, fag comte am lu tro a xxii d'aost l'an xlv (1345), que monta : . . . . vi s.

Item deu per i brasalot e un zipus de cuer negre (2) que hac a xvi de setembre. T. B. de Verno : . . . . xiiii s.

Item deu per iii aunas i palm fustani de Givat, a iii s. l'auna, e per iii aunas i palm tela blanca de xii d., e per iii cartairos cotomapus a xxii d., e per 1ª onsa fil vermelh viii d., per i palm tela vert e per ii ochaus e meg sedas que hac lo dia desus per far i jupo. T. M° Jacmes lo Breto : . . . . xvii s. iii d.

Item deu per i lectoari, e per i ychirop, e per i sucre rozat, e per ii pomas milgranas que fe ordenar M° W. de Verfuelh a x de setembre, quelh portec W. de la Ellia, que monta, azops d'en Guasbert de Lalo, de Causada, que monta : . . . . . t lh. v s.

Item deu per meg palm sendat, e per ii ochaus sedas per i capairo a la dona a iiii d'ochoire : . . . . ii s. i d.

E nos a lu per iii dias que estec so rossi liar am nos en vendemias, a v s. t. per dia (3) : . . . . (xv s. t.)

E may a lu per ii jornals de son truelh que tenguem per vendemiar (4) : . . . . (xii s.)

(1) *Merlat* et *Beauvais* (Tarn). A cette époque (1345) il y avait à peine deux ans que Beauvais était fondé, et il est probable que le recteur de Merlat faisait le service de la nouvelle paroisse (voir la note 1, p. 15).

(2) *Brasalot e un zipus de cuer negre :* un brasard et un jupon (?) de cuir noir. Le mot *zipus* est précédé de quatro jambages reliés à lui qui permettent de lire aussi *misipus* ou *nusipus*. En l'absence d'une meilleure lecture, nous proposons *un zipus* et la traduction un jupon. D'ailleurs il s'agit d'une pièce d'armure, et notre explication a quelque vraisemblance.

(3) Le prix de la journée de louage d'un cheval paraît assez élevé puisqu'il représente 12 fr. de notre monnaie.

(4) Un pressoir à vendange se louait à raison de 14 fr. 40 environ par jour.

E may a lu quens bailec per aco (1) del senhe de Lalo a xiiii d'ochoire : . . . . (xxv s.)

Item deu per i° onsa e mega fil vermelh, e per i palm e meg tela, e per iiii ochaus sedas que fe bailar a M° Jacmes lo Breto lo dia desus, per ii cotardias a si e a sa boda, que monta : iiii s. viii d.

Item deu per i comte el manoal de C, ii° xx cartas, e fo per guarnizo de rauba, e per i cartairo de vanada de lenha que hac a xxi de novembre, a xii de dezembre, per tot : ii lh. viii s. x d.

E nos a lu quens bailec lo ters dia de Nadal : . . . (xxv s.)

Item deu per i volet de seda d'Alamanha que hac la dona sa molher a xxvi de genier : . . . . x s.

Item deu per x palms fustani negre e blanc que hac per far sobreviesta a sos ops : . . . . v s. viii d.

Item deu per i ochau seda que pres M° Jacmes lo sartre a xii de junh : . . . . x d.

Resto ii lh. xvii s. v d. que deu, l'escut per xvi s. viii d. Mudat avant a lx cartas.

———

(1345)   F° XXXVII v°.

SOMMAIRE : 1. Bourgeois; épices; garnitures de robes; cierges; futaine de Givet, ouate, toile blanche, fil vermell pour faire un gipon; plates; chêmeau; cierge; gingembre; cierges; revit. — 2. Bourgeoise; cire, toile blanche, épées; cercles de barrique. — 3. Frère-Prêcheur; prêt d'argent. — 4. Marchand de Mollères (Tarn-et-Garonne); denrées. — 5. Marchand de Mollères; denrées; fil simple de pastel; denrées. — 6. Damoiseau de Corbarieu; report de compte; tasse en gage; fil d'or de Chypre; sedas; fil blanc; cire, et fonte de cire pour faire un cierge; tasse en gage; vente du gage. — 7. Damoiseau de Corbarieu, habitant de Lavaur; pelletier de Montauban achetant un drap d'or de Venise et torches pour sépulture; jugement de l'official; drap d'or; monitoire; excommunication; absolution des contractants; monitoire.

1. *Lo senhen Peire de Guordo, borgues de Montalba* (2), deu per i comte el manoal de D, a viii^{xx} x cartas, e fo per espesias e per

(1) *Aco*, cela, c'est-à-dire la fourniture relative à G. de Lalo.

(2) Les Gourdon, bourgeois de Montauban, étaient-ils de la même famille que les Gourdon de Castelnau de Montratier. C'est là une question dont la solution serait digne de tenter les recherches d'un érudit. La race des Gourdon, qui, dit-on, a poussé des rameaux jusqu'en Angleterre, est assez illustre pour motiver de pareilles investigations. Ainsi que nous l'avons dit, la plupart des seigneurs du Quercy avaient le droit de bourgeoisie à Montauban ; les Gourdon pouvaient bien être dans ce cas.

espesias e per guarnizo de raubas que hac en parselas a XXIII d'aost : . . . . XII s. III d.

Item deu per II tortises que pezavo III lh. e mega que hac a XIII de novembre per ufrir a f. R. Marty : . . . . . . VI s. V d.

Item deu per III aunas e mega fustani de Givat, e per II lh. e mega colo mapus, e per III aunas e mega tela blanca, e per I^a onsa fil vermelh que hac a VIII de dezembre per far I jupo. T. en Gualhart, son fraire, e M^o W. Bru, sartre, que monta per tot : . . . . XVII s. I d.

E nos a lu quelh mandem per W. del Casanh : . . (LX s. t.)

E may a lu per platas que n'aguem : . . . . (LVI s. t.)

Item deu per I^a cremicira, e per I tortis de meg carto que hac a XX de genier : . . . . VII d.

Item deu que fe bailar a Durant, masip d'en Gr. Molinier, a XXV de genier : . . . . C s.

Item deu que fe bailar lo dia desus a Me B. Marnier, de Corbario : . . . . XVI s.

Item deu per meg cartairo gingibre que hac a VIII de genier : . . . . I s.

Item deu per II tortises de II lh. e I^a onsa que hac a XX de genier per far revit de so sogre : . . . . III s. X d.

Resto X lh. I s. VIII d. que deu, l'escut per XVI s. VIII d.

Mudat avant a LVI cartas.

2. *La dona molher del senhe Constanti de la Barta de Montalba*, deu per I^a lh. sera e per II aunas e meg palm tela blanca, e per espesias que hac a XXIII d'aost : . . . . IIII s. II d.

E nos a liey per II molas de codra de tonels (1), que n'aguem : . . . . (I s. VIII d.)

E may per III molas de codra que n'aguem : . . . (II s. VI d.)

3. *F. P. Arnaut Brissa, prezicador de Montalba*, deu per comtans quelh prestem a XXVI d'aost : . . . . III s.

4. *Johan de Pudime, mercadier de Molieiras*, deu per resta de

---

(1) Les cercles de barrique sont faits avec des branches de saule refendues. On les vend par *meules*, c'est-à-dire par paquets de 25 ou 50.

dinandas que hac a xxvi d'aost. T. M° Guiraut Esperandio, barbier de Montalba, que monta : . . . . viii s. e vi d.

E nos a lu quens bailec Johan, son fraire, a xx d'abril l'an xlvi (1340) : . . . . viii s. vi d.

5. *Guilhem de Monbel, mercadier de Moliciras,* deu per resta de dinandas que hac a ii de setembre, que monta : . . . . vii s.

Item deu que restec a paguar de dinandas que hac a v de novembre : . . . . vi s.

Item deu per ii lh. e mega e meg cart fil semle de pastel que hac a xviii de novembre : . . . . iii s. x d.

Item deu que restec a paguar de dinandas quelh tramezem per sa letra a xviii d'abril : . . . . i s. vi d.

E nos a lu quens bailec a xxviii de julh : . . . (xiii s. x d.) Resto x s. que deu.

6. *Lo senhen Emeric Ananio, donzel de Corbario, filh que fo de M° Emeric Ananio,* deu per i comte el manoal de D, a viii^{xx} xii cartas, comte fag am Jacmes, so fraire, a x de setembre, de que n'ac i escrig que monta : . . . . ii lh. i s. iiii d.

E avem ne i^a tassa.

Item deu per ii ochaus e i cart fil d'aur de Chipre, e per iii ochaus sedas, e per i^a onsa fil cande (1) que aviam trames a sa dona maire, a iii de setembre, per Berauda, noirissa de la filha : . . . . vi s. vi d.

Item deu per i palm tela e per i^a onsa de fil blanc, e per mega onsa d'estan (2), que hac so fraire a xiii d'ochoire : . . . xi d.

Item deu que restec a paguar de iiii ochaus sedas, e per ii onsas fil blanc que pres so fraire, a iiii de dezembre : . . . i s. iiii d.

E nos a lu quens bailec so fraire a xvi de mars : . . (x s. t.)

Item deu per vii lh. sera a ii s. t., e per las obraduras de sa sera de quelh fezem i tortis a xv d'abril l'an xlvi (1340) : xv s. e i d.

---

(1) *Fil cande,* fil propre, c'est-à-dire blanc ou du moins tirant sur le blanc. Cette signification est indiscutable, car nous possédons des armoiries de Montauban, du xvie siècle, au-dessus desquelles on a gravé *Mons Candor,* pour *Mons Albanus.*

(2) *Estan,* laine longue passée au peigne. On la file ensuite et on la tord ; elle sert à faire la chaîne des étoffes ainsi que des bas.

E avem ne iª tassa. Vendem las tasas que pezavo i marc viii esterlis, am volontat de so fraire a xiiii de dezembre l'an xlvi (1340), e pres lo demoran, e hac i escrig de nos.

7. *Lo senhe Marti de Malhac, donzel de Corbario; en Vidal dels Rivals, de Lavaur de Tolza; en Johan de Veran, pelisier de Montalba,* devo per ii draps d'aur de Venezia, e per viii tortises de mega lh. e mega cascu, que n'agro a xxvii d'aost per far onor al cors d'en Gualhart Veran, de Corbario, a paguar a S. Miquel que ven, l'escut per xvi s. viii d. : . . . . vi lh. i s. vi d.

E Mº Pons Rigaut, notari, feu jutgat a la cort de Mº l'ofesial, a paguar lo dia desus.

E nos a lor per ii draps d'aur que n'aguem a xxxi d'aost; e avem ne i escrig : . . . . (iiii lh. v s.)

Resto xxxvi s. vi d. que devo :

Item deu per iª monesio : . . . . iii s. viii d.

Item deu per l'escumenge : . . . . i s. iiii d.

Item per los partisipans [h]ac la apsolvesio : . . . i s. viii d.

E nos a lu quens bailee en Marty de Malhac a xv d'abril : . . . . (i escut e xvi s. viii d.)

Item per iª monesio d'en Vidal dels Rivals, a Lavaur de Tolza : . . . . ix s. ii d.

Soma xxxv s. Vera est.

[1345]   Fº XXXVIII.

SOMMAIRE : 1. Marchand; report de compte; garniture de robe; harnais; diascordium (?); soie verte et noire; manches; fûts de tonneaux; dragée fine; charge de bois; jupon et manches de mailles; capuchon et gantelet. — 2. Cordier; cierges pour sépulture; dragée fine; boucles. — 3. Notaire; garniture de robes; ouate; toile blanche; cendal vert; serge; sedas; robe; ruban de soie noire; soie pour chaperon; cendal; soie pour regarnir des manches; oxycrat; médecine en forme d'électuaire; eaux médicinales; apozème; règlement pour solde. — 4. Bourgeois: futaine de Givet; toile; coton; sedas; gipon; doublet de lin de Paris; coiffes de lin; sedas; cendal pour chaperon; vieux cierge; précepteur; avoine; anis confit; alun de roche; prêt pour jouer; valeur des monnaies.

1. *Lo senhen P. de Foraboxs, mercadier de Montalba,* deu per resta de i comte enreires a xvii cartas, comte fag am lu, de que n'a i escrig de ma ma : . . . . . . xxv escut d'aur e i s. viii d.

Item deu per i comte el manoal de D, a viii^xx xi cartas, e fo per guarnizo de rauba, e per espesins que hac a xxiiii d'aost, que monta : . . . . iiii s. viiii d.

E nos a lu per i arnes quelh vendem a M° Gualhart de la Tor, monge : . . . . (xi lh.)

Item deu per mega lh. diasicomten, que hac el metheis a xx de setembre : . . . . ii s. vi d.

Item deu per ii ochaus seda vert e negra per ii pars de marguas a si e a la dona, a x d'ochoire : . . . . i s. vii d.

E may nos a lu quens bailee lo dia desus en xxiiii escut : . . . . (xx lh.)

Item deu quens mandec a paguar per lo sen Po[n]s Pelat, per xx fust de tonels que avia agut : . . . . x lh.

Item deu per i^a drigicia fina quel fezem, coma aquela de Madona de Cardalhac, a xxv d'ochoire : . . . . vii s. vi d.

Item deu per i comte el manoal de D, a ii^c xii cartas, que monta : . . . . ii s. ix d.

Item deu per mega vanada de lenha que hac a iiii de novembre: . . . . iiii lh.

Item deu per comtans que pres lo dia desus : . . . ii s. ix d.

E nos a lu per i^a faudas e marguas de malha e per i guolar e per i guantelet (1) : . . . . (c s. t.)

2. *Guilhem de Guaunay, cordier de Montalba*, deu per v tortis de meg carto cascu e per i de ii d., e per iiii de i d. cascu, que hac a i de setembre, per lo fornimen de sa filha. T. Gr. Bonis : . . . . i s. ix d.

Item deu per i^a drigicia fina quelh ordence M° W. de Rabastenxs a xxiiii de setembre : . . . . iii s. iiii d.

E nos a lu quelh mandem per f. Johan Razeire, [fraire] menor: . . . . (iii s. t.)

Finat fo am lu per singlas que n'aguem, tro a xv d'abril l'an xlvi (1346).

---

(1) *Faudas de malha*; la *fauda* est le giron, par conséquent ce terme signifie un jupon de mailles ou tout ou molns des cuissards. Les armures de maille commençaient en ce moment à céder la place aux armures de plates. Le *guolar* était probablement le capuchon de mailles qui s'accrochait à la barbute.

3. M° R. Bramaire, *notari de Montalba*, deu per I comte el manoal de D, a viiii^{xx} xv cartas, e fo per guarnizo de rauba, e per I lh. cotomapus, e per tela blanca, que hac a vi de setembre, per tot : . . . . v s. x d.

Item deu per II palms sendat vert, e per I palm sargua, e per IIII ochaus e meg sedas que fe bailar a M° Jacmes lo Breto a xx de setembre, per guarnir 1ª rauba a sa molher : . vi s. vi d.

Item deu per IX palms veta negra de seda e per meg ochaus seda, per I capairo de la dona a xxII de dezembre : . II s. e I d.

Item deu per I cart sendat e per meg ochaus seda, que pres el a xIIII de fevrier, per reguarnir 1as marguas: . . . . vIII d.

Item deu per I^a opsiacra, e per I^a medesina a maniera de lectoari, que ordenee M° Felip Sudre per la dona sa molher a xvi de fevrier : . . . . vIII s.

Item deu per diversas niguas, e per 1ª opozima que ordenee M° Felip Sudre per so filh, a III de junh : . . . . x s.

Finat fo am lu a xxvIII de mars l'an xLVIIII (1349), per tot quant aviam agut a far am lu ni el am nos, al dia desus.

4. *Lo senhen Gualhart de Guordo, borgues de Montalba*, deu per IIII aunas e I palm fustani de Givat a III s. l'auna, e per III aunas I palm tela a xII d., e per III cartas coto, e per III ochaus sedas que fe bailar a M° W. Bru, sartre, a vi de setembre, per far I juopo a sos ops, que monta : . . . . xx s. e I d.

Item deu per I doble de li de Paris de xII s., e per II cofas de li de IIII s., e per II ochaus sedas, e per meg palm sendat per guarnir I capairo que pres la dona sa molher a xx de setembre. T. la dona molher de M° Gautier de Mauriac, que monta per tot : . . . . xvi s. vIII d.

Item deu per I tortis alucat, que pezava IIII lh. e I cart, quelh tramezem per lo M° de sos efans la vespra de Nadal : vi s. III d. t.

E nos a lu per I sest. sivada que n'aguem lo dia dessus : . . . . (xvi s. t.)

Item deu per 1ª onsa anis cofit que pres lo M° a III de fevrier : . . . . v d. t.

Item deu per III lh. e mega alun de roca, que hac a xI de mars : . . . . I s. Ix d. t.

Item deu per comtans quelh prestem a viii d'ochoire, per jogar l'an xlvi (1340). T. Matio Guari : . . . . x s.

Resto xxviiii s. que deu, a xvi s. viii d., que fo l'escut, per xxxiii s. lxxvi s. viii d. que deu. Mudat avant a iiii^{xx} viii cartas.

(1345) F° XXXVIII v°.

SOMMAIRE : 1. Les chefs de la confrérie de Notre-Dame du Moustier; cierges; façon de cierges; salières perdues par le comte de Forez; cierges; façon des cierges. — 2. Forgeron; toile blanche; cire ouvrée et en pain; sépulture d'un enfant. — 3. Écuyer d'un bourgeois; escarcelle; courroie de cuir noir. — 4. Carme; garniture de robe; huile. — 5. Prieur du Mas-Saintes-Puelles (Aude), chapelain du pape; camelot noir, soie noire pour coule; façon; soie noire; toile; ruban de soie noire; façon d'une autre coule vieille; monnaies; tonneau de vin; vestiaire; drap burel pour cotte hardie et chausses; brunette noire pour chaperon; apprêt du drap; fil bleu; toile; soie noire pour cotte hardie; le jeudi-saint; vieille coule; vestiaire d'un moine; fabricant d'épées; le fils du maître du chœur; savates; birrhe noire; fil; ruban noir de fil pour coule; serrures; drap roset pour robe; fourrure pour robe; garniture de robe; paquets de bougie; chrêmeau; chandelle.

1. *Los mayorals de la Cofrairia de Nostra-Dona del Mostier de l'an xlv (1345)* (1), devo per ii lh. e mega filholas de sera que pres en Constanti Barossa, d'Hamada, a vi de setembre : v s. t.

Item devo per l'obratge de iiii lh. e mega sera en filholas a xxviiii de genier : . . . . ix d. t.

E nos a lor per saliers que lor perdec M° lo comte de Fores (2) : . . . . vi s. vii d.

Item devo per i lh. i carta i^a onsa, e per vii d. d'obrar lor sera a xiii d'aost : . . . . iii s. iiii d.

Resto ii s. iiii d. que devo, comtat lo dia desus. Mudat el manoal de E a xlvii cartas.

2. *La molher que fo d'en R. Bely, faure de Montalba*, deu per

---

(1) Les majoraux ou chefs d'une confrérie étaient les membres du bureau dirigeant l'association.

(2) Lors du passage à Montauban du duc de Normandie, en mars 1346, chacun voulut recevoir dignement le fils du Roi et ses compagnons. On fit appel à ceux qui possédaient de l'argenterie. La confrérie de Notre-Dame du Moustier prêta des salières qui furent perdues. Bonis dut se récupérer de cette somme sur la communauté. Le comte de Forez, Guigues VIII, figure parmi les seigneurs qui prirent part aux diverses guerres contre l'Angleterre. Il est cité par Froissart dans l'ost de Buironfosse. (Ed. Luce, t. I, ccxliv.)

III aunas tela blanca e per II lh. e meja sera en obra e en roc que pres en W. de Cornilh, faure, a VIIII de setembre, e per lo fornimen de I efan, filh que fo d'en R. Bely, comte fag am liey, que monta : . . . . VII s. VI d.
 E nos a lu quens bailec : . . . . (II s. VI d.)
 E mai que bailec W. Cornilh : . . . . (V s.)

3. R. de Poma, escudier del senhor R. Guastaut, borgues de Montalba, deu per I escrasela, e per I sobreseng de cuer negre que hac a VIIII de setembre. T. Guiraut Bonis e Bernat Molinier, de Lauzerta, a paguar dins XV dias, que monta : . . . . VI s. VI d.
 E nos a lu quens bailec a XV d'ochoire : . . . . . (VI s. VI d.)

4. Fraire Guiraut Ychier, f. del Carme del coven de Montalba, deu per I comte el manoal blanc de D, a VIIII^{xx} XV cartas, e fo per guarnizo de rauba e per autres cauzas que hac : . . III s. X d. t.
Item deu que nos mandec a paguar per la dona d'Archambaut, per oli que n'avia agut a XXIIII de setembre l'an XLVI (1346) : . . . . III s.
 Paguet : . . . . (VI s. X d.)

5. Me Guiraut d'Agrefuelh, prior del Mas-Santas-Puelas, capela de Nostre senhor lo Papa, deu per VI aunas camelot negra a III s. l'auna, e per II ochaus seda negra, e per II s. VI d. que costec de de far I^a coguola a Eblot, son bot, a VIIII de setembre, que monta : . . . . I lh. II s. t.
Item deu per II ochaus seda negra, e per I^a auna tela veta de seda negra, e per XXII d. que costec de far I^a autra coguola a Eblot d'una coguola velha quelh donec M^o Polfort [de Belfort] : . . . . III s. t
Item deu per I comte enreires a VI cartas, e nom d'en B., seu escudier, per XVII s. que nos deu, de seguonda moneda, que monta de bona moneda : . . . . V s. VIII d.
 E nos a lu per I tonel de vi que prezem del camarier, per so vestiari l'an XLV (1345) : . . . . (XL s. t.)
Item deu per comtans que paguem per II canas burel que comprem per Eblot a XXVII d'ochoire, per far cotardia e II pars de causas. T. Penot : . . . . XVI s.

Item deu que costero III palms bruneta negra per far capairo a
III de novembre : . . . . V s. t.

E nos a lu quens bailec Penot lo dia desus en I fl. : . . . .
. . . . (XII s. VI d.)

Item deu que costec lo drap de baisar desus : . . . . . . X d. t.

Item deu per mega onsa fil blau, e per meg palm tela, e I ochau
seda negra per la cotardia desus : . . . . I s. I d.

Item deu que pres comtans lo Digos-Sant : . . . . V d.

Item deu per guarnizo de I^a coguola velha a X de may :
. . . . V d.

E nos a lu que prezem del vestiari per la ma de M° Etier B., a
XXVIII de may : . . . . (XX s. t.)

Item deu que pres Eblot a XXVIII de may, que anava a Bresols (1) :
. . . . II s.

Item deu quelh bailem comtans am XX d., que fe bailar a
Esteve, l'espazier : . . . . II s. VIII d.

Item deu quelh tramezem a Eblot a VIII d'aost per lo filh del
M^e del cor : . . . . III s.

Item deu que fe bailar a Durant Ebrart, sabatier, a XXX d'aost
per sabatos : . . . . IIII s.

Item deu per XIIII palms biroart negre a VI s. VIII d. la cana, e
per mega onsa fil, e per XIIII palms veta negra de fil per coguola
a sos ops a XXX de setembre : . . . . XII s. t.

Item deu per comtans que fe bailar a Maro, bot de M° Emeric
Pons, a IIII d'ochoire : . . . . V s.

Item deu per comtans que fe bailar a R. de Camguiza per
saralhas a VI de setembre : . . . . II s.

Item deu que costec III canas I palm roset quelh comprem d'en
W. Bramaire, per far rauba a XXV d'ochoire, a XV s. VI d. la cana,
l'escut per XX s. VI d. : . . . . XLVIII s. VI d.

E nos a lu quens bailec M° Etier per lo vestiari, lo dia desus :
. . . . (XL s. t.)

Item que costero I^a folraduras d'en Gauselin Catala, ops de la
rauba : . . . . X s.

Item per la guarnizo de la rauba desus : . . . . . III s. II d. t.

(1) Bressols, canton de Montech (Tarn-et-Garonne).

Item deu que fe bailar a 1ª femna per estadals (1) a IIII de
genier : . . . .   II s. VI d. t.

Resto XXXIII s. IX d. que deu :

Item per 1ª cremieira 1ª candela de meg cart : . . . .   XVIII d.

[1345]   Fº XXXVIIII.

SOMMAIRE : 1. Travailleur de terre; cierges pour l'extrême-onction; sépulture. —
2. Savetier; report de compte; toile d'Autun fine; patins noirs; savates et patins;
savates pour la fille, le frère et la femme de Bonis; parchemins et oripeaux; garniture de robes. — 3. Mercier de Molières (Tarn-et-Garonne); réseaux de lin faits
à Montauban; semence de vers. — 4. Consuls de Montauban de 1345; prêt pour
les affaires de la ville; sucre en tablettes; anis confit pour faire présent au juge-
mage d'Agenais et à un chevalier du duc de Bourbon; torche pour faire le guet:
morceau de cierge; tonneau de vin; lanternes; construction d'une casemate
devant la porte de Campagnes; loyer des outils; incendie d'un chai, transport de
bois; chandelle de suif; torches pour faire le guet; plates de demi grandeur:
gingembre confit et fétuque; massepains peints pour offrir à l'évêque de Beauvais; torches pour guet; plates; confitures et torches; le duc de Normandie à
Montauban; torches; capitaines du guet; louage d'un cheval pour aller à Cahors:
quête d'un denier par livre. — 5. Seigneur de Lescure (Tarn); toile; sedas: cordon de soie verte pour garnir deux cottes hardies de rayé jaune et noir.

1. *Johan Moni, afanier de Montalba, que esta a la carieira de la
Sera* (2), deu per V tortises de mega lh. cascu, e per caudelas que
hac per enoliar, e per lo fornimen de sa maire a XIII de setembre,
que monta : . . . .   VII s.

E nos a lu quens bailec a VIIII d'ochoire : . . . . .   (IIII s. t.)

E mai quens bailec a XXV d'abril : . . . .   (III s. t.)

2. *R. de la Castra, sabatier de Montalba*, deu per tot quant nos
a degut, ni nos a lu, per nos ni per autre, comte fag am lu a XV
de setembre l'an XLV (1345), que monta : . . . .   VIII s.

Item deu per XXIIII aunas tela d'Austu 1ª (3), que fe bailar al
percuraire del sen Amielh de Paolhac a XII de setembre, a paguar
1 escut lo dia desus, e demoran dins la fieira de S. Guiral (4) que
ven. T. Guiraut Bonis, e Bernat Molinier, que monta : . .   II lh.

---

(1) *Estadals*, paquet ou pain de bougie filée. (*Dict. Languedocien* de Sauvage.)
(2) La rue la Serre. (Voir la note 1, p. 39.)
(3) *Tela d'Austu 1ª*, toile d'Autun fine. Le mot *prim, prima* se retrouve dans
prin de notre patois et signifie fin, délié, menu.
(4) La foire de Saint-Géraud, qui a lieu le 13 octobre à Montauban, avait été
créée, sinon maintenue, par concession de Philippe VI, en 1343.

E nos a lu quens bailec : . . . . (xvii s. t.)

E may per ii pars patises negres que n'aguem per sor Brenguieira de Guarsias : . . . . (vii s. t.)

E may quelh mandem per sabatas e patises per la molher de Mº Ar. de Planacasanha : . . . . (viii s. t.)

E may a lu per ii pars sabatas a Sebota, e i a Guiraut, e i petases a Matio, e sabatas a na Sezelia (1) : . . . . . . vii s. t. vi d.

E may que bailec comtans a i de fevrier : . . . . vi d.

Resto viii s. que deu, comte fag am lu per totas cauzas tro a ii de fevrier.

Item deu per meg parge e per iii aurpels, e per xii d. de guarnizo de rauba, que hac a ix de fevrier : . . . . vi s.

Finat fo am lu per totas cauzas tro a xxiiii de junh l'an xlvi (1346).

3. *Guilhem Valeta, mersier de Moliciras,* deu que restec a paguar de v dotzenas e viiii rezols de ly fag a Montalba, que hac a xvi de setembre a paguar dins viii dias. T. B. Molinier, e Guiraut Bonis, que monta : . . . . xx s. t.

E nos a lu quens bailec a xxviii de novembre : . . . (x s. t.)

E nos a lu que bailec W. de Monbel a xxviii de julh, l'escut per xviii s. : . . . . (v s. t.)

Item deu per iª onsa semen lombricorum (2) que hac a vi de setembre, que venia de Toloza : . . . . vi d. t.

Resto v s. vi d. que deu.

4. *Los senhors cosols de Montalba de l'an xlv,* [devo] per comtans que prestem per las bezonhas de la vila. T. en R. de Pazern, que o resebia, e en Mº B. Bergier, que monta : iii escut d'aur.

Item devo per iii lh. e mega e iª onsa sucre en taula e anis cofit, que hagro a xxiii de setembre, per far prezent a Mº P. Auzelier, jutge mager d'Agues, e a i cavalier de Mº lo duc de Borbo (3) : . . . . iª lh. i s. v d.

---

(1) Dans cet article nous trouvons le nom de la fille de Bonis, Sebota, de sa femme Cécile, ainsi que de son frère Géraud, qui achètent des savates ou souliers ; Mathieu, qui n'est sans doute qu'un domestique, ne reçoit que deux morceaux de cuir (petases) pour réparer les siennes.

(2) *Semen lombricorum,* semence de vers ou contre les vers.

(3) Le duc Pierre de Bourbon, comte de Clermont et de la Marche, était

Item devo per ɪ tortis que pezava ɪɪɪ lh. que fe bailar lo senhe Guiraut del Valat al seu Tozet de Tozet, a v d'ochoire que avia ars al guac (1), que monta: . . . . ᴠɪ s.

E nos a lu per ɪ tros que bailee lo sen Tozet, que pezava ɪᵃ lh. e mega cart : . . . . (ɪ s. ᴠɪ d.)

E may a lor quens bailee lo sen R. de Pazern : . . . (xxɪ s.)

Item devo que bailem comtans dels deniers de ɪ tonel de vi que hagro de nos, per ᴠ lanternas ᴠ s., e per far la cava davant la porta de Campanhas, e per lo loguier dels esplegs (2) : . . . .
. . . . (xxᴠɪɪɪɪ s. ɪɪ d.)

. E per mudar la lenha que ardio a las portas dins lo chai de Biole, ᴠɪɪ s. ɪɪɪɪ d., e per ᴠɪɪɪ d. que fairo bailar a Anstorguo per ɪ lh. candela de seu per tot (3) : . . . . ɪɪ lh. ɪɪ s. ɪɪ d.

Item devo per ɪ comte el manoal de E, a ɪɪᶜ xxɪɪɪ cartas, e fo per tortises que ardero per far los guasegs per la vila a ᴠɪ de dezembre, que monta : . . . . ᴠɪ lh. ᴠɪ s.

E may a lor per ɪɪ platas de mega proa, ʟᴠɪɪ s. la plata, que n'aguem a ɪɪɪ de genier. T. lo senhe P. de Guordo, el senhe Esteve de Foraboxs : . . . . (ᴠ lh. xɪɪɪɪ s. t.)

Item devo per xᴠɪɪ lh. e meg cart gingibre cofit e festuxs e per ɪɪɪ masapas pensgs, que donero a Mᵒ de Buovais a xxɪ de genier (4) a ᴠɪɪ s. la lh., e ɪɪɪɪ s. per los masapas : . . . .
. . . . ᴠɪ lh. ɪɪɪɪ s. t. ɪɪɪ mᵃ.

---

lieutenant du roi de France ès parties d'Aquitaine et Gascogne en 1345. Il vint dans le Midi pendant l'automne de cette année.

(1) *Que avia ars al guac,* qu'il avait brûlée pour faire le guet.

(2) En faisant des fouilles pour les fontaines, il y a quelques années, on découvrit sur la place de la Préfecture, près de l'entrée de la rue des Cordeliers, à l'endroit même qu'indique Bonis, devant la porte de Campagnes, une casemate voûtée qui semblait remonter au quatorzième siècle. M. de France lui a consacré un article dans le *Bulletin Archéologique.* — *Loguier des esplegs,* le loyer des outils.

(3) Un incendie se produisit dans un chai situé près des portes, et qui appartenait à François de Bioule ; on dut au plus tôt faire enlever le bois qu'il contenait. Cette citation et les suivantes semblent indiquer qu'à ce moment Montauban était assiégé par les Anglais, cependant l'histoire n'a pas conservé le souvenir de ce siège. En tout cas la ville devait être très menacée, puisqu'on faisait veiller ainsi ; nous pouvons même ajouter qu'à cette même époque, ou quelques mois plus tard, Hugues de Cardaillac édictait un règlement pour la défense de Montauban.

(4) L'évêque de Beauvais était dans le Midi depuis 1342, comme lieutenant

Item per iiii tortises de ii lh. cascu que pres lo senher del Valat per far lo gue (1), lo dia desus : . . . . xvi s.

Item per i tortis de ii lh. que fe bailar lo sen R. de Pazern an Johan de la Bastida : . . . . iiii s.

Item per i tortis de ii lh. e mega que pres lo sen R. de Pazern per lo guac lo dia dessus : . . . . v s.

Resto que devo xii lh. xviiii s., e avem i escrig.

Item devo per ii platas que pres lo sen R. de Pazern a xi de fevrier, que trameiro a Miramon (2) : . . . . v lh. xiiii s.

Item devo per viii lh. cofimens e per ii tortises que pezavo v lh. e mega, que pres sen R. de Pazern a xxv de mars que M° Johan de Fransa era a Montalba (3) : . . . . ii lh. xviiii s.

Item devo per ii tortis que pezavo v lh. e mega que pres lo senher del Valat lo dia dessus : . . . . xi s.

Item devo per ii tortises de iii lh. que avia pres Yzombart del Valat, e Bo Tozet de Vaquaresas, el tems que ero capitani del gue : . . . . vi s.

Item devo per iii dias que menec nostre rossi lo sen Bo Tozet jove, a Caors, a xxiii d'abril, que pres M° B. Bergier : . . xii s.

Soma per tot : xxiii lh. i d. m^a, l'escut per xvi s. viii d., que devo.

E nos a lor quens mandec lo sen R. de Pazern : . . . .
. . . . (xxi s. xii d.)

E may per ma quista de ii d. per lh. que levec Arnaut Delpy (4):
. . . . (i lh. vii s. x d.)

---

du Roi avec des pouvoirs illimités. C'est lui qui par son activité inouïe, et surtout la raideur avec laquelle il faisait exécuter ses ordres, prépara la défense de nos contrées contre les Anglais. Cet article prouve qu'il passa à Montauban le 21 janvier 1346 (n. s.), car les consuls lui firent un présent de confitures et de massepains points, suivant l'usage.

(1) *Gue*, guet ; *guasegs*, guêts.

(2) *Miramont*, près Lauzerte. Hugues de Cardaillac venait d'être nommé gouverneur de Lauzerte par le duc de Bourbon. On lui envoyait des armes.

(3) Le duc de Normandie était venu à Montauban en décembre 1345 ; il y revint en mars 1346 (n. s.). Plusieurs historiens ont commis une erreur de date à ce sujet. C'est bien en 1346 qu'eut lieu le second passage du prince dans notre ville, où il accorda plusieurs rémissions à nos consuls.

(4) La quête de 2 d. par livre fut imposée à la suite de ce voyage pour subvenir aux frais de la guerre.

Resto vi lh. xiiii s. ii d. que devo, l'escut per xvi s. viii d., comto fag am M° B. Bergier (1).

Resto xiiii d. que devo.

5. *Lo senhen Amalvi de Lescura, donzel, fraire de M° de la Mota, de Montalba,* deu per x palms tela, e per vi ochaus sedas, e per i cordo de seda vert que pezava ii ochaus e meg que hac a xviii de setembre per guarnir ii cotardias de listrat negre e gaune (2). T. M° P. Chiralba, e B. de Verno : . . . x s. ii d. t.

Soma x s. Vera est.

[1345]   F° XXXVIIII v°

SOMMAIRE : 1. Savant en droit ; drap d'or de Venise ; clerge de cire ; sépulture de Ratier de Castelnau ; rédaction d'un acte de vente ; futaine de Givet ; serge vermeille ; fil vermeil. — 2. Femme veuve de Caussade (Tarn-et-Garonne) ; électuaire ; piment ; épices ; emplâtre en forme d'écusson, couvert de cendal. — 3. Femme d'Alblas (Tarn-et-Garonne) ; emplâtre ; onguent ; électuaire. — 4. Marchand ; report de compte ; électuaire ; emplâtre en forme d'écusson ; solo verte et noire. — 5. Habitant de Reyniés (Tarn-et-Garonne) ; cire en clerges et en pain ; épices ; sépulture ; conventions.

1. *M° Peire Arnaut Bastier, jove, savi en drey de Montalba,* deu per i drap d'aur de Venessia, e per xii lh. sera en vi tortises que hac a xviii de setembre per far onor al cors de Mosen Ratier de Castelnuo (3). T. en Tozet Theysendier, so conhat, e so masip, e Bernat de Verno, que monta : . . . . iii lh. viii s.

E nos a lu quens bailee lo dia desus : . . . . . (ii lh. x s. t.)

E nos a lu per ordenar la carta de las vendas que compree d'en W. de la Alaria, de Mirabel, i flori que valia xiii s. T. M° Johan de Benaven : . . . . (xiii s.)

Item deu per i^a auna fustani de Givat, e per ii palms sargua

---

(1) Ces deux lignes sont rayées d'un trait dans le manuscrit.

(2) *Listrat*, rayé. Listro signifio lisièro, borduro ; c'est le même mot que *liste*, bando. La litre était une bande noire tendue, aux obsèques des personnages marquants, en dedans ou en dehors de l'église et timbrée des armoiries du défunt.

(3) Jean Ratier V de Gordon de Castelnau, seigneur de Castelnau des Vaux ou de Montratier (Lot), prit part aux guerres de Gascogne dans l'armée de Louis de Poitiers. M. Limayrac, dans sa monographie de Castelnau, le fait mourir en 1544 des suites d'une blessure reçue en Gascogne. Le livre de Bonis nous prouve qu'il mourut vers le 18 septembre 1345.

vermelha, e per I cart fil vermelh que hac a VIII de julh l'an XLVI (1346). T. Tozet Theisendier, so conhat, e Johan lo Borsier : . . . . v s. VIII d. t.

2. *La dona Esquiva, molher que fo d'en W. Fauve de Causada*, deu per I lectoari, e per unas pimentas e per unas polveras d'espesias per despendre en sas viandas, e per I emplastre fag a manieira d'esqut, cubert de sendat, quelh ordenec M⁰ P. de Martel, a XIX de setembre, quelh portec per Sedasier. T. en Tozet Theisendier, de Montalba, quelh o fe bailar : . . . Iᵃ lh. III s. VI d. t.

E nos a liey quens bailec R. Segui a XIII de novembre : . . . . (XXIII s. t.)

3. *La dona de Flocas, de la bastida d'Albiars*, deu per I emplastre e per I enguen, e per I lectoari quelh ordenec M⁰ P. de Martel a XX de setembre, quelh portec M⁰ Matio Samuel, e avem ne I escrig de sa ma, que monta, comte fag am lu : . . . . . XV s. t.

E nos a liey quens bailec Johan Pestre, a VIII d'ochoire per liey : . . . . (XV s. t.)

4. *Huc Andral, mercadier de Montalba*, deu per resta de I comte enreires a XXII cartas, que monta : . . . . II s.

Item deu per I lectoari e per I emplastre fag a manieira d'esqut, que ordenec M⁰ P. de Martel, a XXI de setembre, ops de son oncle de Causada, que monta, comte fag am lu : . . . . XVIII s.

Item deu per II onsas seda vert e negra, que pres so fraire a VIII d'ochoire, per portar a Causada : . . . . XI s. IIII d.

E nos a lu per en P. Sabatier de Negrapelissa : . . . (XVIII s.)

E may a lu quens bailec a XX de genier : . . . (XIII s. IIII d.)

5. *Guilhem Capela, en W. Branca, fr. d'en W. Branca, de Rainiers*, devo per III lh. sera en tortises e en roc, e per espesias que lagro a XXI de setembre, per lo fornimen de la molher d'en W. Capela. T. en Matio Guary, a paguar del disabde en VIII dias, que monta : . . . . VII s. VIII d.

E nos a lu quens bailec a XXVII d'ochoire : . . . . . . (IIII s.)

E may a lu quens bailec a XIII de may : . . . . . (III s. II d.)

Soma x s. VIII d. t. Vera est.

[1345] F° XL.

SOMMAIRE : 1. Bourgeois; maladie; citation. — 2. Frère Prêcheur; médecine. — 3. Marchand; garniture de robes; drap; épices; garniture de robes; grandes plates pour harnais de cheval; capuchon (de mailles); chapeau génois; sedas; cendal pour manteau; fil bleu; toile; laine fine pour robes; toile, cendal, fil vermeil, sedas pour garde-corps et manches; cierges pour revit; papier lombart; doublet de lin de Paris; fossé des fortifications; futaine de Givet pour gipon; garniture de robes et joyaux; le livre vermeil des dépôts. — 4. Marchand de Molières; denrées; citation. — 5. Fournier; prêt; garniture de robe; fil de pastel. — 6. Chirurgien; futaine de Givet; toile blanche; ouate; fil vermeil et blanc; sedas pour gipon.

1. *P. Joncquieiras, de Montalba, filh que fo del senhe Durant Joncquieiras,* deu per I comte el manoal de D, a II cartas, e fo per las cauzas de sa malautia, que ordenec Mᵉ P. de Martel a XXII de setembre. T. en P. Delbosc, de Montalba, que monta :   XV s. V d.

Item per I° sitasio : . . . .   VI d.

Finat fo am lu e am Mᶜ R. Faure, so conhat, a XVIIII de mars l'an XLVI (1347).

2. *Fraire Johan Camo, f. prezicador del coven de Montalba,* deu per I° medesina quelh ordenec Mᵉ Guilhem de Verfuelh a XXIII de setembre, que monta : . . . .   II s.

Mudat el comte del coven.

3. *Lo senhen Bertran Anstorc, mercadier de Montalba,* deu per I comte el manoal de D, a IIᶜ Iª carta, e fo per guarnizo de rauba e per autras cauzas que hac en parselas, que monta :   XV s. V d.

E nos a lu el comte metheis per III canas de drap per mi e per XIIII palms per na Sezelia (1), e per II canas e II palms per Sebota, que n'aguem a XXIIII de setembre : . . . . . .   (VIII lh. XVII s.)

Item deu per I comte el manoal de D, a IIᶜ VI cartas, e fo per espesias e per guarnizo de rauba : . . . .   VIIII s

Item deu per Iᵃ platas may que mega proa (2) al cabal LV s., e per I guolar (3) XXV s., e per I capel genoes (4) X s., que hac a XIII de dezembre per tot : . . . .   IIII lh. X s.

(1) Autre mention de la femme et de la fille de Bonis.
(2) Nous avons vu (p. 86) les plates de demi-grandeur. Voici un exemple de grandes plates pour harnais de cheval.
(3) *Guolar,* capuchon, probablement de mailles (voir p. 179).
(4) *Capel genoes,* ces chapeaux étaient ainsi nommés parce qu'ils étaient ordinairement portés par les sergents génois : *Un capel de sirven de Genoa.*

Item deu per II ochaus sedas, e per I cart sendat per I mantel a sos ops, que avia pres a xv de novembre : . . . . I s. x d.

Item deu per VII onsas fil blau, e per VI palms tela, e per IIII onsas estams per las raubas dels efans e de la companha, per tot : . . . . v s. VIII d.

Item deu per I palm tela, e per III cart sendat, e per I cart fil vermelh, e per III ochaus sedas, que pres dona Joana per I guaracors, e per Iª marguas a XXII de novembre: . . . . . III s. VII d.

Item deu per II tortises de I lh. cascu per lo revit del sen P. a XXVII de novembre : . . . . III s. VIII d.

Item per Iª ma papier lombart a XIII de dezembre : . x d. t.

Item deu per I doble de li de Paris de xx s. VI d., que pres dona comaire (1) a XIX de dezembre : . . . . XXII s. VI d.

Item deu per comtans que costero de far XIIII palms de valat fora la vila per si, e xvII palms per lo sen Bertran de Castilho a III s. VIII d., (2) lacal soma paguiey io, que monta : . . . .
. . . . v lh. XIII s. VIII d.

Item deu per VII palms fustani de Givat que hac a XIII de genier per I jupo : . . . . IIII s. III d. t.

Item deu per I comte el manoal de D, a IIᶜ xxvI cartas, e fo per comtans e per autras cauzas : . . . . II lh. IIII s.

Item deu per I autre comte el manoal de D, a IIᶜ xxxII cartas, e fo per guarnizo de rauba e per jueias : . . . . . . XIIII s. x d.

Item deu per I autre comte el manoal de D, a IIᶜ xxxVII cartas, que monta : . . . . III s. x d.

Item deu per I autre comte el manoal de D, a IIᶜ xLI cartas, que monta : . . . . VIIII s. VII d.

Resto VIII lh. v s. IX d. que deu. Mudat el libre vermelh dels deposit a XXXI carta.

4. *Guiraut de Guilhac, jorc, mercadier de Molieiras*, deu per resta de dinnadas que hac a XXIIII setembre, que monta : . II s.

Item deu per resta de dinaadas que hac a XXVIII d'ochoire : . . .
. . . . II s. II d.

(1) *Dona comaire*, sa femme, ma commère.
(2) Cet article prouve qu'en décembre 1345 Montauban prit de grandes précautions contre l'ennemi. On creusa le fossé extérieur, et chaque habitant contribua à la dépense dans une proportion dont la base n'est pas indiquée.

Item deu per resta de dinaadas que hac n'Ar., son paire, en
II vet a III de junh l'an XLVI (1346) : . . . . IIII s. VII d.

Item deu que restec a paguar de dinaadas que pres l'efant (1)
a v d'aost, l'escut per XVIII s. t. : . . . . VI s. VIIII d.

Item per I^a sitasio l'an XLVII (1347).

E nos a lu que bailec a XIII d'ochoire, a XXVIII s. l'escut : . . .
. . . . (X s. II d.)

5. *Lo nostre fornier, en que cozem* (2), deu per comtans quelh
prestem, e per guarnizo de rauba, e per I cartairo fil de pastel
que hac a XXIIII de setembre, escms am sa molher : VII s. III d. t.

Finat fo per cozer lo pa.

6. *Me R. lo Lombart, surgia, que esta a Montalba*, deu per
IIII aunas e mega fustani de Givat, e per IIII aunas e mega tela
blanca, e per II lh. cotomapus, e per I^a onsa de fil vermelh, e per
mega de blanc, e per III ochaus sedas, que hac a XXXII de setembre
per far I jupo a sos ops. T. Duro, que sol estar am Me Bernat
Mauri, quelh ol fe, que monta : . . . . I^a lh. II s. III d.

E nos a lu quelh mandem per f. Johan Razeire, f. menor : . . .
. . . . V s. t.

Soma XX s. XI d.

[1345]   F° XL v°.

SOMMAIRE : 1. Boucher; sépulture d'une belle-mère; maladie; emplâtre pour le bras; sirop; fromage de Najac (1) acomptes; viande; sépulture. — 2. Bourgeois: anneau d'or avec turquoise; cierge; anneaux d'or avec saphirs; droit d'oublie sur une maison; cierge pour un nouveau prêtre; cierge pour offrir à une femme; sirop; clystère. — 3. Le couvent des Carmes de Montauban; électuaire; cire; cendal; vieille cire; bois à brûler; chapellenies; cire; cierges. — 4. Notaire de la table de l'Evêque; toile; cierges; sépulture; actes; jugement.

1. *Lo senhe Pons Guilhamo, mazelier de Montalba*, deu per resta
de I comte enreires a XXVIII cartas, e fo per resta de la fornitura
de sa sogra, que monta : . . . . I lh. III s. VI d. t.

---

(1) *L'efant,* l'enfant, son fils.
(2) Le fournier chez qui nous faisons cuire notre pain. Comme on le sait, au moyen âge il y avait dans chaque ville des fours banaux ou seigneuriaux où tous les habitants étaient tenus de faire cuire leur pain moyennant une redevance.

Item deu per ɪ comte el manoal de D, a ɪɪᶜ e ɪɪ cartas, e fo per las cauzas de sa malautia quelh ordenec Mᶜ Guilhem de Verfuelh, que monta : . . . . ɪɪɪ lh.

E nos a lu quens bailec a xxvɪɪɪ de may l'an xlvɪ (1346) : . . . . (ɪɪɪ lh.)

Item deu per ɪ emplastre per metre sus lo bras, quelh ordenec Mᶜ W. de Verfuelh a ɪɪ de junh : . . . . vɪ s. vɪ d.

Item deu per ɪ ychirop que ordenec Mᶜ W. de Verfuelh, ops de Bo Tozet, so filh (1), a vɪ de setembre : . . . . vɪ s.

E nos a lu per ɪɪɪ lh. e ɪ cartairo en ɪ fromatge de Naquas (2), a vɪɪɪ d. lh : . . . . (ɪ s. x d.)

Item deu quelh bailem comtans a vɪɪɪɪ d'ochoire : xx escut d'aur.

E nos a lu que bailec a xxx d'ochoire : . (v escut e ɪɪ jorgis.)

E may que bailec a xxvɪɪɪ de novembre : . . . . . (xx escut.)

E may que bailec comtans : . . . . (xx s.)

Item deu quelh bailem comtans a xɪɪɪ de mars : v escut d'aur.

Item deu que bailem a [son] cozi, a ɪɪɪɪ d'abril, l'an xlvɪɪ (1347) : . . . . ɪɪ jorgis.

E nos a lu quelh mandem per sor Brenguieira de Guarsias per carn : . . . . (xx s.)

Item deu que pres en ɪ escut que pres Bo Tozet, so filh : xxvɪɪ s. Resto xxɪɪɪ s. vɪ d. que deu, l'escut per xvɪ s. vɪɪɪ d. per la fornitura de sa sogra. Mudat a ɪɪɪˣˣ xɪx cartas.

2. *Lo senhen R. Ganstaut, borgues de Montalba*, deu per ɪ anel d'aur am turqueza que hac a xxvɪɪ de setembre per donar a la novia, filha del sen Guiraut de la Sera : . . . . vɪɪɪ s.

Item deu per ɪ tortis de ɪɪ lh. e mega que pres son capela la vespra de Nadal : . . . . ɪɪɪ s. ɪɪɪɪ d.

Item deu per ɪɪ anels d'aur am safir que hac a xxvɪ de genier : . . . . xɪɪɪ s.

E nos a lu quelh mandem per W. Molas, afanier de Montalba,

---

(1) Cé prénom de Bon Tozet, particulier à notre ville, tire son origine du nom des Tozet, prudhommes de Montauban ; mais, comme on le voit ici et plus loin (Bon Tozet de Vacheresses), il n'était pas l'apanage exclusif de cette famille de notre haute bourgeoisie.

(2) *Naquas.* Est-ce Najac (Aveyron), renommé pour ses fromages ? Faut-il au contraire lire *vaquas*, vaches ? Nous penchons, malgré le défaut d'orthographe, pour la première hypothèse.

per las oblias de v ans de 1ª mayo quen ten a Fosat, e lascals oblias se comta lo terme de S. Miquel que ven de l'an XLVI (1346) : . . . . (XXX s. t.)

Item deu per I tortis de III lh. e 1ª onsa que hac a X de may per ufrir al capela de Guordo : . . . . VI s. e II d. t.

Item deu per I autre tortis de II lh. que pres l'efan de Biole, son escudier, lo dia desus per ufrir a la dona sa molher : . . . IIII s.

Item deu per I ychirop, e per I cristeri que ordenec Mº P. de Martel, per la dona sa molher : . . . . XIIII s.

Resto XV s. t., comte fag am lu a v de junh l'an XLVI (1346). Paguet lo dia desus : . . . . (XV s. t.)

3. *Lo coven dels fraires del Carme de Montalba*, deu per resta de I comte enreires a XXX cartas, e nom de f. Guiraut Ychier, que monta : . . . . VI lh. V s. IX d. t.

Item devo per I lectoari que fezem per f. Guiraut Ychier, que era malaute, a XVII d'ochoire, que monta : . . . . VIII s.

E nos a lu per sera, e per I sendat que n'aguem per la ma del sot-prior, e de f. Emeric de Laval, a XXII d'ochoire : (XVI s. VIII d.)

Resto CXVII s. I d. t., que devo; comtat am lor lo dia desus.

E may a lor per XVII lh. I cartairo sera alucada quens bailec f. Emeric de Laval, el sot-prior, a III de novembre, a XVI d. la lh. : . . . . (XXIII s.)

Item devo per XI pilas grosas de lenha a XI s. III d. la pila, que hagro per lo coven, l'escut per XVI s. VIII d. T. en Matio Guari, e f. Guiraut Ychier, que monta : . . . . VI lh. III s. I d. t.

E may a lor que bailec f. W. Bonis, que hac de las capelanias de Mº Jacmes Acmar : . . . . (XX s. t.)

E may a lor que bailec f. W. Bonis, e f. Emeric de Laval, l'escut a XVIII s., en XVII lh. I cart sera que n'aguem a XII de julh: . . . . (XXIII s. t.)

Item devo per IIII siris de mega lh. cascu, que pres f. Johan de Malfavar a X de junh e a XXIIII de julh l'an XLVI (1346) : IIII s.

Item devo per III lh. sera que donero a las torchas, que fezem per las donas de l'acapte (1), a XIII d'aost : . . . . VI s.

(1) Cette contribution de cire pour les torches faites par Bonis pour les *dames de l'acapte* est assez difficile à expliquer.

E may a lor per XLI lh. e mega sera alucada am I entier (1) de lh. e mega que n'aguem a v de setembre, per la ma de f. R. Vidal, e de f. W. Bonis, que monta : . . . . (LV s. X d. t.)
Mudat.

4. M⁰ *Arnaut de Salas* (2), *notari de la taula de M⁰ de Montalba*, deu per v palms tela, e per v tortises de I cartairo cascu, e per VI de II d. cadau, e per...., quelh tramezem per R. Bessa, a I d'ochoire per lo fornimen de I efan : . . . . IIII s. VIIII d.

Item deu per I comte enreires a III cartas : . . . . »

Finat fo am lu la vespra de Martro, l'an XLV (1345), per cartas, e per jutgat quens avia fachas tro al dia desus.

———

[1345] F⁰ XLI.

SOMMAIRE : 1. Seigneur de Corbarieu ; demi-drap d'or ; cierges ; sépulture ; notaire de l'official ; jugement ; chapeau de feutre ; monitoire ; excommunication ; absolution conditionnelle ; garniture de robe ; médecine ; notaire de Corbarieu. — 2. Boucher ; joyaux de mariée ; garniture de robe ; à comptes. — 3. Pitancier de l'abbaye de Saint-Théodard ; fil blanc ; toile pour corset blanc ; Frères Mineurs ; ventes, oublies et acaptes. — 4. Majoraux de la confrérie de Saint-Pierre-Campredon ; cire pour la fête. — 5. Gazailler ; règlement de compte agricole ; achat de blé ; toisons de laine ; peaux d'agneaux ; inventaire d'animaux.

1. *Lo senhen Ratier de Montpezat, donzel, senher de Corbario*, deu per I drap d'aur meganel, per XII lh. sera en VI tortises, e per I comte que devia el libre de C que es aquest (3), a v cartas, que hac a II d'ochoire per far onor al cors de la maire d'en Bertran de Puegselsi, del Pueg de la Roca (4), a paguar a S. Marti que ven, e M⁰ Guilhem de Semlac, notari de M⁰ l'ofesial, feu jutgat a paguar al dia desus, que monta : . . v escut d'aur e III groses d'argen.

Item deu per I capel de feutre que hac lo dia desus : . . . . II s. IIII d. t.

(1) Ainsi qu'un cierge *entier* (c'est-à-dire neuf), de 1 livre et demie.
(2) Notaire de la table de l'évêque, ou de la *mense* épiscopale.
(3) Au droit du livre C qui est celui-ci. — Nous avons dit (note 1, p. 1) que le livre de Bonis que nous publions était le troisième de sa comptabilité et portait la cote C.
(4) Puylaroque, canton de Montpezat (Tarn-et-Garonne).

Item deu per 1ª monesio : . . . . III s. IIII d. t.

Item deu per autra monesio que hac en junh : . . . III s. IIII d.

E nos a lu que bailec Mc R. Marmier per lu, a VIII de junh, l'an XLVII (1347) : . . . . (I escut.)

Item deu per l'escumenge : . . . . I s. IIII d.

Devi lhi apsolvesio am condisio quens agues paguat III semanas apres S. Miquel, o fos en l'estamen desus dig.

E nos a lu que bailec en P. Despinet, que esta a la Bastida S. P. (1), a VIII de novembre : . . . . (II escut.)

Item deu per resta de guarnizo de rauba, e per resta d'espesins que hac a XXI de dezembre : . . . . I s. XI d.

Item deu que restec a paguar de cauzas de medesina quelh ordenec Mc Paul Rustanh, quelh portec Mc Esteve la Ygua, notari de Corbario, a XIX s. [l']escut : . . . . IIII s. e II d.

2. *P. de Malbert, mazelier de Montalba*, deu per I comte el manoal de D, a IIc IIII cartas, e fo per 1ª juicias de nobia, e per guarnizo de rauba e per autras cauzas que hac a VII d'ochoire per la molher de son conhat de Manta. T. la dona molher del sen Arnaut de Vairac, que monta : . . . . II lh. XI s. IX d.

E nos a lu quens bailec a XIII de novembre per Manta : . . . . .
. . . . (XVII s. t.)

E may a lu que bailec per Manta, *alias* Bertran : (VIII s. t.)

E may a lu que bailec per Manta, *alias* Bertran : . . (X s. t.)

E may a lu quens bailec per Bertran, a XXI de fevrier : (X s. t.)

E may que bailec per Manta, o sa molher per lu : . . . »

3. *Mc Gualhart de la Tor, pitansier del mostier de Montalba*, deu per resta de I comte el revers del manoal de D, a VIII cartas, comte fag am lu per totas cauzas tro a VIII d'ochoire, que monta :
. . . . XX s.

Item deu per 1ª onsa fil blanc, e per meg palm tela que hac per I corset blanc, a XXVII d'ochoire : . . . . VI d.

E nos a lu quelh mandem per f. P. Doset, guardia dels Menors, la vespra de Martro, per vendas, e per oblias, e per acaptes quelh devia per Mo Jacmes Azemar, la vespra de Martro : . (XLIII s.)

---

(1) La bastide Saint-Pierre, canton de Grisolles (Tarn-et-Garonne).

Item deu quelh tramezem per Mairinhac a vii de novembre : . .
. . . . xxiii s. e vi d.

4. *Los magorals de la cofrairia de la Macdalena de S. P. de Campredon* (1), *de l'an* xlv (1345), *que fo en B. de Razeire, e M° Gualhart de la Tor, monge del mostier de Montalba*, devo per resta de i comte el manoal de D, a viii^{xx} xvii cartas, e fo per sera, e per comtans, e per autras cauzas que hagro per far la cofrairia, comte fag am M° Gualhart de la Tor, que monta : xxxiii s. ix d.

E nos a lor que bailec lo senher Johan Tozet lo gros que devia de velh : . . . . xvi s.

Finat fo e mes el comte de Mª Guirauda de Girvais, per en W., so filh.

5. *Johan de Pomaireda, de la paroquia de la Capela, pres de S. Marsal* (2), *nostre guazalha* (3), deu comte fag am lu per totas cauzas, abatut tot quant avem pres de la guazalha nos ni lu, tro a viii d'ochoire l'an xlv (1345), estan lo cabal e for que dit la carta, que monta : . . . . x s. iii d.

Item deu per comtans quelh prestem a xxviii d'abril l'an xlvi (1246). T. B. de Verno, per comprar blat : . . . . x s.

E nos a lu per x auses de lana, per la sua part de l'an xlvi (1346) a ii s. vi d. per aus, e per la mitat de x pels quens redec ii s. vi d., per tot : . . . . (xxvii s. vi d.)

Item deu per comtans quelh bailem a xiii de may : . . . .
. . . . vii s. iii d.

---

(1) La confrérie de Sainte-Madeleine, établie à Saint-Pierre-Campredon, canton de Lafrançaise (Tarn-et-Garonne), avait pour majoraux un bourgeois et un moine du monastère de Montauban. Poilfort de Belfort, prieur-mage de l'abbaye, avait été prieur de Saint-Pierre de Campredon, et peut-être l'un des fondateurs de cette association, ce qui expliquerait la présence d'un moine bénédictin parmi les dignitaires. Du reste, les bourgeois tenaient à honneur de faire partie de ces confréries de secours mutuels.

(2) Cette indication, qui précise le lieu où était la paroisse de La Chapelle, près de Saint-Martial, commune de Montauban, nous amène à croire qu'il s'agit bien de l'église de Charros, qui n'en est distante que de quelques kilomètres.

(3) Ce règlement avec un gazailler est intéressant en ce qu'il montre que le système de colonage à mi-fruits existait à cette époque. Le cheptel est estimé sur la police ; dans ce cas particulier sa valeur n'a pas changé : « restant le cabal « au prix du bail (carta) ».

Demorero a la guazalha xxxi bestias velhas, xii anhels de mi, o paguat am v cabras.

Soma l s. i d.

[1345]   F° XLI v°.

SOMMAIRE : 1. Marchand de Négrepelisse. — 2. Maréchal ferrant; demi drap d'or; cierges; sépulture; électuaire restaurant; joyaux de mariée. — 3. Charretier; le faubourg Montmirat; garniture de robes. — 4. Seigneurs de Cos; drap d'or; cierges; prêt; jugement; plates; toile; peaux vertes écartelées (1); tailleur; futaine blanche; sedas; toile; fil; robe; garniture d'un manteau; monitoire; demi drap d'or. — 5. Damoiseau, recteur d'Ardus, près Montauban; drap d'or; cierges: report de compte; monitoire; roulage; excommunication; absolution.

1. *Johan Valengo, mercadier de Negrepelissa*, deu per resta de dinaadas que hac a viii d'ochoire. T. Bernat Molinier, quelh bailec, que monta : . . . . vi s. vi d.

E nos a lu quens bailec a vii de novembre; . . . (vi s. vi d.)

2. *M° P. Ychart, menescale* (1) *de Montalba*, deu per i drap d'aur meganel, e per iii tortises de i^a lh. e mega cascu que trames an Bernat del Mespolier, de Mirabel (2), am sa letra que portec P. Cabrol, so masip, a x d'ochoire, per far onor al cors d'en Matfre Rayguassa, de Brunequel, so sogre, a paguar disabde que ven, en aisi coma mandava sa letra, que monta. T. lo seu P. R. de Foraboxs, e Bernat Molinier, e Guiraut Bonis : . . . . iii escut d'aur e ii s. t.

Item deu per comtans quelh prestem a xxviii d'ochoire. T. Guiraut Bonis : . . . . v s.

Item deu en B. del Mespolier, per i lectoari restauran que ordenec M° W. de Verfuelh, per la dona sa molher quelh portec P. Cabrol, so masip, a ii de dezembre, que monta : . x s. iiii d.

Item deu may en B. del Mespolier, per i comte en meg fuelh de papier que es en la caisa, e fo per jucias e per autras cauzas que hac quant pres sa molher de Mons. T. P. Folras, en W. de Mons, escut per xvi s. viii d. : . . . . ix escut e l d'aur.

Resto xiii escut d'aur e iiii s. que deu. Mudat avant a lv cartas.

(1) *Menescale*, maréchal ferrant.
(2) Mirabel, canton de Caussade (Tarn-et-Garonne).

3. *P. Simo, caratier de Montalba, que esta al bari de Montmirat*, deu per guarnizo de rauba que pres el metheis a xii d'ochoire. T. Guiraut Bonis, quelh o bailec, que monta : . . . . . iii s. x d.

Item deu que restec a paguar d'aco quens mandec per B. Tumbarel, la vespro de Martro : . . . . v s.

Soma viiii s. e ii d. que deu, comte fag am lu lo dia desus. T. M° B. Verzena e B. Tumbarel.

4. *Lo senhen Pons de Cos, donzel, senher de Cos, otr'Avairo*, deu per i drap d'aur, e per vi tortises de i ª lh. e mega cascu, e per resta de tot quant nos a degut, am carta o ses carta, exseptat de v s. per i tortis que avia pres M° Emeric, so filh, e de v s. quelh prestem per paguar Johan Metge; comte fag am lu a xii d'ochoire en prezensia d'en W., so filh, a paguar a Nadal que ve[n], e M° Huc Guarnier, notari de M° l'ofesial, feu jutguat a paguar al dia desus, l'escut per xvi s. viii d., que monta : . . . vi lh. x s.

Item deu per i ª platas de mega proa, lxv s., e per x aunas e mega tela a xii d. l'auna, e per ii pels vert escarlatadas (1) que hac a xvii de genier. T. M° Emeric, so filh, e M° P. Chiralha, sartre, l'escut per xvi s. viii d. : . . . . iiii lh.

Item deu per v palms e meg fustani blanc e per ii ochaus e meg sedas e per iii cart tela, e per i ª onsa fil que hac a xx de genier per la rauba d'en Pons, so filh. T. M° P. Chiralha : . . . . v s. vi d.

E nos a lu quens bailec lo dia desus :

Item deu per la guarnizo de i mantel d'en Pons, so filh, que hac a xviii de fevrier : . . . . ii s. viii d.

Item deu per i ª monesio que hac : . . . . vii s. vi d.

E nos a lu quens bailec P. de la Brossa per lu, a iiii d'abril, escut a xviii s. : . . . . (l. s. t.)

Item deu per i drap d'aur meganel, e per iiii tortises del lh. e mega cascu, que hac a xxi de junh l'an xlvi (1346) per far onor al cors de son bot, en W. de Perga, de Monpezat, l'escut per xviii s. T. en W. Audrig, de Picacos (2), en Jacmes de las

---

(1) *Escarlatadas*. Des peaux vertes, *escarlatadas*, ne peuvent être que des peaux écartelées.

(2) Piquecos, canton de Lafrançaise (Tarn-et-Garonne).

Guariguas, de Montalba, e Mº B. Verzena, capela de las Menoretas:
. . . . ii lh. x s. t.

Resto viiii lh. xviii s. viii d., l'escut per xvi s. viii d., que deu. Mudat avant a lxvi cartas.

5. *Mº Bernat de Cos, donzel, rector de la glieia d'Ardu, otr'A-vairo, en l'arcsquat de Caors,* deu per i drap d'aur, e per vi tortises de i lh. e mega, e per xxvi s. que devia en aquest libre enreires a x cartas, comte fag am lu a paguar a Nadal que ven; aiso fo a xii d'ochoire, e Mº Huc Guarnier, notari, feu jutgat a paguar al dia desus, l'escut per xvi s. viii d., que monta : . . iiii lh. vi s.

Item deu per iª monesio que hac a vi de mars : . . vi s. x d.

E nos a lu quens bailec Mº n'Amielh, lo caminier (1), per ii carguas quens aportec de Toloza : . . . . (xiiii s.)

E may a lu que bailec n'Amielh en portar iª cargua de Toloza : . . . . (vi s.)

E may que bailec n'Amielh : . . . . (xx s.)
Item per i escumenge.

E nos a lu que bailec Mº Gr. de Lobrignia a xxi de dezembre, l'escut per xxiii s. : . . . . (xxviiii s. iii d. mª.)

Devi lhi apsolvesio tro a S. Vises que ven.

Finat fo am lu per tot, exseptat x s. que deu per las dispensas, comtat am lu a xx de genier l'an xlvi (1347). Mudat avant a ciª carta.

[1346]   Fº XLII.

Sommaire : 1. Écuyer du prieur-mage; arrentement de la baylie de Saint-Caprais (annexe de Monclar); amandes; tuiles-canal; soie noire. — 2. Bourgeoise; garniture de robe; chandelles pour baptême; sedas; toile; fil blanc; sedas; toile; fil; cotte hardie. — 3. Frère Mineur; prêt. — 4. Savant en droit; maladie; sépulture; acomptes; sedas; taffetas; parements d'église; maladie; consultation de trois médecins; froment mêlé; fil vermeil; sedas; toile; gonelle; taffetas échiqueté large; sedas de Lucques pour une chasuble; cendal vermeil pour suaire d'enfant. — 5. Notaire de l'évêque; épices.

1. *R. del Capmas, que sol estar am Mº Folc de Belfort,* deu

(1) Le *caminier* était le roulier du temps, de même que le messager était le facteur postal. Il y a seulement une différence avec notre temps, c'est que l'un et l'autre étaient à la disposition du client et non d'une administration.

comte fag am lu per tot quant a agut a far am nos ni nos a lu, tro a xxiiii d'ochoire l'an xlv (1345), monta : . . . . . xiii s. vi d.

Item deu avant a xliii cartas, e nom de M° Bertran Guarnier, que nos mandec a paguar per lu per l'arendamen de la bailia de S. Cabrari, l'escut per xvi s. viii d. : . . . . . ii lh. vi s. viii d.

Item deu que mandec a paguar per lo prior desus dig, loscals nos devia M° P. de Contezac, avant, a lxxiii cartas, l'escut per xx s. vi d. : . . . . iª lh.

E nos a lu per resta de i comte el revers del manoal de E, a xii cartas : . . . . (ii escut e i iorgi d'aur.)

Item deu per mega lh. mellas, que hac ops de sa molher, a xxviiii de may l'an xlvii (1347) : . . . . ii d.

E may a lu per meg milhier de teule can que n'aguem, a xxxv s. l'escut : . . . . (xii s. vi d.)

Item deu per i ochau seda negra que hac a v de genier. Finat am lu : . . . . i s. viii d.

2. *La dona d'Acmar, molher que fo del sen B. Acmar,* deu per i comte el manoal de D, a ii° vii cartas, e fo per guarnizo de rauba que pres R., son bot, a xviii d'ochoire, e per guarnir la rauba de R. T. M° Bernat Mauri, que o pres am lu, que monta : . . . . vii s. iii d. mª.

Item deu per iiii candelas de meg carta cascuna que pres R. per i filhol, a vi de novembre : . . . . i s.

Item deu per iii ochaus sedas, e per i palm e meg tela e per i cart fil blanc que pres per la rauba de la filha : . . . . ii s. i d.

Item deu per iii ochaus sedas, e per i palm e meg tela e per i cart fil que pres M° B. Mauri a xxvi de novembre, per iª cotardia de la dona, que monta : . . . . ii s. iii d.

E nos a liey que bailec R. : . . . . (xiii s. v d.)

3. *Fraire Peire Felip Beraut, f. Menor de Montalba,* deu per comtans quelh prestem, loscals pres Blanco, a xviii d'ochoire, que anec a Causada vizitar sa cozina, que monta : . . . . x s.

Mudat avant a l cartas, el comte de R. Blanchart, quens mandec a paguar.

4. *M° Simo de Camelier, savi en dreg de Montalba,* deu per i

comte el manoal de D, a II^c VII cartas, e fo per las cauzas de la malautia, e de la fornitura de la dona Guirauda, sa nora (1), que pres M° Guiraut de Foraboxs, e lo senhe Ausac d'Ausac, en P. de Colvenhas, en P. Orgal, a XIII d'ochoire, que monta : . . . .
. . . . XVIII lh. X s. t.

E nos a lu quens bailec en Guilhem Orgal per lu a VI de novembre : . . . . (IIII lh. I s. t.)

E may quens bailec el metheis a XX de novembre : . . (V lh.)

E may a lu quens bailec a XV de genier : . . . .
. . . . (III lh. VI s. VIII d.)

Item deu per sedas e per tafata que pres en R. Arquier per dig de la dona mager de Camelier per guarnir paramens de glicia, que monta : . . . . I lh. II s. VI d.

Resto VI lh. XV s. VIII d. que deu, l'escut a XVI s. VIII d.

Item deu per I comte el manoal blanc de D, a II° XLII cartas, e fo per las cauzas de sa malautia quelh ordenec M° P. de Martel, e M° W. de Verfuelh, e M° W. de Rabastenxs, l'escut a XVII s. : . .
. . . . XVII lh. IX s. I d.

Soma per tot XXIIII lh. IIII s. VII d.; comte fag am R., so filh, a IIII de may, l'an XLVI (1346). T. W. Orgal, l'escut per XVIII s.

E nos a lu per IIII sest. fromen raonos (2) que n'aguem lo dia desus a XL s. lo sest. : . . . . (VIII lh.)

Item deu per mega onsa fil vermelh e per I ochau e meg sedas e per meg palm tela que pres so masip, a XV de may, per I^a guonela de la dona : . . . . II s.

Item deu per II palms e meg tafata escacat ample, e per II ochaus sedas luqzas que pres en R. Arquier a XXII de julh per guarnir I^a cazubla : . . . . XIII s. III d.

Item deu per V palms sendat vermelh que pres en Johan de Bosfranc a XIIII d'aost per suzari a l'efan : . . . . . VI s. III d.

Resto XVII lh. VI s. I d. que deu, l'escut per XVIII s. t. Mudat avant a LXVIII cartas.

5. *M^c W. de la Boria, notari de M° de Montalba,* deu per espe-

---

(1) *Sa nora,* sa belle-fille, sa bru.
(2) *Rao,* signifie mixture, blé mêlé; l'adjectif *raonos* indique une qualité intermédiaire, c'est-à-dire du froment un peu mêlé de seigle.

sias que hac a xvi d'ochoire, que fe el c Me P. de Parlier, comte al Mostier, que monta : . . . . iii s. ii d.
Mudat sobre Me P. de Parlier.

[1345] F° XLII v°.

SOMMAIRE : 1. Bourgeois; denrées; anneau d'or; fil; cendal; toile verte; sedas pour garnir une cotte hardie; sedas, taffetas; chaperon; épices; précepteur; avoine; poivre, gingembre, canelle; girofle pour une accouchée; piment; miel; gommes; onguents. — 2. Official de l'évêque; loyer de drap d'or. — 3. Notaire de l'évêque; épices; papiers; poivre; papier catalan et lombard; fétuque et mûres confites; papier catalan et lombard; toile pour chemises; plate; leude; papier lombard et catalan; Frères Carmes. — 4. Chapelain; confrérie des Neuf Chœurs d'Anges de Saint-Jacques de Montauban; chandelles rondes; cierges; chandelles de cire.

1. *Lo senhen P. de Verdu, borgues de Montalba*, deu per i comte enreires a xxiiii cartas, e fo per diversas dinandas que hac en parselas, que monta : . . . . viii escut d'aur e i gros d'argen.

Item deu per i anel d'aur am safir que pres n'Izombart, son conhat, per donar a la novia, filha del sen Gr. de la Sera (1) : . . . . iiii s.

Item deu per iª onsa e mega fil, e per i palm sendat, e per ii palms tela vert, e per ii ochaus e meg sedas que fe bailar a Me P. Chiralha a xvii d'ochoire per guarnir iª cotardia sua, que monta : . . . . iiii s. ii d.

Item deu per ii ochaus e i cart sedas, e per i cart tafata vert per guarnir i capairo a la dona a iii de novembre : . ii s. iiii d.

Item deu per i comte el manoal de D, a n° xxviii cartas, e fo per espesias e per autras cauzas que hac a xxiii de dezembre, que monta. T. so Maestre : . . . . xvii s. iii d.

E nos a lu quens bailec en i sest. sivada a xv de genier : . . . . (xvi s. t.)

Item deu per i cartairo pebre, e per autre de gingibre, e per iª onsa canela, e per i cart girofle que hac a vii de fevrier, que la dona so era agaguda (2) : . . . . v s.

___

(1) Cette fille du bourgeois G. de la Serra reçut une grande quantité de bagues à l'occasion de son mariage, ainsi qu'on peut le remarquer dans divers comptes qui précèdent.

(2) *Agaguda*, accouchée, de *jazer* ou *gazer*, coucher, *gaguda*, couchée.

E may a lu quens bailec a xiii de fevrier : (ii lh. xiiii s. t.)

Item deu per ii onsas pimentas e per i lh. e mega mel que hac a xiii de fevrier : . . . . iii s. i d.

Item deu per comtans v s. t., e per guomas, e per enguens ii s. que pres lo M°, ops del sen Pe[ire], a xvii de fevrier.

Resto vi escut d'aur e vi groses d'argen que deu. Mudat avant a liii cartas.

2. *M° Guilhem Cabirol, ofesial de M° de Montalba*, deu per tot quant agut a far am nos ni nos am lu tro a xx d'ochoire l'an xlv (1346), l'escut xvi s. viii d., que monta : . . . . xii lh.

Item deu per lo loguier de i drap d'aur sisclatonat, e x s. e per viii tortises de ii lh. caseu ii s. que hac a xi de novembre per far onor al cors de la molher d'en Ausac d'Ausac. T. M° Bertran Segui, e M° Nicolau : . . . . ii lh. ii s. t.

E nos a lu quens bailec a xiii de novembre : . . . (viii lh. t.)
E may a lu quens bailec a xiii de dezembre : . . (iiii lh. t.)
E may a lu quens bailec a xv de dezembre : . (ii lh. ii s. t.)

3. *M° P. de Parlier, notari de M° de Montalba*, deu per i comte enreires a xxv cartas, que monta, l'escut per xvi s. viii d. : . . . . iii lh. x s. v d.

Item deu per espesias que pres M° R. Blanc, e M° W. de la Boria a xv d'ochoire que fe comte al Mostier : . . . . iii s. ii d.

Item deu per ii mas de papiers, e per pebre que pres so masip a xx d'ochoire : . . . . i s. viii d.

E nos a lu quens bailec Johan Cornet a v de novembre : . . . . (ii lh. x s. t.)

Item deu per iii mas papier catala, e per iª de lombart que pres M° R. Blanc a xxii de novembre : . . . . iii s. i d.

Item deu per ii mas papier catala que pres son clere a vi de dezembre : . . . . i s. vi d.

Item deu per ii lh. i cartairo festuxs e moras colidas que hac la vespra de Nadal. T. M° R. Blanc : . . . . xv s. ix d.

Item deu per ii mas papier catala, e per iª de lombart que hac son clere a v de genier : . . . . ii s. iiii d.

Item deu per iii aunas e iii palms tela que pres son clere a xviii de genier per far camias : . . . . iiii s. vii d.

Item deu que paguem per lu per portar 1ª plata de Toloza e per la leuda (1) : . . . . III s.

Item deu per II mas papier lombart e catala que pres Johan d'Albi a IIII de fevrier : . . . . I s. VII d.

Resto LVIII s. VIII d. que deu, l'escut a XVI s. VIII d. :

Item deu per 1ª ma papier lombart que pres Johan Cornet a VIII de mars : . . . . X d.

Item deu per 1ª ma papier lombart que hac a XVIIII de junh : . . . . I s.

Resto XX s. VI d. que deu de las monedas.

E nos a lu quelh mandem per los f. del Carme a XVI d'ochoire : . . . . (XLVI s. t.)

Item deu per comtans quelh tramezem per Mº R. Blanc a XVIII d'ochoire, am son escrig : . . . . XXX s.

4. Mº *Johan Delpuey, capela de Montalba,* deu per 1 comte enreires a XVIIII cartas, e fo per los IX Cors d'Angils de S. Jacmes, que monta : . . . . II lb. V s. X d. t.

Item deu per II candelas redondas de mega lh. cascuna que pres a VIII de novembre : . . . . II s.

Item deu per I tortis de II lh. que hac a XVII de novembre per ufrir a Mº Durant Bosquet : . . . . III s. VIII d.

E nos a lu per I comte el revers del manoal de D, a VIII cartas, per si : . . . . (XXIII s. VII d. mª.)

Item deu per 1ª lh. filholas de sera que hac per los Angils a VIII de dezembre : . . . . II s.

Item deu que restee a paguar de tortises que hac la vespra de Nadal per si, loscals douce : . . . . III s.

Finat fo am lu a XIIII de fevrier.

(1) Les armes payaient un droit de leude à l'entrée à Montauban.

[1345]   F° XLIII.

SOMMAIRE : 1. Prieur de Monclar de Quercy; le livre journal (*manoal*) blanc; maladie; fruits. — 2. Habitant de Verfeil-sur-Seye (Tarn-et-Garonne); maître des eaux; toile d'Autun. — 3. Tailleur; toile verte; soie noire; soie verte; fil bleu, vermeil, blanc. — 4. Bourgeois; cendal; toile; sedas; fil vermeil; prêt; loyer d'un grenier à foin; bail de loyer. — 5. Savant en droit; cierge; apozème; électuaire; denrées; voile de soie d'Alep; réseau de Lyon; doublet de lin de Paris; cierge. — 6. Marchand de Corbarieu; denrées; valeur du florin; denrées.

1. M° Bertran Guarnier, monge, prior de Monclar, en l'avesquat de Caors (1), deu per I comte el manoal blanc de D, a II° x cartas, e fo per las cauzas de sa malautia que ordenec M° P. de Martel a XXI d'ochoire, comte fag am so masip, an R. Catala. T. M° P. de Martel, e Bernat Molinier, de Lauzerta, que monta, l'escut per XVI s. VIII d. : . . . . II lh. v s. x d.

Item deu per III lh. frucha que pres son clerc, en R. Catala a xxx de genier, que monta : . . . . I s.

Aiso nos mandec a paguar R. del Capmas per la resta quelh devia de la baila de S. Crabari (2), e fo mes en so comte enreires a XLII cartas.

2. *Guilhem de la Boysa, de Verfuelh en Rozergue, percuraire d'en Amielh de Paolhac, e M° W. Delpon, M° d'aiguas* (3), *que esta a Montalba*, devo per XII aunas tela d'Austu a XX d. l'auna que hagro a XXIIII d'ochoire, a paguar dins XIIII dias, l'escut per XVI s. III d. T. M° B. Verzena, capela, e B. de Verno : . . . . . . XX s.

E nos a lu quens bailec R. de la Castra a XI de feurier : . . . . (xx s. t.)

3. *Marty Charavel, sartre, que cos am M° P. Chiralha, sartre de Montalba* (4), deu per IIII palms tela vert, e per v ochaus seda negra, e per III de vert, e per I° onsa e meg fil blau, e per mega de

---

(1) L'église de Monclar était le chef-lieu d'un prieuré dépendant du doyenné de Cayrac.
(2) Saint-Caprais (*S. Crambari*) était une annexe de Monclar, dont le prieur avait toute la seigneurie, avec le droit de nommer les consuls et de recevoir leur serment. (Voir p. 201.)
(3) Le maître des eaux était probablement celui qui avait la surveillance de la navigation, des ports et des péages.
(4) *Que cos am*, litt. qui coud avec, c'est-à-dire ouvrier tailleur.

vermelh, e per I cart de blanc que hac a xxIIII d'ochoire, a paguar a Martro. T. en P. Engilbaut : . . . . VIII s. VI d.

Mudat enreires a xI cartas el comte de M° Jorda de Cos.

4. *Lo senhen P. Carbonel, borgues de Montalba*, deu per I palm e meg sendat, e per I palm tela, e per III ochaus sedas, e per III cart fil vermelh que hac a xxv d'ochoire. T. Arnaut Sans, e so bot de Guaribaut : . . . . IIII s. VIII d.

Item deu per comtans quelh bailem a v de gener l'an xLvI (1346) : . . . . xv s. IIII d.

E nos a lu per lo seu loguier de la fenil que teniam de lu, que fo lo darnier loguier del Nadal l'an xLv (1345), e redec nos la carta del loguier : . . . . (xx s. t.)

5. *M° Johan Melzio, savi en drey de Montalba*, deu per I tortis de III lh. quelh tramezem per Huguet, so masip, a xxv d'ochoire. T. lo senho P. Carbonel, que monta : . . . . vI s.

E nos a lu per resta de I comte enreires a xvIIII cartas, que monta : . . . . (vI d.)

Item deu per I tortis de III lh. que hac el metheis a xxIIII de mars. T. Huc, so masip : . . . . vI s.

[1316]   Anno Dni m° ccc° xLvI.

Item deu per Iª apozima xII s. vI d., e per I lectoari vI s., quelh ordenec M° Felip Sudre per sos ops a xvII d'abril, l'escut per xvIII s., que monta : . . . . xvIII s. vI d.

Item deu per resta de I comte el manoal de E, a Iª carta, e fo per diversas dinnadas, e per I volet de seda d'Alest, e per I rezol de Lheo, que pres la dona sa molher a x de may, l'escut per xvIII s. : . . . . xvIII s. vI d.

Item deu per I doble de li de Paris que hac per la dona sa molher a xxx de julh, l'escut per xvIII s. T. M° P. de Parlier, e M° Bernat de la Boria : . . . . xx s.

Item deu per I tortis de III lh. quelh tramezem per Huguet a xxvIII d'aost : . . . . vI s. vI d.

E nos a lu que bailec a Tozet Guaso a x de dezembre l'an xLvII (1347), en un anhel (1) : . . . . (xxx s.)

---

(1) *Anhel*, agnelet. Monnaies d'or valant 15 sols tournois, qui furent frappées sous Philippe IV et Louis X. On les nommait *moutons* ou *agnelets*.

6. Bertran Rotlan, mercadier de Corbario, deu per resta de dinadas que hac a xxvi d'ochoire. T. Guiraut Bonis quelh o bailec a l'., i fl. per xii s. vi d. : . . . . xii s. vi d.

Item deu per resta de dinadas que pres son paire a x de fevrier : . . . . vii s.

E nos a lu quens bailec : . . . . (vii d. t.)
E may que bailec a xxvi de mars : . . . . . . (ii s. vi d. t.)
Finat fo am lu a xiii d'aost.

Soma xlviii s. xi d.

[1345]   Fº XLIII vº.

SOMMAIRE ; 1. Trésorier du chapitre de Saint-Étienne de Montauban ; garniture de robe ; drap d'or tauri ; revit ; garniture de robe ; prêt. — 2. Seigneur de Cos, près Montauban ; règlement de comptes ; jugement ; citation ; excommunication à Cahors ; absolution ; demi-drap d'or ; l'octave de Notre-Dame de Février ; règlement ; jugement ; drap d'or ; cierges ; sépulture de Pons d'Auty, seigneur de Cos ; anneaux d'or avec saphir. — 3. Procureur du seigneur de Négrepelisse ; sirop ; électuaire ; médecine ; lettre ; électuaire ; huile de mastic ; fabricant de couvertures. — 4. Moine prieur de Najac (Aveyron) ; prêt pour honoraires de médecins ; reconnaissance ; jugement ; monitoire ; procès ; règlement ; absolution.

1. *Mº R. del Bruelh, capela, tezaurier de S. Estefe de Montalba*, deu per i comte el manoal de D, a iiº xi cartas, e fo per guarnizo de rauba xiiii s. x d., e per i drap d'aur tauri lx s. que hac per far revit de Mº Bertran Anstore, cavalier, a xxvi d'ochoire. T. Bertran Carbonel : . . . . iii lh. xiiii s. x d.

E nos a lu quens bailec a xviii de novembre en xii escut e en viii fl. : . . . . (xv lh. t.)
Item deu quelh bailem comtans a xxvi de novembre : . x lh.
Item per guarnizo de rauba que hac a xvii de novembre : . . . . v s. ii d.
E may deu per comtans quelh bailem a xii de dezembre : xx s.

2. *Lo senhen Antegac d'Antegac, donzel d'otr' Avairo, senher de Cos*, deu per tot quant a agut a far am nos ni nos am lu, comte fag a xxvii d'ochoire l'an xlv (1345). T. Mº Johan Vidal, so capela, en G. Guariguas, e f. Bertomio de la Boria, e f. Jº de Causada, a pagnar de dia en dia, que monta : iii escut e iii groses.

E avem de lu it jutgat que fo Mº Huc Guarnier.

Item deu per 1º sitasio en dezembre, e per l'escumenge que fo servit a Caors. — Fo apsot.

Devi lhi apsolvesio.

Item deu per resta de I drap d'aur megauel que hac a XIX de genier l'an XLVI (1347). T. so bot, e son escudier, e son capela, a paguar la optava de Nostra Dona de fevrier (1), l'escut per XXIII s., en sa bona fe : . . . . XX s. v d.

Soma per tot, comte fag am lu a XVIII de dezembre l'an XLVII (1347), IIII escut e meg d'aur, e Mº Huc Guarnier feu jutgat a paguar a nostra voluntat.

Item deu per I drap d'aur, e per VI lh. sera en IIII tortises, quelh tramezem a II de genier per sa letra e per far onor al cors de Mº Pons d'Auty. T. W. Brassa, so masip, e Mº P. de S. Maurizi, sartre, e n'Arman, sartre de Montalba, per tot :   III escut IIII s.

A paguar la optava de S. Vinsens. Mudat avant a VI cartas.

Item deu per I anel d'aur am safir que hac a XXIII de fevrier, a paguar en sa bona fe dins III dias. T. son escudier, e Bernat Molinier. Paguet XII s. per l'anel.

3. *Mº Esteve Dorde, percuraire de Mº de Caramanh* (2), *que demora a Biole*, deu per I ychirop e per I lectoari fag a manicira de medesina, quelh ordenec Mº R., rector de Monricos, am sa letra, quelh portec R. Marquier a XXVIII d'ochoire. T. lo bastier P. Albar : . . . . VIII s. VI d.

Item deu per I lectoari e per 1º onsa mastec (3) que ordenec lo susdig a XXVI de novembre, ops d'en W. Pradas, banairier (4), que pres B. Gualhart e Izarn de Naja[c], que monta : . . . . . .
. . . . XIII s. VIII d.

E nos a lu queus bailec a IIII de mars : . . . . (XXIII s. II d.)

4. *Mº Guisquart de Rocafort, monge, prior de Nagac, en l'avesquat*

----

(1) La Purification de la B. Marie se célébrait le 2 février.
(2) Le vicomte de Caraman, ou Carmaing, n'était autre que Pierre d'Euze, ou Duèze, neveu du pape Jean XXII, qui fut fait prisonnier à Auberoche, en 1345. Il était seigneur de Négrepelisse et possédait plusieurs terres à Bioule.
(3) *Mastec*, on trouve plus loin : *oly de mastec*; c'est la résine qui découle de l'incision faite au *Therebinthus pistaccia*.
(4) *Banairier*, peut-être fabricant de *banues* (?), couvertures.

de Rodes, deu per las cauzas que fo bailar per la malautia d'en Brenguier de Rocafort, so fraire, e per XLI s. VIII d. quelh prestem a paguar los metges, a paguar la mitat a S. Andrio que ven, e l'autra mitat a Caramantran, M° R. Arnaut, prior de S. Marsal (1), reconoc nos o, coma pecuraire de lu, e M° Huc Guarnier, notari de M° l'ofesial, feu jutgat, l'escut per XVI s. VIII d., que monta : . . . . VI lh. XVII s.

Item deu per I° monesio que anec a Rodes e a Nagac.

Item per lo grenge que anec a Rodes e a Nagac.

E nos a lu que bailec per nos am P. Guolfier, mon conhat [a] Albi : . . . . (VI lh. X s. t.)

Finat fo am lu per totas cauzas a XVII de junh l'an XLVI (1346), de que n'ac letra de ma ma e la apsolvesio.

F° XLIIII.

SOMMAIRE: 1. Ouvrier tailleur; sirop; médecine. — 2. Damoiseau; toile blanche; cierges; sépulture d'un domestique. — 3. Procureur d'un bourgeois de Bruniquel (Tarn-et-Garonne); reliquat de compte; drap d'or diapré; drap d'or couvert; cierges; planche pour une cérémonie funèbre; demi drap d'or et cierges; électuaire; doublet; tuiles-canals; amandes; grenade; électuaire; hosties dorées; médecine; *manus Christi*; sirop. — 4. Habitant de Bressols (Tarn-et-Garonne); cierges pour revit; porc; prunes de Damas; pénide; cierges; journée de charette pour transporter du vin. — 5. Habitant de Bressols; cierges; revit. — 6. Habitant de Bioule; chapeau de feutre; fil de pastel simple.

1. *Bernat, que cos am M° P. Chiralha*, deu per I ychirop, e per I° medesina quelh ordenec M° Guilhem de Verfuelh a I de novembre. T. Bernat Molinier, que monta : . . . . VIII s.

Mudat sobre M° P. Chiralha quens o mandec.

1. *M° Guilhaumes de Cardalhac, donzel* (2), deu per IIII aunas e mega tela blanca, e per IIII tortis de mega lh. cascu, e per I de I carto, e per VI s. comtans que bailem a la molher de M° Paul a

---

(1) Le prieuré de Saint-Martial de Frédalvillar est situé dans les environs de Montauban.

(2) Guillaume de Cardaillac était probablement frère de Hugues de Cardaillac, IV° du nom; d'après une reconnaissance de 1362, il était seigneur de Virolle, commune de Saint-Sozy, canton de Souillac (Lot).

i de novembre, per lo fornimen de Dorde, so masip. T. Bertran de la Pozaca, en R. R. de Foraboxs : . . . . xv s.

E nos a lu quens bailec a xxv de novembre : . . . . . (xv s. t.)

3. *Esteve Guazanha, percuraire del senhen P. Palhars, de Brunequel*, deu per resta de i comte enreires a xviiii cartas, que monta : . . . . vi s. iiii d.

Item deu per i drap d'aur diaspret, e per i autre drap d'aur cubert cv s. (1), e per x tortises de ii lh. e mega a xxii d. la lh., e per i^a post viii d. que hac a ii de novembre per far dire mesa per lo senhe P. de Palhars jove, a Brunequel, a paguar dins x dias, l'escut per xvi s. viii d. T. P. Folras, B. Molinier, G. Bonis, que monta : . . . . vii lh. xi s. vi d.

Item deu per i autre drap d'aur meganel xxxviii s., e per iiii tortises de lh. e mega cascu que hac a xxvi de novembre per far onor al cors de M^o Bertran Aguassa. T. P. Folras : ii lh. ix s.

Item deu que restec a paguar i lectoari que fezem per sa sor a xxviii de genier. T. P. Folras : . . . . iii s.

E nos a lu quens bailec en W. del Biro per lu a xxv de fevrier : . . . . (xx s. t.)

E may a lu que bailec en W. del Biro per lu a xxvi de mars en i doble : . . . . (xxvi s. t.)

E may que bailec en W. del Biro a xxx de mars : (xiiii s.)

E may a lu per i milhier de teule can (2) que aguem del selier de Palhars, de Campanhas : . . . . xx s. t.

Item deu per iiii lh. mellas, e per i^a milgrana iiii s. ii d., e per i lectoari xi s. vi d., e per i cartairo ostias dauradas i s. vi d., e per i^a medesina ii s., e per mega lh. manus Christi iii s., e per resta de i ysirop au R. de Palhars iii s. que pres per Folras per dona Gualharda a x de may, l'escut per xviii s. : . xxv s. ii d.

Resto viii lh. xv s. que deu, l'escut per xvi s. viii d. — Mudat avant a lxvi cartas.

---

(1) Drap d'or couvert : cette variété de drap d'or est mentionnée assez rarement ; par le prix payé on peut conclure qu'il était *couvert de broderies d'or*.

(2) Tuiles-canals. Ce sont des tuiles courbes, qui servent dans le Midi pour recouvrir les toits. Elles coûtaient 2 sous le cent, soit environ 6 francs de notre monnaie, prix actuel de ces mêmes matériaux.

4. *B. Segui de Bresols*, deu per resta de i comte enreires a xxvi cartas, que monta. T. Guiraut de Portel : i^a lh. xvii s. iiii d.

Item deu per x tortises que pezavo xviii lh. e mega, a ii s. la lh. que hac a iii de novembre per far lo revit de M° P. R. de Montaut, al Carme a Montalba. T. Gr. de Portel, que monta : . . . . i lh. xviii s.

E nos a lu quens bailec a xxiii de dezembre, que vendec i porc : . . . . (xxiii s.)

Item deu per i cartairo prunas damasanas e per i^a onsa penis quelh tramezem per Gr. de Portel, de Bresols, a iiii d'abril l'an xlvii (1347), ops de Guiraut, so filh : . . . . i s. viii d.

Item deu per i tortis de i^a lh. quelh tramezem per G., so filh, a i d'abril, a xxiiii s. l'escut.

Resto xviii s. iiii d. que deu.

E nos a lu per i jornal de careta a portar vis del selier nostre de Campanhas, de costa la porta dariera de Campanhas, en l'an m ccoxlv (1345), loscals vis nos portec en Guiraut Segui, son filh, tot a la soma desus dicha (1).

5. *Guiraut de Portel, de Bresols*, deu que restec a paguar de vi tortises de lh. e mega cascu que hac a iii de novembre, per far revit a Bresols, per M° P. R. de Montaut, que feiro los cosols de Bresols (2), a paguar dins xv dias. T. B. Segui, que monta : . . . . v s. vi d.

E nos a lu quens bailec : . . . . (v s. vi d.)

6. *R. Molinier, del castel de Biole*, deu per i capel de feutre, e per iii cartairos fil de pastel semle que hac a iii de novembre. T. Guiraut Bonis, que monta : . . . . ii s. vii d.

Soma ii s. vii d. Vera est.

---

(1) Bonis était grand propriétaire de vignes ; il avait un cellier hors la ville, mais comme il craignait *l'arentura dels anemys*, le danger d'être pillé par les Anglais, il fit porter son vin dans un chai situé près de la porte de Campagnes.

(2) P. R. de Montaut, seigneur de Bressols, était mort au commencement de novembre 1345. Un premier service funèbre avait été célébré au couvent des Carmes, et les consuls en firent faire un autre à Bressols.

[1345] F° XLIIII v°.

SOMMAIRE : 1. Habitants de Lhéribose (Tarn-et-Garonne); cierges; chandelles doubles de cire; encens. — 2. Damoiseau d'Albias; règlement de comptes. — 3. Savetier; report de compte; sépulture. — 4. Forgeron; amélioration des terres; jugement; droit d'entrée sur une terre; monitoire; ferrure d'un cheval. — 5. Habitants de Montauban; drap d'or avec lièvres; cierges; revit; bois à brûler; papier; chromeau; chandelle; garniture de robe; épices pour piment; garniture de robe; fil simple de pastel; teinturier; piments; boîtes de pignolat en roc; amandes; riz; sucre; cabas.

1. *Arnaut del Poyol, en P. Brian, de la paroquia de Valeribos* (1), *otr'Avairo*, devo per IIII tortises cascu de I^a lh., e per I cart de doblos de sera, e per I^a onsa encens que n'agro a IIII de novembre per la fornitura d'en Huc de Ros, a paguar la optava de S. Marty, l'escut per XVI s. VIII d. T. Me W. de la Faga, e Penot del Mostier : . . . . VIIII s.

E nos a lu quens bailec : . . . . (IIII s. VI d.)

2. *Lo senhen Guilhem de Rivet, donzel de la Bastida d'Albiars*, deu comte fag am lu per totas cauzas tro a IIII de novembre. T. Me Bertran Segui, en W., so fraire : . . . . . . II escut d'aur.

Et nos a lu que bailec Me Matio Samuel per lu a I d'abril : . . . . (II escut.)

3. *Me Arnaut d'Ausac, sabatier de Montalba*, deu per comtans quelh prestem en diversas part, que monta : . . . . IIII s.

Item deu per la fornitura de sa filha que hac a XXX de junh l'an XLVI (1346) : . . . . I s. IX d.

4. *R. Brugual, faure de Montalba*, deu per lo melhurier que aviam fag en la tera que teniam del Mostier, de lacal tera lhi la y fem (2), e Me R. Bramaire feu jutgat a paguar a S. Jolia que ve[n] : . . . . II sest. fromen.

Item deu per la intrada de la tera desus que paguem per lu a M° Emeric de Pons : . . . . I sest. sivada.

---

(1) *Valeribos*, aujourd'hui Lhéribose, commune de l'Honor-de-Cos, près Montauban.

(2) Il s'agit ici d'un travail d'amélioration fait sur une terre que Bonis tenait du Moustier, probablement de moitié avec Brugal.

E nos a lu que bailec a xx de may l'an xlvi (1348) : . . . . . .
. . . . (iª cartiera sivada.)
Item per iª monesio en novembre.

E nos a lu quens bailec per lu n'Arnaut de Vairac am xii s., que nos deu bailar lo susdig R. Brugual per complir la soma : . . . .

E nos a lu per ferar nostre rossi, que pot montar la soma desus.

5. *Peire Folras, en W. del Biro, de Montalba*, deu per i drap d'aur am lebres (1), e per vi tortises de lh. e mega cascu que hagro a vi de novembre per far onor al revit d'en P. de Palhars jove, de Brunequel, a paguar desse, l'escut per xvi s. viii d. : . . .
. . . . ii lh xvi s.

Item deu en P. Folras, per si, per meg cartairo de lenha que hac a viii de novembre : . . . . xxii s. vi d.

Item deu per iª ma papier, e per iª cremieira, e per iª candela que avia pres a x d'ochoire : . . . . i s. vi d.

Item per guarnizo de rauba que pres lo sen W. del Biro : ii s.

E nos a lor quens bailec en W. del Biro : . . . . . (xviii s.)

Item deu en P. Folras per espesias per far pimen, e per guarnizo de rauba que hac a xiii de dezembre, que monta : vi s. iii d.

E nos per xxxviii lh. e mega fil semle de pastel quens bailec Felip lo tenchurier : . . . . (xlviii s. iiii d.)

Item deu que bailem comtans a xv de genier : . . . . . viii s.

E may per xxiiii lh. fil semle de pastel que nos bailec Felip lo tenchurier a xxviii de fevrier : . . . . (xxxii s.)

Item deu per iª autras pimentas coma aquelas desus que avia presas a ii de fevrier : . . . . iii s. viii d.

Item deu P. Folras per ii brostias pinhonat en roc viii s., e per iiii lh. mellas, e per iiii de ris, e per i carto sucre, e per i cabas que trames a Brunequel a v de mars. T. Gr. Bonis : xii s. x d.

Resto xxv s. v d. que deu P. Folras, l'escut per xvi s. viii d. Mudat avant a lxii cartas.

Soma x s. iii d. Vera est.

(1) Un drap d'or avec des lièvres, c'est-à-dire brodé de figures de lièvres.

[1346]   Fº XLV.

SOMMAIRE : 1. Forgeron; garniture de robes; petits cierges; poids en pierre. — 2. Damoiseau, maître de salles de l'évêque; sucre; grenade. — 3. Prêtre; cendal vermeil; serge; sedas; ruban pour faire la robe d'un nouveau prêtre; droit sur les mariages; deniers d'argent. — 4. Marchand de Négrepelisse; fil rouge de Montpellier. — 5. Marchand; sedas; toile; fil pour gonelles blanches et manches; fil vermeil, cendal, sedas pour manteau de femme; réseau de soie; dragée fine; piment; denrées; maladie; épices; sépulture d'une nourrice; safran; girofle; fleur de canelle; garnitures de robes; cire; sucre; canelle; soie vermeille; cierges. — 6. Bourgeois; sépulture; règlement; cendal blanc; ruban de soie gaufré, soie, toile verte pour parements d'autel; dattes d'Alexandrie; froment; amandes; amidon; gruau d'avoine; sucre; précepteur.

1. *Bernat Tumbarel, faure de Montalba,* deu per guarnizo de rauba que hac en parselas a VI de novembre. T. P. Folras, comte fag am lu, que monta : . . . . VIII s.

Item deu per I comte el manoal de E, a XXIII cartas, e fo per filholas, e per autras cauzas que pres el en P. Tero a XXIII de junh : . . . . II s. VI d.

E nos a lu que bailec en P. Tero per las filholas :   (I s. VI d.)
Finat am lu en pes de peiras que n'aguem (1).

2. *Johan de Cornudel, donzel, Mº de salas (2) de Mº de Montalba,* deu per sucres, e per Iª milgrana, e per autras cauzas que ordenec Mº P. de Martel per sa molher a VI de novembre : . . VI s. I d.
Mudat el comte de so fraire.

3. *Mº Durant del Bosquet, capela de Montalba,* deu per II palms sendat vermelh, e per I palm sargua, e per IIII ochaus e meg sedas, e per III aunas ruban que hac a IX de novembre per guarnir la rauba am que fo fag capela noel, que monta : . . VI s. IIII d.

Item deu quens mandec a paguar per la mia part dels matremonis de S. Jacme (3) a XIIII de fevrier. T. Mº Huc Trobat, e Mº Johan Delpueg : . . . . II lh. X s.

(1) On s'est servi de poids en pierre pour les grosses pesées jusqu'au commencement du dix-neuvième siècle.
(2) Les fonctions de maître de salles équivalaient sans doute à celles d'introducteur ou de garde du palais épiscopal.
(3) Nous avons vu ailleurs que Bonis avait pris en ferme les revenus du prieuré de Saint-Jacques. Le droit sur les mariages, réglé par les ordonnances des abbés, était compris dans ces revenus.

E nos a lu quens bailec a xv de fevrier : . . . . (xxx s.)
E may a lu quens bailec a viiii d'abril : . . . . (vi s. iiii d.)
E may que bailec en viii d. d'argen : . . . . (x s.)

4. *Johan Valenguo, mercadier de Negrapelisa,* deu per mega lh. e onsa e mega fil de roge de Monspeslier que hac a viii de novembre : . . . . iii s.

E nos a lu quens bailec : . . . . (iii s.)

5. *Lo sen Arnaut de Verdu, mercadier de Montalba,* deu per v ochaus e meg sedas e per i palm e meg tela, e per iª onsa e mega fil que hac per ii guonelas blancas, e per iª marguas a si e a la dona sa molher a x de novembre : . . . . vi s. i d.

Item deu per mega onsa fil vermelh, e per i palm sendat, e per ii ochaus sedas que pres Mº P. Chiralha per i mantel a la dona a xxii de novembre : . . . . iii s.

Item deu per i rezol de seda de las d'amors (1) i s. vi d., e per iª drigicia fina iii s. vi d., e per i pimen iii s. iii d., que pres la dona sa molher a xxviiii de genier e a i de mars, que ordenec Mº W. de Rabastenx : . . . . viii s. iii d.

Item deu per i comte el manoal de E, a vi cartas, e fo per diversas dinnadas que hac a xx de may : . . . . xi s. iii d.

Item deu per la mitat de las cauzas de la malautia de f. Marti, so fraire, que ordenec Mº Felip Sudre a ii de junh, que monta : . .
. . . . xiiii s.

Item deu per i comte el manoal de E, a xxiii cartas, e fo per espesias, e per lo fornimen de iª noirissa : . . . . vii s. ix d.

Item deu per iª onsa safra, e per i cart girofle, e per autre cart flor de canela que pres la dona a xii d'aost : . . . . . iii s. ii d.

Item deu per i comte el manoal de E, a lv cartas, e fo per guarnizos de raubas, e per autras cauzas que hac a xxx d'aost, l'escut per xx s. : . . . . xxx s.

Item per mega lh. sera, e per iª onsa sucre, e per mega onsa canela, e per ii ochaus seda vermelha que pres la sirventa a xxiii d'ochoire : . . . . iiii s.

---

(1) *Las d'amors,* lacs d'amour, cordons repliés en forme de 8 couché.

Item deu per i tortis de iii lh. quelh tramezem a xxiii de novembre per en P., so fraire : . . . . viii s.

Soma iiii lh. vi s. vi d. de las monedas. — Finat fo am lu a xii de dezembre l'an xlvi (1346).

6. *Lo senhen Ausac d'Ausac, borgues de Montalba,* deu per resta de i comte el manoal de D, a ii^c xvii cartas, e fo per lo fornimen de la dona Bertranda, sa molher, e per autras cauzas que hac a x de novembre, que monta, l'escut per xvi s. viii d. : . . . .
. . . . vi lh. vii s. v d.

Soma per tot : vi lh. que deu, comte fag am lu a vii de fevrier. T. lo sen Pe R. de Foraboxs, l'escut a xvi s. viii d.

Item deu que restec a paguar de ii palms sendat blanc, e per vi aunas veta de seda gaugada, e per i ochau seda, e per ii palms tela vert que hac a vii de mars per far paramens d'autar. T. P. de S. Maurizi : . . . . v s. v d.

Item deu per i^a lh. datils d'Alexandria quelh tramezem per lo M^c a xxvii de mars, que donec a i franses (1) : . . . ii s. vi d.

E nos a lu per ii sest. fromen que n'aguem a xi d'aost l'an xlvi (1346) a l. s. lo sest., l'escut per xviii s. vi d., que monta d'aquesta moneda : . . . . (v lh.)

Item deu per amellas, e per amido, e per avenat, e per sucre que hac a xviii d'aost, ops del M^c de sos efans : . . . . x d.

Resto xxviii s. ix d., l'escut per xii s. viii d. que deu.

Mudat el manoal de E, a ii^c viii cartas.

---

(1) Les dattes d'Alexandrie furent très en renom après les Croisades; on voit par le prix (7 francs la livre) que l'importation n'en était pas encore très facile. — Le mot *Franses,* Français, employé pour désigner un étranger venu de France, prouve qu'à cette époque le Midi, quoique rattaché à la patrie française, ne s'était pas encore entièrement identifié avec sa nouvelle nationalité.

[1345] F° XLV v°.

SOMMAIRE : 1. Pelletier; joyaux pour une belle-fille; fourrure d'un chaperon du prieur mage du Moustier et de son neveu; vigne payée en blé et en argent; fourrure, figues noires; noisettes; gingembre; poivre; safran; canelle; fourrures pour gard-corps party pour Bonis et sa fille. — 2. Marchand; denrées; fossés de la ville; cuisinier des Frères Mineurs; fruits; poivre; gingembre; canelle; safran; girofle; cabas; figues; ruban de soie, soie pour chaperon; courroie couverte de plates de Paris pour un nouveau marié; fil vermeil; sedas; cendal pour garnir une robe; Frère Mineur; épices; maladie; denrées; florins Georges; soie, toile, laine fine, fil vermeil pour manches; minium et ocre pour le peintre; cire ouvrée ronde; gants; anneau d'or pour une Minorite; chrêmeau; chandelle pour baptême; cierge. — 3. Chapelain; cierge. — 4. Frère Prêcheur; épices moulues.

1. *Gauselin Catala, pelisier de Montalba*, deu per resta de i comte enreires a XXVII cartas, c' fo per las juicias de sa nora : . . . . II lh. VII s. I d.

E nos a lu quelh mandem per M° Fole de Belfort per I° folraduras de I capairo, XVI lh. VIII d., e per autras a M° Pelfort, XII s. VI d. : . . . . (XXVIII s. II d.)

Item deu quens mandec a paguar per M° R. Bessa, sirven, per I° vinha que avia comprada a III de dezembre, laqual soma R. Besa hac en blat e en deniers : . . . . II lh. XV s.

E may a lu quelh mandem per M° Emeric Pons, per I° folraduras que hac : . . . . (XV s.)

Item deu per III lh. figua negra, e per II lh. avelanas, e per mega lh. gingibre e pebre e per I° onsa safra, e per I cart canela que hac a XXII de dezembre, que pres la dona sa molher. T. dona de Nogairet : . . . . VII s. VI d.

E may a lu per I° folraduras a mos ops, e Sebota, II s. per lo guaracors partit : . . . . (XIII s. VI d.)

E may a lu quelh mandem per M° Bernat de Malhac a IIII de fevrier : . . . . IIII lh. VI d.

Resto XXXIII s. X d. quelh devem, comte fag am lu a V de fevrier.

Item deu el a nos que fe bailar an Johan de Vic, d'Orlhac (1), a X de fevrier. T. P. so filh : . . . . XXXIII s. X d.

---

(1) *Orlhac*, Aurillac (Cantal). Il est curieux de remarquer à ce propos que plusieurs familles de notre contrée portent le nom d'Orlhac.

2. *Lo senhen P. de Forabosc, mercadier de Montalba*, deu per i comte el manoal de D, a cxvii cartas, e fo per diversas dimandas que hac a xi de novembre, que monta: . . . . vi s. iii d.

Item deu per comtans quelh prestem a xxviii de novembre per pagar sa manobra del valat (1) : . . . . xv s.

Item deu per comtans que fe bailar an R. Blanchart, coc dels f. Menors : . . . . x s.

Item deu per ii lh. frucha que pres B. Esquivat, son bot, a xv de dezembre : . . . . viii d.

Item deu per vii lh. frucha, e per mega lh. pebre e gingibre, e per i onsa canela, e per i cart safra, e per i ochaus girofle, e per i cabas que hac la vespra de Nadal, per tot : . . . . . vii s. ii d.

Item deu per i lh. figuas que pres sa sirventa a xvi de genier : . . . . iiii d. t.

Item deu per xiiii palms e meg veta de seda, e per i ochau seda, que pres la dona sa molher a xvi de genier per guarnir i capairo : . . . . iii s. ii d.

Item deu per i sobreseng platonat (2) de Paris que hac lo dia que n'Izombart del Valat fo nobi : . . . . ii s.

Item deu per i onsa fil vermelh, e per v ochaus sedas, e per iii cart sendat que fe bailar a Mᵉ B. Mauri per guarnir sa rauba, a xvi de genier, que monta : . . . . v s. iiii d.

E nos a lu quelh mandem per f. Felip Chavel, menor : (x s. t.)

Item deu per i comte el manoal de D, a iiᵉ xxxviii cartas, e fo per espesias e per autras cauzas que hac a xiii de fevrier, que monta : . . . . vii s.

Item deu per i comte el manoal de D, a iiᵉ xliii cartas, e fo per espesias e per autras cauzas que hac a xxvii de fevrier, que monta : vii

Item deu per i comte el manoal de D, a iiᵉ xlviiii cartas, e nom de la dona d'Esquivat, sa sor, e fo per las cauzas de la malautia de so bot d'Esquivat que ordenec Mᵉ W. de Verfuelh : . . . . xii s. vi d.

---

(1) Nouvelle preuve de l'organisation de la défense de la ville au moyen de fossés entourant les murailles.

(2) Une cuirasse garnie de plates de Paris.

Item deu per i autre comte el manoal de E, a vi cartas, e fo per diversas dinnadas que hac : . . . . XVII s. I d. t.

E nos a lu que bailec en II jorgis a XXVI de novembre l'an XLVI (1346) : . . . . (XLVI s. t.)

Item deu per i ochau seda, e per i cart tela, e per i cart estan, e per i ochau fil vermelh, a xv de novembre per II pars de marguas a si e a sa molher : . . . . I s. IIII d.

Item deu per i³ lh. meni, e IIII lh. ocra, que pres Pinot lo pengeire (1) a VIII de dezembre : . . . . II s. IIII d. t.

Item deu per III lh. sera en obra redonda, e per II pars de gunus que se bailar a M° Guiraut per Sta Catarina : . . . VIII s. VI d.

Item deu per i anel d'aur, e per II s. VI d. comtans que pres a XVI de genier per dar a sa boda, la menoreta e per i³ cremieira, i³ candela de i cart per lo filhol de M° P. de Lalo, l'escut per XXIII s. : . . . . X s. II d. t.

Item deu per i tortis de II lh. e mega per ufrir al filh de M° P. Varo, a xv d'abril, l'escut per XXVIII s. : . . . . VI s. VIII d.

Resto III lh. XIII s. III d. que deu de las monedas escrichas.

Mudat avant a IIII^xx VII cartas.

3. *M° Guilhem de Bondy, capela de Montalba*, deu per i tortis de II lh. que hac per ufrir a M° Durant del Bosquet a XIII de novembre. T. M° Hue Trobat, e M° Johan del Pueg : . . III s. VIII d.

E nos a lu per sa part del siri pascal de S. Jacme : . (III s. t.)

4. *Fraire Bertomio de la Pozaca, f. prezicador de Montalba*, deu per espesias motas (2) que hac a XIII de dezembre. T. Gr. Bonis, quelh o bailec, que monta : . . . . I s. VII d.

Mudat avant a LVI cartas el comte del covent.

---

(1) L'ocre et le minium fournis par quantité au peintre Pinot prouvent que c'est d'un peintre en bâtiment qu'il s'agit.

(2) *Espesias motas*, épices moulues. Cette indication, qu'on ne trouve qu'une fois dans le livre, prouve que les épices étaient vendues d'ordinaire telles qu'elles arrivaient du Levant en passant par Montpellier. Dans un compte contemporain nous avons trouvé la mention du voyage d'un messager à Montpellier, pour aller faire la provision des épices pour une famille.

[1345]   Nº XLVI.

SOMMAIRE : 1. Damoiseau, seigneur de Flaugnac (Lot); report de comptes; cierge pour offrir à un nouveau prêtre; cendal; sedas mi-vert et noir pour robe de trois garnitures; sedas pour cotte hardie de vermeil; voile de soie d'Allemagne; réseau de soie jaune; petite escarcelle; toile verte et blanche pour garnir des manches de maille; soie et cendal pour manches; cierges. — 2. Bourgeois; garniture d'une cotte hardie; ruban de soie pour un chaperon de pers; voile de soie d'Alep très large; anis confit; maladies; denrées; bourse d'or ciselé; toile; corde d'ambre; tonneau de vin. — 3. Chanoine de Saint-Étienne de Montauban; fil; toile; sedas pour garnir une robe; chrêmeau et cierge pour baptême; gingembre; canelle; girofle et miel pour faire un piment; fruits; canelle; fruits; soie verte, soie noire, cendal, fil vert pour garnir deux manteaux. — 4. Moine de Saint-Théodard; toile blanche; gants de Londres pendants; cire pour le luminaire du Vrai Cœur de Dieu; camelot noir; soie noire; bourse de velours échiquetée; garniture d'un manteau; cierges pour le Cœur de Dieu.

1. *Lo senhen P. de la Peraireda, donzel de Montalba,* deu per resta de I comte enreires a XXXIII cartas, que monta, comte fag am lu. T. W. B. de Fultrag, l'escut per XVI s. VIII d. :   III escut II s.

Item deu per I tortis de II lh. que avia pres Mº B. de Fultrag, per ufrir a I capela noel per si : . . . .   IIII s. VIII d.

Item deu per III palms sendat, e per VI ochaus sedas e meg negre e vert, que pres Mº B. Mauri per guarnir Iª rauba de la dona de III guarnimens (1) a XIX de dezembre, que monta : . . . . VIII s. IX d.

Item deu per I ochau e meg sedas per Iª cotardia de vermelh del senher a XXI de desembre : . . . .   I s. II d.

Item deu per I volet de seda [d']Alamanha, e per I rezol de seda gruoc, e per Iª escrasela petita que pres la dona ops de la filha e del filh a V de genier, que trames a Flaunhac. T. dona de la Pozaca, molher que fo d'en Franses, per tot : . . . .   XII s.

Item deu per IIII palms tela vert e blanca per guarnir Iª marguas de malha que pres Mº Bernat de Fultrag a VI de genier, que monta : . . . .   I s. II d.

Item deu per I ochau seda, e per I cart sendat per Iª marguas de la dona a VI de genier : . . . .   I s.

Item deu per I tortis de Iª lh. que pres Mº B a XVII de genier : . . . .   II s.

(1) Robe à trois garnitures, c'est-à-dire parée de trois couleurs.

E nos a lu quens bailee a xiii de genier l'an xlv (1346) : . . .
. . . . (iiii lh. ix d. t.)

2. *Lo senhen Bertran de Castilho, borgues de Montalba*, deu per i comte el manoal de D, a ii^c xviii cartas, e fo per la guarnizo de i^a cotardia a Pons, so conhat, e per la guarnizo, e per iiii aunas e i palm veta de seda per guarnir i capairo de pers a la dona : . . .
. . . . vi s. i d.

Item deu per i volet de seda d'Alest pasalare, que hac la dona sa molher a xxvi de genier : . . . . v s.

Item deu per i cartairo anis cofit que pres P o[n]set a ii de fevrier per dona Guirauda : . . . . i s. vi d.

Item deu per i comte el manoal de E, a viii cartas, e fo per las cauzas de la malautia de Castilhona (1), e de si metheis, e per autras dinnadas que hac a xxiiii de may, l'escut per xviii s. : . . .
. . . . i lh. xvi s. vi d.

Item deu per i^a borssa d'aur talhat, e per vi palms tela que preiro a v de julh : . . . . ii s. vi d.

Soma ii lh. x s. vii d. t., dels cals deu paguar iiii s. dona Guirauda per la corda del ambre. T. aven i escrig de las parselas, l'escut per xvii s. vi d. am per autre : . . . . »»

E nos a lu quelh mandem per los f. Menors, per i tonel de vi que n'agro : . . . . (viii lh. t.)

Item deu quelh tramezem per Acmar de la Faga, so masip, a xiiii d'ochoire : . . . . v lh. x s.

3. *M^o Huc Grimoart, canonge de S. Estefe de Montalba*, deu per mega onsa fil, e per i palm tela, e per i ochaus e meg sedas per guarnir la rauba de M^a dona Joana, sa boda, a xviii de novembre :
. . . . i s. viii d.

Item deu per i^a cremieira, e per i tortis de meg carto per far i filhol que pres W., son bot : . . . . viii d.

Item deu per vi onsas gingibre, e per iiii d. canela, e per autra

---

(1) *Castilhona*, la femme de Castillon : dans notre Midi le nom de famille prend des formes particulières quand il s'agit de ses divers membres : la femme, la fille et le fils ; *Castilho*, la *Castilhona*, sa femme ; *Castilhoneta*, sa fille ; *Castilhonet*, son fils.

girofle, e per iii pochos (1) de mel per far pimen a xxii de de dezembre. T. Johan Mercadier : . . . . xi s. iii d.

Item per iii lh. frucha, e per meg carto canela que pres Huguet a xxiii de dezembre : . . . . ii s.

Item per ii lh. frucha que pres Huguet a vi de genier : viii d.

Item per iii ochaus seda vert, e per ii de negra, e per ii palms sendat e per mega onsa fil vert que hac per guarnir ii mantels a xvi de novembre : . . . . vi s. iiii d.

Finat fo am W., so bot.

4. M° Huc Desparasolu, monge del mostier de Montalba, deu per iii aunas tela blanca a xii d. l'auna e per i par de guans de Lhondret pendens que hac a xx de novembre. T. lo clerc del Mostier, que esta an l'almoinier : . . . . iii s. vi d.

Item deu per mega lh. sera que donec al siri del Veray Cor de Dio, l'an xlvi (1346), al Mostier : . . . . i s.

Item deu per iii aunas e mega camelot negre, e per i ochau seda negra, e per i^a borsa de veluet, escacada, e per la guarnizo de i mantel que hac a vii de junh, l'escut per xviii s. T. M° Matias Tozet (2) : . . . . xvi s. iii d.

E nos a lu que bailec a xxiii d'ochoire, l'escut per xx s. vi d. : . . . . (xii s. ii d, m^a.)

Item deu per mega lh. sera, que donec al siri del Cor de Dio l'an xlvii (1347) : . . . . i s. iiii d.

Soma x s. . . . . .

---

(1) Le *pouchon* de Montauban équivalait à 46 centilitres.
(2) Ce Mathias Tozet est celui des seigneurs de Villemade qui, en 1371, donna des coutumes à cette localité.

[1345]   F° XLVI v°.

SOMMAIRE : 1. Forgeron; flacon d'argent; garniture de robe; pelleverse; hoyau; pelleverse; clous boulonnés. — 2. Majoraux de la confrérie de Saint-Éloi; cierges pour la fête de saint Éloi. — 3. Notaire de l'Évêque; prêt pour jouer. — 4. Chapelain de l'official; cendal vermeil; fil; soie verte; manteau; gants de lièvre; palefrenier; garniture de la monte d'un prêtre; bourse avec bourset de Normandie. — 5. Teinturier; alun de roche; toile blanche pour suaire; alun de roche; teinture de fil en bleu; alun de roche; galamote (?); garniture de robe; galamote; teinture de fil; alun et galamote; teinture de fil; garniture de robe; alun et galamote. — 6. Frère Prêcheur; mitaines de laine. — 7. Le chantre du Moustier; chandelles.

1. *Bernat Guastaut, faure de Montalba*, deu per I frachis d'argen XXV s., e per guarnizo de rauba VI s. VI d. que hac a XXII de novembre per ops de sa nora. T. en Guirant Plantavinha, e M° Johan de la Planha, e M° B. Mauri, que monta :   XXXI s. V d.

E nos a lu quens bailee a XXIII de genier : . . . (XII s. VI d.)

E may a lu per 1ª painbessa, e per 1ª trenca (1) que n'aguem a XXV de fevrier : . . . . (VI s. VI d.)

E may per autra palabessa que n'aguem per lo M° paredier (2) : . . . . (IIII s.)

E may per comtans que bailee : . . . . (V s.)

E may per L clavels baradors (3) que n'aguem : . . . . (I s.)

E may que bailee a XIII d'aost : . . . . (II s. VII d.)

2. *P. Tero, en Bernat Tumbarel, amdos de Montalba, en Faure de la Boria, mayorals de la cofrairia de S. Aloy*, devo per resta de I comte el manoal de D, a II° XX cartas, e l'o per resta del siris que n'agro per la festa de S. Aloy, que monta : . . . . XV s.

E nos e. lor quens bailero a XII de genier : . . . . . . (VI s.)

(1) *Palabessa*, c'est une pelle emmanchée droit et portant, au-dessus de la gaine, un anneau soutenant une sorte d'étrier qui sert à appuyer le pied pour enfoncer l'outil dans la terre. On renverse ensuite en appuyant sur le manche et on *verse* la terre : de là le nom de *pelle verse*, qui ne se trouve point dans Littré, alors qu'il y a le verbe pelleverser. Sauvage (*Dict. Languedocien*) dit que la *palo bielsso*, ou *anduzas*, n'est autre chose que le *louchet*. Il fait remarquer que l'Académie confond le *louchet* avec le *hoyau*, qui n'est autre chose que la *trenca*. Ce dernier outil est emmanché comme la pioche, c'est-à-dire que le manche et le fer font un angle de 45 degrés environ.

(2) Le maître *paredier*, c'est sans doute l'ouvrier maçon qui faisait des *parets*, murailles en terre battue, en pisé.

(3) Les clous *baradors* sont des boulons avec écrous.

E nos a lor quens bailero a I de may l'an xlvi (1346) : (ix s.)

3. M° W. de la Boria, notari de Mosenher de Montalba, deu per comtans quelh prestem a xxi de novembre. T. Guiraut Bonis, que goguava a l'osdal de M° B. Faure : . . . .   i escut d'aur.

E nos a lu quens bailee a xix de genier : . . . . . .   (i escut.)

4. M° Nicolau Bernat, capela de M° l'ofesial de Montalba, deu per i palm sendat vermel, e per i cart fil, e per ii ochaus seda vert que hac a xxi de novembre per guarnir i mantel de Ferier, e per i par guans de lebre quelh tramezem per lo lor palafrenier; per tot : . . . .   iii s. vi d.

Item deu per la guarnizo de i^a manta de i capela de S. Porguer (1) xvi d., e per i borsaut am borset de Normandia que hac a vii de fevrier, que monta : . . . .   iii s. iiii d.

E nos a lu quens bailee J° Miramon, sartre, per lu : (i s. ii d.)
Finat fo am lu a vii de setembre.

5. M° R. Prunet, thenchurier de Montalba, deu per xxviiii lh. alun de roca que hac a xxiii de novembre. T. B. Molinier, quelh o bailee : . . . .   xiiii s. vi d.

Item deu per ii aunas tela blanca que pres Guirauda de Canac per suzari a so filh a xxv de novembre : . . . .   ii s.

Item deu per x lh. alun de roca que hac a xxiiii de genier : v s.

E nos a lu per xv lh. fil tenher en blau a xxv de genier : . . . .   (x s.)

E may a lu per xv lh. e mega fil tenher en blau a xii de mars : . . . .   (x s. iiii d.)

Item deu per viiii lh. alun de roca e per i^a lh. gualamota (2) que hac lo dia desus : . . . .   v s. viii d.

Item deu per guarnizo de rauba que pres so filh lo dia desus : . . . .   i s. iii d.

Item per i^a lh. gualamota que pres so filh a xxiii de may : . . . .   i s. ii d.

E nos a lu per tenher viiii lh. e mega fil en blau a xxxi de aost : . . . .   (vi s. iiii d.)

---

(1) Saint-Porquier, canton de Montech (Tarn-et-Garonne).
(2) Galamote, ingrédient pour teinturiers.

Resto III s. I d. que deu, comte fag am lu a XXXI d'aost l'an XLVI (1346).

Item deu per XX lh. alun de roca a VIII d., e per III lh. gualamota a XV d. que hac a XV de setembre : . . . . . . XVII s. I d.

E nos a lu per XI lh. fil tenher a XXIII d'ochoire : (VII s. IIII d.)

Item deu per guarnizo de rauba a XXXI d'ochoire : II s. X d. m'

Item deu per X lh. e mega alun de roca e per I" lh. gualamota que pres so filh a XIII de novembre : . . . . VIII s. III d.

Finat fo am lu a XXX de genier l'an XLVI (1347).

6. *Fraire Guasbert Laget, f. prezicador de Montalba*, deu per II pars de mitas de lana que hac a XXIII de novembre. T. Mª Ramonda de Guordo : . . . . II s. IIII d.

E nos a lu quens bailec : . . . . (II s. IIII d.)

7. *Mº lo Chantre del Mostier*, deu per II candelas de I carto cascuna que hac a XXIII de novembre que trames a Lacort (1) : I s.

E nos a lu quens bailec : . . . . (I s. t.)

[1345]   Fº XLVII.

SOMMAIRE : 1. Prieur mage du Moustier de Saint-Théodard; denrées; report de comptes; denrées; prêt; barbute; cabillaud; prêts; épices pour le carême; change; drap; épices; garniture de robe; cire; chausses de pers; prêt avec reconnaissance; armure de plates; amandes; sucre; amidon; prêt; robe partye; carreaux d'arbalète apportés de Toulouse; drap mêlé pour chausses; drap blanquet pour fourrer des estiviaux; vestiaire; réparation aux arbalètes de Camguise; jain cuit; boisseaux de sel; chandelles; épices; estiviaux; vin; garniture de manches; garnacho; vin; blé de rente; dîme de Camguise; laine; blanquet pour chausses; acomptes; fruits; amandes; amidon; sucre; pignolat en roc; cabas; toile bourgeoise; épices; chemises et braies; denrées.

Mº Folc de Belfort, prior mager del Mostier de Montalba, deu per I comte el manoal de D, a IIᶜ XXI cartas, e fo per diversas dinnadas, que monta : . . . . I lh. I s. IX d.

E nos a lu per resta de I comte enreires, a XX cartas, que monta : . . . . (VIII s. v d.)

Item deu per I autre comte el manoal de D, a IIᶜ XXIIII cartas,

---

(1) Lacourt-Saint-Pierre, canton de Montech (Tarn-et-Garonne).

e fo per diversas dinaadas, e per vi s. que fe bailar a Combetas, que monta : . . . . xviii s. vii d.

Item deu per comtans que fe bailar an Arnaut de Vairac per i cap de barbuda (1), a R., son escudier, a x de genier : i lh. x s.

Item deu per comtans que costec i merlus, que M° de Belmon (2) era a Montalba a xxi de genier (1346) : . . . i s. iii d.

Item deu per i comte el manoal de D, a ii^c xxxii cartas, e fo per comtans e per autras cauzas quelh tramezem a Cambiza (3), que monta : . . . . xii s. viii d.

Item deu per comtans que fe bailar a la maire d'en W. de Vilamur, sabatier de Montalba, a viii de mars : . . . . . x s.

Item deu per mega lh. espesias diversas que avia presas per lo Careme a vii de mars. T. M. Emeric : . . . . v s.

Soma d'aisy en sus iiii lh. xviii s. iii d., l'escut per xvi s. viii d., que valo c s. t., vi lh. t.

Item deu que fe bailar an P. de Caisac, mercadier, per drap que pres M° Gualhart de la Tor : . . . . iiii escut d'aur.

Item deu per i comte el manoal de D, a ii^c xlvii cartas, e fo per espesias, e per guarnizo de rauba : . . . . . . iii s. vii d.

Item deu per i comte el manoal desus, a ii^c lvi cartas, e fo per iii lh. sera, e per comtans que pres per Seba : . vii s. ix d.

Item deu per comtans que bailem a Me W. de Selgues per i^a ceuzas de pers a sos ops : . . . . viii s.

Item deu per comtans que rebatem de i comte que nos devia M^e Ar. de Plana Casanha, avant a li cartas, quelh avia prestat am i cartel de sa ma : . . . . vi escut d'aur.

Item deu que fe bailar al sen P. R. de Forabosc per i^a platas que hac a xii de setembre : . . . . iii jorgis.

Item deu per i comte el manoal de E, a xxxi cartas, e fo per comtans, e per autras cauzas que tramezem a Cambiza a ix de de julh, que M° de Belmon e M° Pons y ero : . . . . x s. viii d.

---

(1) *Un cap de barbuda*, c'était probablement une barbute, sorte de casque remplaçant le heaume.
(2) Guillaume de Belfort, chevalier, seigneur de Belmont et de Lalbenque, neveu du prieur-mage.
(3) *Cambiza*, Camguise, prieuré forain de Saint-Théodard, et situé dans la commune de Saint-Nauphary, canton de Villebrumier. (Voir note 1, p. 92.)

Item deu per I comte el manoal de E, a XLVIII cartas, e fo per amellas, e per sucre, e per amido, e per comtans, que monta per tot : . . . . VIII s. IIII d.

Item deu per comtans que fe bailar al senhen Bertran n'Anstore per la rauba partida de Mondo : . . . . III escut d'aur e I s.

Item deu que costero III^c cariels de balesta am las astas (1), quelh aportem de Toloza a XXX de septembre, l'escut per XX s. : . . . . XVI s. VI d.

Item deu que costero III palms e meg drap mesclat per cauzas a sos ops a II d'ochoire : . . . . IX s. VII d. m^a

Item deu que costero V palms e meg blanquet per folrar I estivals (2) a sos ops lo dia desus : . . . . V s. VI d.

Item deu que fe bailar a M° Vidal Beraut per so vestiari a M° Bertran Segui, XXVIII s. VI d., e II d. au B. de Lauzeraut, per tot : . . . . XXXIII s. X d.

Item deu que paguem per adobar las balestas de Camguiza IIII s., e per pa cueg VIII s. IIII d., e per II copas (3) sal, e II candelas III s. IIII d., e per espesias III s. II d. que pres R. a III d'ochoire que M° lo prior anec a Camguiza am M° Emeric Pons : . . . . XVIII s. X d.

Item deu que bailem au R. de la Castra per I estavals quelh fe lo dia dessus : . . . . XIIII s.

Item deu que fe bailar a Gr. Bertran a VIII d'ochoire per I^a pipa de vi que comprec otr'Avairo : . . . . II lh. XIIII s.

Item deu per la garnizo de I^a marguas que hac, e per I guanac a XIII d'ochoire : . . . . I s. III d.

Item deu que fe bailar a R. Becudel per II pipas de vi que n'avia compradas a XIIII d'ochoire : . . . . II lh. XV s.

Resto XXXIII lh. XV s. V d. que deu, l'escut per XX s.

---

(1) Cet achat de 200 carreaux d'arbalète avec leurs sagettes, rapproché du fait que nous constatons plus bas, de réparations aux arbalètes du prieuré de Camguiso et d'achat de poudre à canon, qu'on trouvera plus loin, prouve une fois de plus qu'à ce moment les Anglais étaient aux environs de Montauban et menaçaient la ville.

(2) *Estivals, estavals,* estiviaux, sorte de chausses semelées qu'on tailladait et qu'on garnissait d'étoffes et de fourrures; les savetiers étaient chargés de les confectionner.

(3) *Copas de sal,* boisseaux de sel. Le boisseau équivalait à 3 litres 38 centil.

E nos a lu que nos bailec per lu M° Bertran Segui, capela, a xii d'ochoire, l'escut per xx s. x d.

E may a lu que prezem per lu de P. Palhola lxiiii s., e de Johan Theisier lxx s., e de P. Champaman lxiiii s., e de P. Crochabec lxx s., e de Bernat Deltilh xxxii s., e de Guiraut Delpy xvii s. vi d., e de Johan Delpy xvii s. vi d., e de P. Viguoros xxxii s., e de Johan Deltilh xxxv s., e de P. de la Forma, e Johan Faure per lo creis de la moneda xii s., e de P. Murat xviii s., e de Guiraut de Vilacorn vi s., tot l'escut per xx s., e aiso per blat que n'aviem agut : . . . . (xxi lh. xviii d.)

Resto xli lh. v d. que deu, l'escut per xx s.

Item deu per comtans que fe bailar a B. Bexse a xxi d'ochoire per portar a Caors per paguar la desima de Camguiza. T. R., son escudier, l'escut per xx s. vi d. : . . . . vii lh. viii s. viii d.

E nos a lu que bailec R., son escudier, que avia agut de la lana, part xxviii s. quens pres per paguar a B. Becudel, de Leugac, a xxvi d'ochoire : . . . . (lxii s. t.)

Item que costec iª auna blanquet per causas a sos ops a xxiii de novembre, l'escut a xxii s. : . . . . vii s.

Item deu per i comte el manoal de E, a iiiiˣˣ xviiii cartas, e fo per comtans, e per autras cauzas que hac a xviii de dezembre, l'escut per xxiii s., que monta : . . . . xvi s.

Item deu per v lh. frucha, e per ii lh. ris, e ii lh. mellas, i lh. amido, i cart sucre, i lh. pinhonat en roc, i cabas que hac a xxv de fevrier, l'escut per xxv s. : . . . . xiii s. iiii d.

Item deu per xii aunas tela borgeza, e per espesias que pres R. del Capmas a ii de mars, per camias e braguas a M° lo prior, l'escut per xxv s. : . . . . ii lh. vi s. vi d.

Item deu per i comte el manoal de E, a viˣˣ xii cartas, e fo per diversas dinandas e per comtans, l'escut per xxv s., que monta : . . . . xv s.

Resto viii escut d'aur que deu. Mudat avant a iiiiˣˣ vi cartas.

[1345] F° XLVII v°.

Sommaire : 1. Habitant de Monclar; drap d'or; sépulture. — 2. Damoiseau; seigneur de Saint-Urcisse; drap d'or diapré; cierges; épices; sépulture; jugement; fruits; dragée grosse; amandes; riz; fruits; cabas. — 3. Notaire royal de Monclar; drap d'or; cierges; sépulture; futaine noire; cierges; toile blanche et dorée ou bise; encens; catafalque; peinture d'armoiries; bliaut; bannière; sépulture d'un chevalier; jugement; teinture de fil en bleu; fil de pastel; monitoire; excommunication; cire ouvrée; citation; excommunication. — 4. Chanoine de Saint-Étienne de Montauban; cendal vert; soie verte; pièce de ruban vert; fil; tailleur; chape noire; cotte hardie; mante; ceinture garnie d'argent, émaillée.

1. R. Foguasier, de Monclar, que esta am M° Amant, de Monclar, deu per resta de I drap d'aur e de VI tortises de II lh. cascu que hac a XXV de novembre per M° Ar. de Monclar, que donee a M° Bertran Aguassa, a paguar a Nadal am sagramen. T. M° R. Marquier : . . . . IIII s.

2. Lo senhen Johan Aguassa, donzel, senher de S. Sorsizi en l'avesquat de Montalba, deu per I drap d'aur diaspinet, e per VI tortises de II lh. cascu, e per espesias que hac a XXV de novembre per far onor a M° Bertran Aguassa, son cozi, a paguar la mitat a Nostra Dona Caudalieira (1), e l'autra mitat a S. Johan que ven, e M° Huc Guarnier feu jutgat a la cort de M° l'ofesial, que monta : . . . . VI escut d'aur.

E nos a lu quens bailee Johan Davi, per lu a XI de fevrier : . . . . (II escut d'aur.)

Item deu per IIII lh. frucha, e per I^a lh. drigicia grosa quelh tramezem per en Laurens Tanguo a X de mars l'an XLV (1346) : . . . . II s. X d.

E nos a lu quens bailee Johan de Sinha, so masip, a XXX de setembre : . . . . (I escut II s. VIII d.)

E may a lu que bailee en P. de la Olmieira a XX de fevrier : . . . . (I escut.)

Item deu per II lh. mellas, II lh. ris, VI lh. frucha, I cabas quelh tramezem per en P. de la Olmieira a XXIII de fevrier, l'escut per XXV s. : . . . . VI s. II d.

(1) Notre-Dame de la Chandeleur, fête de la Purification, qui était célébrée le 2 février.

E nos a lu que bailec a xxiii de junh l'an xlvii : .   (ii escut.)
Resto lo cart de i escut que deu, comtat am lu lo dia desus.
Mudat el manoal de E, a cxxxv cartas.

3. *M° R. Marquier, notari real, que esta en la onor de Monclar, en l'arcsquat de Montalba,* deu que restec a paguar de i drap d'aur, e de vi tortises e de i° lh. e mega cascu que hac per lo senhen Pelegri de Prolhas, per far onor al cors de M° Bertran Aguassa, a paguar a Nadal que ven, l'escut a xvi s. viii d. T. lo senhe Johan Aguassa : . . . . ii lh.

Item deu per vi palms fustani negre que hac a xvii de dezembre : . . . . iii s.
Aquest xliii s. nos mandec a paguar Felip lo thenchurier.

Item deu per iiii^{xx} ii lh. sera en tortises, e per xi aunas tela blanca e aurnola (1) e per mega lh. ensens e per comtans quelh prestem per comprar i tauc (2), e far penher senhal de i blizo e i° banieira que hac a xviii de genier per la fornitura de M° P. R. de la Mota, cavalier de la onor de Monclar, a paguar lo premier dia del mes de mars que ven, e M° Hue Guarnier, notari de M° l'ofesial, feu jutgat, que monta : . . . . xii escut e x s. t.

E nos a lu quens bailec Felip, lo thenchurier, en tenher xx lh. e mega fil en blau, e v lh. fil de pastel que n'aguem :   (ii lh. iii s.)

Item deu per i° monesio que fo servida a Castras d'Albeges en la paroquia de Berlan (3).

Item per l'escumenge.

E nos a lu quens bailec en Johan Metge, de Montalba, a xvii d'aost per xlviii lh. sera en obra que avia aguda per la ma d'en Brenguier de la Sala : . . . .   (ii escut e ii s.)

---

(1) *Aurnola,* nous traduisons ce mot par *dorée,* à cause du radical *aur.* C'était de la toile *bise.*

(2) *Tauc, ataut, toys,* cercueil, représentation d'une bière sur laquelle on étend le drap mortuaire pendant le service funèbre. Cet article indique les fournitures faites pour la cérémonie des obsèques d'un chevalier : 82 livres de cire, 11 aunes de toile pour le suaire, demi-livre d'encens, lo catafalque, les armoiries peintes, un bliaut et une bannière. Le chevalier de la Mothe était parent des seigneurs de Lescure (Tarn).

(3) La paroisse de Berlan fait aujourd'hui partie de la commune de Montredon, arrondissement de Castres (Tarn).

Item per 1ª sitasio a S. Sorsizi contra en Bertran de la Mota, e per l'escumenge, en ochoire.

Mudat.

4. Mº R. del Colombier, canorgue de S. Estefe de Montalba, deu per III palms e meg sendat vert, e per VIII ochaus seda vert, e per 1ª pesa ruban vert, e per I cart fil que pres Mᵉ de Foys, sartre, a xxvIII de novembre per guarnir 1ª capa negra, e cotardia, e manta a sos ops, que monta per tot : . . . .   xI s. vI d.

Item deu per 1ª sentura guarnida d'argen esmalhada, que hac a xxvIII de junh. T. son escudier, e son capela : . . .   I escut d'aur.

E nos a lu que bailee son capela : . . . .   (I escut xI s.)

Soma IIII s. b.

[1345]   Fº XLVIII.

SOMMAIRE : 1. Damoiseau; ouate; extrait de racine de mauves; onguent pour un cheval; ceinture de soie émaillée d'argent; couple de canifs à manche d'ivoire offerts à un docteur. — 2. Bourgeois; toile; cierges pour sépulture d'un enfant. — 3. Le chapitre du Moustier de Saint-Théodard; report de compte; épices; avances; poivre; gingembre; canelle; safran, girofle pour la cuisine; gingembre, canelle, girofle, noix de Chypre, poivre long, miel pour faire un piment; poudre à canon; amandes; riz; sucre; cire à cacheter rouge; l'exécuteur de Cahors; épices; cumin; résine; riz; amandes; sucre en pain; riz; amandes; sucre en pain; règlement; remèdes pour blessure; poivre; gingembre; safran; sépulture; anniversaire; safran; épices; poivre; safran; boucher; viande; blé; crieur public; chapeau de fer. — 4. Médecin; toile; cierges; sépulture; prêt; façon d'une robe; dragée grosse.

1. Mº Guilhaumes de Cardalhac, donzel, deu per III lh. cotomapus quelh tramezem a Biole, per Joanet, so masip, am sa letra a xI de novembre : . . . .   III s. vI d.

Item deu per mega lh. dialte (1) e per cauzas diversas per far enguens per I caval que hac a xvIII de genier : . . .   vIII s. vI d.

Item deu per 1ª sentura de seda esmalhada d'argen, e per I coble guanizet de vori que hac a II de fevrier que Mº Johan, so fraire, lo doctor (2), comte fag am lu : . . . .   xxx s.

(1) *Dialte*, mucilage ou préparation de racines d'*Althæa* ou de mauves.

(2) Il s'agit ici de Jean de Cardaillac, qui devint patriarche d'Alexandrie et archevêque de Toulouse; il venait d'être reçu docteur en l'Université de Tou-

Soma xlvii s. t. que deu, comte fag am lu lo dia desus.

2. *Guiraut Plantavinha, borgues de Montalba,* deu per ii aunas e mega tela, e per iii tortises de i carto cascu, e per i de meg carto, e per iii doblos de i d. cascu que pres en Galhart de Cos a i de dezembre per la fornitura de i efan, que monta : . . . . iiii s. vii d. t.

E nos a lu quens bailee a xvi de may : . . . . . iiii s. vii d. t.

3. *Lo capitol del Mostier de Montalba,* deu per resta de i comte enreires a xxvii cartas del tems que M° Huc Carit fo percuraire, que monta : . . . . xviii escut e meg e vii d. t.

Item deu per i comte el manoal de D, a ii° xxiii cartas, del tems de M° Etier a i de dezembre l'an xlv (1345), e fo per espesias que n'agro en parselas : . . . . iiii s. i d.

Item deu per comtans que bailem a M° Johan Arquier, notari de Montalba, quelh devia lo capitol per man de M° Pelfort de Belfort. T. en Bernat de Lauzeraut, de Montalba : . . . . ii lh.

Item per ii lh. pebre, e i" lh. e mega gingibre, e per mega lh. canela, e per iiii onsas safra, e per i" onsa girofle per la cozina, e per iii cartairos gingibre, e per mega lh. canela, e per onsa e mega girofle, e per i" onsa not ycherca, e pebre lonc, e per ii cart e meg de mel per lo pimen, e per ii lh. polveras per lo cano (1) que pres M° Etier la vespra de Nadal. T. P. Cairias, e M° R. de Marvelh : . . . . iii lh. xii s. t.

Item deu per ii lh. amelhas, e per ii lh. de ris, e per i carto sucre que pres P. Cairias a vi de genier : . . . . iii s. viii d. t.

Item deu per meg cartairo sera guomada vermelha (2) que hac a xvii de fevrier : . . . . iii d. t.

---

louse, et son frère Guillaume, seigneur de Virole, lui offrait à cette occasion une belle ceinture de soie émaillée d'argent et deux canifs à manche d'ivoire. Cette coutume d'offrir des canifs se retrouve plus loin.

(1) Cette mention de la poudre à canon, vendue à la livre à Montauban en décembre 1346, n'a rien qui doive étonner. En effet, Hugues de Cardaillac avait fabriqué les canons de Cambray sept ans avant, en 1339, et l'année même de Crécy il dotait Montauban, Cahors, Lauzerte et son château de Bioule de nombreuses pièces d'artillerie. Pour donner une idée de la vulgarisation du canon à ce moment, nous dirons que le seul château de Bioule avait vingt-deux canons. On voit que la légende des trois canons de Crécy doit être reléguée au rang des fables dues à l'exagération des chroniqueurs amis des Anglais.

(2) *Sera guomada vermelha,* on désigne ainsi dans tous les inventaires la cire à sceller.

E nos a lu quens bailec en R. de la Castra per los xx s. que restero de aco que lor prestem per l'exsecutor de Caors : (xx s. t.)

Item deu per espesias que pres B. Marty per man de M° Etier a xiii de mars : . . . . i s. t.

Item deu per i lh. comi, e per i lh. rozina que hac lo dia desus : . . . . i s. ii d.

Item per ii lh. ris, e per ii lh. mellas, e per i carto sucre pa que hagro lo dia desus : . . . . iii s. viii d.

Item deu per iii lh. ris, e mellas, e per meg carto sucre pa que pres Johan lo coc, a viii d'abril : . . . . ii s. iiii d.

E nos a lu que montava so que M° Huc Carit avia pres, que era mesclat els comte del capitol : . . . . (iiii lh. xv s.)

Item deu per cauzas de i plagua, ops de Johan Viguier, que pres M° Esteve a viii de junh : . . . . vi s.

Item deu per i lh. pebre, e per mega de gingibre e per ii onsas safra que pres M° Etier a xiiii de junh : . . . . xiii s.

Item deu per lo fornimen de la sirventa d'en Robi a xxii de junh : . . . . viii s.

Item deu per i tortis de lh. e mega per l'annoal d'en Robi : . . . . iii s.

Item deu per i onsa safra que pres M° Etier a xvii d'aost : . . . . i s. iiii d.

Item deu per espesias que trames M° Etier a S. Maurizi (1) a xviiii d'aost : . . . . iiii s. viii d.

Item deu per i lh. pebre, e per ii onsa safra que pres M° Etier a v de setembre : . . . . viii s. viii d.

Item deu per comtans que fe bailar M° Etier an Astalops, mazelier, per carn que n'ac a vi de setembre : . . . . xiii s. ii d.

E nos a lu per v sest. fromen que n'aguem lo dia desus, a xliiii s. lo sest : . . . . (xi lh.)

Item deu per comtans que fe bailar M° Etier a Peirot, l'encantaire (2), per i capel de fer : . . . . xi s. iiii d. m°.

Finat fo am M° Etier a xix d'ochoire l'an xlvi (1346) d'aco que el avia pres. Resto xiii escut d'aur que devo del tems de M° Huc Carit. — Mudat avant a liiii cartas.

(1) Saint-Maurice, commune de Lafrançaise (Tarn-et-Garonne).
(2) *Encantaire*, crieur public.

4. M° *Bernat Calvet*, metge de M° de Montalba, deu per IIII
aunas tela, e per IIII tortises de meg carto que pres Felip Raguaut
a VII de dezembre la fornitura de so filh, que monta : . . .   v s.

Item deu per comtans quelh prestem a VIII de genier. T. so
masip, per paguar la faiso de la rauba : . . . .   III s.

Item deu per mega lh. drigicia grosa que hac a IIII de mars :
. . . .   VI s.

[1345]   F° XLVIII v°.

SOMMAIRE : 1. Frère-Prêcheur; poivre; gingembre; canelle; safran; cumin. —
2. Notaire; cierge; papier catalan; chemise brodée; papier catalan; taffetas vert
large pour fourrer un chaperon; cierges; garniture de robes; papier; papier
catalan; cendal vermeil; soie vermeille; fruits; papier lombard; figues; amandes;
sépulture d'enfants. — 3. Prieur de Saint-Pierre-Campredon, canton de Lafrançaise
(Tarn-et-Garonne); report de compte; futaine; prêt; barbute garnie de mailles;
hanap d'argent; façon de 12 boutons d'argent pour mettre aux manches d'une
cotte de mailles; prêt; épices pour le carême; denrées; prêt; denrées; sedas; fil
de pastel; ruban noir de soie pour garnir un gipon; croc d'arbalète avec son
carquois; denrées; garniture de robes; coulo; avoine; cabillaud; chasse; chaperon;
chausses; denrées; cire pour le luminaire du Vrai Cœur de Dieu.

1. *Fraire Bertran Chatguier*, f. prezicador de Montalba, deu per
mega lh. pebre, e per I cartairo gingibre, e per I cartero canela, e
per 1ª onsa safra que hac a XX de dezembre : . . . .   VII s. IX d.

E nos a lu quens bailee comtans : . . . .   (III s. VIII d.)

Item per 1ª lh. comi que pres f. Tomas Delbosc a XVII de fevrier
per lo coven : . . . .   VI d.

Resto IIII s. que deu comtat a XX d'abril l'an XLVI (1346).
Paguet : . . . .   (VII s.)

2. M° *Huc Guarnier*, notari de Montalba, deu per I tortis de
meg carto, e per 1ª ma de papier catala que hac a VII de dezembre,
el papier a XXVII de genier : . . . .   I s. I d.

Item peu per 1ª camia broidada (1) que hac la dona sa molher a
XI de fevrier : . . . .   II s. VI d.

Item deu per mega onsa papier catala que pres so masip a XVI
de mars : . . . .   V d.

---

(1) Le luxe des vêtements était arrivé à un degré extrême; les femmes
portaient des habits ouverts et décolletés, laissant apercevoir la chemise de toile
fine, brodée ou garnie de dentelles.

Item deu per II mas e mega papier catala, e per III cart tafata vert ample que pres la dona sa molher per folrar I capairo a IIII d'abril l'an XLVI (1346), per tot : . . . . IIII s. VIIII d.

Item deu per I comte el manoal de E, a XIIII cartas, e fo per I tortis de II lh., e per guarnizo de rauba, e per papier que hac a VI de junh : . . . . VII s. IIII d.

Item deu per III mas papier que pres en IIII vet a XIIII de julh : . . . . II s. IX d.

Item per Iª ma de papier Catala que pres a VI de novembre : . . . . X s.

Item deu per meg palm sendat vermelh e per I ochau e meg seda vermelha, que pres el a I de dezembre : . . . . . II s. II d.

Item deu per III lh. frucha que hac a XXIIII de dezembre : . . . . I s. III d.

Item deu per Iª ma de papier lombart, Iª lh. figuas, mega lh. mellas a XVIII de fevrier : . . . . II s. VI d.

Item deu per I comte el manoal de E, a VIII^{xx} III cartas, e fo per la fornitura de II efans, e per autras cauzas que hac a XII de may, que monta : . . . . XIII s. VI d.

Soma XXXVIIII s. t. I d. que deu. Mudat avant a CVIIII cartas.

3. *Mº Pelfort de Belfort, prior de Camredon* (1), deu per resta de I comte enreires a XVIIII cartas, que monta X lh. XIII s. IX d., que monta a escut : . . . . XII escut XIIII s. IX d.

Item deu per I comte el manoal de D, a IIᶜ XXIIII cartas, e fo per fustani, e per autras cauzas : . . . . XV s. I d.

Item deu per autre comte el manoal de D, a IIᶜ XXVII cartas, e fo per comtans e per autras cauzas : . . . . X s. IIII d.

Item deu que restec a paguar de Iª barbuda guarnida de malha que hac per Mº Ratier d'Audoy : . . . . XX s.

---

(1) Lo prieur de Campredon, qui devint ensuite prieur-mage du Moustier, puis abbé de l'Ilebardo et du Mas-d'Azil, était, comme son cousin Ratier, très porté aux choses de la guerre, ainsi que le montrent divers articles de compte; il portait une cotte de mailles richement ornée de boutons d'argent et avait la passion de la chasse, ce qui ne l'empêchait pas de s'occuper avec beaucoup de zèle des affaires spirituelles qui lui étaient confiées. C'est à lui qu'on doit la confection de l'obituaire de Saint-Théodard, qui est conservé dans les Archives départementales.

Item deu per autre comte el manoal de D, a II^c XXXI carta, e fo per comtans e per autras cauzas : . . . . II lh. I s. I d.

Item deu per comtans que fe bailar a Guilhameri de Malamosca a x de fevrier, que hac per i enap d'argen : . . . . . . I lh. v s.

E nos a lu quens bailec en xx escut le dia dessus : . . . .
. . . . (XVI lh. XIII s. IIII d.)

Item deu que fe bailar a Me P. lo daurelier per far XII botos d'argen que mes en las marguas de la malha : . . . . . . IIII s.

Item deu per I comte el manoal de D, a II° XLIII cartas, e fo per comtans e per autras cauzas que hac a I de mars, per tot : . . .
. . . . I^a lh. II s.

Item deu per mega lh. espesias diversas que avia prezas Gr. Bertran per lo careme a VI de mars : . . . . v s.

Item deu per I comte el libre de D, manoal, a II^c LII cartas, e fo per diversas dinaadas : . . . . XII s. VI d.

Item deu per I autre comte el manoal de D, a II^c LVIIII cartas, e fo per comtans e per autras cauzas, que monta : . . XIIII s. VI d.

Item deu per I autre comte el manoal de D, a II^c LXIIII cartas, e fo per comtans e per autras cauzas que bailem en parselas a XVI d'abril, que monta : . . . . I lh. XIII s. IX d.

Item deu per I autre comte el manoal de E, a III cartas, e fo per diversas dinaadas e per comtans a XVII de junh : II lh. XVII s. VII d.

Item deu per IIII ochaus e III cart sedas e per mega onsa fil de pastel, e per x palms e meg veta negra de seda per guarnir lo juopo a I de setembre : . . . . v s. x d.

Item deu per I croc de balesta am lo carcays (1) quelh aportem de Toloza a xxx de setembre : . . . . III s. VI d.

Item deu per I comte el manoal de E, a LXLV cartas, e fo per diversas dinaadas que hac : . . . . XIII s. VIII d.

E nos a lu quens bailec per lu en B. Razeire a xxx d'ochoire, l'escut per XXI s. : . . . . (X lh.)

Item deu per I comte el manoal de E, a IIII^xx II cartas, e fo per guarnizo de rauba, e per I^a coguola, e per autras cauzas, que monta : . . . . II lh. XV s. VIII d.

---

(1) Une arbalète à croc et son carquois. L'arbalète était tendue au moyen d'un crochet attaché à la ceinture de l'archer qui tirait la corde, tandis que le pied, passé dans un étrier, retenait l'arme.

Item deu que bailem al senhen Bertran Anstore, e per M° Huc Grimoart : . . . . XII s.

Item deu per II razas sivada que pres Guilho, so masip, en II vet, per lo caval, a XX de novembre : . . . . X s.

Item que bailem a Buguado a XIIII de dezembre, per II merluses, que anec al Ramier casar (1) : . . . . II s. VIII d.

Item deu per I ochau seda que pres M° W. Bru per I capairo a XVIIII de dezembre : . . . . I s.

Item deu que paguem per lu a l'obrador de S. Vises per I^a causas a sos ops a XV de fevrier, l'escut per XXIIII s. : . . . . . . X s.

Item deu per I comte el manoal de E, a ct^a carta, e fo per diversas dinandas : . . . . VI s. II d.

Item deu per I^a lh. sera que donec al siris del Cor de Dio l'an XLVII (1347) : . . . . II s. VIII d.

Resto IIII lh. XIII s. III d. que deu, l'escut per XXI s. — Mudat avant a IIII^{xx} II cartas.

[1346] F° XLVIIII.

SOMMAIRE : 1. Chapelain de Saint-Étienne de Montauban; chandelles rondes; sépulture; licol; collecteurs des rentes de Saint-Jacques; joyaux; coriandre confit; dragée fine; chrêmeau; chandelle; coriandre et gingembre confit; garniture de robe. — 2. Official de Montauban; denrées; blé mêlé; denrées; cierge rond. — 3. Bourgeois; gingembre confit; poivre; gingembre; safran; canelle; girofle; cierge; cabas; cierges; charité; dragée fine; mailles de Bordeaux; cumin; toile bourgeoise; ouate; sedas; toile verte; maladies; oxycrat; prêt; changeur. — 4. Savetier; épices; petits cierges; savates.

M° R. Delbruelh, capela de S. Estefe de Montalba, deu per II candelas redondas que pezavo III cartas, e per V d., quens mandec per Felip d'Ausac, e per XIII s. VI d., quens mandec Huc Delpueg, que esta am M° Grimoart, per la fornitura de I^a femna e per I cabestre; XV d., que hac en parselas a XX de setembre : . . . . XVII s. VIII d.

E nos a lu quelh mandem per los senhors arendadors de S. Jacmes, a XIII de fevrier : . . . . (XIII lh. X s.)

Item deu que fe bailar au P. del Biro a XIIII de fevrier per M° Ar. Bertran : . . . . C s.

(1) Le Ramier, forêt située aux portes de Montauban.

Item deu quens mandec a paguar per M° Gualhart Delport, per jucias que hac de nos xxx s., e per 1ª lh. coriandre cofit per 1ª drigicia fina xi s., e per 1ª cremieira, e per 1ª candela xvi s. : . . . . .
. . . . xxxvi s. vi d.

Item deu per I lh. coriandre gingibre cofit que hac a xv de mars : . . . . v s. vi d.

Resto cx s. ix d. quelh devem, comte fag am lu a xvi de mars l'an xlv (1346).

Item per guarnizo de rauba, e per autras cauzas que hac tro a xxiii de may : . . . . vii s. v d.

Item per comtans que pres lo dia desus : . . . v lh. iii s. iiii d.

2. *M° Guilhem Cabirol, ofesial de Montalba*, deu per I comte el manoal de D, a ii° xxvi cartas, e fo per diversas dinnadas que hac la vespra de Nadal, comte fag am lu lo dimecres d'avant S. Valery, que monta per tot, l'escut per xvi s. viii d. : . . . . vii lh.

E nos a lu per xvi s. mestura que n'aguem a iii de mars a xxi s. lo sest : . . . . vii lh. x s. t.

Item deu per diversas dinnadas que pres M° Nicolau de que n'a I cartel, que monta : . . . . I lh. I s. viii d.

Item deu per I siri redon de 1ª lh. que pres Duro, son bot, a x d'abril : . . . . ii s.

Finat fo am lu a xxiii de setembre l'an xlvi (1346).

3. *Lo senhen Pons Segui, borgues de Montalba*, deu per 1ª lh. e mega gingibre cofit a vii d. la lh., e per 1ª lh. pebre e gingibre, e per 1ª onsa safra, e per autra de canela, e per mega onsa girofle, e per I tortis que pezava iii lh. e mega e meg carto, e per I cabas que hac la vespra de Nadal, escut per xvi s. viii d. : xxvii s. vi d.

Item deu per v tortises cascu de I cartairo que pres la Mª a xviii de genier, per lo fornimen de I ome paubre que mangava a maio sua (1), que monta : . . . . ii s. vi d.

Item deu per 1ª drigicia fina que fezem per la dona, sa molher, a xvii de genier, que monta : . . . . vi s.

---

(1) Ceci est un exemple de la grande charité de nos pères. Pons Seguy nourrissait régulièrement un pauvre homme, dont il paya ensuite les frais de sépulture.

Item deu per i comte el manoal de D, a II° XL cartas, e fo per diversas cauzas que hac : . . . . XVI s. IIII d.

Item deu per L mᵃ de Bordeu (1) que pres a xx d'abril l'an XLVI (1346) : . . . . VI s. III d.

Soma LXI s. I d. que deu, l'escut per XVI s. VIII d., comte fag lo dia desus. T. Durant Evolopat, en R. Molinier, de Montalba.

Item deu per I lh. comi, e per III palms tela borgeza, e per I carto cotomapus, e per II ochaus e meg sedas, e per meg palm tela vert, que hac a XXVIII d'abril l'an XLVI (1346), l'escut per XVIII s.: . . . . v s. VI d.

Item deu per i comte el manoal de E, a XLIII cartas, e fo per las cauzas de sas malautias e de la dona sa molher, que ordenec M° P. de Martel e M° Paul Rustanh a IIII d'aost, l'escut per XVIII s., que monta : . . . . XIII lh. XVI s. VI d.

Item deu per i autre comte el manoal de E, a LI cartas, e fo per las cauzas de Iᵃ autra malautia, quelh ordenec M° P. de Martel, e M° Paul Rustanh a XXIII d'aost, l'escut per XVIII s. : XIIII s. IX d.

Item deu per Iᵃ opsiacra composta (2) que ordenec M° P. de Martel, per so filh a XVIII d'ochoire (3)... sogra el selier d'en Ar. Masip, a Campanhas, l'escut per xx s. VI d. : . (XXV lh. III s.)

Item deu que pres comtans lo dia desus am VIII s. que fe bailar a M° Constanti de Riom : . . . . XXVIII s.

Item deu que fe bailar an Johan Dellac, cambiaire, lo dia desus: . . . . X lh.

Item deu que fe bailar an Matio Guari a XVIII d'ochoire : . . . . II lh. x s.

Item deu que fe bailar a M° Gualhart de la Tor per la ychida de so fraire (4) : . . . . xxx s.

Finat fo am lu.

4. *R. de la Roca, sabatier de Montalba,* deu comte fag am lu

---

(1) Il s'agit sans doute ici des *mailles bordelaises,* qui d'après ce compte valaient un denier et demi.

(2) *Opsiacra composta,* oxycrat, mélange de vinaigre et d'eau (voir p. 131, note 1).

(3) Il manque évidemment une ligne dans le manuscrit, car la suite de cet article est un crédit au lieu d'un débit.

(4) *Ychida,* sortie, mort.

per resta de espesias e de guarnizo de rauba que hac la vespra de Nadal II s. VIII d.; e per XXI d. m⁹ filholas que hac per S. Antoni, que monta per tot : . . . . IIII s. VI d. m⁹.

Item deu enreires a XI cartas : . . . . »»

Finat fo am lu per sabatas que n'aguem.

[1345] F⁰ XLVIIII v⁰.

SOMMAIRE : 1. Bourgeoise; ceintures de soie verte bien garnies; bourses de velours. — 2. Cuisinier des Frères Mineurs; éperons; soie vermeille; soie verte; toile blanche; fruits; sépulture; loyer d'un cheval pour les vendanges. — 3. Courtier de Montauban; tuiles; cierges. — 4. Habitant de Cos, près Montauban; toile verte; sedas. — 5. Habitant de Montauban; brassard et jupon (?) doré; teinturier; tasses d'argent. — 6. Bourgeois de Montauban; soie vermeille et noire; sedas; toile; fil pour garnir un manteau; fruits; cakes; cierges; hôtelier. — 7. Habitant de Montauban; peaux écartelées vermeilles. — 8. Marchand; sedas; taffetas vert large; ruban de soie noire pour robe.

1. *La dona de Lheutier, molher del senhen Arnaut Lheutier, borgues de Montalba,* deu per II senturas de sedas vert, e ben guarnidas, e per II borsas de velut quelh tramezem per sa sirventa lo dia de Nadal, que monta : . . . . XI s. VI d.

Mudat el comte de M⁰ Arnaut Lheutier.

2. *R. Blanchart, coc dels Fraires Menors de Montalba,* deu per comtans que fe bailar an B. de Lauzerant a III de genier V s. V d.; e per II s. quens mandec per lo guardia, per I esperos, que monta : . . . . VII s. V d. t.

Item deu per III ochaus seda vermelha, e per meg ochau de vert, e per II palms tela blanca que hac a III de may : III s. IIII d.

Item deu per II lh. frucha quelh tramezem a XXX de mars : I s.

Item deu quens mandec a paguar per f. Felip Beraut a VIII de may l'an XLVI (1346) : . . . . X s.

E nos que bailec per nos a f. Po[n]s Clerc IX s. X d., a f. Johan Razeire : . . . . (IX s. X d.)

Item deu per comtans a XX de julh I s. V d., e per lo fornimen de I efan I s. III d. : . . . . II s. VIII d.

Item deu per lo loguier del rossi per vendemiar a V d'ochoire : . . . . VI s.

16

E nos a lu quelh mandem per f. P. Guorssa lo dia desus :
. . . . (xx s.)
Finat fo am lu.

3. *Siquart de Lauda, coratier (1) de Montalba*, deu per vi palms tela, e per vi tortises de meg carto que hac a vi de genier per lo fornimen de i efan, que monta : . . . . iii s.
E nos a lu quens bailec : . . . . (iii s.)

4. *N'Huc Faure, de la onor de Cos, otr'Aṛairo*, deu per ii palms tela vert, e per ii ochaus e meg sedas que pres sa sogra a xiii de genier per la rauba de la filha de sa molher : . . . . iii s. iiii d.

5. *N'Ot Brolhet, de Montalba*, deu per i brasalot *emuziquis* daurat (2) que hac a xiii de genier. T. M. R. Prunet, thenchurier de Montalba, a paguar dins xv dias : . . . . i escut d'aur.
E avem ne iii tasas d'argen. — Redem lhi iii tasas d'argen.
E nos a lu quens bailec a xxviii d'abril : . . . . (i escut.)

6. *Lo sen B. Utenc, que demora a Montalba*, deu per iiii ochaus seda vermelha e negra que pres la dona sa molher a xv de genier. T. la molher de M⁶ W., lo carpentier, *alias* Baiones :   iii s. ii d.
Item deu per ii ochaus e meg sedas, e per i palm tela, e per iii cart fil, que pres so filh P. par guarnir i mantel a xxiii de fevrier : . . . . ii s. vi d. mª.
Item deu per iii lh. frucha, e per i cabas quelh tramezem per en W. del Biro, ostalier de Montalba, a xii d'abril que i seu paren era anat a Dio, a ii s. la lh. : . . . . viii s.
Finat fo am lu a xxii de dezembre l'an xlvi.

7. *M⁶ Nicola Armier, que esta a Montalba*, deu per ii pels escarlatadas vermelhas e per resta d'autras cauzas que hac a xvii de genier, comte fag am lu, que monta, comte fag a i de mars : . . . . vii s. x d.

---

(1) *Coratier*, courtier; *coratatye*, droit de courtage. Sauvage, dans son *Dictionnaire Languedocien*, dit que ce mot est corrompu de *gouratier*, dérivé de *goura*, tromper. Littré, négligeant cette étymologie un peu singulière, le fait venir de *curatarius*, dérivé de *curare*, soigner, prendre soin.

(2) Voir la note 2, p. 174. Cette fois on peut lire aussi dans le manuscrit *emuziquis*. Cette troisième lecture n'est pas faite pour éclaircir la question.

E nos a lu que bailec a III de mars : . . . . (VII s.)

8. *Cuersi Guasel, joee, mercadier de Montalba,* deu per III ochaus e meg sedas, e per III cart de tafata vert ample, e per x palms veta de seda negra que hac a XXI de genier per la rauba de sa molher. T. Chaestat, lo sartre : . . . . VIII s. x d.

E nos a lu quens bailec comtans : . . . . (V s. t.)

Soma III s. t. x d.

FIN DE LA PREMIÈRE PARTIE.

ERRATA DE L'INTRODUCTION.

Page   VII, ligne   5 : M. L. Delisle nous fait observer que le registre ne doit pas être sur du papier de coton. L'existence de cette sorte de papier est devenue, dit-il, très problématique, depuis les épreuves chimiques et microscopiques faites en Suisse et en Autriche.
Page   IX, ligne   20, *lisez* : ce registre a 31 feuillets ou 62 pages.
—   XIII, —   3, *au lieu de* : la réforme grégorienne du calendrier. *lisez* : la réforme du calendrier en 1563.
—   XX, —   12, 18, *lisez* : Rome la *vieille*.
—   XXXIII, —   9, *lisez* : *precedens*.
—   XLVIII, 1re col. : les deux dernières lignes doivent être reportées à l'année 1354.
—   LIV, ligne   5, *lisez* : Montivilliers (Seine-Inférieure).
—   LVI, —   20, *lisez* : toile bourgeoise (ou de Bourges).
—   CLXIV, —   13, *au lieu de* : seizième siècle, *lisez* : quatorzième.

ERRATA DU TEXTE.

Page   2, note   1, *lisez* : *conhat*, beau-frère.
—   4, lignes 24-27, *lisez* : Me.
—   5, —   6, *lisez* : Me.
—   10, —   5, *lisez* : e de mos conhat.
—   14, —   9, *lisez* : donzel.
—   51, —   9, *lisez* : Graulhet.
—   53, —   5, *lisez* : 1314.
—   59, —   23, *lisez* : amandes.
—   115, dernière ligne, *lisez* : prezicadors.
—   113, note   3, *lisez* : de Londres.

AUCH. — IMPRIMERIE COCHARAUX FRÈRES, RUE DE LORRAINE. — 5-96

www.ingramcontent.com/pod-product-compliance
Lightning Source LLC
Chambersburg PA
CBHW070821250426
43671CB00036B/639